DEUTSCHES INSTITUT FÜR WIRTSCHAFTSFORSCHUNG

BEITRÄGE ZUR STRUKTURFORSCHUNG HEFT 61 · 1981

Abschwächung der Wachstumsimpulse

Analyse der strukturellen Entwicklung
der deutschen Wirtschaft

Strukturberichterstattung 1980

DUNCKER & HUMBLOT · BERLIN

Herausgeber: Deutsches Institut für Wirtschaftsforschung, Königin-Luise-Straße 5, 1000 Berlin 33.
Tel. (0 30) 8 29 11.
Verlag: Duncker & Humblot, Dietrich-Schäfer-Weg 9, 1000 Berlin 41.
Alle Rechte vorbehalten.
Druck: ZIPPEL-DRUCK in Bürotechnik GmbH, Muskauer Straße 43, 1000 Berlin 36.
Printed in Germany.
ISBN 3 428 04855 5

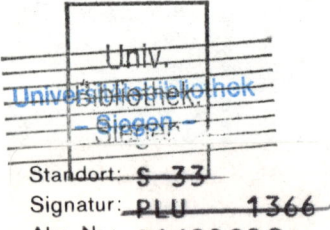

Inhalt

	Vorwort	1
1	**Dimensionen und globale Messung des Strukturwandels**	4
1.1	**Dimensionen des Strukturwandels**	4
1.2	**Globale Messung des Strukturwandels**	8
1.2.1	Daten zur Messung des Strukturwandels	8
1.2.2	Verfahren zur Messung des Strukturwandels	10
1.2.3	Tempo des Strukturwandels	12
2	**Gesamtwirtschaftlicher und sektoraler Strukturwandel**	18
2.1	**Determinanten des gesamtwirtschaftlichen Strukturwandels**	18
2.1.1	Strukturwandel und relative Preise	20
2.1.2	Privater Verbrauch	22
2.1.3	Staatliche Aktivitäten	25
2.1.4	Außenwirtschaftliche Verflechtung	32
2.1.5	Investitionen und Kapitalausstattung der Unternehmen	36
2.1.6	Produktion und Beschäftigung	43
2.2	**Strukturwandel in der Nachfrage der privaten und öffentlichen Haushalte**	50
2.2.1	Nachfrage für den privaten Verbrauch	50
2.2.1.1	Wandlungen in der Konsumstruktur	50
2.2.1.2	Bestimmungsgründe des Wandels der Konsumstruktur	56
2.2.1.3	Die Lieferstruktur des privaten Verbrauchs	60
2.2.1.4	Strukturwandel im Wohnungsbau	66

2.2.2	Nachfrage nach Leistungen des Staates	69
2.2.2.1	Wandlungen in der Leistungsstruktur des Staates nach Aufgabenbereichen	69
2.2.2.2	Bestimmungsgründe der Leistungsstruktur des Staates	77
2.3	**Strukturwandel in Angebot und Nachfrage der Unternehmen**	**79**
2.3.1	Kapitalausstattung und Arbeitskräfte	79
2.3.1.1	Investitionen und Anlagevermögen	79
2.3.1.2	Einfluß struktureller Veränderungen im Anlagevermögen auf die Entwicklung des Produktivitätspotentials	82
2.3.2	Angebot auf dem Arbeitsmarkt	85
2.3.2.1	Erwerbspersonen, Erwerbsquoten und Erwerbspersonenpotential	85
2.3.2.2	Qualifikation der Arbeitskräfte	91
2.3.3	Bestimmungsgründe für den Einsatz von Produktionsfaktoren	96
2.3.3.1	Profitquoten und Renditen	96
2.3.3.2	Schätzung von Faktornachfragefunktionen	102
2.3.4	Ausweitung und Stillegung von Produktionskapazitäten und Arbeitsplätzen	104
2.3.4.1	Produktionspotential und Arbeitsplätze	105
2.3.4.2	Auslastung des Produktionspotentials und der Arbeitsplätze	109
2.4	**Außenwirtschaft und Strukturwandel**	**113**
2.4.1	Die Ausfuhrabhängigkeit der deutschen Wirtschaft	113
2.4.2	Wettbewerbssituation des deutschen Außenhandels	118
2.4.3	Bestimmungsgründe der Einfuhr	126
2.4.3.1	Preis- und Nachfrageelastizitäten der Einfuhr	128
2.4.3.2	Die Entwicklung der Einfuhr nach Nachfragebereichen	129
2.4.3.3	Einflüsse auf die Mineralölimporte	131

2.4.4	Arbeitsteilung mit Entwicklungsländern	134
2.4.5	Faktorgehalt der Exporte	136
2.5	**Zusammenhang zwischen gesamtwirtschaftlichem und sektoralem Strukturwandel**	139
2.5.1	Nachfrage und Produktion	140
2.5.2	Direkte und indirekte Produktion für die Endnachfrage	147
2.5.3	Sektorale Außenhandelspositionen	150
2.5.4	Kosten und Erlöse	151
2.5.5	Nachfrage und Beschäftigung	155
3	**Staat und Strukturwandel**	166
3.1	**Produktions- und Beschäftigungswirkungen der Nachfrage des Staates**	167
3.1.1	Verschiebungen in der Struktur der Vorleistungs- und Investitionsgüterkäufe des Staates	167
3.1.2	Sektorale Produktions- und Beschäftigungswirkungen	168
3.2	**Wirkungen finanzpolitischer Maßnahmen im Konjunkturverlauf**	175
3.2.1	Zur Messung und Beurteilung staatlicher Aktivitäten im Konjunkturverlauf	176
3.2.2	Globale Ausrichtung und Wirkung der Finanzpolitik im Konjunkturverlauf	177
3.2.3	Produktions- und Beschäftigungswirkungen der Staatskäufe im Konjunkturverlauf	181
3.2.4	Zur Wirkung indirekter Maßnahmen	186
3.2.5	Maßnahmen zur Beeinflussung des Wohnungsbaus	188
3.2.6	Strukturelle Effekte	191
3.3	**Einkommensverteilung und -umverteilung**	193
3.3.1	Einkommensentwicklung	193
3.3.2	Auswirkungen der Umverteilung auf die Einkommenslage privater Haushalte	196

3.3.3	Auswirkungen des Transfersystems auf den wirtschaftlichen Strukturwandel	199
3.4	**Strukturelle Wirkungen der Geldpolitik**	205
3.4.1	Die Rolle der Geldpolitik im Rahmen der Strukturpolitik	205
3.4.2	Entstehung und Wirkungen einer inflationären Geldversorgung	206
3.4.3	Merkmale und Wirkungen einer "diskretionären" Geldpolitik	209
4	**Wirkungen strukturpolitischer Interventionen des Staates**	215
4.1	**Ziele und Instrumente strukturpolitischer Interventionen**	215
4.2	**Abgrenzung, Entwicklung und Struktur der Subventionen**	220
4.2.1	Abgrenzung	220
4.2.2	Entwicklung der Subventionen	222
4.2.3	Sektorale Schwerpunkte der Subventionen	222
4.3	**Subventionswirkungen und ihre Zielkonformität**	228
4.3.1	Interventionen im Agrarsektor	229
4.3.2	Interventionen im Verkehrsbereich	236
4.3.3	Interventionen im Steinkohlebergbau	242
4.3.4	Interventionen im Rahmen der Wohnungspolitik	248
4.3.5	Forschungs- und Technologiepolitik	258
5	**Thesen zum Strukturwandel – anstelle einer Zusammenfassung**	267
	Sachregister	280
	Verzeichnis der Mitarbeiter	287

Tabellen

Globale Messung des Strukturwandels

1.2/1	In der Bundesrepublik angewendete Verfahren zur Messung des Strukturwandels	11

Determinanten des gesamtwirtschaftlichen Strukturwandels

2.1/1	Bruttosozialprodukt und verfügbare Einkommen der Sektoren	24
2.1/2	Besteuerung und Subventionierung der Einkommen aus Unternehmertätigkeit und Vermögen	27
2.1/3	Einnahmen und Ausgaben des Staates	29
2.1/4	Entwicklung des Anteils der Bundesrepublik am Welthandel mit Industriewaren	33
2.1/5	Salden im Außenhandel der Bundesrepublik nach Warengruppen	34
2.1/6	Sachvermögensbildung der Sektoren und ihre Finanzierung	42
2.1/7	Komponenten des Erwerbspotentials	44
2.1/8	Trendwerte für die Entwicklung des Kapitalkoeffizienten, der Kapitalintensität und der Arbeitsplatzproduktivität	46
2.1/9	Beschäftigungswirkungen des Strukturwandels von Nachfrage und Produktion	47

Strukturwandel in der Nachfrage der privaten und öffentlichen Haushalte

2.2/1	Käufe der privaten Haushalte im Inland nach Verwendungszwecken	52
2.2/2	Struktur der Ausgaben für Haushaltsenergie	54
2.2/3	Privathaushalte nach Altersgruppen der Haushaltsvorstände und Haushaltsgröße	59

2.2/4	Der Einfluß der Haushaltsstruktur auf die Verbrauchsstruktur	60
2.2/5	Lieferstruktur der Käufe der privaten Haushalte im Inland	61
2.2/6	Anteil der importierten Waren an den Warenkäufen der privaten Haushalte im Inland	63
2.2/7	Käufe der privaten Haushalte im Inland von Erzeugnissen des Fahrzeugbaus	64
2.2/8	Anteile der Importe am privaten Verbrauch	65
2.2/9	Entwicklung der Wohnungsbauleistungen	68
2.2/10	Zusammensetzung der Leistungen des Staates	70
2.2/11	Verteilung der Güterkäufe des Staates auf Aufgabenbereiche	72
2.2/12	Sachaufwand, Personalausgaben und Investitionen des Staates	73
2.2/13	Einsatz von Brutto-Anlagevermögen und Arbeitskräften in den staatlichen Aufgabenbereichen	76

Strukturwandel in Angebot und Nachfrage der Unternehmen

2.3/1	Die Veränderung in der Struktur des Bruttoanlagevermögens zwischen 1960 und 1979	80
2.3/2	Die Entwicklung des Bruttoanlagevermögens in den Wirtschaftszweigen des verarbeitenden Gewerbes	81
2.3/3	Stille Reserve und Erwerbspersonenpotential	90
2.3/4	Entwicklung des Produktionspotentials	106
2.3/5	Entwicklung der Zahl der Arbeitsplätze	107
2.3/6	Entwicklung der Auslastung des Produktionspotentials	110
2.3/7	Indikatoren für die Arbeitsplatzreserven in den Wirtschaftszweigen	111

Außenwirtschaft und Strukturwandel

2.4/1	Die Zusammensetzung der Ausfuhren und Einfuhren der Bundesrepublik Deutschland	114
2.4/2	Sektorale Struktur der Ausfuhr	115
2.4/3	Beschäftigungswirkungen von Exporten und Importen im verarbeitenden Gewerbe	117
2.4/4	Komponenten der Export- und Importentwicklung der Bundesrepublik Deutschland 1962/76	119
2.4/5	Komponenten der Export- und Importentwicklung der Bundesrepublik Deutschland	125
2.4/6	Die Entwicklung der Einfuhrquoten in den Wirtschaftszweigen	127
2.4/7	Nachfrage- und Preiselastizitäten der Einfuhr	129
2.4/8	Entwicklung der Einfuhr nach Nachfragebereichen 1962 bis 1977	131
2.4/9	Ermittlung von Einsparungseffekten bei der Verwendung von Mineralölimporten	133
2.4/10	Kapitalintensität der Exporte in vH des jeweiligen Wertes der inländischen Nachfrage	138

Zusammenhang zwischen gesamtwirtschaftlichem und sektoralem Strukturwandel

2.5/1	Zusammensetzung der Nachfrage nach Verwendungsbereichen	141
2.5/2	Einfuhr und inländische Produktion nach Verwendungsbereichen	142
2.5/3	Produktionsstruktur und Außenhandelsposition der Wirtschaftszweige 1962 und 1976	144
2.5/4	Anteilsverschiebungen in der Zusammensetzung der Nachfrage nach Produkten des Investitionsgütergewerbes in der Zeit von 1962 bis 1976	146
2.5/5	Direkte und indirekte Abhängigkeit der Wirtschaftszweige von den Endnachfragebereichen 1962 und 1976	148
2.5/6	Inländische Produktion für die Endnachfrage, Erwerbstätige und Arbeitsproduktivität	159

2.5/7	Beschäftigungswirkungen des Strukturwandels der Nachfrage 1962 bis 1972	160
2.5/8	Beschäftigungswirkungen des Strukturwandels der Nachfrage 1972 bis 1976	162
2.5/9	Beschäftigungswirkungen des Strukturwandels der Nachfrage im Jahresdurchschnitt	164

Produktions- und Beschäftigungswirkungen der Nachfrage des Staates

3.1/1	Staatliche Käufe von Vorleistungen und neuen Anlagen nach Aufgabenbereichen	168
3.1/2	Käufe des Staates nach Wirtschaftszweigen	169
3.1/3	Den Käufen des Staates nach Wirtschaftszweigen insgesamt zugerechnete Erwerbstätige	171
3.1/4	Hierarchie in der Zahl der staatlichen Beschäftigten nach Aufgabenbereichen	172
3.1/5	Entwicklung der den Käufen des Staates insgesamt zugerechneten Erwerbstätigen nach Aufgabenbereichen	173
3.1/6	Den Käufen des Staates insgesamt zugerechnete Erwerbstätige	174

Wirkungen finanzpolitischer Maßnahmen im Konjunkturverlauf

3.2/1	Nachfrageimpulse der Gebietskörperschaften	179
3.2/2	Güterkäufe der Gebietskörperschaften im Konjunkturverlauf	182
3.2/3	Produktionseffekte der staatlichen Güterkäufe im Konjunkturverlauf insgesamt	183
3.2/4	Beschäftigungseffekte der staatlichen Güterkäufe im Konjunkturverlauf insgesamt	184
3.2/5	Produktions- und Beschäftigungswirkungen des Sozialen Wohnungsbaus im Konjunkturverlauf (Gesamtwirkungen)	189

Einkommensverteilung und -umverteilung

3.3/1	Einkommensverteilung und -umverteilung der privaten Haushalte in der volkswirtschaftlichen Gesamtrechnung	194
3.3/2	Einkommensverteilung und -umverteilung 1978, private Haushalte, insgesamt	198

Abgrenzung, Entwicklung und Struktur der Subventionen

4.2/1	Finanzhilfen und Steuervergünstigungen - nach Wirtschaftszweigen -	223
4.2/2	Finanzhilfen und Steuervergünstigungen bezogen auf die Bruttowertschöpfung und die Erwerbstätigen - nach Wirtschaftszweigen -	224
4.2/3	Subventionen ausgewählter Wirtschaftsbereiche, Vergleich 1970 mit 1978	225

Subventionswirkungen und ihre Zielkonformität

4.3/1	Obergrenze der der Endnachfrage zugerechneten Subventionen	229
4.3/2	Ausgaben des EG-Haushalts für die Landwirtschaft	232
4.3/3	Streuung der Reineinkommen in den landwirtschaftlichen Vollerwerbsbetrieben nach Betriebsformen und Größenklassen	233
4.3/4	Auswirkungen des Wegfalls ausgewählter Maßnahmen der Agrarpolitik auf den Bundeshaushalt	235
4.3/5	Veränderung der Nachfrage nach Verkehrsleistungen im Personenverkehr bei Fortfall aller staatlichen Zuwendungen im Jahre 1972	240
4.3/6	Veränderung der Nachfrage nach Verkehrsleistungen im Güterverkehr bei Fortfall aller staatlichen Zuwendungen im Jahre 1972	240
4.3/7	Auswirkungen des Fortfalls aller staatlichen Zuwendungen an die Verkehrssektoren auf die Bruttoproduktion und die Endnachfrage der Wirtschaftszweige im Jahre 1972	241
4.3/8	Entwicklung vergleichbarer Wärmepreise für Mineralöl und Kohle in den Bereichen Hausbrand und Industrie sowie der Grenzübergangswerte und Mengen von Steinkohlenimporten aus Drittländern	244

4.3/9	Ziele und Instrumente der Wohnungs- und Städtebaupolitik	249
4.3/10	Entwicklung der Subventionen für den Wohnungsbau 1965 bis 1980	251
4.3/11	Mit Wohnraum unterversorgte Haushalte nach der Haushaltsgröße	253
4.3/12	Eigentümerhaushalte nach Einkommensgruppen	256
4.3/13	Inzidenz wohnungspolitischer Transfers insgesamt im Jahre 1972	257
4.3/14	Forschungs- und Entwicklungsausgaben der Bundesrepublik Deutschland nach ausführenden Sektoren und deren Finanzierung 1962 bis 1978	263
4.3/15	Forschungs- und Entwicklungsaufwendungen der Wirtschaftszweige	264

Schaubilder

Globale Messung des Strukturwandels

1.2/1	Strukturmeßziffern 1960 bis 1977 - Bruttowertschöpfung zu Preisen von 1970 -	14
1.2/2	Strukturmeßziffern 1960 bis 1978 - Erwerbstätige -	16

Determinanten des gesamtwirtschaftlichen Strukturwandels

2.1/1	Ersparnis der privaten Haushalte in vH des verfügbaren Einkommens	25

Strukturwandel in der Nachfrage der privaten und öffentlichen Haushalte

2.2/1	Die Entwicklung der relativen Energiepreise	55
2.2/2	Inanspruchnahme von Produktionsfaktoren durch den Staat in vH des gesamtwirtschaftlichen Einsatzes	74

Strukturwandel in Angebot und Nachfrage der Unternehmen

2.3/1	Die Altersstruktur des Anlagevermögens	83
2.3/2	Strukturelle Einflüsse auf die Veränderungsrate der Arbeitsstundenproduktivität	84
2.3/3	Entwicklung der Erwerbspersonenzahl	86
2.3/4	Entwicklung der Erwerbsquoten der Männer und Frauen im Jahresdurchschnitt	88
2.3/5	Elastizität der Erwerbspersonen in bezug auf die Arbeitslosigkeit	89
2.3/6	Erwerbspersonen und Erwerbspersonenpotential	91
2.3/7	Die Entwicklung der Profitquote nach unterschiedlichen Abgrenzungen	97
2.3/8	Die Entwicklung von Eigenkapital- und Sachkapitalrendite	99

2.3/9	Nachfrage, Arbeitsmarkt und Eigenkapitalrendite	100
2.3/10	Zeitliche Entwicklung der neugeschaffenen Arbeitsplätze in den Unternehmensbereichen	108

Außenwirtschaft und Strukturwandel

2.4/1	Komponenten der jährlichen Entwicklung des Industriewarenexports der Bundesrepublik Deutschland 1962 bis 1977	120

Zusammenhang zwischen gesamtwirtschaftlichem und sektoralem Strukturwandel

2.5/1	Arbeitsproduktivität, Lohnsatz und Lohnstückkosten 1970 - 1978	153
2.5/2	Preisentwicklung, Lohnstückkosten und Lohnquote 1970 - 1978	155
2.5/3	Reale Nachfrage, Produktion und Arbeitsproduktivität 1970 - 1978	157

Wirkungen finanzpolitischer Maßnahmen im Konjunkturverlauf

3.2/1	Wirkungen der Staatstätigkeit im Konjunkturverlauf	178

Einkommensverteilung und -umverteilung

3.3/1	Einkommensverteilung und -umverteilung der privaten Haushalte 1973 und 1978	195
3.3/2	Einkommensverteilung und -umverteilung 1973 und 1978 in sozialer Gruppierung	196
3.3/3	Relative Transfersalden der Selbständigen-Haushalte und der Arbeitnehmer-Haushalte 1973 und 1978	202
3.3/4	Relative Transfersalden der Rentner-Haushalte 1973 und 1978	203

Strukturelle Wirkungen der Geldpolitik

3.4/1	Geldpolitik, Inflation und Kreditmarktkonditionen	208
3.4/2	Investitionen bei alternativen Kapitalzinsen	211
3.4/3	Zinssätze, Investitionen und Produktionspotential	213

Vorwort

Das Deutsche Institut für Wirtschaftsforschung legt hiermit seinen ersten Strukturbericht vor. Er macht deutlich, daß mit der Strukturberichterstattung zahlreiche interessante und für die weitere Entwicklung unserer Volkswirtschaft wichtige Fragen aufgeworfen sind. Dem Auftraggeber gebührt Dank dafür, uns die Möglichkeit gegeben zu haben, diese Fragen zu behandeln. Wir hoffen, daß die vorgelegten Ergebnisse auch zur Verbesserung der mittelfristigen Wirtschaftspolitik und der wirtschaftspolitischen Diskussion beitragen können.

Dieser Bericht macht aber auch deutlich, daß sich die Strukturberichterstattung in der Bundesrepublik Deutschland erst am Anfang befindet. Insbesondere die benötigten Daten standen entweder gar nicht oder erst relativ spät zur Verfügung. Zwar war schon bei der Erstellung der Konzeption für die Strukturberichterstattung der erforderliche Datenumfang erkennbar geworden, die Lücken im Datenmaterial traten zum ersten Mal deutlich bei den Zwischenberichten zutage. Dank der intensiven Bemühungen des Statistischen Bundesamtes konnten zwar noch einige wichtige Lücken geschlossen werden. Ein erheblicher Teil der Daten wurde auch durch zusätzliche Arbeiten des Instituts ermittelt oder geschätzt. Die Zeit danach reichte aber nicht mehr, um alle notwendigen Analysen anzuschließen.

Vor diesem Hintergrund wirft der vorliegende Strukturbericht zumindest soviel Fragen auf, wie er beantwortet. Eine Anzahl sehr wesentlicher Fragen bedarf neben der Fortführung der hier vorgelegten Berichterstattung weiterer Bearbeitung.

Der vorliegende Bericht ist das Ergebnis eines mehrstufigen Arbeitsprozesses. Den größten Arbeitsaufwand nahm die Erstellung und Abstimmung der Datenbasis in Anspruch. Dies läßt der vorliegende Bericht nur für den Spezialisten deutlich werden. Auf diesem Material basiert eine Anzahl von Einzeluntersuchungen zu gesonderten

Themen. Sie waren so ausgewählt worden, daß die verschiedenen Bereiche des Angebots, der Nachfrage und der staatlichen Aktivitäten im Strukturbericht abgedeckt werden konnten. Aufeinander abgestimmt waren diese Einzelbeiträge nur im Arbeitsprogramm, nicht jedoch in den Ergebnissen. Das DIW plant, diese Einzelberichte zur Strukturberichterstattung in gesonderten Anlagenbänden zu veröffentlichen.

Diese Einzelberichte enthalten Überschneidungen, nicht abgestimmte Ergebnisse und machen Lücken deutlich. In einem weiteren Arbeitsschritt wurde daher der vorliegende Bericht erarbeitet, der, aufbauend auf generellen Überlegungen zum Strukturwandel und seinen Determinanten, die wichtigsten bisher vorliegenden Ergebnisse zusammenfassend vorstellt. Den Wünschen des Auftraggebers folgend, hat dabei die Wechselwirkung zwischen staatlichen Aktivitäten und Strukturwandel besondere Beachtung gefunden.

Es mag dahingestellt bleiben, ob es eine übergreifende allgemeine Theorie des Strukturwandels gibt. Auf der Grundlage der bisher vorliegenden Ergebnisse war es nicht möglich, die mannigfaltigen Erscheinungen des Strukturwandels soweit zu vereinfachen, daß sie in den Rahmen einer solchen allgemeingültigen Theorie paßten. Wahrscheinlich ist es aber ohnehin der angemessene Ansatz, in der Strukturberichterstattung die Vielfalt des Strukturwandels darzustellen und die Erklärungsansätze nicht auf eine einzige Theorie zu verengen.

Dessen ungeachtet gibt es einige Entwicklungslinien, die es sich bei der Diskussion des Strukturwandels zu verfolgen lohnt. Sie sind in den abschließenden Thesen zum Strukturwandel nachgezeichnet. Dabei handelt es sich um keine Zusammenfassung im üblichen Sinne. Eine solche verbot sich schon deshalb, weil der gesamte Bericht als Zusammenfassung zu verstehen ist. In den Thesen wird auch nicht auf alle vorgelegten Einzelheiten eingegangen, sie sind aber ein Beitrag, der zum Verständnis der hier präsentierten Ergebnisse dienen kann.

Der hier vorgelegte Bericht ist das Ergebnis einer Gemeinschaftsarbeit. Die wissenschaftliche Verantwortung trägt der Redaktionsstab. Dank gebührt aber auch den zahlreichen wissenschaftlichen Mitarbeitern des Hauses, deren Ergebnisse in diesen Bericht eingegangen sind. Zu Dank verpflichtet ist das DIW auch den zahlreichen Institutionen, die durch Bereitstellung von Daten und anderen Hilfsmitteln die Erstellung dieses Berichtes erleichtert haben. Beispielhaft seien das Statistische Bundesamt und die Rechenzentren erwähnt, mit denen das DIW zusammenarbeitet.

Schließlich soll nicht unerwähnt bleiben, daß in diesen Bericht nicht nur die Arbeit von Wissenschaftlern eingeflossen ist. Statistiker, Programmierer und Sekretärinnen haben in vielfältiger Weise erst die Erstellung dieses Berichtes ermöglicht. Ihnen gilt ebenfalls unser Dank.

Der Strukturwandel des letzten Jahrzehnts kann durch die Abschwächung der Wachstumsimpulse gekennzeichnet werden. Für die weitere Entwicklung unserer Wirtschaft ist dieser Sachverhalt von schwerwiegender Bedeutung. Dies hat uns veranlaßt, "Abschwächung der Wachstumsimpulse" auch als Titel dieses Strukturberichts zu wählen. Mögen die Analysen dieses Berichts dazu beitragen, daß es der Wirtschaftspolitik und allen am Wirtschaftsprozeß Beteiligten gelingt, diese Entwicklung umzukehren und wieder die notwendigen Wachstumsimpulse auszulösen. Möge der Bericht selber zum Wachstum unseres Wissens über den Strukturwandel und die ihn bedingenden Faktoren beitragen.

1 Dimensionen und globale Messung des Strukturwandels

1.1 Dimensionen des Strukturwandels

Der Wirtschaftsprozeß einer Volkswirtschaft und seine zeitlichen Veränderungen lassen sich von vielen Ansatzpunkten her analysieren. Das Rahmenwerk für derartige Analysen bildet die volkswirtschaftliche Gesamtrechnung. Sie unterscheidet zwischen den wichtigsten institutionellen Bereichen - Unternehmen, private Haushalte, Staat, Ausland -, deren wechselseitige Beziehungen das Ergebnis von Verhaltensweisen und Entscheidungen der am Wirtschaftsprozeß Beteiligten sind. In ihnen kommt die **gesamtwirtschaftliche Dimension** des Strukturwandels zum Ausdruck.

Analysen des gesamtwirtschaftlichen Strukturwandels müssen zugleich die Interdependenz von Aktivitäten der Beteiligten angemessen berücksichtigen und die konsistente Darstellung der Resultate von Anpassungsprozessen sicherstellen. Wenn sich auch in dieser Hinsicht ökonometrische Modelle vom Ansatz her eignen, bereitet es gegenwärtig dennoch Schwierigkeiten, sie für eine Analyse des gesamtwirtschaftlichen Strukturwandels einzusetzen. Sie liefern zwar einigermaßen zutreffende und konsistente Erklärungen, die jedoch auf einer Reihe von Vorgaben und Hypothesen basieren, die selbst wieder der Erklärung bedürfen. Überdies ist eine Reihe methodischer Probleme nur schwer - wenn überhaupt - zu überwinden, wenn es sich um längere Zeiträume handelt, in denen die ökonomischen Relationen und die ihnen zugrunde liegenden Parameter sich ändern.

Vergegenwärtigt man sich, daß letztlich alles Wirtschaften auf die Versorgung der Bevölkerung mit Gütern und Diensten gerichtet ist, so erscheint es gerechtfertigt, in Analysen des strukturellen Wandels von den Bestimmungsfaktoren der konsumtiven Nachfrage auszugehen. Sie richtet sich auf Güter des privaten Verbrauchs, muß aber auch staatliche Leistungen einbeziehen. Schon hier, stärker aber noch bei der Investitionsnachfrage der Unternehmen als einem weiteren

Nachfragebereich, wird deutlich, daß Nachfrage zugleich auch angebotswirksam ist: Investitionen der Unternehmen dienen der Ausweitung ihres Produktionspotentials ebenso, wie die Nachfrage des Staates nach Produktionsfaktoren den Spielraum für sein Leistungsangebot bestimmt. Auch die Aktivitäten im Außenwirtschaftsbereich sind sowohl angebotswirksam als auch nachfragewirksam: Einfuhren treten in Konkurrenz zu inländischem Angebot; von der Nachfrage des Auslands hängt die Ausfuhr von Gütern und Diensten ab.

Für sämtliche Vorgänge, die mit dem Angebot und der Nachfrage von Unternehmen zu tun haben, reicht eine globale Analyse des Unternehmensbereiches nicht aus. Es ist ein zentrales Anliegen der Strukturberichterstattung, diesen Aktivitätsbereich stärker zu disaggregieren, um den Strukturwandel auf der Ebene von Wirtschaftszweigen analysieren zu können. Damit kommt die **sektorale Dimension** des Strukturwandels ins Spiel.

Zu diesem Zweck hat das Statistische Bundesamt eine Reihe von Basisinformationen in einer sehr tief gegliederten Wirtschaftszweigsystematik aufbereitet. Für sich genommen, hätten diese Informationen in Teilbereichen noch stärker disaggregierte Analysen ermöglicht, als sie hier durchgeführt worden sind. Die Verbindung zu den Aggregaten der Nachfrage, wie sie die Input-Output-Rechnung ermöglicht, wäre damit jedoch verlorengegangen. Das DIW hat sich daher entschieden, die sektoralen Analysen im allgemeinen auf 34 Wirtschaftszweige zu beschränken, um auch das Instrument der Input-Output-Rechnung für die Zwecke der Strukturberichterstattung einsetzen zu können.

Strukturwandel vollzieht sich nicht unbeeinflußt von wirtschaftspolitischen Eingriffen. Berücksichtigt werden müssen dabei sowohl die strukturellen Wirkungen der globalen Wirtschaftspolitik als auch die Strukturpolitik im engeren Sinne, die auf die Beeinflussung der Wirtschaftstätigkeit einzelner Sektoren oder bestimmter Aktivitätsbereiche in den Unternehmen gerichtet sind.

Um diese wirtschaftspolitischen Aktivitäten in ihren Wirkungen auf den strukturellen Wandel untersuchen zu können, ist es notwendig, auch die **zeitliche Dimension** des Strukturwandels in die Betrachtung einzubeziehen und die Untersuchungen nicht nur auf die Entwicklung zwischen einzelnen Stichjahren in großen Zeitabständen zu beschränken.

Wird die zeitliche Dimension des Strukturwandels berücksichtigt, so verwischen sich auch die Grenzen zwischen strukturellen und konjunkturellen Entwicklungen. Unter wirtschaftspolitischem Aspekt wird das Verhältnis zwischen beiden Analysebereichen bestimmt von der Einschätzung der Wirksamkeit von Maßnahmen, die entweder auf die kurzfristige Steuerung des Wirtschaftsprozesses im Rahmen der Konjunkturpolitik abstellen oder aber längerfristig angelegt sind, unbeschadet der Schwierigkeiten, die es bereitet, die Politikbereiche auch hier auseinanderzuhalten. Aus der Forderung nach einer Strukturberichterstattung wird jedoch deutlich, daß sich die Gewichte hier verlagert haben. Die Einsicht gewinnt an Boden, daß es für eine erfolgversprechende Steuerung der wirtschaftlichen Entwicklung in zunehmendem Maße auf die Wirkungen - auch konjunkturpolitischer Maßnahmen - auf längere Frist ankommt. Insofern ist eine Urteilsbildung auch über den Einsatz konjunkturpolitischer Maßnahmen unter strukturellen Aspekten erforderlich.

Dennoch hat es die Analyse des Strukturwandels überwiegend mit mittelfristigen Entwicklungstendenzen zu tun. Daraus folgen auch methodische Konsequenzen. Anders als in Konjunkturanalysen dürfen nur wenige Sachverhalte als **exogene Faktoren** ausgeklammert werden. Als exogen werden dabei solche Faktoren bezeichnet, die Wirkungen auf die analysierten Sachverhalte haben, ohne selbst von diesen Sachverhalten wesentlich beeinflußt zu werden. Bekannt ist in diesem Zusammenhang das Beispiel der Analyse von Investitionswirkungen; in kurzer Sicht wird nur der Einkommenseffekt von Investitionen betrachtet, während der Kapazitätseffekt ausgeklammert bleibt. In längerfristigen Analysen spielen dagegen die Zusammenhänge zwischen Investitionstätigkeit und Entwicklung des Produktionspotentials eine wesentliche Rolle.

Dennoch werden auch im folgenden bestimmte Einflüsse als exogene Faktoren angesehen. Diese Wahl wird auch durch Erwägungen über den Spielraum für Einflußnahmen mitbestimmt, weil vor allem solche Faktoren als exogen bei einer Analyse des sektoralen Strukturwandels gelten müssen, die nur schwer oder sehr langfristig politisch beeinflußbar sind.

Exogene Faktoren in diesem Zusammenhang sind insbesondere die demographische Entwicklung sowie Einflüsse der Entwicklung des Welthandels und der internationalen Arbeitsteilung einschließlich politisch gewollter Kooperationsformen sowie währungspolitischer Rahmenbedingungen. Auch die technologische Entwicklung ist zum Teil als exogener Faktor zu betrachten; zwar will die Strukturpolitik auch die technische Entwicklung beeinflussen, dennoch werden viele technologische Entwicklungslinien in einem internationalen Kontext bestimmt.

In seinen Vorstellungen über die Inhalte der Strukturberichterstattung ist der Auftraggeber davon ausgegangen, daß für die Erklärung des sektoralen Strukturwandels Überlegungen für das Bundesgebiet als Ganzes ausreichen. Bereits in seinen Vorschlägen zur Konzeption einer Strukturberichterstattung hat das DIW allerdings darauf hingewiesen, daß man in vielen Untersuchungsbereichen ohne die Berücksichtigung der **regionalen Dimension** des Strukturwandels nicht auskommt. Dies ist auch im Verlauf der Arbeiten zu dieser Strukturberichterstattung wieder deutlich geworden. In einer Untersuchung über die Möglichkeiten und Grenzen einer Regionalisierung der Strukturberichterstattung ist auf die Untersuchungsbereiche, auf die es in diesem Zusammenhang ankommt, auch im einzelnen eingegangen worden[1]. Es wäre zu begrüßen, wenn die Strukturberichterstattung in dieser Richtung erweitert werden würde.

---

1 Möglichkeiten und Grenzen der Regionalisierung der sektoralen Strukturberichterstattung, Gutachten im Auftrag des Bundesministers für Wirtschaft, Veröffentlichung in Vorbereitung.

1.2 Globale Messung des Strukturwandels

1.2.1 Daten zur Messung des Strukturwandels

Zur Messung der Strukturverhältnisse und ihrer Entwicklung auf gesamtwirtschaftlicher und sektoraler Ebene sind Informationen notwendig, die sich auf die gesamte Untersuchungsperiode, im vorliegenden Fall auf die Zeit ab 1960 beziehen und möglichst nahe an die Gegenwart heranreichen sollten. Zahlreiche der Informationen, die von den mit der Strukturberichterstattung befaßten wirtschaftswissenschaftlichen Forschungsinstituten angefordert wurden[1], hat das Statistische Bundesamt erarbeitet und bereitgestellt, insbesondere lange Reihen aus der volkswirtschaftlichen Gesamtrechnung über die Produktion, den Faktoreinsatz und die Nachfrage in tiefer Gliederung nach Wirtschaftsbereichen[2]. Trotzdem reichen die amtlichen Daten (noch) nicht aus[3], um alle als wichtig angesehenen Merkmale und Merkmalsausprägungen des gesamtwirtschaftlichen und sektoralen Strukturwandels zu analysieren. Deshalb sind sie vom DIW in vielfältiger Weise ergänzt und erweitert worden. Ergänzt wurden u. a. lange Reihen bezüglich ihrer Aktualität (teilweise bis 1979), durch Vervollständigung vor 1970 und durch Preisbereinigung zur Basis 1970, erweitert wurde die Datenbasis z. B. durch die Ermittlung von Investitionsreihen in der Gliederung nach Lieferbereichen, durch Verbrauchsmatrizen und durch die Berechnung von Subventionen.

---

[1] Vgl. hierzu M. Engelmann und Mitarbeiter: Ergebnisse der Volkswirtschaftlichen Gesamtrechnungen für Zwecke der sektoralen Strukturberichterstattung, in: Wirtschaft und Statistik, Heft 10/1979, S. 715 - 732 und S. 719* - 725*.

[2] Statistisches Bundesamt (Hrsg.): Volkswirtschaftliche Gesamtrechnungen, Fachserie 18, Reihe S.3, Ergebnisse der Volkswirtschaftlichen Gesamtrechnungen 1960 bis 1976 nach Wirtschaftsbereichen und Gütergruppen, Stuttgart und Mainz, Dezember 1979.

[3] Zu den für die Zukunft geplanten Arbeiten des Statistischen Bundesamtes für Zwecke der Strukturberichterstattung, vgl. M. Engelmann: Strukturberichterstattung und Statistik, in: Strukturberichterstattung. Ein Informationsinstrument der Wirtschaftspolitik? Dokumentation des BDI/IW-Symposions vom 4. und 5. Dezember 1979 in Köln, Köln 1980, S. 113 - 130.

Das Statistische Bundesamt hat für Zwecke der Strukturberichterstattung im Mai dieses Jahres nach Gütergruppen gegliederte Input-Output-Tabellen für die Jahre 1970 und 1974 bereitgestellt. Da jedoch vergleichbare Daten für die Zeit vor 1970 fehlen, sah sich das DIW gezwungen, weiterhin seine eigenen - gegenüber dem Zwischenbericht überarbeiteten - institutionell abgegrenzten Input-Output-Tabellen mit 34 Wirtschaftszweigen zu verwenden. Die Disaggregation nach 34 Sektoren, die der Aufteilung von Produktion und Wertschöpfung in der zunächst revidierten volkswirtschaftlichen Gesamtrechnung entsprach, mußte gewählt werden, weil die Erstellung und Umrechnung von Input-Output-Tabellen sehr aufwendig ist und zu Beginn der Arbeiten noch nicht feststand, wann die vom Statistischen Bundesamt speziell für die Strukturberichterstattung erarbeiteten Reihen der Bruttoproduktionswerte und der Bruttowertschöpfung in tiefer Gliederung nach Wirtschaftsbereichen[1] vorliegen würden. Zusätzlich zu den Input-Output-Tabellen wurde bei der Ausarbeitung dieses Berichts auf die inzwischen neuberechnete Anlagevermögensrechnung und die Potentialrechnung zurückgegriffen.

Alle diese Informationen werden herangezogen, um die in den ausgewählten Stichjahren (z. B. 1962, 1972, 1976) bzw. im gesamten Beobachtungszeitraum (1960 - 1979) jeweils vorhandenen strukturellen Gegebenheiten, ihre Veränderungen und ihre Wechselbeziehungen aufzuzeigen. Mit anderen Worten: Die aus den Querschnitts- und aus den Längsschnittbetrachtungen resultierenden Ergebnisse sind statistische Grundlage für die globale Messung des Strukturwandels.

---

1 Dies hat zur Folge, daß die zukünftigen Input-Output-Tabellen des DIW wieder ca. 60 Wirtschaftszweige unterscheiden werden.

1.2.2 Verfahren zur Messung des Strukturwandels

Der einfachste Strukturbegriff stellt auf die Zerlegung einer Größe in ihre Teile ab. Er kann, um zwei Beispiele zu nennen, auf die direkten Exportquoten als Anteil der Ausfuhr am Produktionswert ebenso wie auf den auf die einzelnen Verwendungszwecke des privaten Verbrauchs entfallenden Konsumanteil angewendet werden. Ergänzt man die Anteilssätze und ihre Veränderungen um Wachstumsraten, ist es auch möglich - wie mehrfach in diesem Gutachten geschehen - das Wechselspiel von Strukturveränderungen und Wachstum zu analysieren. Man kann aber auch die Elastizitätskoeffizienten betrachten, die auf die unterschiedlichsten Aggregate (z. B. Privater Verbrauch und Einfuhr) und Teilaggregate (z. B. Privater Verbrauch in der Gliederung nach Gütergruppen und Einfuhr in der Aufteilung nach inländischen Verwendungsbereichen) anwendbar sind.

In den Zwischenberichten zur Strukturberichterstattung haben die Forschungsinstitute den Versuch gemacht, den gesamtwirtschaftlichen Strukturwandel zu messen. In der Tabelle 1.2/1 sind die dabei angewendeten Verfahren zur Messung des Strukturwandels zusammengestellt; sie werden ergänzt um andere in der Bundesrepublik angewendete Verfahren sowie um eine neue, vom DIW in diesem Bericht erstmals verwendete Meßziffer. Alle Verfahren gehen aus von einer Gegenüberstellung von Teilaggregaten für verschiedene Beobachtungszeiträume, wobei die Teilaggregate als Prozentanteile am Ganzen ausgedrückt sind. Die sich ergebenden Unterschiede werden - je nach dem gewählten Ansatz - als Absolutgrößen, als relative Größen oder als mit Zuwachsraten kombinierte Größen summiert; nicht alle Ansätze erfüllen die an eine Strukturveränderungsmaßzahl zu stellenden mathematischen Mindestanforderungen[1].

---

1 Hierzu und zur genauen Beschreibung der Formeln sowie der methodischen Grundlagen vgl. den Anlagenband.

Tabelle 1.2/1

In der Bundesrepublik angewendete Verfahren zur Messung des Strukturwandels

Methode	Anwender		Quelle
1. Betragssummen-Norm	a)	IAB 1969	1)
	b)	R. Krengel 1976/77	2)
	c)	RWI 1979	3)
	d)	DIW 1979	4)
2. Euklidische Norm	a)	R. Krengel 1976/77	2)
	b)	DIW 1979	4)
	c)	IfW 1979	5)
3. Betragssumme der relativen Differenzen	a)	R. Krengel 1976/77	2)
	b)	RWI 1979	3)
	c)	DIW 1979	4)
	d)	IfW 1979	5)
4. Informationsgewinn	a)	R. Krengel 1976/77	2)
	b)	DIW 1979	4)
5. Zuwachsraten-Maßzahl	a)	Sachverständigenrat 1965	6)
	b)	HWWA 1979	7)
6. Neue DIW-Maßzahl		DIW 1980	8)

1) H.-J. Dinter: "Zum Tempo von Strukturwandlungen", in: IAB-Mitteilungen, Nr. 6/1969, S. 447 f.- 2) R. Krengel: "Strukturwandel im Bereich der Produktionsfaktoren", Referat auf der 47. Jahreshauptversammlung der Deutschen Statistischen Gesellschaft am 2.12.1976 in Berlin; veröffentlicht in: "Allgemeines Statistisches Archiv", Heft 1/1977, S. 30 ff. - 3) Zwischenbericht des RWI 1979, S. 40.- 4) Zwischenbericht des DIW, S. 15 ff.- 5) Zwischenbericht des IfW 1979, S. 20 f.- 6) Sachverständigenrat: Jahresgutachten 1965/66, S. 197 f.- 7) Zwischenbericht des HWWA, S. 28.- 8) Schlußbericht des DIW 1980.

Derartige Meßziffern ermöglichen es, den Strukturwandel zu beschreiben. Sie liefern allerdings weder Begründungen noch geben sie für sich genommen die Richtung an, in der sich die strukturellen Veränderungen vollzogen haben. Der Untersuchungsprozeß wird lediglich insofern erleichtert, als man bei Analysen des Strukturwandels in Teilaggregaten feststellen kann, ob erhebliche Strukturveränderungen stattgefunden haben.

Eine ganz andere Fragestellung liegt vor, wenn man nicht den Strukturwandel selber, sondern seine Auswirkungen auf eine Gesamtheit messen will. Hierzu dient der Struktureffekt bzw. die Strukturkomponente, eine Maßzahl, die nur die strukturbedingte Veränderung einer Gesamtheit oder eines Durchschnitts erfaßt. Durch sie wird der Teil der Veränderung der Größe eines Aggregats bzw. eines Teilaggregats gemessen, der rechnerisch auf intrastrukturelle Änderungen einer Komponente des Aggregats bzw. des Teilaggregats zurückzuführen ist. Ermittelt werden kann dieser Struktureffekt im Wege der modellmäßigen Komponentenzerlegung, die z. B. beim Zurückführen der Produktionsentwicklung auf endnachfrage- und koeffizientenbedingte Produktionsänderungen sowie bei der Aufspaltung der Exportentwicklung in eine Wettbewerbs- und eine Strukturkomponente angewendet wurde. Dabei werden die verschiedenen Elemente einer Größenveränderung isoliert, indem die Auswirkung jedes Faktors bzw. seiner Struktur bei Konstanz aller anderen Elemente auf das Ergebnis quantifiziert wird. Der Struktureffekt kann die Richtung struktureller Veränderungen aufzeigen und durch seine Größenordnung auch Auskunft über die Stärke des Strukturwandels geben. Ob die Richtung und die Größe eines Struktureffekts jedoch Tendenzaussagen erlauben oder ob es konjunkturell bedingte oder sogar eher zufällige Rechenergebnisse sind, kann nur durch ergänzende Analysen festgestellt werden, zu denen auch Verlaufsanalysen gehören können.

Die Ausführungen in den folgenden Kapiteln werden deutlich machen, daß je nach der spezifischen Fragestellung die eine oder andere Maßzahl zur Erfassung des gesamtwirtschaftlichen und sektoralen Strukturwandels Verwendung findet. Es wird sich zeigen, daß es **die** Meßziffer für **den** Strukturwandel nicht gibt, ebensowenig wie **einen** allgemein akzeptierten Indikator zu seiner Messung. Hier ist die Situation vergleichbar mit derjenigen der Konjunkturanalyse, wo letztlich - trotz der Versuche mit zusammengewichteten Globalindikatoren - viele Einzelindikatoren zur Beurteilung des Gesamtbildes herangezogen werden müssen.

1.2.3 Tempo des Strukturwandels

Diese Relativierung gilt nicht nur für die Verfahren zur Messung des Strukturwandels, sondern ebenso für die Messung seines Tempos. Das haben die Zwischenberichte der an der Strukturberichterstattung beteiligten Forschungsinstitute deutlich gezeigt, deren Aussagen zum Tempo des Strukturwandels teilweise auf unterschiedlichen Meßgrößen, Meßkonzepten und Periodenabgrenzungen beruhen. Um eine bessere Vergleichbarkeit der Ergebnisse zu erreichen, sind alle von den Instituten benutzten Verfahren zur Messung des gesamtwirtschaftlichen Strukturwandels (vgl. Tabelle 1.2/1) auf die gleichen Variablen (Bruttowertschöpfung zu Preisen von 1970 und Erwerbstätige in der Disaggregation nach 48 Wirtschaftszweigen[1]) und für den gleichen Beobachtungszeitraum 1960 bis 1977/78 angewendet worden. Die Resultate sind in den Schaubildern 1.2/1 und 1.2/2 zusammengestellt.

Dem Schaubild 1.2/1 ist zu entnehmen, daß alle auf die reale Bruttowertschöpfung angewendeten Maßzahlen - mit Ausnahme der Betragssumme der relativen Differenzen (Nr. 3) - zu weitgehend übereinstimmenden Ergebnissen führen. Z. B. fällt das Minimum des gesamtwirtschaftlichen Strukturwandels nach allen fünf Methoden in die Zeit 1962/63, und das Maximum liegt einheitlich in 1974/75. Ohne Ausnahme lassen alle von den Instituten verwendeten Meßziffern - vom aufwärts gerichteten Trend aus betrachtet - für die Bruttowertschöpfung eine Zunahme des Strukturwandels in der Untersuchungsperiode erkennen.

Besonders stark ausgeprägte Strukturwandlungen fanden 1973/74 und 1974/75 sowie von 1966/67 bis 1968/69 statt. War die Ursache hierfür in den siebziger Jahren die erste Ölkrise und die ihr folgende Weltrezession, so wurden die Strukturveränderungen von 1966 bis 1969 durch die auf die Bundesrepublik beschränkte Rezession von 1966/67 und durch die rasche Erholung hiervon ausgelöst. Insgesamt zeigen die Berechnungen, daß die Zyklen der Strukturmaßzahlen mit den Zyklen der Produktionsentwicklung keineswegs immer genau übereinstimmen, jedoch sind Jahre mit starken konjunkturellen Ausschlägen meistens Jahre zunehmender bzw. abnehmender Strukturveränderungen.

---

1 Der Disaggregationsgrad richtet sich nach der vom Statistischen Bundesamt für die Erwerbstätigen bereitgestellten Sektorengliederung. Deshalb ist die tiefere Gliederung der Bruttowertschöpfung aus Vergleichsgründen auch nach 48 Wirtschaftszweigen zusammengefaßt worden.

Schaubild 1.2/1

Strukturmeßziffern 1960 bis 1977
– Bruttowertschöpfung zu Preisen von 1970 –

logarithmischer Maßstab

1. Betragssummen-Norm (RWI, DIW)
2. Euklidische Norm (IfW, DIW)
3. Betragssumme der relativen Differenzen (RWI, IfW, DIW)
4. Informationsgewinn (DIW)
5. Zuwachsraten-Maßzahl (HWWA)
6. Neue DIW-Maßzahl

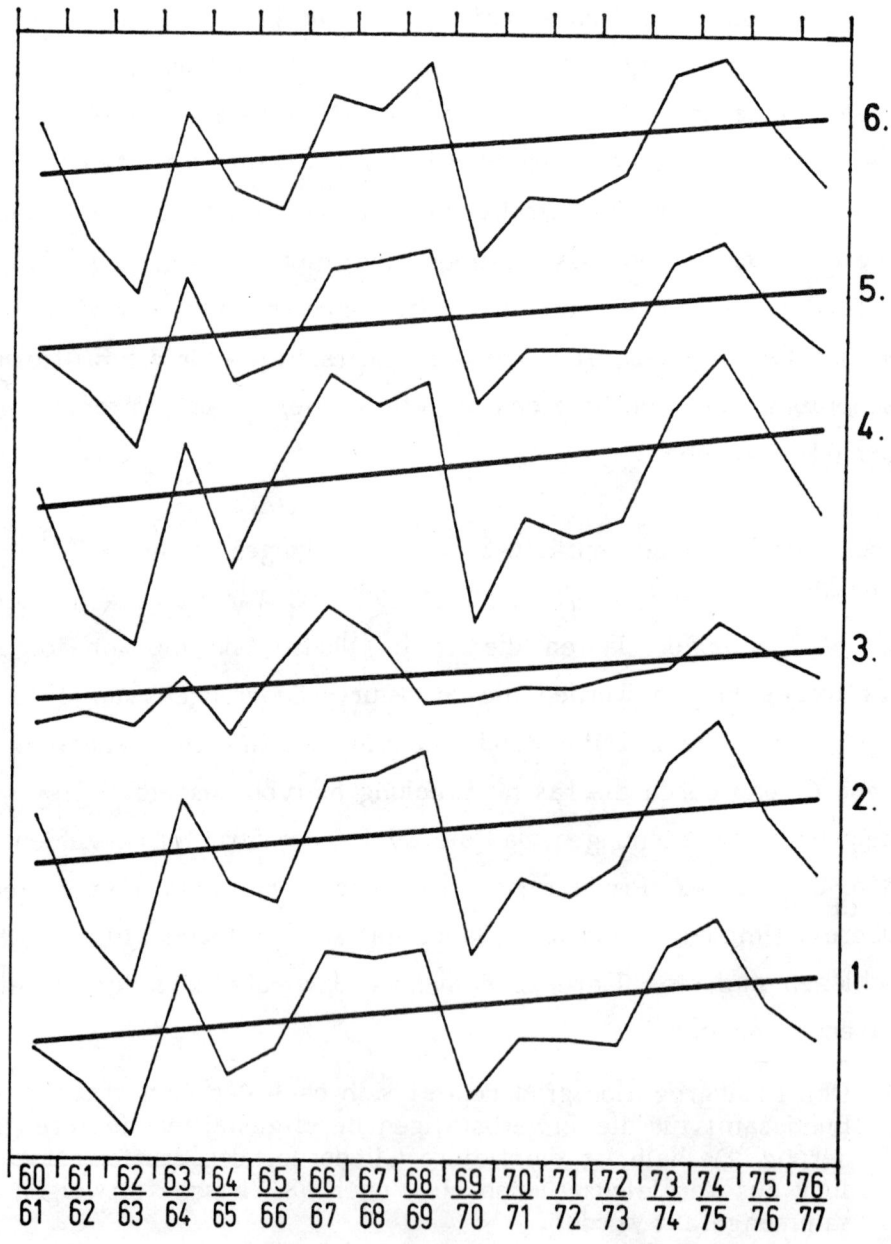

Auch bei den auf die Erwerbstätigen angewendeten Maßzahlen ergeben sich - wiederum mit Ausnahme der Meßmethode 3 - weitgehend übereinstimmende Ergebnisse. Das zeigt das Schaubild 1.2/2, dem aber gleichfalls zu entnehmen ist, daß die Trends im Vergleich zu den für die Bruttowertschöpfung ermittelten (vgl. Schaubild 1.2/1) entgegengesetzt verlaufen. Haben die sechs Meßziffern für die Wertschöpfung eine Zunahme der Strukturveränderungen angezeigt, so weisen sie bei den Erwerbstätigen auf eine Verringerung hin. Dieser Unterschied kann jedoch kaum überraschen, weil sich struktureller Wandel bei der Wertschöpfung bzw. Produktion - in aller Regel - ungehindert auswirkt, während er bei den Erwerbstätigen in seinem Vollzug durch vielerlei Maßnahmen, auch gesetzlicher Natur, in Schranken gehalten wird.

Liegt das Maximum des Strukturwandels bei der Bruttowertschöpfung in den Jahren 1974/75, so fallen die größten Strukturveränderungen bei den Erwerbstätigen nach Aussage der fünf relevanten Meßziffern in die Zeit 1966/67 (vgl. Schaubild 1.2/2); am geringsten sind sie am Ende des Untersuchungszeitraums in den Jahren 1977/78, im Gegensatz zur Wertschöpfung, für die das Minimum des Strukturwandels am Anfang der Untersuchungsperiode (1962/63) liegt.

Die Auswirkungen der in den siebziger Jahren betriebenen Beschäftigungspolitik spiegeln sich in den Strukturmeßziffern wider: Die kurze und relativ schwache Rezession von 1966/67 veränderte die Beschäftigungsstruktur nachhaltiger als die erste Ölkrise 1973/74 und die nachfolgende Weltrezession 1974/75.

Dieses Ergebnis kann in unterschiedlicher Weise interpretiert werden. Einmal kann man darauf hinweisen, daß der Strukturwandel durch die Wirtschaftspolitik in den siebziger Jahren besser sozial abgesichert wurde als vorher. Man kann dieses Ergebnis aber auch dahingehend interpretieren, daß der Strukturwandel durch die Abnahme der Mobilität bei den Erwerbstätigen verlangsamt wurde. In jedem Falle ist die Entkoppelung des Strukturwandels in der Produktion von dem bei

Schaubild 1.2/2
Strukturmeßziffern 1960 bis 1978
– Erwerbstätige –
logarithmischer Maßstab

1. Betragssummen-Norm (RWI, DIW)
2. Euklidische Norm (IfW, DIW)
3. Betragssumme der relativen Differenzen (RWI, IfW, DIW)
4. Informationsgewinn (DIW)
5. Zuwachsraten-Maßzahl (HWWA)
6. Neue DIW-Maßzahl

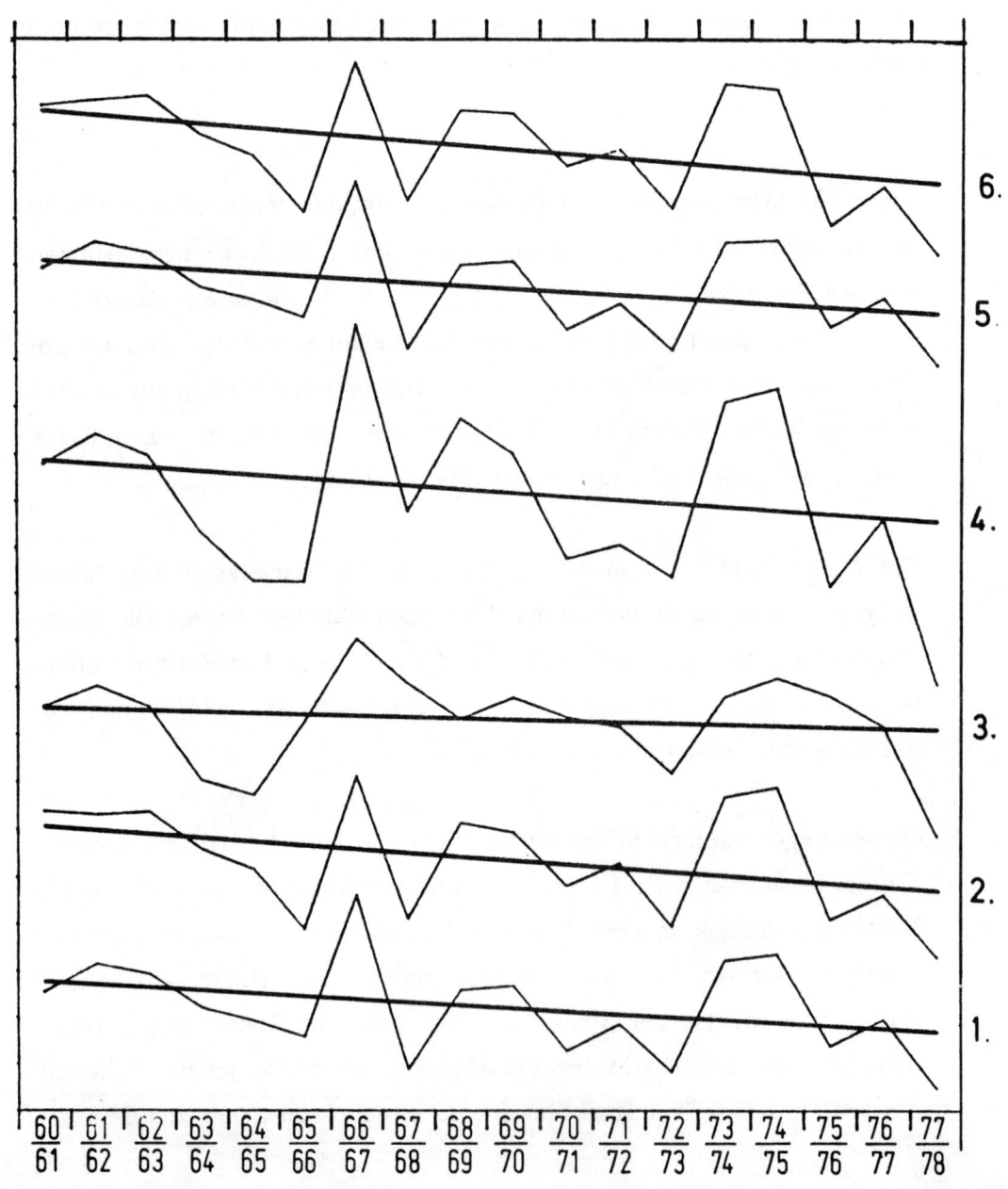

den Erwerbstätigen ein sehr wichtiges Ergebnis einer derartigen gesamtwirtschaftlichen Analyse.

Die Gegenüberstellung der Ergebnisse für die Bruttowertschöpfung und die Erwerbstätigen hat bestätigt, daß bei der globalen Messung des Strukturwandels angegeben werden muß, welche Variablen in welcher Sektorgliederung und für welche Untersuchungsperiode der Messung zugrunde liegen. Es gibt mehrere Maßzahlen, um die Strukturveränderungen einer Volkswirtschaft zu messen, aber es ist nicht möglich, die beste Meßziffer zu bestimmen. Fünf der sechs vorgestellten Meßverfahren haben einen gleichmäßigen Verlauf angezeigt; außerdem ergaben sie eine meist gut übereinstimmende zeitliche Plazierung der Maxima und Minima. Aus der unterschiedlichen Trendrichtung des Verlaufs der Meßziffern wurde die These einer Zunahme des gesamtwirtschaftlichen Strukturwandels gemäß der Entwicklung der Bruttowertschöpfung und einer Abnahme der Strukturveränderungen aufgrund der Erwerbstätigenentwicklung abgeleitet. Bei der Interpretation der Ergebnisse ist zu beachten, daß in allen Fällen auf eine Auslastungsbereinigung verzichtet wurde, um auch die von Konjunktureinflüssen ausgehenden strukturellen Änderungen - die sich ja gezeigt haben - berücksichtigen zu können.

2 Gesamtwirtschaftlicher und sektoraler Strukturwandel

2.1 Determinanten des gesamtwirtschaftlichen Strukturwandels

In den einleitenden Ausführungen ist deutlich gemacht worden, daß sich Strukturwandel nicht nur in sektoralen, sondern auch in gesamtwirtschaftlichen Dimensionen vollzieht. Freilich besteht ein enger Zusammenhang zwischen sektoralem und gesamtwirtschaftlichem Strukturwandel. An dieser Stelle sollen zunächst Überlegungen zu den Determinanten des gesamtwirtschaftlichen Strukturwandels angestellt werden. Die Ausprägungen des sektoralen Strukturwandels im einzelnen werden dann im weiteren Verlauf dieser Darstellung erweitert und vertieft.

Dabei ist keinesfalls an eine übergreifende Theorie des strukturellen Wandels gedacht. Es gibt durchaus plausible Gründe, die es fraglich erscheinen lassen, ob es überhaupt eine solche Theorie geben kann. Die zur Debatte stehenden Sachverhalte sind zumeist so komplex, daß herkömmliche Theorien ihnen kaum gerecht werden. Darüber hinaus wird gerade der strukturelle Wandel sowohl in seinen gesamtwirtschaftlichen als auch in seinen sektoralen Dimensionen durch einmalige Ereignisse mitbestimmt, die nur schwer einer allgemeinen theoretischen Behandlung zugänglich sind.

Was dagegen von Nutzen sein kann, ist die Bewertung einer Reihe von Hypothesen über das Zustandekommen strukturellen Wandels auf der Grundlage der angestellten Untersuchungen. Beispiele hierfür sind etwa Hypothesen über die Rolle der relativen Preise zur Steuerung des strukturellen Wandels oder die Frage, ob struktureller Wandel in erster Linie von den Angebotsbedingungen abhängt oder von Änderungen der Nachfrage oder von beiden.

Antworten auf derartige Fragen werden zumeist sehr vorsichtig ausfallen müssen, da sie häufig nur schwache empirische Evidenz für sich beanspruchen können. Außerdem sollte berücksichtigt werden, daß es sich um gesamtwirtschaftliche Aussagen in komprimierter Form handelt, deren sektorale Auffächerung an anderer Stelle erfolgt.

Für die Darstellung liegt es nahe, von einer Gliederung auszugehen, bei der nach Angebotsfaktoren und Nachfragefaktoren getrennt wird. Dabei ergibt sich jedoch die Schwierigkeit, daß die zu behandelnden Sachverhalte häufig beide Aspekte in sich vereinigen. Die Leistungen des Staates sind ein Beispiel dafür: Zum einen fragt der Staat von Unternehmen produzierte Güter und Dienstleistungen nach. Zum anderen beschäftigt er Arbeitskräfte, um ein bestimmtes Angebot zu erstellen. Diese Leistungen kommen in Form von Realtransfers sowohl dem Konsum der privaten Haushalte als auch den Unternehmen zugute. Schwierigkeiten bereitet auch die Einordnung von Aktivitäten der Unternehmen als Angebotsfaktor oder Nachfragefaktor: Unternehmen entfalten z. B. Nachfrage nach Investitionsgütern, um mit diesen Güter und Dienstleistungen zu produzieren und anzubieten.

Es erscheint daher zweckmäßiger, in diesen Fällen beide Dimensionen im Zusammenhang zu erörtern. Für eine solche Vorgehensweise spricht auch, daß die empirische Fundierung von Aussagen in der Regel auf realisierte Größen gestützt werden muß, die zumeist das Resultat des Zusammenspiels von Angebot und Nachfrage sind.

Wenn es um Strukturwandel von Angebot und Nachfrage und die damit verbundenen Anpassungsprozesse geht, ist immer auch die Funktion der relativen Preise angesprochen. Überlegungen zu ihrem Stellenwert als Steuerungsfaktor des Strukturwandels werden daher an vielen Stellen angestellt werden müssen. Vorab werden daher die wesentlichen Argumente zu dieser Frage den Erörterungen im einzelnen vorangestellt.

Aus diesen Überlegungen ergeben sich folgende Gliederungspunkte dieses Abschnitts:

- Strukturwandel und relative Preise,
- Privater Verbrauch,
- Staatliche Aktivitäten,
- Außenwirtschaftliche Verflechtung,
- Investitionen und Kapitalausstattung,
- Produktion und Beschäftigung.

2.1.1 Strukturwandel und relative Preise

In der ökonomischen Theorie werden relative Preise als Ausdruck von Knappheitsverhältnissen angesehen. Daher spielen sie als Steuerungsinstrument für Mengenreaktionen eine zentrale Rolle. Dabei wird angeknüpft an Überlegungen über die Verhaltensweisen sowohl von privaten Haushalten als auch von Unternehmen: Bei gegebener Präferenzstruktur reagieren die privaten Haushalte in ihrer Güternachfrage auf Änderungen der Preisrelationen zumeist in der Weise, daß sie von den vergleichsweise teurer gewordenen Gütern weniger nachfragen und umgekehrt. In gleicher Weise hängt die Nachfrage der Unternehmen nach substituierbaren Produktionsfaktoren bei gegebener Technologie von den Faktorpreisrelationen ab.

Schon auf der Ebene einzelner Unternehmen und Haushalte ist eine Reihe von Modifikationen dieses einfachen Modells notwendig, um es der Realität anzunähern. Private Haushalte disponieren im allgemeinen nicht nur über die Aufteilung eines gegebenen Budgets zu einem bestimmten Zeitpunkt, sondern beziehen ihre Einkommenserwartungen und die davon beeinflußten Änderungen ihrer Präferenzen in ihre Überlegungen ein. Dies kann im Ergebnis dazu führen, daß sich ihre Nachfrage auch in realen Terms verstärkt auf solche Güter oder Dienstleistungen richtet, deren Preise überproportional steigen.

Ebenso wie bei den privaten Haushalten bedarf auch das Grundmodell für die Nachfrage der Unternehmer nach Produktionsfaktoren der Ergänzung. An die Stelle von Einkommenserwartungen treten hier Absatzerwartungen; den Änderungen der Präferenzstruktur entspricht der Wandel im technologischen Bereich. Die Frage ist nun, welche

Rolle in einem derart erweiterten Modell die relativen Preise für das Einsatzverhältnis der Produktionsfaktoren zueinander spielen.

Auch hier läßt sich für das einzelne Unternehmen zunächst genau so argumentieren wie für den einzelnen privaten Haushalt. Wenn die Angebotsverhältnisse für die nachgefragten Produktionsfaktoren und damit die Faktorpreisrelationen ein Datum sind, wird der Unternehmer im Rahmen der technologischen Gegebenheiten diejenige Faktorkombination wählen, bei der seine Kosten minimiert werden. Erwartet er eine Ausweitung seines Absatzes, so wird er nicht nur im Rahmen der bisher eingesetzten Technologie erweitern, sondern gleichzeitig versuchen, neue Technologien einzusetzen. Im Verlaufe eines solchen Expansionsprozesses eröffnen sich für ihn auch dann Substitutionsmöglichkeiten, wenn für die bereits installierten Produktionsprozesse limitationale und damit von den Faktorpreisrelationen unabhängige Einsatzverhältnisse gelten.

Diese Überlegungen lassen sich unmittelbar auf Wirtschaftszweige übertragen: Die Aggregation von Produktionsprozessen auf unterschiedlichen technologischen Niveaus führt dazu, daß im Zeitverlauf sich ändernde durchschnittliche Faktoreinsatzverhältnisse ausgewiesen werden.

Für Haushalte kommt in makroökonomischer Betrachtung ein weiteres Element hinzu: Während für den einzelnen Haushalt die in den Preisrelationen zum Ausdruck kommenden Angebotsverhältnisse ein Datum sind, werden durch die Nachfrageentscheidungen vieler auch die Angebotsbedingungen selbst verändert. Änderungen der Preisrelationen sind damit nicht mehr nur Signal für die Haushalte, ihre Budgetplanung zu überprüfen, sondern auch Signal für veränderte Absatzbedingungen, mit denen sich die Unternehmen konfrontiert sehen.

Absatzbedingungen verändern sich nicht nur aufgrund von Nachfrageimpulsen, sondern reagieren auch auf Impulse der Angebotsseite. Dies zeigen Untersuchungen der Reaktionen auf Innovationen und sich daran anschließende Verwertungs- und Preisstrategien der Unternehmen einzelner Wirtschaftszweige.

Die Aggregation erschwert auch an einer weiteren Stelle den Nachweis möglicher Substitution der Produktion eines Wirtschaftszweiges durch die Produktion anderer Wirtschaftszweige. Durch Aggregation einzelner zum Teil substituierbarer Produkte zum Gesamtoutput eines Wirtschaftszweiges werden viele Substitutionsvorgänge in den Haushalten zugedeckt, so daß sich die Dominanz des Einkommenseffektes gegenüber dem Preiseffekt auf aggregierter Ebene oft stärker zeigt als auf der Ebene einzelner Produkte.

Das bisher Gesagte ist u. a. eine Erklärung dafür, warum in den hier durchgeführten empirischen Untersuchungen der Einfluß der Faktorpreise auf den Strukturwandel sich zumeist als nicht signifikant erwies. Auch wenn man dieses Ergebnis angesichts der zahlreichen in diesem Zusammenhang vorliegenden methodischen Schwierigkeiten - es sei nur an das Problem erinnert, die Einflüsse solcher Faktoren voneinander zu trennen, die sich parallel entwickeln - vorsichtig interpretieren muß, sollte sich andererseits die Wirtschaftspolitik nicht darauf verlassen, daß die im Strukturwandel notwendigen Anpassungsprozesse vor allem aufgrund von Veränderungen der relativen Preise zustandekommen.

2.1.2 Privater Verbrauch

Betrachtet man die privaten Haushalte, so sind die Ursachen für Wandlungen in der Zusammensetzung des privaten Verbrauchs häufig auch Bestimmungsfaktoren für Niveau und Struktur des staatlichen Leistungsangebots. Wenn beide Komponenten der konsumtiven Nachfrage der privaten Haushalte hier getrennt behandelt werden, so wird dabei nur einer allgemein üblichen Konvention gefolgt. Sie hat ihren Grund auch darin, daß es bisher nicht befriedigend gelungen ist bei den Realtransfers zu trennen zwischen solchen, die privaten Haushalten zugute kommen und anderen, die bei Unternehmen positive externe Effekte auslösen.

Einfluß auf die ökonomischen Aktivitäten der privaten Haushalte nimmt der Staat nicht nur durch sein Leistungsangebot, sondern auch über die Umverteilung der Einkommen: Auf der einen Seite mindern Steuern und Abgaben das Bruttoeinkommen; auf der anderen Seite fließen den privaten Haushalten neben den Erwerbseinkommen auch Transferzahlungen zu, überwiegend in Form von Renten, Kindergeld und anderen Sozialleistungen.

Von 1960 an war der Zuwachs der verfügbaren Einkommen pro Kopf der Bevölkerung Jahr für Jahr größer als der Preisanstieg für Güter des privaten Verbrauchs, so daß die Realeinkommen ständig zugenommen haben. In der ökonomischen Theorie wird häufig davon ausgegangen, daß bei steigenden Realeinkommen - pro Kopf oder pro Haushalt gerechnet - die Quote der Käufe für den privaten Verbrauch abnimmt. Die Ergebnisse der volkswirtschaftlichen Gesamtrechnung (VGR) bestätigen diesen Zusammenhang auch bis Anfang der siebziger Jahre. Seitdem zeigt sich keine eindeutige Tendenz mehr.

Bei der Bewertung dieses Sachverhalts muß berücksichtigt werden, daß die Güterkäufe der privaten Haushalte in der VGR nicht einheitlich behandelt werden: Während die Anschaffung dauerhafter Konsumgüter, wie Kraftfahrzeuge und langlebige Haushaltsgeräte, in den privaten Verbrauch einbezogen wird, werden die Käufe von Eigenheimen als Investitionen im Unternehmensbereich aktiviert und nur in Höhe ihrer Nutzungen in Form kalkulatorischer Mieten im privaten Verbrauch berücksichtigt. Gibt man diese Zuordnung der Eigenheimkäufe privater Haushalte auf und behandelt sie wie jedes andere dauerhafte Konsumgut, so zeigt sich, daß in manchen Jahren mehr als die Hälfte der Ersparnisbildung für die Eigenheimfinanzierung verwendet worden ist. In Tabelle 2.1/1 sind die Ergebnisse einer solchen Umrechnung für das Sozialprodukt, die verfügbaren Einkommen der privaten Haushalte und Unternehmen sowie den Verbrauch und die Ersparnis zusammengestellt worden.

Wie aus Schaubild 2.1/1 deutlich wird, führt die Einbeziehung der Eigenheimfinanzierung und -bewirtschaftung in die Einkommensver-

Tabelle 2.1/1
Bruttosozialprodukt und verfügbare Einkommen der Sektoren
- bei Berücksichtigung der Eigenheime als dauerhaftes Konsumgut -

Jahr	Mrd. DM										Strukturkennziffern				
	Brutto-sozial-produkt 1)	Private Haushalte			Unternehmen			Staat			Ausland Saldo d. laufend. Übertragungen	Private Haushalte		Staat	Unter-nehmen	Ausland
		Verfüg-bares 2) Einkommen	davon		Anteil am BSP	davon		Verfüg-bares Eink. 5)	davon			Ersparnis in vH des verfügb. Eink.	Verfügbares Einkommen in vH des Bruttosozialprodukts	Anteil am Brutto-sozial-produkts	Saldo d. laufend. Übertragungen
			Privater Verbrauch	Ersparnis		Verfügb. Einkom. 4)	Abschreibungen		Staatl. Leistg.	Ersparnis 5)						
1962	352,3	215,8	210,8	5,0	51,6	21,8	29,8	80,4	53,1	27,3	1,5	2,3	61,3	22,8	14,6	1,3
1963	373,1	231,1	223,2	7,9	51,6	18,2	33,4	85,6	59,7	25,9	4,8	3,4	61,9	23,0	13,8	1,3
1964	409,6	252,6	241,5	11,1	59,6	22,3	37,3	92,2	62,5	29,7	5,2	4,4	61,7	22,5	14,5	1,3
1965	447,1	281,6	266,8	14,8	64,8	23,4	41,4	94,5	70,2	24,3	6,2	5,3	63,0	21,1	14,5	1,4
1966	474,9	297,3	284,0	13,3	69,2	23,6	45,6	102,2	76,0	26,2	6,2	4,5	62,6	21,5	14,6	1,3
1967	479,7	303,0	288,5	14,5	71,5	23,3	48,2	98,8	80,7	18,1	6,4	4,8	63,2	20,6	14,9	1,3
1968	519,6	326,9	305,4	21,5	79,2	28,3	50,9	106,1	83,7	22,4	7,4	6,6	62,9	20,4	15,3	1,4
1969	579,9	363,1	333,9	29,2	74,1	18,8	55,3	133,6	94,3	39,3	9,1	8,0	62,6	23,0	12,8	1,6
1970	659,9	404,5	371,9	32,6	93,9	28,8	65,1	151,1	108,1	43,0	10,4	8,1	61,3	22,9	14,2	1,6
1971	735,1	447,8	417,0	30,8	100,5	25,8	74,7	174,2	129,2	45,0	12,6	6,9	60,9	23,7	13,7	1,7
1972	803,6	497,4	459,8	37,6	104,1	22,0	82,1	187,2	144,0	43,2	14,9	7,6	61,9	23,3	12,8	1,9
1973	893,1	539,0	504,9	34,1	109,7	18,6	91,1	227,4	166,7	60,7	17,0	6,3	60,3	25,5	12,3	1,9
1974	957,8	583,4	537,6	45,8	118,6	16,6	102,0	238,3	194,0	44,3	17,5	7,9	60,9	24,9	12,4	1,8
1975	1 003,0	643,6	583,4	60,2	127,0	15,7	111,3	213,2	215,3	- 2,1	19,2	9,4	64,2	21,2	12,7	1,9
1976	1 090,8	682,3	634,3	48,0	141,3	22,0	119,3	248,0	227,2	20,8	19,2	7,0	62,5	22,7	13,0	1,8
1977	1 165,0	726,0	683,9	42,1	145,7	18,2	127,5	274,2	239,4	34,8	19,1	5,6	62,3	23,5	12,5	1,7
1978	1 256,2	775,2	734,8	40,4	172,2	34,9	137,3	290,2	257,2	33,0	18,6	5,2	61,7	23,1	13,7	1,5
1979	1 364,9	839,1	793,3	45,8	190,2	40,0	150,2	314,0	277,9	36,1	21,6	5,5	61,5	23,0	13,9	1,6

1) Ohne kalkulatorische Mieten für Eigenheime.- 2) Ohne Produktionssteuern (abzüglich Subventionen), Zinszahlungen und Entnahmen aus kalkulatorischen Gewinnen bei der Bewirtschaftung von Eigenheimen.- 3) Einschließlich der Ausgaben für den Kauf und die Bewirtschaftung von Eigenheimen; ohne kalkulatorische Mieten für Eigenheime.- 4) Ohne Abschreibungen einschließl. Zinszahlungen für Eigenheime.- 5) Einschließl. Abschreibungen.
Quelle: Volkswirtschaftliche Gesamtrechnungen des Statistischen Bundesamtes und eigene Berechnungen.

wendung der privaten Haushalte nicht nur zu Niveaudifferenzen, sondern auch zu Entwicklungsunterschieden in der Konsumquote. Die privaten Haushalte haben sowohl in der Zeit von 1969 bis 1973 als auch von 1975 an steigende Teile ihres verfügbaren Einkommens für Eigenheime verwendet, so daß die Abschwächung der Sparquote bei Berücksichtigung der Eigenheime als dauerhaftes Konsumgut in diesen Perioden stärker ausfällt.

Von Realeinkommenssteigerungen begünstigt werden auch importierte Güter und Dienstleistungen: Ein markantes Beispiel hierfür ist der steigende Anteil der Auslandsreisen. Auch im Bereich international gehandelter Konsumgüter erweist sich das Ausland als zunehmend konkurrenzfähig.

Während Querschnittsuntersuchungen zu dem Ergebnis geführt haben, daß sowohl die Haushaltsgröße als auch das Alter des Haushaltsvorstands die Konsumstruktur beeinflussen, hat sich diese Hypothese für den gesamten privaten Verbrauch bei Berücksichtigung von Verän-

Schaubild 2.1/1
**Ersparnis der privaten Haushalte
in vH des verfügbaren Einkommens**

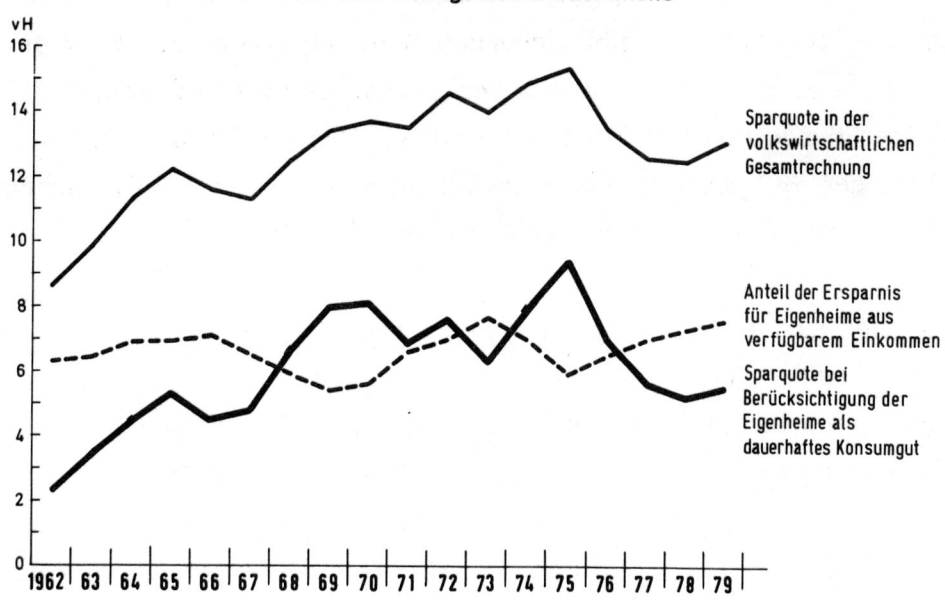

Sparquote in der volkswirtschaftlichen Gesamtrechnung

Anteil der Ersparnis für Eigenheime aus verfügbarem Einkommen

Sparquote bei Berücksichtigung der Eigenheime als dauerhaftes Konsumgut

derungen der Haushaltsstruktur nach diesen Merkmalen im Zeitablauf nicht bestätigt. Offensichtlich sind die in Querschnittsanalysen ermittelten Zusammenhänge durch entgegengerichtete Struktureffekte bei der Zusammensetzung der Haushalte kompensiert worden.

2.1.3 Staatliche Aktivitäten

Mit steigenden Realeinkommen hat auch der Anteil der vom Staat übernommenen Aufgaben zugenommen. Dies bedeutet nicht etwa ein Zurückdrängen privater Aktivitäten, sondern ist Ausdruck einer ständigen Umbewertung der Funktionen des Staates in unserer Gesellschaft. Aufgrund vielfältiger Komplementaritäten zwischen privaten und staatlichen Aktivitäten und der zunehmenden Komplexität des gesellschaftlichen Gefüges ist eine Zunahme von Staatsfunktionen wohl eine Voraussetzung für eine sozial und wirtschaftlich ausgewogene Entwicklung. Es gibt sicherlich Beispiele dafür, daß die Erfüllung einzelner Aufgaben auch anders organisiert werden kann, als dies in der Bundesrepublik heute der Fall ist. Die trendmäßige Entwicklung der Aufgabenverteilung zwischen privatem und öffentlichem Sektor dürfte davon jedoch nur wenig berührt werden.

Solange sich diese Entwicklung in Bahnen bewegt, die die Billigung der Mehrheit der Bevölkerung findet, besteht auch kaum Anlaß, an der Zweckmäßigkeit dieser Funktionsteilung zu zweifeln. Bei der Bewertung eines im Trend steigenden Staatsanteils sollte auch nicht unberücksichtigt bleiben, daß der Staat Leistungen der Wirtschaft nachfragt und als Arbeitgeber zu dem Einkommen der privaten Haushalte beiträgt.

Häufig wird eingewandt, daß mit zunehmendem Anteil staatlicher Aktivitäten die Leistungsbereitschaft der Privaten gemindert werde. Dabei wird jedoch nicht in Rechnung gestellt, daß durch staatliche Leistungen die Produktionsbedingungen der Unternehmen oft nachhaltig verbessert werden, da diese Leistungen im allgemeinen unentgeltlich zur Verfügung gestellt werden. Zwar sind auch Unternehmen an der Finanzierung dieser Leistungen beteiligt, da nur die indirekten Steuern unmittelbar den Käufern und damit letztlich den Konsumenten in Rechnung gestellt werden. Die Belastung des gesamten Unternehmensbereichs mit direkten Steuern ist jedoch in den letzten Jahren in zunehmendem Maße durch rasch expandierende Subventionszahlungen und Investitionszuschüsse gemindert worden.

In Tabelle 2.1/2 ist dieser Transfersaldo auf das Bruttoeinkommen aus Unternehmertätigkeit und Vermögen bezogen worden. Um das Bild nicht zu verzerren, wurden die Subventionen und die Investitionszuschüsse (in der Abgrenzung der VGR) an die Bundesbahn, die Bundespost und den Bereich Wohnungsvermietung in dieser Rechnung unberücksichtigt gelassen; dementsprechend sind auch die Einkommen vermindert worden. Über die Steuerbelastung der Einkommen aus

Tabelle 2.1/2

Besteuerung und Subventionierung der Einkommen aus Unternehmertätigkeit und Vermögen[1]

	Bruttoeinkommen aus Unternehmertätigkeit und Vermögen 2)	direkte Steuern auf das Einkommen aus Unternehmertätigkeit und Vermögen 3)	Subventionen und Investitionszuschüsse 1)	Nettobelastung	in vH der Bruttoeink. aus Untern.tätigk. und Vermögen
	Mrd. DM				
1960	84,4	19,2	2,7	16,5	19,5
1961	86,2	22,5	3,2	19,3	22,4
1962	90,2	24,7	1,5	23,2	25,7
1963	91,5	25,6	4,5	21,1	23,1
1964	101,0	26,9	5,0	21,9	21,7
1965	106,9	27,6	5,5	22,1	20,7
1966	107,9	28,5	4,8	23,7	22,0
1967	107,4	28,1	5,6	22,5	20,9
1968	123,1	30,6	7,2	23,4	19,0
1969	129,3	34,3	7,1	27,2	21,0
1970	143,9	33,2	10,9	22,3	15,5
1971	155,4	35,2	11,5	23,7	15,3
1972	163,6	38,3	12,2	26,1	16,0
1973	173,0	48,0	14,3	33,7	19,5
1974	172,7	49,8	15,8	34,0	19,7
1975	179,9	46,7	16,4	30,3	16,8
1976	202,2	56,2	22,6	33,6	16,6
1977	214,8	67,2	23,7	43,5	20,3
1978	235	68,4	25,2	43,2	18,4
1979	263	70,9	27,7	43,2	16,4

1) Unternehmen ohne Bundesbahn, Bundespost und Wohnungsvermietung.-
2) Ohne Subventionen.- 3) Ohne Kürzungen für Bundesbahn, Bundespost und Wohnungsvermietung.

Quelle: Volkswirtschaftliche Gesamtrechnungen des Statistischen Bundesamtes und eigene Berechnungen.

Wohnungsvermietung liegen keine Informationen vor. Vermutlich sind sie jedoch nicht sehr hoch, da häufig keine Steuerpflicht vorliegt oder aber mit Verlusten gearbeitet wird. Es wurde daher angenommen, daß sich der Betrag an direkten Steuern durch die Ausklammerung dieser Bereiche nicht verringert.

Die Ergebnisse zeigen, daß von einer progressiven Besteuerung der Einkommen aus Unternehmertätigkeit und Vermögen nicht die Rede sein kann. Im Gegenteil: Die Nettobelastung, die in den sechziger Jahren im Schnitt noch bei 21,5 vH gelegen hat, verringerte sich in den siebziger Jahren um immerhin 4 Prozentpunkte auf durchschnittlich 17,5 vH.

Auch für die privaten Haushalte sind Realtransfers häufig die Voraussetzung, um private Konsumnachfrage in bestimmten Bereichen entfalten zu können. Dies gilt insbesondere für diejenigen Teile des privaten Verbrauchs, die mit steigendem Realeinkommen überproportional zunehmen; der Freizeitkonsum ist ein Beispiel hierfür.

Sucht man nach Gründen für die Entwicklung der Struktur des staatlichen Leistungsangebots, so lassen sich für Einzelbereiche Beziehungen z. B. zur Entwicklung der Bevölkerungszahl in bestimmten Altersgruppen herstellen. Ein Beispiel hierfür ist der für alle Kinder obligatorische Grundschulbesuch. Zum überwiegenden Teil handelt es sich jedoch um die Folgen des Wandels normativer Vorstellungen über das für erforderlich gehaltene Angebot staatlicher Leistungen.

Dieser Wandel normativer Vorstellungen kommt nicht nur in einer Verschiebung der Konsumstruktur zugunsten des staatlichen Leistungsangebots, der personellen und materiellen Infrastruktur also, zum Ausdruck. Auch die Vergrößerung des Anteils der Transferzahlungen am verfügbaren Einkommen der privaten Haushalte, der Sozialleistungen also, ist nicht in erster Linie auf demographische Entwicklungen zurückzuführen, sondern auf normative Vorstellungen über den Empfängerkreis und die Höhe der Transfereinkommen.

Wie aus Tabelle 2.1/3 deutlich wird, machen die Aufwendungen für staatliche Leistungen zusammen mit den Investitionen nur etwa die Hälfte der Ausgaben des Staates aus. Die andere Hälfte entfällt auf Transferzahlungen insbesondere an private Haushalte. Per Saldo handelt es sich hier jedoch weitgehend um eine Umverteilung von Einkommen innerhalb des Sektors der privaten Haushalte im Rahmen der Sozialversicherung.

Bis 1973 konnten die Ausgaben des Staates im wesentlichen mit Einnahmen aus Steuern und sonstigen Abgaben finanziert werden, die Anfang der sechziger Jahre, dann wieder 1969/70 und auch 1973 sogar höher waren als die Ausgaben. 1974 ist ein Übergangsjahr, das überleitet in eine Phase anhaltender Finanzierungsdefizite des Staa-

Tabelle 2.1/3
Einnahmen und Ausgaben des Staates

	Einnahmen				Ausgaben						Finanzie-rungssaldo
	Insgesamt	davon			Insgesamt	davon					
		Steuern	Sozial-beiträge	Übrige Einnahmen 1)		Staatliche Leistungen	Bruttoin-vestitionen	Soziale Leistungen	Sonstige Übertragungen	Zins-zahlungen	
					Mrd. DM						
1960	107,9	69,7	30,4	7,8	98,4	40,8	9,7	36,5	9,2	2,2	9,5
1961	121,5	79,9	33,4	8,2	112,0	46,1	11,4	39,8	12,5	2,2	9,5
1962	133,4	87,8	36,9	8,7	128,1	53,1	14,3	43,6	14,7	2,4	5,3
1963	142,2	93,2	39,7	9,3	138,5	59,7	17,1	45,9	13,1	2,7	3,7
1964	154,8	101,9	42,6	10,3	151,8	62,5	20,9	50,5	15,0	2,9	3,0
1965	165,9	107,8	47,1	11,0	168,5	70,2	20,9	56,5	17,7	3,2	- 2,6
1966	179,0	114,8	52,2	12,0	179,8	76,0	21,2	61,4	17,1	4,1	- 0,8
1967	183,6	117,3	53,6	12,7	190,5	80,7	18,9	67,9	17,8	5,2	- 6,9
1968	198,4	124,0	59,3	14,7	202,9	83,7	20,7	71,4	21,7	5,4	- 4,5
1969	233,2	148,4	68,7	16,1	226,4	94,3	23,9	76,7	25,6	5,9	6,8
1970	260,0	160,0	81,5	18,5	257,8	108,1	30,9	82,8	29,4	6,6	2,2
1971	295,4	181,3	93,5	20,6	296,6	129,2	33,6	92,3	34,1	7,4	- 1,2
1972	328,2	198,6	107,0	22,6	332,2	144,0	33,8	105,2	40,7	8,5	- 4,0
1973	387,7	234,2	127,0	26,5	376,8	166,7	35,1	117,5	47,3	10,2	10,9
1974	420,0	250,6	140,9	28,5	433,6	194,0	40,7	135,5	51,2	12,2	-13,6
1975	433,6	250,5	153,6	29,5	493,4	215,3	40,9	168,0	55,0	14,2	-59,8
1976	488,5	282,0	173,0	33,5	528,7	227,2	40,3	179,8	63,9	17,5	-40,2
1977	535,1	313,7	185,6	35,8	564,3	239,4	39,9	192,9	71,6	20,5	-29,2
1978	570,0	331,3	198,5	40,2	605,5	257,2	44,6	204,2	77,8	21,7	-35,5
1979	612,1	355,2	214,1	42,8	654,4	277,9	51,6	215,4	85,3	24,2	-42,3
					Struktur in vH						
1960	109,7	70,8	30,9	7,9	100	41,5	9,9	37,1	9,3	2,2	9,7
1965	98,5	64,0	28,0	6,5	100	41,7	12,4	33,5	10,5	1,9	- 1,5
1970	100,9	62,1	31,6	7,2	100	41,9	12,0	32,1	11,4	2,6	0,9
1975	87,9	50,8	31,1	6,0	100	43,6	8,3	34,1	11,1	2,9	-12,1
1979	93,5	54,3	32,7	6,5	100	42,5	7,9	32,9	13,0	3,7	- 6,5

1) Einschl. Abschreibungen.- 2) Staatsverbrauch.
Quelle: Volkswirtschaftliche Gesamtrechnung des Statistischen Bundesamtes.

tes. Die Determinanten für diesen Bruch in der Entwicklung, der sich im Jahre 1975 vollzogen hat, betreffen sowohl die Einnahmenseite als auch die Ausgabenseite der öffentlichen Haushalte.

Für die Stagnation der Steuereinnahmen ist die Steuerreform in jenem Jahr allerdings nur zu einem geringen Teil verantwortlich zu machen. Die Kindergeldreform hätte die Steuereinnahmen sogar um 2 bis 3 Mrd. DM erhöhen müssen[1]. Es waren somit fast ausschließlich rezessionsbedingte Steuerausfälle, die die Stagnation der Einnahmen bewirkt haben. Sie dürften in überschlägiger Rechnung in der Größenordnung von 30 Mrd. DM gelegen haben.

---

1 Vgl. G. Frank, Steuerfreibetrag oder Abzug von der Steuerschuld, in: H.-J. Krupp, W. Glatzer (Hrsg.), Umverteilung im Sozialstaat, Frankfurt am Main, 1978, S. 181.

Ursächlich für die überproportionale Zunahme der Ausgaben war die Entwicklung der sozialen Leistungen des Staates, die mit einem Plus von 33 Mrd. DM mehr als doppelt so stark stiegen wie in den Jahren zuvor und danach. Die Kindergeldreform beanspruchte davon 11 Mrd. DM, 6 Mrd. DM entfielen auf zusätzliche Leistungen für Arbeitslose und waren damit ebenso eine Folge der Rezession wie die Steuerausfälle.

Faßt man die Ausfälle an potentiellen Einnahmen in Höhe von 30 Mrd. DM und auf der Ausgabenseite die Kosten der Kindergeldregelung sowie die zusätzlichen Leistungen der Arbeitslosenversicherung zusammen, so sind damit rund drei Viertel des Finanzierungsdefizits der öffentlichen Haushalte im Jahre 1975 in Höhe von rund 60 Mrd. DM erklärt.

Gewollt an dieser Entwicklung waren sicherlich nur die Entlastung der privaten Haushalte durch die Kindergeldreform sowie die freilich minimalen Wirkungen der übrigen Regelungen im Rahmen der Steuerreform. Damit ist der weitaus überwiegende Teil der Finanzierungslücke nicht auf eine veränderte Einstellung zu der Aufgabenteilung zwischen privatem und öffentlichem Sektor zurückzuführen, sondern war konjunkturell bedingt.

Diese Einschätzung wird auch durch die Entwicklung nach 1975 gestützt. Der Staat hat nicht nur aus konjunkturellen Gründen, sondern auch aus Gründen, die mit den an ihn herangetragenen und von ihm wahrzunehmenden Aufgaben zu tun haben, bis in die Gegenwart seine Ausgabenzuwächse zwar vermindert, aber nicht an das verminderte Niveau seiner Einnahmen angepaßt.

Die konjunkturelle Situation und der seit 1975 fast unverändert hohe Sockel an Arbeitslosen haben auch verhindert, daß eine Erhöhung der Steuerbelastung ins Auge gefaßt wurde, um das Defizit zu verringern. Vornehmlich aus verteilungspolitischen Gründen hat es bei den direkten Steuern sogar Tarifsenkungen gegeben.

Mit dem Zukunftsinvestitionsprogramm ist der Versuch unternommen worden, die Aktivitäten des Staates auch auf mittlere Frist diesen Aufgaben entsprechend fortzuentwickeln. Dieses Programm hat wesentlich zur Verbesserung auch der konjunkturellen Entwicklung in den letzten Jahren beigetragen. Das DIW hat wiederholt darauf hingewiesen, daß diese Linie auch künftigen Erfordernissen am ehesten gerecht wird. Die vertiefenden Untersuchungen zu der Entwicklung des staatlichen Leistungsangebots geben keinen Anlaß, von dieser Einschätzung abzurücken. Immerhin sind von 1977 bis 1979 zusätzlich 700 000 Arbeitnehmer zusätzlich beschäftigt worden, von denen nahezu die Hälfte dieser staatlichen Politik zugerechnet werden kann[1].

Dies schließt nicht aus, daß sich die Zusammensetzung der Ausgaben im einzelnen nicht immer an den künftigen Aufgaben orientierte, obwohl Spielraum für eine Umstrukturierung der öffentlichen Haushalte vorhanden ist. Dies gilt insbesondere für den Bereich der Subventionen und Investitionszuschüsse an Unternehmen, deren Anteil an den um interne Transaktionen bereinigten Ausgaben der Gebietskörperschaften sich von knapp 5vH (1960) bis 1979 mehr als verdoppelt und damit ein Niveau erreicht hat, das mit 85 vH nur wenig geringer ist als die Ausgaben für eigene Investitionen der Gebietskörperschaften. Rechnet man die Einnahmenausfälle aufgrund von Steuervergünstigungen hinzu, so wird das Niveau der Investitionsausgaben sogar bei weitem überschritten. Auch für die Infrastrukturbereiche haben sich die Prioritäten gewandelt. Der Stellenwert der staatlichen Aktivitäten in ihrer Gesamtheit wird davon jedoch nicht berührt.

---

1 Vgl. Welchen Beitrag hat die Finanzpolitik zum Aufschwung 1978 und 1979 geleistet? Bearb.: Arbeitskreis Arbeitsmarktperspektiven. In: Wochenbericht des DIW 11/80, S. 121 ff.

2.1.4 Außenwirtschaftliche Verflechtung

Sieht man von konjunkturellen Schwankungen ab, so hat die deutsche Ausfuhr ihren Anteil am Welthandel, gemessen an den nominalen Exporten von 13 Industrieländern, vergleichsweise stetig ausgeweitet. Wie aus Tabelle 2.1/4 deutlich wird, fällt lediglich die Entwicklung in den Jahren 1973 bis 1975 aus dem Rahmen: Die beträchtlichen Anteilsgewinne im Jahre 1973 sind von den Anteilsverlusten in den Jahren 1974/75 im Gefolge der Weltrezession, deren Wirkungen verstärkt worden sind durch die Folgen der Aufwertung 1973, ziemlich genau kompensiert worden. Von 1976 an wird der 1973 verlassene Trend zunehmender Exportanteile am Welthandel fast nahtlos wieder aufgenommen.

Ursächlich für diese Anteilsgewinne waren nicht nur mengenmäßige Zuwächse bei der Ausfuhr, sondern auch überdurchschnittliche Preissteigerungen, die auf ein qualitativ höherwertiges Angebot (Produktdifferenzierung, Service, usw.) hindeuten. In realer Betrachtung hat die Bundesrepublik ihren Anteil am Welthandel bis 1974 etwa gehalten. Die Einbußen im Jahre 1975 sind allerdings nicht wieder aufgeholt worden.

Die durchsetzbaren Preissteigerungen auf dem Weltmarkt haben die Exporteure auch in die Lage versetzt, vergleichsweise hohe Lohnsteigerungen zu verkraften. Sie haben jedoch nicht immer ausgereicht, um den Lohnstückkostenanstieg zu kompensieren. Damit wird deutlich, daß die vergleichsweise günstige Exportentwicklung auch mitbestimmt worden ist durch die Tatsache, daß die Exporteure bei Aufwertungen Erlöseinbußen in Kauf genommen haben, um Marktanteile zu halten.

Die Veränderungen in der Güterstruktur der Ausfuhr zeigen, daß ein ständig zunehmender Anteil auf humankapitalintensive Güter und Dienstleistungen entfällt. Ein typisches Ablaufmuster bei exportie-

Tabelle 2.1/4

Entwicklung des Anteils der Bundesrepublik am Welthandel mit Industriewaren

	reale Exporte in US-$		Entwicklung d. Anteils an den realen Exporten der Industrieländer		nominale Exporte in US-$		Entwicklung d. Anteils an den nominalen Exporten der Industrieländer	
	Industrieländer 1)	BRD			Industrieländer 1)	BRD		
	Zuwachsraten gegenüber dem Vorjahr in vH			Index 1959=100	Zuwachsraten gegenüber dem Vorjahr in vH			Index 1959=100
1960	12,2	14,0	1,5	101,5	14,6	16,7	1,8	101,8
1961	3,7	5,2	1,4	102,9	4,6	10,6	5,8	107,7
1962	5,7	2,2	- 3,3	99,5	5,4	4,7	- 0,6	107,1
1963	7,8	9,9	2,0	101,5	8,6	10,0	1,3	108,4
1964	13,0	11,5	- 1,3	100,2	14,3	11,5	- 2,4	105,8
1965	11,9	9,7	- 2,0	98,2	13,2	10,5	- 2,4	103,3
1966	10,5	10,5	- 0,1	98,1	12,6	13,2	0,6	103,9
1967	7,4	9,5	2,0	100,1	8,2	8,1	0	103,9
1968	14,9	17,0	1,8	101,9	14,6	14,4	- 0,2	103,7
1969	12,4	12,8	0,4	102,3	16,3	17,7	1,2	105,0
1970	7,9	7,5	- 0,3	102,0	14,4	16,9	2,2	107,3
1971	7,5	5,7	- 1,7	100,3	12,6	14,1	1,3	108,7
1972	9,2	9,5	0,3	100,6	17,8	18,7	0,7	109,4
1973	14,1	15,4	1,2	101,8	33,9	45,3	8,5	118,7
1974	12,4	12,2	- 0,2	101,6	35,7	30,9	- 3,5	114,5
1975	- 4,8	-11,1	- 6,6	94,9	7,0	0,8	- 5,7	108,0
1976	11,0	14,0	2,7	97,5	11,9	14,0	1,8	110,0
1977	3,5	4,3	0,7	98,1	12,7	15,0	2,1	112,3
1978	4,1	0,9	- 3,1	95,1	19,8	20,1	0,3	112,6
1979	4,8	6,9	2,0	97,0	19,7	20,1	0,3	112,9

1) EG-Länder (ohne Irland), Österreich, Schweden, Norwegen, USA, Kanada, Japan.
Quelle: Eigene Berechnungen aufgrund von Angaben in den Außenhandelsstatistiken von UN und OECD.

renden Großunternehmen ist, daß in erschlossenen Auslandsmärkten Direktinvestitionen getätigt werden. Wenn damit in Einzelfällen Arbeitsplätze verlorengegangen sind, so handelt es sich häufig um solche, die infolge der internationalen Konkurrenz ohnehin gefährdet waren.

Während die deutsche Ausfuhr sich im Wettbewerb mit anderen auf dem Weltmarkt behaupten muß, spielen bei der Einfuhr in die Bundesrepublik auch Güter eine Rolle, die sich durch heimische Produkte nicht oder nur schwer substituieren lassen. In den siebziger Jahren waren für derartige Güter zum Teil spektakuläre Verteuerungen zu verzeichnen (Mineralöl). So war die zweite Phase sprunghafter Ölpreiserhöhungen in den Jahren 1979/80 die entscheidende Ursache dafür, daß die Leistungsbilanz in den letzten beiden Jahren erhebliche Defizite aufweist. Schon 1979 reichte der Zuwachs des Überschusses im Außenhandel mit Industriewaren (+ 6 Mrd. US-$) nicht annähernd aus, um das sprunghaft gestiegene Defizit bei Brennstoffen (- 10 Mrd. US-$) zusammen mit den wachsenden Defiziten bei den übrigen Gütern (- 3 Mrd. US-$) auszugleichen. Wie aus Tabelle 2.1/5 hervorgeht, haben sich 1980 diese Relationen noch verschlechtert.

Tabelle 2.1/5

Salden im Außenhandel der Bundesrepublik nach Warengruppen

	Mrd. US-$ zu jeweiligen Preisen			
	Brenn-stoffe	Industrie-waren	übrige Waren	Waren insgesamt
1962	- 0,3	6,5	- 5,2	1,0
1969	- 1,4	12,3	- 6,8	4,1
1972	- 2,5	17,7	- 8,8	6,4
1973	- 4,5	28,7	-11,3	12,9
1974	-10,2	42,1	-11,7	20,2
1975	-10,3	38,7	-12,6	15,8
1976	-12,9	42,1	-15,0	14,2
1977	-14,3	47,1	-15,6	17,2
1978	-15,1	53,5	-17,2	21,2
1979	-25,3	59,2	-20,2	13,7
1980	-35	64	-24	5

Quelle: Eigene Berechnungen aufgrund von Angaben in den Außenhandelsstatistiken von UN und OECD.

Es stellt sich die Frage, ob diese Defizite der letzten beiden Jahre einen grundlegenden Wandel signalisieren und die über Jahrzehnte währende Überschußposition nun von einer länger andauernden Periode mit Leistungsbilanzdefiziten abgelöst wird. Die starken Ölpreissteigerungen haben zwar in vielen Bereichen Prozesse in Gang gesetzt, die zu Einsparungen von Energie und zur Substitution von Mineralöl durch andere Energieträger führen. Es ist jedoch nicht damit zu rechnen, daß diese Entwicklung die Leistungsbilanz auf mittlere Frist wesentlich entlastet.

Eine Antwort auf diese Frage muß sowohl gesamtwirtschaftliche als auch strukturelle Aspekte in die Betrachtung einbeziehen. Im Zuge der verstärkten Einbindung der Bundesrepublik in die internationale Arbeitsteilung stand in den sechziger Jahren die Ausweitung des Fertigwarenhandels zwischen den Industrieländern im Vordergrund, vor allem im Zuge des Aufbaus des Gemeinsamen Europäischen

Marktes. Die siebziger Jahre waren darüber hinaus durch die Industrialisierungserfolge in einer Reihe fortgeschrittener Entwicklungsländer geprägt. Hinzu kamen die Erdölverteuerung, aber auch Impulse, die von der gesteigerten Kaufkraft der OPEC-Länder ausgelöst worden sind.

Von dieser Entwicklung sind die Wirtschaftszweige unterschiedlich beeinflußt worden: Während die Investitionsgüterindustrien und hier besonders die humankapitalintensiven vom Außenhandel netto profitiert haben, verspürten die Konsumgüterindustrien stärker den Druck der Importkonkurrenz. Beides gilt besonders ausgeprägt gegenüber den Entwicklungsländern, in der Tendenz aber auch gegenüber dem Durchschnitt der anderen Industrieländer.

Bei einer zusammenfassenden Bewertung dieser Faktoren könnte man zu dem Schluß kommen, daß die Ausgangsbedingungen für die Bewältigung von Rohstoff- und Energieverteuerungen Anfang der siebziger Jahre besser waren. Zwar sind die Wettbewerbsvorteile für Wirtschaftszweige, wie die Chemische Industrie und der Maschinenbau, erhalten geblieben. In anderen Zweigen, die auch quantitativ ins Gewicht fallen, wie der Straßenfahrzeugbau, die Elektrotechnik sowie die Feinmechanik, Optik, EBM haben sich die Wettbewerbsbedingungen dagegen verschlechtert. Gleichzeitig hat es aber auch Branchen gegeben, die ihre Produktpalette und ihre Produktionsprozesse so umstrukturieren konnten, daß sie aus einer wenig aussichtsreichen Position früher nicht für möglich gehaltene Exporterfolge erzielt haben. Eine Extrapolation von Wettbewerbspositionen einzelner Branchen im internationalen Handel ist daher fragwürdig, weil es letzten Endes nicht auf die Zugehörigkeit zu einer Branche ankommt, sondern auf die Flexibilität einzelner Unternehmen.

Unter gesamtwirtschaftlichem Aspekt kommt hinzu, daß das relativ geringe Inflationstempo in der Bundesrepublik die Wirtschaft im internationalen Wettbewerb begünstigt. Dies zeigt auch die oben bereits erwähnte Entwicklung des Anteils der Bundesrepublik am Industriewarenexport der Industrieländer, der auch aus diesem Grund in den letzten Jahren noch geringfügig ausgeweitet werden konnte. Die Exportwirtschaft könnte zudem davon profitieren, daß die weltweiten Bemühungen um Öleinsparung und -substitution die Investitionsgüternachfrage anregen, die in der Bundesrepublik auf ein reichhaltiges Angebot stößt.

Die Exportaussichten sind somit alles in allem nicht ungünstig, besonders dann nicht, wenn es gelingt, den Trend zu höherwertigen, humankapitalintensiven Gütern aufrechtzuerhalten. Auch hier spielt die Anpassungsfähigkeit der einzelnen Unternehmen vermutlich eine größere Rolle als die Zugehörigkeit zu einer Branche.

Die Untersuchungen haben jedenfalls keine Anhaltspunkte dafür geliefert, daß es nicht gelingen könnte, die erhöhte Ölrechnung auf mittlere Frist auch durch vermehrten Export zu begleichen. Wenn sich trotzdem zunächst ein hohes Leistungsbilanzdefizit herausgebildet hat, so nicht zuletzt auch deshalb, weil die Erdölländer ihre stark gestiegenen Exporterlöse nicht sofort für eine entsprechend erhöhte Nachfrage nach Industriewaren verwenden konnten. In dem Maße, in dem die Erdölländer ihren Leistungsbilanzüberschuß abbauen - so wie sie es auch nach der ersten starken Ölpreissteigerung taten -, werden sich auch die Leistungsbilanzdefizite der Industrieländer vermindern. Davon wird auch die Bundesrepublik - ihrer Wettbewerbsposition entsprechend - profitieren.

Solange dies nicht der Fall ist, sollte geprüft werden, inwieweit die öffentlichen Haushalte die Leistungsbilanzüberschüsse der Ölländer verstärkt zur Finanzierung ihrer unvermeidlichen Defizite mobilisieren können.

2.1.5 Investitionen und Kapitalausstattung der Unternehmen

Investitionen dienen der Aufstockung und dem Ersatz des im Produktionsprozeß eingesetzten Anlagevermögens und sind damit ein wesentlicher Bestimmungsfaktor für die Entwicklung des Produktionspotentials. Die Beziehungen zwischen Kapitalstock und Produktionspotential finden ihren Ausdruck in der trendmäßigen Entwicklung des Kapitalkoeffizienten.

Nach Abschluß der Rekonstruktionsphase mit sinkenden Kapitalkoeffizienten kehrte sich schon Ende der fünfziger Jahre der Trend des Kapitalkoeffizienten im Unternehmensbereich um. Bedingt durch den forcierten Aufbau von Produktionskapazitäten in den fünfziger Jahren verfügte die Bundesrepublik zu Beginn der sechziger Jahre über einen Kapitalbestand mit sehr günstigem Altersaufbau und entsprechend hohem Modernitätsgrad. Die erforderlichen Ersatzinvestitionen waren daher in den sechziger Jahren zunächst sehr niedrig, so daß auch bei gleichbleibenden Investitionsquoten und steigenden Kapitalkoeffizienten das Produktionspotential noch kräftig ausgeweitet werden konnte. Gleichzeitig änderte sich gerade in den sechziger Jahren die gütermäßige Zusammensetzung der Investitionen sehr stark: Der Anteil der Bauinvestitionen verringerte sich von 44 vH (1960) auf 33 vH (1970) und ist seitdem vergleichsweise konstant.

Die Umstrukturierung des Kapitalstocks in den sechziger Jahren betraf nicht nur das Verhältnis von Bau- zu Ausrüstungsinvestitionen, sondern auch den Kapitaleinsatz in den Wirtschaftszweigen. Insbesondere in der ersten Hälfte des Jahrzehnts verlagerte sich die Kapitalbildung ständig zu Bereichen mit niedrigem Kapitalkoeffizienten. Diese strukturellen Verschiebungen wirkten sich dämpfend auf den Anstieg des Kapitalkoeffizienten für den gesamten Unternehmensbereich aus. Schon in der Rezession von 1966/67, besonders aber zu Beginn der siebziger Jahre, änderte sich diese Konstellation. Seit 1974 verstärkten die Branchenstruktureffekte beim Kapitalstock sogar den Anstieg des Kapitalkoeffizienten.

Ein umso größeres Gewicht kommt daher der Tatsache zu, daß seit 1976 bis in die Gegenwart (1979) der Kapitalkoeffizient für den Unternehmensbereich (ohne Wohnungsvermietung) nicht stärker steigt als zu Beginn der siebziger Jahre. Aus der Richtung des Struktureffekts seit 1974 wird deutlich, daß der Anstieg bei einer Reihe von Wirtschaftszweigen sogar geringer ist. Damit entstanden Auslastungsreserven aus zwei Gründen: Einmal nahm das Produktionspotential trotz des nach unten verschobenen Investitionspfades weiterhin stärker zu als die Produktion. Zum anderen trug der Bruch in der Investitionsnachfrage selbst in erheblichem Maße zu einer Verminderung des Auslastungsgrades bei.

Bei der Abschätzung von Ursachen für die Entwicklung des Kapitalkoeffizienten in den letzten Jahren muß berücksichtigt werden, daß Investitionsentscheidungen nur sehr langsam auf die Entwicklung des Kapitalkoeffizienten durchschlagen. Hinzu kommt, daß in Zeiten der Investitionsschwäche der Abgang alter Anlagen mit unterdurchschnittlichen Kapitalkoeffizienten nicht mehr in gleichem Maße wie zuvor durch den Zugang von Anlagen mit überdurchschnittlichen Kapitalkoeffizienten ersetzt wird. Schon aus diesem Grunde schwächt sich der Anstieg der Durchschnittswerte ab.

Eine Rolle in diesem Zusammenhang hat sicherlich auch das Vordringen neuer kapitalsparender Technologien gespielt, die zu Umstrukturierungen innerhalb der Ausrüstungsinvestitionen geführt haben, es sei nur an die Mikroelektronik erinnert. Dagegen haben sich Vermutungen offensichtlich nicht bestätigt, daß in die andere Richtung wirkende Faktoren, die insbesondere in den siebziger Jahren wirksam geworden sind (Umweltschutz, Maßnahmen zur Energieeinsparung, Humanisierung der Arbeitsplätze), merkliche Auswirkungen auf den Investitionsbedarf pro Produkteinheit gehabt haben.

Investitionen bewirken nicht nur Kapazitätseffekte, sondern sind als Komponente der Nachfrage eine der wichtigsten Bestimmungsgrößen der konjunkturellen Entwicklung. Mit den Dispositionen über die Höhe ihrer Investitionen tragen die Unternehmen damit selbst ganz wesentlich zur Auslastung ihres Produktionspotentials bei. Von den Investitionen zusätzlich ausgelöste Multiplikatoreffekte verstärken diese Wirkungen noch. Aus dieser Dualität von Kapazitäts- und Nachfrageeffekten, von denen es auch abhängt, ob die erwarteten Kapazitätszuwächse durch zusätzliche reale Produktion genutzt werden, resultiert die Schlüsselstellung der Investitionen für Erklärungsversuche des strukturellen Wandels.

Überlegungen über die Bestimmungsgründe der Investitionstätigkeit stellen im allgemeinen auf die eingangs bereits dargestellten Beziehungen zwischen der Nachfrage von Unternehmen nach Produktionsfaktoren in Abhängigkeit von der Entwicklung der Faktorpreisrelationen ab. Absatzerwartungen und technologische Entwicklungstrends kommen als weitere Bestimmungsgründe hinzu.

Für die produzierenden Wirtschaftszweige ist versucht worden, diese Beziehungen auch empirisch zu überprüfen mit allen Einschränkungen, die für derartige Untersuchungen auf einer sehr schmalen statistischen Basis gelten (vgl. Abschnitt 2.3.3.2). Dabei hat sich gezeigt, daß der Erklärungswert der Faktorpreisrelationen im Vergleich zu anderen Einflußfaktoren gering ist. Als ein weitaus bedeutsamerer Einflußfaktor hat sich dagegen die Entwicklung des Absatzes erwiesen. Die Hypothese, daß es in erster Linie auf die Absatzerwartungen und damit auf die künftige Nachfrage als Bestimmungsgrund für die Investitionsentscheidung und damit letztlich auch für das Einsatzverhältnis von Kapital zu Arbeit ankommt, kann daher möglicherweise eine größere empirische Evidenz für sich beanspruchen.

Im allgemeinen ist es nur im Verlauf von Investitionsprozessen möglich, Änderungen im Einsatzverhältnis von Kapital zu Arbeit durchzusetzen. Wird investiert, ohne daß Kapazitätserweiterungen geplant sind, so werden die mit den Investitionen verbundenen zusätzlichen Arbeitsplätze durch entsprechende Stillegungen veralteter Arbeitsplätze kompensiert. Untersuchungen haben ergeben, daß die Kapitalintensität dieser zusätzlichen Arbeitsplätze im Durchschnitt mehr als eineinhalbmal so hoch ist wie für den Bestand an Arbeitsplätzen. Damit ist die Richtung, in der sich Substitutionsprozesse vollziehen, vorgegeben: Wird investiert, so verschieben sich die Einsatzverhältnisse allein schon wegen der dem Durchschnitt weit vorauseilenden marginalen Kapitalintensitäten, und dies weitgehend unabhängig von den Faktorpreisrelationen.

Es ist auch wenig überzeugend, nicht das Niveau, wohl aber das Tempo der Kapitalintensivierung ohne Bezug auf die Entwicklung des Absatzes in erster Linie als von den Faktorpreisrelationen bestimmt anzusehen. Für ein Unternehmen, das für seine Produkte keinen Expansionsspielraum sieht, besteht auch dann, wenn die Lohnsätze langsamer steigen als früher, kein Anlaß, seine Faktoreinsatzverhältnisse in Richtung auf mehr Beschäftigte bei geringerem Kapitaleinsatz zu ändern. In der Regel muß man vielmehr mit dem Gegenteil rechnen: Wenn es in diesem Zusammenhang überhaupt zu Investitionen kommt, dann deshalb, um das Angebot an neuen und damit kapitalintensiveren Produktionsprozessen zur Verbesserung der Absatzchancen zu nutzen. Dies führt allerdings nicht zu Mehrbeschäftigung, sondern zu einer Einsparung von Arbeitskräften. Es ist eine sehr künstliche Vorstellung, in einem solchen Fall von Investitionsstrategien auszugehen, die gegen den Trend der technologischen Entwicklung laufen und letztlich dazu führen, daß sich der Anstieg der Arbeitsproduktivität vermindert.

Auch die Chancen, neue Produkte auf den Markt zu bringen, vergrößern sich nicht in erster Linie deshalb, weil sich das Faktorpreisverhältnis geändert hat. Es kann kaum zweifelhaft sein, daß bestimmend für das Investitionsverhalten auch hier die mittelfristigen Absatzerwartungen sind. Der vielzitierte schöpferische Unternehmer dürfte sich eher dadurch charakterisieren lassen, daß er - bei kalkulatorischen Renditen, die im allgemeinen weit über den statistisch gemessenen Durchschnitten liegen - Arbeitskräfte zu höheren Lohnsätzen abwirbt, um sein Produktionsziel zu erreichen und weniger dadurch, daß er auf sich abschwächende Lohnsatzsteigerungen mit der Einführung arbeitsintensiverer Produktionsverfahren reagiert.

Damit gewinnt ein weiteres Element an Bedeutung, das in mikroökonomischen Überlegungen über die Wirkungsweise von Änderungen der Faktorpreisrelationen auf die Verhaltensweisen der Unternehmen naturgemäß ausgeklammert bleiben muß, die Tatsache nämlich, daß die gesamtwirtschaftliche Lohnsumme gleichzeitig die wichtigste Determinante für die Nachfrage der privaten Haushalte ist. Brutto gerechnet bestimmt die Lohnsumme nicht nur den weitaus überwiegenden Teil des verfügbaren Einkommens der privaten Haushalte (Nettolöhne und Transfers der Sozialversicherung), sondern dient auch der Finanzierung eines beträchtlichen Teils der Leistungen des Staates.

Wenn nicht gezeigt werden kann, daß die gesamtwirtschaftliche Lohnsumme steigt, weil eine Abschwächung im Zuwachs der Lohnsätze durch eine überproportionale Ausweitung der Beschäftigung überkompensiert wird, sondern eher zu befürchten ist, daß es zu Nachfrageausfällen im Gefolge einer abgeschwächt steigenden Lohnsumme kommt, kann auch die Frage nach angemessenen Lohnsatzsteigerungen nicht im Rahmen der Theorie der relativen Preise beantwortet werden, sondern ist eine Frage der gesamtwirtschaftlichen Entwicklungsbedingungen von Angebot und Nachfrage.

Häufig wird in der Argumentation über die Bestimmungsgründe der Investitionstätigkeit nicht auf die Faktorpreisrelationen abgestellt, sondern auf die Renditen. Dabei kann sicherlich nicht strittig sein, daß jeder Investor seiner Entscheidung Renditeüberlegungen zugrunde legt. Fraglich ist nur, ob die Entwicklung der Durchschnittsrendite einer Branche Anhaltspunkte über diese Größe liefert oder ob nicht aus dem Gefälle von marginalen zu durchschnittlichen Kapitalintensitäten der Schluß gezogen werden muß, daß auch die Investitionsrenditen von den bestandsbezogenen Durchschnittsrenditen stark nach oben abweichen. Wenn dem so ist, kommt es für die Einschätzung der Rentabilität von Investitionen auch wieder auf die Absatzerwartungen an und nicht auf die realisierten Durchschnittsrenditen.

Untersuchungen über die Entwicklung der Bestandrenditen (vgl. Abschnitt 2.3.3.1) haben ergeben, daß es stark von den zugrunde gelegten Bewertungsverfahren abhängt, zu welchen Ergebnissen man kommt. Eine Bewertung nach den üblichen Bilanzierungsvorschriften hat für die siebziger Jahre jedenfalls keine merkliche Abschwächung der Renditen erkennen lassen. Seit 1977 weist der Trend sogar wieder kräftig nach oben. Daß es zu keiner größeren Abschwächung der

Tabelle 2.1/6

Sachvermögensbildung der Sektoren und ihre Finanzierung[1]
- in Mrd. DM -

Jahr	Unternehmen			Staat			Ausland			Private Haushalte	Fremdfinanzierungsquoten in vH	
	Brutto-investitionen	finanziert durch		Brutto-investitionen	finanziert durch		Außen-beitrag	finanziert durch		Finan-zierungs-saldo	Unter-nehmen	Staat
		Eigene Mittel	Fremd-mittel[2]		Eigene Mittel	Fremd-mittel[2]		Übertra-gungen	Leistungs-bilanzsaldo			
1962	69,8	54,1	15,7	14,3	19,6	- 5,3	4,3	5,6	- 1,3	9,1	22,5	.
1963	67,5	52,0	15,5	17,1	20,8	- 3,7	5,6	5,4	0,2	12,0	23,0	.
1964	78,8	60,6	18,2	20,9	23,9	- 3,0	5,9	5,8	0,1	15,3	23,1	.
1965	88,9	65,4	23,5	20,9	18,2	2,7	0,3	6,9	- 6,6	19,6	26,4	12,9
1966	86,3	69,5	16,8	21,2	20,5	0,7	7,4	6,9	0,5	18,0	19,5	3,3
1967	74,3	72,1	2,2	18,9	12,0	6,9	17,3	7,0	10,3	19,4	3,0	36,5
1968	90,1	79,5	10,6	20,7	16,3	4,4	19,7	8,0	11,7	26,7	11,8	21,2
1969	110,2	76,9	33,3	23,9	30,7	- 6,8	17,6	9,7	7,9	34,4	30,2	.
1970	134,7	95,7	39,0	30,9	33,1	- 2,2	14,3	11,0	3,3	40,1	29,0	.
1971	139,8	102,1	37,7	33,6	32,3	1,3	15,5	13,3	2,2	41,2	27,0	3,9
1972	147,5	196,0	41,5	33,8	29,8	4,0	18,5	15,5	3,0	48,5	28,1	11,8
1973	157,3	112,7	44,6	35,1	46,1	-11,0	29,1	17,6	11,5	45,1	28,4	.
1974	142,1	121,1	21,0	40,7	27,0	13,7	43,4	18,2	25,2	59,9	14,8	33,7
1975	134,4	128,2	6,2	40,9	-18,9	59,8	29,0	20,0	9,0	75,0	4,6	146,2
1976	160,4	145,7	14,7	40,3	0,0	40,3	28,6	20,5	8,1	63,1	9,2	100,0
1977	172,3	152,1	20,2	39,9	10,6	29,3	29,5	20,4	9,1	58,6	11,7	73,4
1978	182,4	177,6	4,8	44,6	9,2	35,4	37,2	19,8	17,4	57,6	2,6	79,4
1979	229,7	198,4	31,3	51,6	9,4	42,2	12,4	23,7	-11,3	62,2	13,6	81,8

1) Bei Berücksichtigung der Eigenheime als dauerhaftes Konsumgut.
2) Negative Zahlen sind gleichbedeutend mit einer über die Sachvermögensbildung hinausgehende Geldvermögensbildung.
Quelle: Volkswirtschaftliche Gesamtrechnung des Statistischen Bundesamtes und eigene Berechnungen des DIW.

Renditen gekommen ist, hängt auch mit der veränderten Beschäftigungspolitik der Unternehmen zusammen: Auf Schwankungen der Kapazitätsauslastung wurde in der Krise 1974/75 drastischer mit einem Abbau von Arbeitskräften reagiert als in der Rezession 1966/67.

Wenig Aufschluß über die Bestimmungsgründe der Investitionstätigkeit gibt auch die Entwicklung der Finanzierungsbedingungen für die Sachvermögensbildung der Unternehmen in den letzten Jahren. Im Rahmen der VGR sind derartige Berechnungen nur in sehr grober sektoraler Gliederung möglich, bei dem der Unternehmensbereich zumeist nicht weiter unterteilt wird. Um die Verzerrungen zu vermeiden, die sich aus der Integration der Eigenheimfinanzierung und -bewirtschaftung in den Unternehmensbereich ergeben, sind auch für die Finanzierungsrechnung die Konsequenzen aus der Behandlung der Eigenheime als dauerndes Konsumgut gezogen worden. Dies hat zur Folge, daß sich auch für den Unternehmensbereich - dem verringerten Niveau der Ersparnisbildung bei den privaten Haushalten entsprechend - die Ausstattung mit Eigenmitteln zur Investitionsfinanzierung erheblich günstiger darstellt, als in einer Rechnung, in der die Eigenheime in die Finanzierungsrechnung des Haushaltsbereichs einbezogen werden. Aus Tabelle 2.1/6 wird deutlich, daß bis 1973 - mit Ausnahme der Jahre 1967/68 -, die Fremdfinanzierungsquote stets zwischen 20 und 30 vH gelegen hat, während sich von 1975 an bis in die jüngste Zeit Quoten ergeben, die im Schnitt bei 10 vH liegen.

2.1.6 Produktion und Beschäftigung

Wenn hier versucht wird, Schlußfolgerungen aus den bisherigen Erörterungen für die Entwicklung von Produktion und Beschäftigung zu ziehen, so kann es sich nur um die Darstellung einiger genereller Entwicklungslinien handeln. Sie sind jedoch insgesamt markant genug, so daß es gerechtfertigt erscheint, sie an dieser Stelle zusammenzufassen.

Alles in allem hat sich die Produktion bis 1973 in Bahnen bewegt, bei der eine gute Auslastung des Produktionspotentials erreicht werden konnte. Gemessen an der Entwicklung des Erwerbspersonenpotentials überschritt die Zahl der Nichtbeschäftigten nur 1967 die Zwei-Prozentgrenze; die Arbeitslosenquote lag während des gesamten Zeitraums darunter.

Obwohl die Arbeitsproduktivität in dieser Zeit erheblich zugenommen hatte, reichte das inländische Erwerbspersonenpotential nicht aus, um die Nachfrage nach Arbeitskräften zu decken. Die Folge war ein erheblicher Zustrom ausländischer Arbeitskräfte, deren Anteil an den unselbständig Beschäftigten von 3 vH (1962) auf 11 vH (1973) zunahm (vgl. Tabelle 2.1/7).

Häufig wird argumentiert, daß dieser Zustrom im wesentlichen deshalb erforderlich war, weil in dieser Zeit unter dem Schutz einer unterbewerteten Währung bei festen Wechselkursen Exportkapazitäten aufgebaut wurden, die über das Maß hinausgingen, das bei freien Wechselkursen zu erwarten gewesen wäre. Vergleicht man die Zuwan-

Tabelle 2.1/7

Komponenten des Erwerbspersonenpotentials
- 1000 Personen -

Jahr	Erwerbs-personen-potential insgesamt	nicht beschäftigt			beschäftigt				
		insgesamt	Arbeits-lose	Stille Reserve 1)	insgesamt	selbständ. u.mithelf. Fam.-angeh.	Arbeit-nehmer	davon Deutsche	Ausländer
1960	26 350	270	270		26 080	5 990	20 090		
1961	26 620	180	180		26 440	5 860	20 580		
1962	26 690	160	160		26 530	5 650	20 880	20 250	630
1963	26 790	190	190		26 600	5 490	21 110	20 340	770
1964	26 790	170	170		26 620	5 270	21 350	20 450	900
1965	26 920	150	150		26 770	5 130	21 640	20 520	1 120
1966	26 890	200	160	40	26 690	5 040	21 650	20 410	1 240
1967	26 540	720	460	260	25 820	4 900	20 920	19 910	1 010
1968	26 300	460	320	140	25 840	4 790	21 050	20 030	1 020
1969	26 420	180	180		26 240	4 600	21 640	20 270	1 370
1970	26 720	150	150		26 570	4 420	22 150	20 340	1 810
1971	26 920	280	190	90	26 640	4 310	22 330	20 200	2 130
1972	26 970	390	250	140	26 580	4 220	22 360	20 070	2 290
1973	27 080	430	270	160	26 650	4 150	22 500	20 000	2 500
1974	26 940	780	580	200	26 160	4 070	22 090	19 680	2 410
1975	26 820	1 550	1 070	480	25 270	3 940	21 330	19 270	2 060
1976	26 650	1 620	1 060	560	25 030	3 800	21 230	19 300	1 930
1977	26 630	1 640	1 030	610	24 990	3 690	21 300	19 450	1 850
1978	26 720	1 540	990	550	25 180	3 620	21 560	19 710	1 850
1979	26 850	1 360	880	480	25 490	3 570	21 920		

1) Berechnungen des IAB. - Für die Zeit von 1971 an sind eigene Berechnungen angestellt worden, deren Ergebnisse von den hier ausgewiesenen Zahlen geringfügig differieren (vgl. Abschnitt 2.3.)
Quelle: Volkswirtschaftliche Gesamtrechnungen des Statistischen Bundesamtes, Angaben des IAB und eigene Berechnungen des DIW.

derung ausländischer Arbeitnehmer mit der Entwicklung des Anteils derjenigen Branchen, die zum großen Teil vom Export abhängen[1], so wird diese Hypothese nicht bestätigt: Bis 1966 hat sich der Anteil dieser Branchen an der Produktion (gemessen als Bruttowertschöpfung) kaum verändert, während sich die Zahl der ausländischen Arbeitnehmer verdoppelt hat. Auch die beträchtliche Zuwanderung ausländischer Arbeitnehmer in der Zeit von 1969 bis 1973 (1,1 Mill.) läßt sich kaum den vorwiegend ausfuhrabhängigen Wirtschaftszweigen zurechnen, deren Anteil an der gesamten Produktion 1969 gegenüber 1966 zwar um zwei Prozentpunkte zugenommen hat, in der Zeit danach jedoch stagnierte.

---

1 Zusammengefaßt wurden diejenigen Wirtschaftszweige, deren Abhängigkeit vom Export unter Einschluß der Vorleistungslieferungen für die Produktion von Exportgütern 1976 mehr als 40 vH betrug.

Der bis 1973 eingehaltene Vollbeschäftigungspfad wurde in den Jahren 1974/75 verlassen und seitdem nicht wieder erreicht. Eingeleitet wurde dieser Prozeß von der drastischen Investitionsabschwächung im Jahre 1974, bei der das Vorjahresniveau der Anlageinvestitionen real um rund 10 vH unterschritten wurde. Der Rückgang der Investitionstätigkeit setzte sich auch 1975 fort, wenn auch nicht im gleichen Tempo wie im Jahr zuvor, wurde jedoch in diesem Jahr durch den Rückgang der Ausfuhr im Gefolge der weltweiten Rezession verstärkt.

Fragt man nach den Gründen dafür, daß es nicht gelungen ist, im Anschluß an diesen konjunkturellen Einbruch wieder Vollbeschäftigung zu erreichen, so zeigt sich, daß es nicht in erster Linie an den Angebotsbedingungen gelegen hat. Zwar haben sich die Eigenkapitalrenditen in den Jahren zwischen 1975 und 1978 abgeschwächt; insgesamt unterschied sich das Niveau der siebziger Jahre jedoch nicht wesentlich von dem der sechziger Jahre.

Auch eine Beeinträchtigung der technologischen Bedingungen für den Kapitaleinsatz hat sich nicht nachweisen lassen. Dies wird auch deutlich aus der Entwicklung der auslastungsbereinigten Werte für den Kapitalkoeffizienten und die Kapitalintensität, die in Tabelle 2.1/8 zusammengestellt worden sind. Die Entwicklung dieser Größen läßt erkennen, daß sich der Zuwachs des Produktivitätspotentials der Arbeitsplätze in den letzten zwanzig Jahren zwar verringert hat. Diese Abschwächung signalisiert jedoch keinen Trend nach unten, zumal sie zu großen Teilen auf Alterstruktureffekte im Kapitalaufbau zurückzuführen war. Dieses Ergebnis scheint auch plausibel, wenn man es mit den Zuwachsraten der um Auslastungsschwankungen nicht bereinigten effektiven Arbeitsproduktivität je Erwerbstätigen und je Arbeitsstunde vergleicht.

Verschlechtert haben sich dagegen die Angebotsbedingungen für den Faktor Energie. In gesamtwirtschaftlicher Betrachtung beeinträchtigen die Mineralölverteuerungen die inländischen Produktionsmöglichkeiten jedoch nur dann, wenn es nicht gelingt, sie durch entsprechen-

Tabelle 2.1/8

Trendwerte für die Entwicklung des Kapitalkoeffizienten,
der Kapitalintensität und der Arbeitsplatzproduktivität
- Unternehmen ohne Wohnungsvermietung -
Zuwachsraten in vH

Jahr	Kapital-koeffizient	Kapital-intensität	Arbeits-platz-produk-tivität	zum Vergleich: Arbeitsproduktivität	
				je Erwerbs-tätigen	je Arbeits-stunde
1961	1,7	6,8	5,1	4,1	5,3
1962	1,7	6,7	4,9	4,2	5,8
1963	1,4	6,0	4,6	3,1	5,3
1964	0,7	6,4	5,6	7,7	6,4
1965	1,1	6,2	5,1	5,5	6,4
1966	1,4	5,9	4,5	2,9	4,0
1967	1,9	6,5	4,5	3,6	5,5
1968	0,9	5,5	4,5	7,2	7,4
1969	0,6	5,5	4,9	7,1	8,0
1970	0,6	5,8	5,2	4,9	5,6
1971	1,0	6,1	5,1	3,2	3,8
1972	1,4	6,1	4,7	4,5	6,2
1973	1,8	6,3	4,3	5,2	6,9
1974	3,0	6,6	3,5	2,7	4,6
1975	2,6	6,8	4,1	1,6	3,2
1976	1,5	5,5	4,0	7,1	5,0
1977	1,6	5,3	3,6	3,9	5,7
1978	1,7	5,2	3,5	3,0	4,0
1979	1,6	5,2	3,7	4,3	(4,8)

Quelle: Volkswirtschaftliche Gesamtrechnungen des Statistischen Bundesamtes sowie Anlagevermögensrechnung und Potentialrechnung des DIW.

de Warenausfuhren zu kompensieren und die Bundesbank nicht bereit ist, die erforderliche Preisentwicklung zur Überwälzung der Energieverteuerung zu tolerieren. Die erste Ölpreisverteuerung 1973 hat die Bundesrepublik in dieser Hinsicht gut überstanden, so daß aus diesem Grunde eine wesentliche Beeinträchtigung der Angebotsbedingungen nicht angenommen werden kann. Die Überwindung der zweiten Phase der Ölpreisverteuerung wirft größere Probleme auf, für deren Beseitigung die Aussichten jedoch auf mittlere Frist als günstig eingeschätzt werden können.

Angesichts dieser Sachverhalte wird man die Defizite in der Entwicklung seit 1975 weniger bei den Angebotsfaktoren suchen müssen als auf der Nachfrageseite. Genauer: Es ist nicht gelungen, den Einbruch im Jahre 1975 durch eine von zusätzlicher Nachfrage getragenen Wachstumsbeschleunigung von dem niedrigeren Niveau aus so wettzumachen, daß wieder Vollbeschäftigung erreicht wird.

Tabelle 2.1/9

Beschäftigungswirkungen des Strukturwandels von Nachfrage und Produktion
Veränderung der Zahl der für die Bereiche der Endnachfrage Erwerbstätigen
in Teilperioden der konjunkturellen Entwicklung

	1963-65	1966-67	1968-73	1974-76	1977-78	1979
in 1000 Personen						
Privater Verbrauch	- 330	- 230	- 730	- 810	+ 80	.
Staatsverbrauch	+ 220	+ 80	+ 420	+ 280	+ 70	.
Bruttoinvestitionen	+ 150	- 1 260	+ 260	- 1 170	- 70	.
davon:						
Ausrüstungen	- 100	- 260	+ 150	- 450	+ 90	.
Bauten	+ 130	- 460	- 120	- 810	- 80	.
Inländische Nachfrage insgesamt	+ 40	- 1 410	- 50	- 1 700	+ 80	.
Ausfuhr	+ 200	+ 460	+ 880	+ 80	+ 70	.
Beschäftigte insgesamt	+ 240	- 950	+ 830	- 1 620	+ 150	+ 310
Erwerbspersonenpotential	+ 230	- 380	+ 540	- 430	+ 70	+ 130
Arbeitslose und stille Reserve	- 10	+ 570	- 290	+ 1 190	- 80	- 180

Quelle: Angaben des IAB und Input-Output-Rechnung des DIW.

Nimmt man als Indikator für die Abschätzung der Produktionswirkungen der Nachfrage die zeitliche Entwicklung der für die jeweiligen Bereiche der Endnachfrage Beschäftigten, so zeigt sich, daß die Beschäftigungsrückgänge 1966/67 im Zuge der nachfolgenden Belebung der Wirtschaftstätigkeit weitgehend aufgeholt worden sind (vgl. Tabelle 2.1/9). Ganz anders stellt sich die Entwicklung in der Folgezeit nach den Beschäftigungseinbußen in den Jahren 1974 bis 1976 dar: Bis 1979 wurden die Rezessionsfolgen für die Beschäftigung nur etwa zu einem Drittel ausgeglichen. Noch ungünstiger fällt die Bilanz aus, wenn man auf die Zahl der Nichtbeschäftigten abstellt: Da in den letzten Jahren nicht nur die Zahl der Beschäftigten zugenommen hat, sondern auch das Erwerbspersonenpotential, kam nur etwa die Hälfte der Mehrbeschäftigung dem Abbau der Arbeitslosigkeit zugute.

Bei der Bewertung dieser Ergebnisse muß allerdings berücksichtigt werden, daß die Beschäftigungseinbußen seinerzeit in einer Zeitspanne aufgeholt worden sind, die dreimal so lang war wie die

Rezessionsperiode selbst. Nach 1976 standen jedoch erst drei Jahre zur Verfügung, um die in einer gleichlangen Periode freigesetzten Arbeitskräfte wieder zu absorbieren. Mit einer Verlängerung dieser Periode ist jedoch nicht zu rechnen, da bereits 1980 die Phase zunehmender Beschäftigung ihr Ende gefunden hat und eine erneute Phase des Beschäftigungsrückgangs bevorsteht.

Betrachtet man die Entwicklung der für die jeweiligen Nachfragebereiche Beschäftigten im einzelnen, so fällt auf, daß sich in den letzten Jahren im Vergleich zu der Periode 1968 bis 1973 die Zunahme der Zahl der für die Ausfuhr Erwerbstätigen deutlich verlangsamt hat. Dafür hat - anders als damals - die inländische Nachfrage mehr Beschäftigte absorbiert als zuvor. Während 1968 bis 1973 die zusätzlichen Beschäftigungsimpulse, die von den öffentlichen Haushalten und der Nachfrage nach Investitionen ausgingen, durch die Rückgänge der für den privaten Verbrauch Tätigen kompensiert worden sind, wurden in den Jahren 1977/78 positive Beschäftigungsimpulse nicht nur von der Nachfrage des Staates, sondern auch vom privaten Verbrauch ausgelöst. Sie waren insgesamt größer als die vom Investititonsbereich verursachten Beschäftigungsrückgänge. Diese Struktur der Beschäftigungszuwächse - verlängert um das in dieser Rechnung noch nicht enthaltene Jahr 1979 - wäre eine gute Ausgangsbasis für einen, wenn auch langsamen Abbau der Unterbeschäftigung gewesen, wenn es gelungen wäre, diese Entwicklung im Jahre 1980 und in der Zeit danach fortzusetzen.

Ansätze für eine Belebung der Investitionstätigkeit, ohne deren nachhaltige Expansion eine solche Verstetigung des mittelfristigen Wachstumspfades in Richtung auf Vollbeschäftigung nicht zustande kommen kann, waren auch vorhanden. Sie hätten durch eine konsequente Nachfragepolitik auf der Linie des Zukunftsinvestitionsprogramms fortgesetzt werden müssen. Um mehr Breitenwirkung zu erzielen und damit gleichzeitig künftige Wachstumsfelder besser abdecken zu können, als dies bisher der Fall war, hätte eine solche Strategie ihren Schwerpunkt auch nicht notwendigerweise im Bereich der staatlichen Bauinvestitionen haben müssen. Wären die öffentlichen Haushalte dazu übergegangen, in Kooperation mit der privaten Wirtschaft auf der Basis gemeinsamer Finanzierungsmodelle mit privaten und öffentlichen Beiträgen zusätzliche Impulse zu geben, so hätte damit ein sehr viel breiteres Spektrum investiver Aktivitäten abgedeckt werden können. Damit hätte auch vermieden werden können, daß ein Teil der Impulse - wie in dem bisherigen Programm - durch Baupreissteigerungen neutralisiert wird.

Da es nicht so gekommen ist, wird sich eine erneute Verschärfung der Beschäftigungsprobleme in der Zukunft nicht vermeiden lassen.

2.2 Strukturwandel in der Nachfrage der privaten und öffentlichen Haushalte

Dieser Abschnitt beschränkt sich in der Analyse des strukturellen Wandels auf die Wirkung unmittelbarer Einflußfaktoren auf die Entwicklung des privaten Verbrauchs und der staatlichen Leistungen, die in der VGR zum Staatsverbrauch zusammengefaßt werden. Veränderungen dieser Einflußfaktoren wie Einkommen oder Erwerbsverhalten und deren Zusammenhang mit dem strukturellen Wandel werden an dieser Stelle nicht untersucht. Auch mit der Beschreibung der vom strukturellen Wandel der Nachfrage ausgehenden Wirkungen auf die Produktion wird bereits die Schnittstelle zu anderen Analysebereichen erreicht.

2.2.1 Nachfrage für den privaten Verbrauch

2.2.1.1 Wandlungen in der Konsumstruktur

Den größten Anteil an der Verwendung des Sozialprodukts haben die privaten Haushalte. Ihre Käufe für Güter des privaten Verbrauchs machen seit 1960 zwischen 54 und 57 vH des Bruttosozialproduktes aus. Veränderungen der Verbrauchsstruktur haben daher erhebliche Konsequenzen für die Produktionsstruktur. In den 17 Jahren zwischen 1962 und 1979 sind die nominalen Ausgaben für den privaten Verbrauch auf fast das Vierfache gestiegen, in den sechziger Jahren mit einer jahresdurchschnittlichen Zuwachsrate von 7,6 vH, danach seit 1970 mit 8,5 vH.

Die Entwicklung der privaten Nachfrage in den Verwendungszwecken bestätigt die bekannte Beobachtung, daß mit zunehmendem Pro-Kopf-Verbrauch der auf lebensnotwendigen Bedarf entfallende Anteil der Ausgaben zugunsten des gehobenen Bedarfs abnimmt.

Deutliches Beispiel hierfür sind die nur unterdurchschnittlich erhöhten Ausgaben für Nahrungsmittel. Zwar werden immer noch reichlich ein Viertel der Ausgaben der privaten Haushalte im Inland[1] für Nahrungs- und Genußmittel ausgegeben, doch ist dieser Anteil seit 1962 von 36 vH auf 27 vH zurückgegangen. Innerhalb dieses Verwendungszwecks hat sich bei zunehmendem Verbrauch die Nachfrage zu Lasten der Grundnahrungsmittel - z. B. Kartoffeln, Getreideprodukte - zu höherwertigen Nahrungs- und Genußmitteln - z. B. Waren höherer Verarbeitungsstufen wie Obst- und Gemüsekonserven, vorgefertigten Gerichten, alkoholischen Getränken - verlagert. Dies findet seinen Niederschlag in der Zunahme des Anteils der Produkte des Ernährungsgewerbes und der relativen Verminderung bei Produkten der Land- und Forstwirtschaft sowie in einer entsprechenden Zunahme der Leistungen des Sektors Groß- und Einzelhandel. Hingegen nahmen die Ausgaben für den Verzehr in Gaststätten gemessen an den gesamten Verbrauchsausgaben für Nahrungs- und Genußmittel seit 1968 überdurchschnittlich zu. An den gesamten Verbrauchsausgaben hat ihr Anteil jedoch abgenommen.

Geringfügig abgenommen hat in langfristiger Betrachtung auch der Anteil der Ausgaben für Kleidung und Schuhe, ein Verwendungsbereich, der ebenfalls überwiegend dem Grundbedarf zuzurechnen ist. Besonders ins Auge fällt die außerordentlich stark gestiegene Nachfrage nach importierten Waren, deren Anteil sich von 5 vH in 1962 auf über 20 vH in 1979 erhöhte.

Der Anteil der Mietausgaben hat im Laufe der Beobachtungsperiode deutlich zugenommen. Nicht nur die Mietsteigerungen, die vor allem in den sechziger Jahren im Rahmen der Mietpreisfreigabe zu beschleunigten Ausgabesteigerungen geführt haben, sondern auch die zunehmenden Ansprüche an die Wohnqualität haben die überdurchschnittliche Ausgabenentwicklung bewirkt.

---

1 Der Verbrauch der privaten Haushalte im Inland enthält nicht die Reiseausgaben der Inländer im Ausland und den Eigenverbrauch der Organisationen ohne Erwerbscharakter.

Tabelle 2.2/1

Käufe der privaten Haushalte im Inland nach Verwendungszwecken
Anteile in vH

Verwendungszweck	1962	1972	1973	1974	1975	1976	1977	1978[1]	1979[1]
Zu jeweiligen Preisen									
Nahrungs- und Genußmittel 2)	35,9	29,4	29,1	28,6	28,1	27,9	27,6	27,3	26,7
Kleidung und Schuhe	11,1	10,7	10,4	10,3	10,3	9,9	9,9	9,9	9,6
Wohnungsvermietung u.ä. 3)	10,0	12,4	12,6	12,8	12,8	12,8	12,6	12,4	12,3
Elektrizität, Gas, Brennst. u.ä.	3,5	3,5	4,1	4,3	4,5	4,7	4,5	4,6	5,3
Haushaltsführung 4)	12,9	12,8	12,6	12,5	11,9	11,6	11,8	11,6	11,6
Verkehrszwecke, Nachrichtenüberm.	10,3	13,8	13,5	13,2	14,2	15,0	15,4	15,8	15,8
Körper- und Gesundheitspflege 4)	4,9	4,7	4,8	5,0	5,0	4,9	5,0	5,0	5,1
Bildungs- u.Unterhaltungszw. 4)	7,1	7,4	7,5	7,7	7,6	7,5	7,4	7,5	7,6
Persönl. Ausstattung, sonstige Waren u. Dienstleistungen 5)	4,3	5,3	5,4	5,6	5,6	5,7	5,8	5,9	6,0
Käufe insges. in Mrd.DM	201,9	437,7	478,6	513,7	561,2	607,1	650,3	692,5	739,8
Zu Preisen von 1970									
Nahrungs- und Genußmittel 2)	33,9	29,8	29,4	29,7	29,3	29,0	28,4	28,4	28,4
Kleidung und Schuhe	10,4	10,6	10,3	10,2	10,2	9,9	9,8	9,6	9,4
Wohnungsvermietung u.ä. 3)	13,5	12,3	12,7	13,1	13,1	13,0	12,9	12,7	12,6
Elektrizität, Gas, Brennst. u.ä.	3,6	3,6	3,8	3,8	3,8	3,9	3,8	4,0	4,1
Haushaltsführung 4)	11,8	13,1	13,3	13,2	12,6	12,5	12,7	12,4	12,5
Verkehrszwecke, Nachrichtenüberm.	9,9	13,3	12,9	12,2	13,3	14,0	14,6	14,9	14,8
Körper- u. Gesundheitspflege 4)	5,5	4,6	4,7	4,8	4,8	4,7	4,8	4,8	4,8
Bildungs- u.Unterhaltungszw. 4)	7,1	7,6	7,8	7,9	7,8	7,8	7,8	7,9	8,1
Persönl. Ausstattung, sonstige Waren u. Dienstleistungen 5)	4,3	5,1	5,1	5,1	5,1	5,2	5,2	5,3	5,3
Käufe insges. in Mrd.DM	248,2	393,6	401,0	403,8	416,3	430,6	444,4	461,5	474,5

1) Vorläufiges Ergebnis.- 2) Einschließl. Verzehr in Gaststätten.- 3) Einschließl. Mietwert der Eigentümerwohnungen.- 4) Soweit nicht in anderen Verwendungszwecken enthalten.- 5) Dienstleistungen des Beherbergungsgewerbes, der Banken, der Organisationen ohne Erwerbscharakter u.a.m.
Quelle: Statistisches Bundesamt, Fachserie 18.

Hierbei muß allerdings berücksichtigt werden, daß entsprechend den Konventionen der VGR ein beachtlicher Teil dieser Ausgaben aus kalkulatorischen Mieten für Eigenheime besteht. Im Zusammenhang mit den Erörterungen über die Entwicklung der Ersparnis der privaten Haushalte im Abschnitt 2.1.2 sind Berechnungen angestellt worden, bei denen auch die Eigenheime ebenso wie andere dauerhafte Konsumgüter in den privaten Verbrauch einbezogen worden sind. Die Erörterungen an dieser Stelle folgen dagegen der Abgrenzung des privaten Verbrauchs in der VGR.

Die stärkste Ausgabensteigerung ergab sich für den Verwendungszweck Verkehr und Nachrichtenübermittlung. Sein Anteil hat fast um die Hälfte zugenommen. Die Entwicklung der Ausgaben für den Kauf von Kraftfahrzeugen läßt die seit Anfang der sechziger Jahre lebhafte Ausdehnung der privaten Motorisierung erkennen. Im Zuge dieser Entwicklung haben auch die Ausgaben für Kraftfahrzeug-Haltung, wie Kraftstoff und Reparaturen, beschleunigt zugenommen. Überdurchschnittliche Wachstumsraten weisen auch die Ausgaben für Telefon und Porto auf, die im Bereich Nachrichtenübermittlung enthalten sind.

Für den Bedarf an Heizung und Haushaltsenergie (Elektrizität, Gas und Brennstoffe) haben die privaten Haushalte 1979 mehr als das Vierfache von 1962 ausgegeben. Die überdurchschnittliche Steigerung der Ausgaben setzte allerdings erst nach dem ersten Schub der Mineralölverteuerung im Jahr 1973 ein. Vorher hatten sich Verbrauchsausgaben und -volumen etwa im Gleichschritt mit dem gesamten privaten Verbrauch entwickelt. Trotzdem haben sich auch schon in dieser Zeit beträchtliche Strukturverlagerungen innerhalb dieses Bereichs vollzogen. Der Anteil der Kohle an der Wärmeerzeugung ist zunehmend durch Leistungen der Energiewirtschaft - Gas, Elektrizität und Fernwärme - substituiert worden. Die Nachfrage nach Elektrizität ist überdies durch die zunehmende Ausstattung der Haushalte mit elektrotechnischen Geräten gefördert worden. Der bis zur Ölpreiserhöhung von 1973/74 relativ wenig veränderte Anteil des Heizölverbrauchs am Ausgabenvolumen dieses Verwendungsbereichs ist seitdem, gemessen zu Preisen von 1970, gesunken. In jeweiligen Preisen hat der Anteil der Ausgaben für Heizöl, der in den sechziger Jahren ständig abnahm, allerdings erst 1979 wieder den Wert von 1962 übertroffen.

Über die Preisentwicklung bei den einzelnen Energieträgern informiert das Schaubild 2.2/1. Zur besseren Vergleichbarkeit wurden dabei lediglich die relativen Preise, die sich im Verhältnis zur Preisentwicklung für den gesamten privaten Verbrauch ergeben, dargestellt. Die unterdurchschnittliche Preisentwicklung bei den Ausga-

Tabelle 2.2/2

Struktur der Ausgaben für Haushaltsenergie[1]

	Elektrizität	Gas [2]	Kohle	Heizöl	Sonstiges [3]
	Anteile in vH der Gesamtausgaben für Haushaltsenergie				
	Zu jeweiligen Preisen				
1962	31	9	28	25	7
1972	52	13	14	18	3
1973	48	12	12	25	3
1974	48	11	13	25	3
1975	53	13	9	22	3
1976	51	14	7	24	4
1977	53	15	6	23	3
1978 [4]	51	17	5	22	5
1979 [4]	43	16	5	33	3
	Zu Preisen von 1970				
1962	27	6	32	21	14
1972	51	14	13	19	3
1973	52	15	13	19	1
1974	53	16	12	16	3
1975	55	17	9	16	3
1976	55	18	6	17	4
1977	57	19	6	17	1
1978 [4]	53	22	5	17	3
1979 [4]	51	24	5	16	4

1) Verwendungszweck Elektrizität, Gas, Brennstoffe u.ä.-
2) Mischgas der Ortsgaswerke und Erdgas, ohne Flüssiggas, bewertet mit Durchschnittserlösen.- 3) Deputate, Gaskoks, Flüssiggas, Brennholz.- 4) Vorläufiges Ergebnis.

Quelle: Konsummatrizen des DIW.

ben der privaten Haushalte für Gasprodukte ist zum überwiegenden Teil auf den zunehmenden Anteil des relativ billigen Erdgases zurückzuführen. Ein weiterer Grund ist die degressive Gestaltung der Gastarife, bei der mit steigenden Abnahmemengen die Durchschnittspreise sinken.

Die Kohlepreise sind in den letzten 20 Jahren kontinuierlich stärker gestiegen als das allgemeine Preisniveau. Die zum Teil sogar absolut sinkenden Heizölpreise führten zu einer starken relativen Verbilligung dieses Energieträgers. Infolge der drastischen Erhöhung der Heizölpreise in den letzten Jahren wurden die Kohlepreise jedoch schnell wieder erreicht. Allerdings wurde erst nach 1979 Heizöl im Vergleich zur Kohle nennenswert teurer als am Anfang der sechziger Jahre.

Schaubild 2.2/1
Die Entwicklung der relativen Energiepreise [1]
1962 = 100

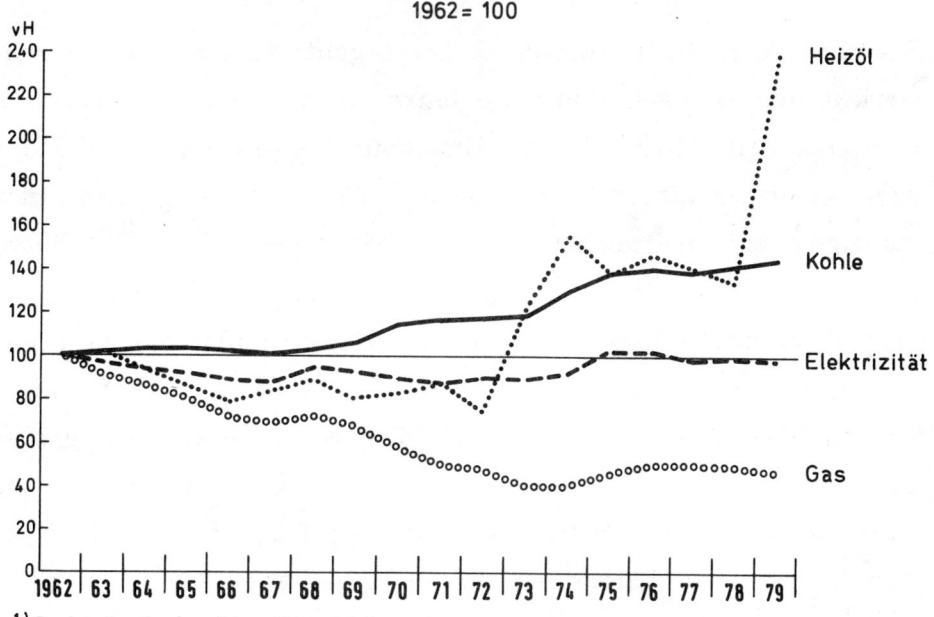

[Liniendiagramm: Heizöl, Kohle, Elektrizität, Gas von 1962 bis 1979]

[1] *Preisindex des jeweiligen Energieträgers bezogen auf den Preisindex des privaten Verbrauchs.*

Auf die übrigen Verwendungszwecke zusammen entfielen rund 30 vH der Verbrauchsausgaben. In der langfristigen Entwicklung hatte dieser Anteil bei geringen jährlichen Schwankungen leicht steigende Tendenz. Diese Bewegung ist dem etwas stärkeren Vordringen der Ausgaben für Dienstleistungen zuzuschreiben, wie sie vor allem aus dem vorwiegend diese Leistungen umfassenden Verwendungszweck persönliche Ausstattung und sonstige Waren und Dienstleistungen zu erkennen ist. Der Anteil der überwiegend durch Warenkäufe bestimmten Ausgaben für die Haushaltsführung dagegen hatte keine ausgeprägte Tendenz. Zu diesem Verwendungsbereich gehören jedoch sehr unterschiedliche Gütergruppen mit teilweise gegenläufiger Entwicklung, so daß der ausgewiesene Strukturanteil nur eine Globalgröße angibt, die durch Aufspaltung in spezielle Gütergruppen differenziert werden muß, um die Auswirkungen von Nachfrageveränderungen bis zu den Produktions- und Absatzbedingungen der Hersteller verfolgen zu können.

2.2.1.2 Bestimmungsgründe des Wandels der Konsumstruktur

Wie aus Querschnittserhebungen hervorgeht, variiert die Konsumstruktur der privaten Haushalte unter anderem mit der Haushaltsgröße und dem Alter des Haushaltsvorstandes. Anders als bei individuell genutzten Gütern (z. B. Kleidung), für die die Möglichkeit einer günstigen Kostenverteilung kaum besteht, haben bei vergleichbaren Einkommensverhältnissen die gemeinsam von den Haushaltsmitgliedern genutzten Güter (z. B. für die Haushaltsführung) in großen Haushalten einen geringeren Anteil am Haushaltsbudget als bei kleinen Haushalten. Jüngere Haushalte geben beispielsweise größere Teile ihres Einkommens für Bildungs- und Unterhaltungszwecke aus, während bei älteren Haushalten die Nachfrage nach Gütern zur Körper- und Gesundheitspflege stärker ausgeprägt ist.

Dieser Sachverhalt muß allerdings nicht notwendig die tatsächlichen Zusammenhänge widerspiegeln, wenn wichtige Einflußfaktoren, die entweder die genannten Indikatoren beeinflussen, oder von diesen beeinflußt werden, unberücksichtigt bleiben. Dies gilt insbesondere für das Haushaltseinkommen, aber auch für viele andere sozioökonomische und soziodemographische Faktoren, wie beispielsweise die soziale Stellung des Haushaltsvorstandes, die Gemeindegröße, in der der Haushalt angesiedelt ist, oder die Erwerbstätigkeit der Haushaltsmitglieder.

Diese Beziehungen können überprüft werden, indem neben dem verfügbaren Einkommen derartige Indikatoren als erklärende Variable in einen umfassenden ökonometrischen Schätzansatz aufgenommen werden. Dafür ist allerdings eine sehr detaillierte Datenbasis erforderlich. Für das Jahr 1969 war eine solche Schätzung auf der Grundlage einer 47 000 Haushalte umfassenden Stichprobe möglich[1].

---

1 Vgl. J. Merz, Die Ausgaben privater Haushalte, ein ökonometrisches Modell für die Bundesrepublik Deutschland, Frankfurt, New York, 1980.

Die Ergebnisse zeigen deutlich, daß das Alter des Haushaltsvorstandes, wie auch die Haushaltsgröße einen von anderen Faktoren weitgehend unabhängigen Einfluß auf die Konsumstruktur ausüben. Nachteilig wirkt sich bei diesem Verfahren allerdings der einheitliche lineare Schätzansatz aus, der insbesondere beim Merkmal Haushaltsgröße im Ergebnis zu proportional mit der Zahl der Haushaltsmitglieder ansteigenden Konsumausgaben für jeden Verwendungszweck führt.

Querschnittsinformationen sind freilich nur begrenzt geeignet, den Wandel in der Konsumstruktur zu erklären. So sprechen viele empirische Informationen dafür, daß die marginale Konsumneigung im Zeitablauf deutlich von den Unterschieden in der marginalen Konsumneigung im Querschnitt abweicht. Anders ausgedrückt: Das Konsumverhalten eines Haushalts, der zu einem bestimmten Zeitpunkt 5 Prozent mehr als ein Bezugshaushalt verdient, entspricht nicht dem Konsumverhalten des Bezugshaushalts, wenn dieser nach einem Jahr 5 Prozent mehr verdient. Die Entwicklung in der Zeit kann also aufgrund derartiger Informationen nicht bestimmt werden. Bestenfalls können bestimmte Struktureffekte verdeutlicht werden.

Eine angemessene Erklärung des Strukturwandels erfordert daher Längsschnittdaten. Für ein und denselben Haushalt müssen Informationen zu verschiedenen Zeitpunkten vorliegen, die es erlauben, die Änderung seines Verhaltens im Zeitablauf zu erklären. Diese Funktion kann auch nicht von einer Sequenz von Querschnitten geleistet werden. Notwendig ist es, einzelne Haushalte und den Wandel ihrer Konsumgewohnheiten im Zeitverlauf verfolgen zu können.

Derartige Daten, die sich auf wiederholte Befragungen derselben Personengruppe stützen, oft auch als Paneldaten bezeichnet, liegen in der Bundesrepublik Deutschland nicht vor. Erfahrungen aus den Vereinigten Staaten zeigen, daß erst mit ihrer Hilfe eine befriedigende Erklärung des Strukturwandels im Konsum erreicht werden kann. Angesichts der Bedeutung, die den Beschäftigungseffekten des privaten Verbrauchs zukommt (vergleiche hierzu den Abschnitt 2.5.5), ist es dringend notwendig, derartige Daten auch für die Bundesrepublik Deutschland zu erheben.

Solange dies nicht der Fall ist, muß man sich nach wie vor mit Querschnittserhebungen mit ihrer begrenzten Aussagefähigkeit begnügen. Als weitere Datenbasis für die Analyse der Konsumstruktur steht bisher nur die Einkommens- und Verbrauchsstichprobe 1973 zur Verfügung. Auf der Grundlage dieses Materials wurde für insgesamt 30 nach der Haushaltsgröße und dem Alter des Haushaltsvorstandes unterschiedenen Haushaltstypen eine Reihe von Konsumhypothesen mit teils linearen teils nichtlinearen Zusammenhängen für die neun Verwendungszwecke des privaten Verbrauchs überprüft.

Werden die aus diesen Berechnungen für die einzelnen Haushaltstypen gewonnenen Ergebnisse gewichtet mit der jeweiligen Zahl der Haushalte, so läßt sich auch die gesamtwirtschaftliche Konsumstruktur mit diesem Modell bestimmen. Haushaltsgröße und Alter des Haushaltsvorstandes sind in diesem Fall nicht Teil der erklärenden Variablen einer ökonometrisch geschätzten Konsumfunktion. Sie dienen vielmehr der Abgrenzung von möglichst homogenen Haushaltstypen und beeinflussen die gesamtwirtschaftliche Konsumstruktur allein dadurch, daß sich die Anteile einzelner Haushaltstypen an der Gesamtzahl der Haushalte verschieben.

Die Ergebnisse zeigen, daß strukturelle Veränderungen bei den so unterschiedenen Haushalten die gesamte Konsumstruktur nur wenig beeinflussen. In Tabelle 2.2/3 ist dargestellt, wie stark sich die Struktur der Haushalte, gegliedert nach dem Alter des Haushaltsvorstandes und der Haushaltsgröße, zwischen 1964 und 1978 verändert hat. Deutlich erkennbar ist beispielsweise die Zunahme des Anteils der Haushalte mit Haushaltsvorständen, die älter sind als 65 Jahre und die zunehmende Bedeutung der Ein-Personenhaushalte. Gewichtet man nun die mit dem oben beschriebenen Modell für 1978 geschätzten Konsumausgaben der einzelnen Haushaltstypen für die jeweiligen Verwendungszwecke nicht mit der Haushaltsstruktur des gleichen Jahres, sondern statt dessen mit der Haushaltsstruktur des Jahres

Tabelle 2.2/3
Privathaushalte nach Altersgruppen der Haushaltsvorstände und Haushaltsgröße

Haushalt mit ... Personen	Alter des Haushaltsvorstands von ... bis unter ... Jahren						
	u. 25	25 - 35	35 - 45	45 - 55	55 - 65	65 u.m.	Insgesamt
	Haushalte in 1000 - 1964 -						
1	40	350	280	530	1 090	2 020	4 310
2	140	670	560	870	1 720	1 870	5 830
3	140	1 060	940	910	990	420	4 460
4	40	750	990	700	480	130	3 090
5 u.m.	10	450	950	610	380	110	2 510
Insgesamt	270	3 280	3 720	3 620	4 660	4 550	20 200
	Haushalte in 1000 - 1978 -						
1	320	690	550	550	1 070	3 430	6 610
2	330	910	640	1 080	1 500	2 530	6 990
3	160	1 020	1 160	1 000	630	350	4 320
4	30	720	1 560	880	290	80	3 560
5 u.m.	10	220	1 050	700	160	50	2 190
Insgesamt	850	3 560	4 960	4 210	3 650	6 440	23 670
	Anteil an der Gesamtzahl der Haushalte in vH - 1978 -						
1	1,4	2,9	2,3	2,3	4,5	14,5	27,9
2	1,4	3,8	2,7	4,6	6,3	10,7	29,5
3	0,7	4,3	4,9	4,2	2,7	1,5	18,3
4	0,1	3,1	6,6	3,7	1,2	0,3	15,0
5 u.m.	0,0	0,9	4,5	3,0	0,7	0,2	9,3
Insgesamt	3,6	15,0	21,0	17,8	15,4	27,2	100,0
	Veränderung der Anteilswerte 1978 gegenüber 1964						
1	1,2	1,2	0,9	-0,3	-0,9	4,5	6,6
2	0,7	0,5	-0,1	0,3	-2,2	1,4	0,6
3	0,0	0,9	0,2	-0,3	-2,2	-0,6	3,8
4	-0,1	-0,5	1,7	0,2	-1,2	-0,3	-0,3
5 u.m.	0,0	-1,4	-0,2	0,0	-1,2	-0,3	-3,1
Insgesamt	1,8	-1,2	2,5	-0,1	-7,7	4,7	0,0

Quelle: Berechnungen des DIW in Anlehnung an das Haushaltskonzept der VGR.

1964, so ergeben sich nur geringfügige Differenzen in der gesamtwirtschaftlichen Konsumstruktur (vgl. Tabelle 2.2/4). Dies läßt sich nur so erklären, daß viele, der in einer Querschnittsanalyse ermittelten Zusammenhänge, im Zeitablauf kompensierend gewirkt haben.

Tabelle 2.2/4
Der Einfluß der Haushaltsstruktur auf die Verbrauchsstruktur

Verwendungszweck	Anteilswerte in vH des privaten Verbrauchs[1]		Veränderung der Anteilswerte			
			Insgesamt	verursacht durch Änderung der		
	1964	1978		Alters-struktur [2]	Haushalts-größen-struktur	übrigen Einfluß-faktoren
Nahrungs- und Genußmittel	33,3	28,3	-5,0	0,0	-0,3	-4,7
Kleidung und Schuhe	10,4	9,6	-0,8	0,0	-0,1	-0,7
Wohnungsmieten u.ä.	13,4	12,8	-0,6	0,1	0,1	-0,8
Elektrizität, Gas, Brennstoffe u.ä.	3,5	3,9	0,4	0,0	0,0	0,4
Haushaltsführung	11,8	12,5	0,7	0,0	0,0	0,7
Verkehrszwecke, Nachrichtenübermittlung	10,7	14,9	4,2	-0,1	0,0	4,3
Körper- und Gesundheitspflege	5,3	4,7	-0,6	0,0	0,0	-0,6
Bildungs- und Unterhaltungszwecke	7,1	8,0	0,9	0,1	0,1	0,7
Persönliche Ausstattung, sonstige Waren und Dienstleistungen	4,5	5,3	0,8	0,0	0,1	0,7

1) Käufe der privaten Haushalte im Inland in Preisen von 1970.
2) Altersstruktur erfaßt nach den Altersgruppen der Haushaltsvorstände.
Quellen: Statistisches Bundesamt, Fachserie 18 und Modellrechnungen des DIW.

2.2.1.3 Die Lieferstruktur des privaten Verbrauchs

Der Darstellung struktureller Veränderungen des privaten Verbrauchs in stärkerer Differenzierung und in ihrer Wirkung auf die betroffenen Wirtschaftszweige wurden Konsummatrizen für die Jahre 1962 bis 1976 zugrunde gelegt, die die Käufe der privaten Haushalte sowohl nach Verwendungszwecken als auch nach Wirtschaftszweigen disaggregiert ausweisen. Zeilenweise ist daraus zu erkennen, welchen Verwendungszwecken die Güter der jeweiligen Wirtschaftszweige in den Haushalten dienen und spaltenweise, welche Wirtschaftszweige die für einen bestimmten Verwendungszweck nachgefragten Güter produzieren. Die in den Käufen enthaltenen Handelsspannen wurden gesondert ermittelt und dem Groß- und Einzelhandel zugeordnet. Um die Nachfragetendenzen der privaten Haushalte in ihrer Bedeutung für die Wirtschaftszweige zu ermessen, ist der private Verbrauch in

Tabelle 2.2/5
Lieferstruktur der Käufe der privaten Haushalte im Inland
zu Preisen von 1970

Wirtschaftszweige	Anteil an den Käufen insgesamt in vH				Differenz der Anteile 1)	
	Käufe	dar.:2) Importe	Käufe	dar.:2) Importe		
	1962		1976		mäßig	stark
Land- u. Forstw., Fischerei	4,8	1,2	3,4	1,2		- 1,4
Energieversorgung	1,5	.	3,0	.		+ 1,5
Bergbau	1,0	.	0,3	.		- 0,7
Chemisches Gewerbe	2,2	.	2,1	0,1		
Mineralölverarbeitung	1,3	0,2	2,9	0,1		+ 1,6
Kunststoff- u. Gummiwaren	0,4	.	0,5	0,1		
Steine und Erden	0,3	.	0,3	.		
Feinkeramik, Glas	0,3	.	0,2	0,1		
Metallerz. u. -bearb., Stahlbau	0,5	.	0,5	.		
Maschinenbau	0,4	.	0,3	.		
Fahrzeugbau	3,5	0,2	5,8	0,6		+ 2,3
Elektrotechnik	1,8	0,1	2,7	0,6		+ 0,9
Feinmechanik, Optik, Uhren	0,7	.	1,0	0,1		+ 0,3
EBM-Waren	0,8	.	0,8	0,2		
Musikinstr. u. Spielwaren; Schmuck	0,8	0,1	0,6	0,2	- 0,2	
Holzbe- und -verarbeitung	2,5	0,1	2,4	0,2		
Zellstoff, Papier, Druckgewerbe	1,5	.	1,3	0,1	- 0,2	
Textilgewerbe	2,7	0,3	2,6	0,9		
Ledergewerbe	2,1	0,1	1,2	0,4		- 0,9
Bekleidungsgewerbe	4,9	0,2	4,7	1,0	- 0,2	
Ernährungsgewerbe	16,0	1,1	15,5	1,6	- 0,5	
Tabakverarbeitung	2,4	.	2,0		- 0,4	
Baugewerbe	0,4		0,5			
Handel	14,1		15,4		+ 1,3	
Eisenbahnen	1,1		0,5			- 0,6
Übriger Verkehr	2,0		1,3			- 0,7
Nachrichtenübermittlung	0,7		1,7			+ 1,0
Kreditinstitute u. Versicherungen	1,5		2,2			+ 0,7
Wohnungsvermietung	13,5		13,0		- 0,5	
Gaststätten- u. Beherbergungsgew.	5,3		4,0		- 1,3	
Wissenschaft, Bildung, Kunst	1,9		1,8			
Gesundheits- u. Veterinärwesen	1,3		1,2			
Übrige Dienstleistungen	3,1		2,9		- 0,2	
Staat	1,2		0,9		- 0,3	
Private Haushalte und private Organisationen ohne Erwerbscharakter	1,5		0,5			- 1,0
Käufe insgesamt	100,0	3,8	100,0	7,5		+ 3,7

1) Differenz der Anteile zwischen 1976 und 1962; Punktunterschiede bis 0,1 gelten als unverändert; Veränderungen der Anteile von 1962 um bis zu einem Viertel gelten als mäßig, darüber hinaus als stark.- 2) Warenimporte.
Quelle: Konsummatrizen des DIW.

der Abgrenzung "Käufe der privaten Haushalte im Inland" untersucht worden, d. h. einschließlich der durch Importe gedeckten Nachfrage. Tabelle 2.2/5 informiert über das Ergebnis dieser Berechnungen für die Jahre 1962 und 1976.

Nennenswerte Anteilsgewinne in den Jahren zwischen 1962 und 1976 ergeben sich bei der Energieversorgung, der Mineralölverarbeitung, dem Fahrzeugbau, der Elektrotechnik sowie bei den dienstleistenden Zweigen in der Nachrichtenübermittlung und den Kredit- und Versicherungsunternehmen. Anteilsverluste entstanden vor allem beim Bergbau, bei der Land- und Forstwirtschaft sowie dem Ledergewerbe. Im dienstleistenden Bereich konnten die Verkehrsunternehmen und das Gaststätten- und Beherbergungsgewerbe ihre Anteile nicht in gleicher Höhe halten.

Bei den importierten Gütern des privaten Verbrauchs lassen sich Warenimporte und Verbrauchsausgaben im Ausland in Form von "Reiseausgaben" unterscheiden. Die Importe haben an der wachsenden Verbrauchernachfrage einen zunehmenden Anteil. Ihr Anteil an den gesamten Wareneinkäufen der privaten Haushalte ist damit von 8 vH in 1962 auf 15 vH gestiegen. Die Tendenz des zunehmenden Anteils der Importwaren zeigt sich bei allen Verwendungsbereichen, sowohl bezüglich der Ausgaben als auch der realen Nachfrage.

Fühlbaren Einfluß auf die Relation zwischen Waren inländischer und ausländischer Hersteller haben sie vor allem in den Verwendungsbereichen Kleidung, Ernährung sowie Bildung und Unterhaltung gehabt. Weitaus am stärksten war die Gewichtsverlagerung der Importe im Verwendungsbereich Kleidung und Schuhe. Von den drei für diesen Verwendungsbereich relevanten Wirtschaftszweigen hat besonders die Schuhindustrie unter dieser Importkonkurrenz gelitten. Einem Rückgang des realen Verbrauchs inländischer Waren steht eine Steigerung der Importwaren auf fast das Sechsfache gegenüber. Aber auch bei dem Textil- und Bekleidungsgewerbe ist die Benachteiligung der inländischen Produkte in der privaten Nachfrage kaum weniger gravierend.

Der allgemeinen Tendenz des sich abschwächenden Gewichts der Nahrungs- und Genußmittel im privaten Verbrauch sind auch die Importe von Nahrungs- und Genußmitteln gefolgt. Dennoch haben sie noch immer den größten Anteil an den gesamten Konsumwarenimpor-

Tabelle 2.2/6

Anteil der importierten Waren an den Warenkäufen der
privaten Haushalte im Inland

Verwendungszwecke (VWZ) und ausgewählte Wirtschaftszweige	Anteil der Importe an der Summe der Warenkäufe in vH		
	1962	1972	1976
Warenkäufe insgesamt 1)	8,1	12,6	14,8
VWZ: Nahrungs- und Genußmittel	10,3	13,0	13,8
Land- und Forstwirtschaft	31,6	42,1	42,0
Ernährungsgewerbe	6,9	9,6	10,4
VWZ: Kleidung und Schuhe	7,5	23,0	30,5
Textilgewerbe	11,6	28,8	37,4
Ledergewerbe	6,5	25,7	34,3
Bekleidungsgewerbe	5,8	18,7	26,0
VWZ: Elektrizität, Gas, Brennstoffe	3,6	5,5	10,8
VWZ: Haushaltsführung	3,5	8,2	10,6
Feinkeramik, Glas	10,9	24,8	39,1
Elektrotechnik	3,4	9,4	12,1
Herstellung von EBM-Waren	4,1	10,5	16,0
Holzverarbeitung	2,6	6,9	9,8
Textilgewerbe	13,4	27,7	31,1
VWZ: Verkehr und Nachrichtenübermittlung	11,1	8,4	8,0
Fahrzeugbau und Reparatur	6,4	11,2	10,5
VWZ: Körper- und Gesundheitspflege	0,9	3,5	5,8
VWZ: Bildung, Unterhaltung u.ä.	5,7	15,1	21,8
Elektrotechnik	5,1	20,4	31,2
Feinmechanik, Optik, Uhren	7,8	20,8	36,2
Musikinstrumente, Spielwaren	11,1	25,2	33,5
VWZ: Persönliche Ausstattung u. sonst. Waren	5,6	13,8	23,2
Musikinstrumente, Spielwaren	12,8	31,3	55,7
Ledergewerbe	5,2	16,6	28,6

1) Ohne Bauleistungen, ohne Elektrizität und Gas.

Quelle: Konsummatrizen des DIW.

ten (1962: 60 vH, 1976: 37 vH), auch ihr Anteil an den Nahrungs- und Genußmittelkäufen hat nominal wie real noch zugenommen (von rund 10 auf rund 14 vH).

In den anderen Verwendungsbereichen - vom Verkehrsbereich abgesehen - ist die Nachfrage nach importierten Waren bis 1976 jeweils im

Tabelle 2.2/7

Käufe der privaten Haushalte im Inland
von Erzeugnissen des Fahrzeugbaus[1]

Jahr	Inländ. Produktion	Importe	Importquote [2]
	Mill. DM		vH
1962	7 292	502	6,4
1972	21 385	2 689	11,2
1973	21 255	2 655	11,1
1974	19 961	2 219	10,0
1975	25 637	2 804	9,9
1976	30 356	3 563	10,5
1977 [3]	34 438	4 050	10,5
1978 [3]	38 712	4 000	9,4
1979 [3]	41 275	3 950	8,7
1980 [3]	38 279	4 100	9,7

1) Straßenfahrzeugbau einschl. Reparaturen.-
2) Anteil der Importe an den Waren aus inländischer und ausländischer Produktion.- 3) Vorläufiges Ergebnis.
Quelle: Konsummatrizen und Importmatrix des DIW.

Durchschnitt drei- bis viermal so schnell gewachsen, wie die Nachfrage nach Waren aus der inländischen Produktion, so daß sie nun auch teilweise ein bemerkenswertes Gewicht in diesem Verwendungszweck erreicht hat, so z. B. im Verwendungsbereich Bildung und Unterhaltung.

Obwohl im Zuge der außerordentlich lebhaften privaten Motorisierung seit 1962 der Verbrauch von Benzin sich mehr als verzehnfacht hat, sind die Importe von Warenkäufen im Verwendungszweck Verkehr im Anteil zurückgegangen. Dies ist darauf zurückzuführen, daß zwar Mineralöl als Vorprodukt importiert wird, Benzin jedoch weitgehend im Inland produziert wird.

Bei den Warenkäufen aus dem Bereich des Fahrzeugbaus haben die Importe bis 1976 nur mäßig zugenommen (von 6,4 auf 10,5 vH). Seitdem haben sich die wertmäßigen Einfuhren von Fahrzeugen für

Tabelle 2.2/8

Anteil der Importe am privaten Verbrauch

	Waren-importe	Ausgaben im Ausland 1)	Anteile am privaten Verbrauch in vH	
	in Mrd. DM		Waren-importe	Ausgaben im Ausland 1)
Zu jeweiligen Preisen				
1962	9,03	4,56	4,4	2,2
1972	28,28	15,12	6,3	3,4
1973	31,38	17,94	6,4	3,6
1974	34,64	19,02	6,6	3,6
1975	38,36	22,51	6,6	3,9
1976	44,50	23,58	7,1	3,8
1977	47,53	26,07	7,1	3,9
1978	2) 50,72	29,36	7,1	4,1
1979	2) 56,80	33,18	7,4	4,3
Zu Preisen von 1970				
1962	9,38	5,86	3,7	2,3
1972	27,13	13,62	6,7	3,4
1973	26,45	16,27	6,4	3,9
1974	26,58	14,77	6,4	3,6
1975	29,81	15,76	7,0	3,7
1976	32,49	16,35	7,4	3,7
1977	33,50	17,55	7,3	3,9
1978	2) 36,24	18,25	7,6	3,9
1979	2) 35,82	20,11	7,3	4,1

1) Ausgaben für den privaten Verbrauch der Inländer im Ausland.- 2) Vorläufige Schätzung.
Quellen: Statistisches Bundesamt, Fachserie 18, und Konsummatrizen des DIW.

den privaten Verbrauch kaum noch erhöht. Ihr Anteil an den Verbrauchsausgaben für diesen Bereich ist vorübergehend auf 8,7 vH zurückgegangen und wird voraussichtlich auch 1980 lediglich einen Prozentpunkt darüber liegen (Vgl. Tabelle 2.2/7).

Innerhalb dieses Lieferbereichs sind in zunehmendem Maße Kraftfahrzeuge aus dem europäischen Ausland durch Lieferungen aus Japan verdrängt worden. Das Schwergewicht der Importe liegt jedoch in einer Hubraumklasse (1000 bis 1500 cm^3), deren Anteil an den Ausgaben privater Haushalte zugunsten höherwertiger Kraftfahrzeuge tendenziell zurückgeht.

Die "Reiseausgaben" umfassen vor allem Ausgaben für Leistungen des Gastgewerbes, des Verkehrsgewerbes und einiger Dienstleistungen, die zu dem Bereich "Bildung und Unterhaltung" gehören. Sie sind zwischen 1962 und 1976 auf mehr als das Fünffache, also stärker noch als die Warenimporte, gestiegen. Der Anteil an den Ausgaben der privaten Haushalte hat - sieht man vom Rezessionsjahr 1967 ab - kontinuierlich zugenommen. Die Einkommenselastizität beträgt zwischen 1962 und 1972 durchschnittlich 1,6 und seitdem 2,2.

2.2.1.4 Strukturwandel im Wohnungsbau

In den Ausgaben für Wohnungsmieten kommt die Bedeutung der Nachfrage privater Haushalte nach Wohnungen nur unzureichend zur Geltung. Insbesondere der in diesem Bereich stattfindende Strukturwandel mit seinen Konsequenzen für die Produktion läßt sich allein durch den Anteil der Ausgaben für Wohnungsmieten am Gesamtkonsum schwer erkennen. Schon mehrfach wurde auf die Probleme hingewiesen, die sich aus der Behandlung der Eigenheime in der VGR ergeben. Die Ausführungen hier konzentrieren sich auf den Wandel in der Zusammensetzung des Wohnungsbauvolumens und sind damit die Basis für eine problemgerechtere Erfassung der Ausgaben privater Haushalte für den Wohnbereich.

Das Neubauvolumen hat sich - vergleicht man die Werte zu Beginn der sechziger Jahre mit dem des Jahres 1979 - nominal etwa vervierfacht. In realer Betrachtung ist der Anstieg sehr viel geringer, zuletzt betrug das Produktionsniveau knapp 140 vH des Niveaus im Jahre 1960. Damals wurden fast 600 000 Wohnungen gebaut, heute sind es knapp 400 000. Die reale Bauleistung je Wohnung hat sich also in zwanzig Jahren etwa verdoppelt.

Diese Entwicklung steht in engem Zusammenhang zu dem stetigen Vordringen des Eigenheimbaus im Verhältnis zum Geschoßwohnungsbau. Der Eigenheimbau hatte zwar auch schon in den sechziger Jahren ein höheres Gewicht - er belief sich in dieser Zeit und noch bis Mitte der siebziger Jahre auf etwa 60 vH des Wohnungsneubaus -, Ende der siebziger Jahre erreichte er aber bereits einen Anteil von

80 vH des Neubauvolumens. Der Bau von Geschoßwohnungen wurde Anfang der siebziger Jahre stärker forciert; 1972/73 erreichte er sein höchstes Niveau und fiel seither rapide zurück.

Diese Verschiebung der Neubautätigkeit geht nur zum Teil auf veränderte Nachfragestrukturen zurück. Zunächst darf man sich nicht darüber hinwegtäuschen lassen, daß die Gewichte in der Neubautätigkeit andere sind als für den Wohnungsbestand: Noch überwiegt die Zahl der Wohnungen in Geschoßbauten bei weitem. Der Trend zum Eigenheim stützt sich sicherlich auf eine breite Nachfrageströmung, wobei jedoch nicht übersehen werden sollte, daß diese durch hohe staatliche Subventionen begünstigt wird. Der Geschoßwohnungsneubau ist hingegen in den letzten Jahren, vor allem wegen der Knappheit der verfügbaren Mittel, zurückgefallen: Dies gilt sowohl für den öffentlich geförderten sozialen Wohnungsbau wie für den freifinanzierten Mietwohnungsbau, der trotz der derzeitigen Angebotsverknappung ohne zusätzliche Vergünstigungen kaum wieder einen nennenswerten Umfang erreichen wird.

Der Geschoßwohnungsbau wurde 1974 wertmäßig erstmals von den Bauleistungen an bestehenden Gebäuden übertroffen; in den Jahren 1977/78 hielt er sich etwa die Waage mit den Modernisierungsinvestitionen.

Bis Mitte der sechziger Jahre lag der Anteil der Modernisierungs- und Instandsetzungsleistungen an bestehenden Gebäuden noch bei 20 vH. Inzwischen hat er knapp ein Drittel der gesamten Wohnungsbauleistungen erreicht. In den Jahren 1978/1979 ist er zwar aufgrund der hohen Neubautätigkeit leicht gesunken, künftig wird der steigende Trend in den Anteilssätzen wieder deutlicher hervortreten.

Das rapide Anwachsen der Bauleistungen an bestehenden Gebäuden geht nicht allein auf hohe Aufwendungen der privaten Haushalte für eine Verbesserung der Wohnungsausstattung zurück. Hinzu kamen seit Mitte der siebziger Jahre spezielle staatliche Programme zur Förderung der Modernisierung sowie im verstärktem Umfang auch städte-

Tabelle 2.2/9

Entwicklung der Wohnungsbauleistungen

	1962	1972	1973	1974	1975	1976	1977	1978	1979
in Mrd.DM zu jeweiligen Preisen									
Wohnungsneubau	22,70	59,40	65,00	56,10	49,60	54,60	58,70	65,10	74,90
Eigenheimbau	13,20	33,50	38,00	36,60	34,90	41,60	46,30	53,30	61,30
Geschoßwohnungsbau	9,50	25,90	27,00	19,50	14,70	13,00	12,40	11,80	13,60
Bauleistungen an bestehenden Gebäuden [1]	5,96	15,79	17,03	20,76	22,97	25,33	27,80	29,11	33,61
Wohnungsmodernisierung [2]	3,42	7,49	7,61	8,37	9,59	10,38	11,38	12,20	16,25
Instandsetzungsleistungen des Baugewerbes [3]	2,54	8,30	9,42	12,39	13,38	14,95	16,42	16,91	17,36
nachrichtlich: Instandsetzungsleistungen der privaten Haushalte [4]	.	5,08	5,48	5,68	6,03	6,48	6,96	7,03	7,56
Investitionen in Wohnbauten	26,12	66,89	72,61	64,47	59,19	64,98	70,08	77,30	91,15
Wohnungsbauvolumen	28,66	75,19	82,03	76,86	72,57	79,93	86,50	94,21	108,51
Struktur in vH des Wohnungsbauvolumens									
Wohnungsneubau	79,2	79,0	79,2	73,0	68,3	68,3	67,9	69,1	69,0
Eigenheimbau	46,1	44,6	46,3	47,6	48,1	52,0	53,5	56,6	56,5
Geschoßwohnungsbau	33,1	34,4	32,9	25,4	20,2	16,3	14,6	12,5	12,5
Bauleistungen an bestehenden Gebäuden	20,8	21,0	20,8	27,0	31,7	31,7	32,1	30,9	31,0
Wohnungsmodernisierung	11,9	10,0	9,3	8,9	13,2	13,0	13,1	13,0	15,0
Instandsetzungsleistungen des Baugewerbes	8,9	11,0	11,5	16,1	18,5	18,7	19,0	17,9	16,0
Wohnungsbauvolumen	100	100	100	100	100	100	100	100	100

1) Ermittelt als Differenz: Wohnungsbauvolumen - Wohnungsneubau.
2) Differenz: Wohnungsbauinvestitionen - Wohnungsneubau.
3) Differenz: Wohnungsbauvolumen - Wohnungsbauinvestitionen.
4) Ermittelt über Verbrauchsausgaben der privaten Haushalte für Baumaterialen.
Quelle: Bauvolumensrechnung des DIW

bauliche Maßnahmen. Die strukturpolitischen Aufgaben, die in den Bereichen Modernisierung und Energieeinsparung, der Stadtsanierung sowie der Bemühungen um eine Verbesserung des Lärmschutzes zu lösen sind, lassen erwarten, daß die Bauleistungen an bestehenden Gebäuden bereits in einigen Jahren das gleiche Gewicht erlangen werden wie der Wohnungsneubau.

Bezieht man die Instandsetzungsleistungen der privaten Haushalte (Schönheitsreparaturen u. ä.) in die Betrachtung ein - dies scheint insofern gerechtfertigt, als diese ja substitutiv zu Aufträgen an das Baugewerbe zu sehen sind - so zeigt sich, daß der Anteil der Bauleistungen an bestehenden Wohnungen in den Jahren 1975 bis 1977 bereits 37 vH erreicht hatte. Die Reparaturleistungen der privaten Haushalte hatten Anfang der siebziger Jahre etwa das gleiche Gewicht wie deren Eigenleistungen mit investivem Charakter (z. B. Selbsthilfe beim Neubau). In den letzten Jahren haben die investiven Leistungen jedoch fast den doppelten Wert erlangt, wozu die starke Ausweitung des Eigenheimbaus, der Baukostenanstieg und eine unterstützende Produktpalette in gleichem Umfang beigetragen haben dürften.

2.2.2 Nachfrage nach Leistungen des Staates

2.2.2.1 Wandlungen in der Leistungsstruktur des Staates nach Aufgabenbereichen

Nur ein geringer Teil der Leistungen des Staates geht gegen Entgelt in andere Nachfragebereiche ein. Der überwiegende Teil der Produktionsleistung des Staates wird ohne unmittelbare Gegenleistung zur Verfügung gestellt. Dieser Teil wird in Form des öffentlichen Verbrauchs als eigener Bereich der Endnachfrage ausgewiesen. In den öffentlichen Verbrauch geht sowohl das Ergebnis staatlicher Produktion wie auch die für diese Zwecke bestimmte private Produktion ein. Als Bewertungsindikator dienen dabei, internationalen Konventionen folgend, die Kosten. Zur Ausweitung seines Anlagevermögens kauft der Staat auch Investitionsgüter. Über die so gemessenen Leistungen orientiert Tabelle 2.2/10.

Ein Blick auf die gütermäßige Zusammensetzung der Käufe des Staates läßt dabei deutlich erkennen, daß seit Anfang der sechziger Jahre die Entgelte für die beim Staat Beschäftigten zunehmend an Gewicht gewinnen, der Anteil der staatlichen Aufwendungen für

Tabelle 2.2/10

Zusammensetzung der Leistungen des Staates

Jahr	Produktionswert	davon Käufe von Vorleistungen	Entgelte für Beschäftigte	übrige Kosten	davon öffentlicher Verbrauch	Leistungen f. andere Nachfragebereiche	Käufe von neuen Anlagen	Käufe insgesamt
Mill.DM zu jeweiligen Preisen								
1960	45 330	23 400	20 760	1 170	40 750	4 580	9 410	54 740
1961	51 100	26 030	23 780	1 290	46 080	5 020	10 980	62 080
1962	58 710	31 290	25 970	1 450	53 130	5 580	13 600	72 310
1963	65 790	35 360	28 810	1 620	59 690	6 100	16 370	82 160
1964	69 270	36 040	31 430	1 800	62 500	6 770	20 030	89 300
1965	77 630	39 840	35 790	2 000	70 150	7 480	19 870	97 500
1966	84 390	42 220	39 950	2 220	76 050	8 340	20 350	104 740
1967	89 690	44 980	42 370	2 340	80 650	9 040	17 770	107 460
1968	93 440	45 700	45 190	2 550	83 670	9 770	19 690	113 130
1969	104 910	50 870	51 200	2 840	94 290	10 620	22 680	127 590
1970	119 850	56 370	60 140	3 340	108 110	11 740	29 350	149 200
1971	143 380	67 640	71 890	3 850	129 240	14 140	31 790	175 170
1972	160 710	75 670	80 760	4 280	144 030	16 680	32 160	192 870
1973	186 560	87 740	94 030	4 790	166 700	19 860	33 290	219 850
1974	217 120	102 570	109 160	5 390	194 020	23 100	38 180	255 300
1975	241 910	117 460	118 530	5 920	215 290	26 620	38 020	279 930
1976	257 660	126 240	124 980	6 440	227 190	30 470	37 910	295 570
1977	271 740	131 350	133 380	7 010	239 380	32 360	37 690	309 430
1978	291 990	142 470	141 840	7 680	257 240	34 750	43 150	335 140
1979	315 000	154 420	152 080	8 500	277 910	37 090	49 860	364 860
Struktur in vH								
1960	82,8	42,8	37,9	2,1	74,4	8,4	17,2	100
1961	82,3	41,9	38,3	2,1	74,2	8,1	17,7	100
1962	81,2	43,3	35,9	2,0	73,5	7,7	18,8	100
1963	80,1	43,0	35,1	2,0	72,7	7,4	19,9	100
1964	77,6	40,4	35,2	2,0	70,0	7,6	22,4	100
1965	79,6	40,9	36,7	2,0	71,9	7,7	20,4	100
1966	80,6	40,3	38,2	2,1	72,6	8,0	19,4	100
1967	83,5	41,9	39,4	2,2	75,1	8,4	16,5	100
1968	82,6	40,4	39,9	2,3	74,0	8,6	17,4	100
1969	82,2	39,9	40,1	2,2	73,9	8,3	17,8	100
1970	80,3	37,8	40,3	2,2	72,4	7,9	19,7	100
1971	81,9	38,6	41,1	2,2	73,8	8,1	18,2	100
1972	83,3	39,2	41,9	2,2	74,7	8,6	16,7	100
1973	84,9	39,9	42,8	2,2	75,8	9,1	15,1	100
1974	85,0	40,2	42,7	2,1	76,0	9,0	15,0	100
1975	86,4	42,0	42,3	2,1	76,9	9,5	13,6	100
1976	87,2	42,7	42,3	2,2	76,9	10,3	12,8	100
1977	87,8	42,4	43,1	2,3	77,3	10,5	12,2	100
1978	87,1	42,5	42,3	2,3	76,7	10,4	12,9	100
1979	86,3	42,3	41,7	2,3	76,1	10,2	13,7	100

Quelle: Statistisches Bundesamt, Fachserie 18.

Anlageinvestitionen sich dagegen erheblich vermindert hat. Lediglich in den beiden Jahren 1978 und 1979 ist eine gewisse Umkehr dieser Entwicklung zu beobachten. Die Sachkäufe des Staates, deren Bedeutung bis 1970 kontinuierlich zurückging, haben inzwischen wieder den Anteil erreicht, den sie zu Beginn der sechziger Jahre hatten.

Seit kurzem ist vom Statistischen Bundesamt auch eine Aufgliederung der Ausgaben des Staates nach Aufgabenbereichen für die Jahre 1970 bis 1978 vorgenommen worden. Die dort verwendete Einteilung der Aufgabenbereiche ist hier übernommen worden und unter Zuhilfenahme der Finanzstatistik für einzelne Ausgabenkategorien zurück bis 1963 berechnet worden[1].

Die Aufteilung der Mittel für die Güterkäufe des Staates auf die verschiedenen Aufgabenbereiche kann zusammen mit Indikatoren über die Preisentwicklung Hinweise liefern über die strukturellen Veränderungen, die der staatlichen Leistungsbereitstellung in der Vergangenheit zugrunde lagen.

Aus Tabelle 2.2/11 wird eine zum Teil deutliche Verschiebung in den Ausgaben für die Aufgabenbereiche des Staates erkennbar. Vor allem der Anteil des Verteidigungsbereichs hat sich verringert, und zwar um fast ein Drittel zwischen 1963 und 1977. Rückgänge verzeichnen der Bereich Wirtschaftsförderung, -ordnung und -aufsicht, der auch den Verkehrsbereich enthält. Anteilszuwächse gab es dagegen beim Gesundheitswesen und im Bereich der sozialen Sicherung.

Die abnehmende Bedeutung des laufenden Sachaufwands schlägt sich nieder in dem relativen Rückgang des Verteidigungsbereichs an den gesamten Aufwendungen des Staates (von 25 vH im Jahre 1963 auf 15 vH im Jahre 1977). Das liegt vor allem daran, daß in den Sachkäufen auch die Bautätigkeit und das Beschaffungswesen im militärischen Bereich erfaßt werden, deren Gewicht während der Wiederaufrüstungsphase überdurchschnittlich hoch war. In den letzten Jahren hat sich der Anteil der Sachkäufe an den Verteidigungsausgaben dagegen auf einen Wert von 52 vH stabilisiert. (Tabelle 2.2/12)

---

1 Die für den Zwischenbericht zugrunde gelegte Aufteilung nach Funktionsbereichen weicht dagegen in einigen Fällen von den inzwischen in der VGR vorgelegten Aufgabenbereichen ab.

Tabelle 2.2/11

Verteilung der Güterkäufe[1] des Staates auf Aufgabenbereiche

Anteilswerte in vH

	1963	1972	1973	1974	1975	1976	1977
Allgemeine Verwaltung	16,0	17,4	17,8	17,8	18,2	18,4	18,8
Verteidigung	25,0	15,2	15,1	15,0	14,8	14,9	14,7
Unterrichtswesen	13,5	19,8	20,1	20,4	20,3	20,3	20,8
Gesundheitswesen	6,0	8,4	8,7	8,5	8,7	8,6	8,5
Soziale Sicherung	11,8	13,2	13,2	13,7	14,1	14,4	14,1
Wohnungsw.,Stadt-u.Landesplanung	7,9	8,0	8,2	7,9	7,7	8,0	7,8
Sonst. Dienste f.d. Allgemeinheit	2,5	3,2	3,1	3,6	3,6	3,6	3,4
Wirtschaftsförd., -ordng.,-aufsicht	17,3	14,8	13,8	13,1	12,6	11,8	11,9
Insgesamt	100,0	100,0	100,0	100,0	100,0	100,0	100,0

1) Sachkäufe, Personalausgaben und Investitionen in der Abgrenzung der Finanzstatistik.

Im Zuge der Bildungsexpansion hat sich der Anteil der Ausgaben für das Unterrichtswesen an den gesamten Güterkäufen des Staates von 13,5 vH im Jahre 1963 auf gut 20 vH im Jahre 1973 erhöht und seither nur wenig verändert. Veränderungen hat es allerdings bei der Aufteilung des Bildungsbudgets gegeben. Anfang der sechziger Jahre wurden noch nahezu ein Drittel der Bildungsausgaben in Form von Sachinvestitionen getätigt. Inzwischen ist der Kapazitätsaufbau weitgehend abgeschlossen, so daß sich der Anteil der Investitionsausgaben zugunsten der Personalausgaben nahezu halbiert hat.

Die Messung der Leistungsbereitstellung des Staates an seinen Ausgaben ist allerdings nur ein unzulänglicher Indikator für den realen Umfang der tatsächlich abgegebenen Leistungen. Unberücksichtigt bleibt vor allem die Leistung, die durch Investitionen vorangegangener Perioden in Form von Straßen, Gebäuden und technischen Einrichtungen bereitgestellt wird.

Ähnlich wie auch Unternehmen produziert der Staat seine Leistungen durch Kombination von Produktionsfaktoren einschließlich der Vorleistungen. Schaubild 2.2/2 informiert darüber, in welchem Maße der

Tabelle 2.2/12

Sachaufwand, Personalausgaben und Investitionen des Staates[1]
- Anteil an den gesamten Güterkäufen des jeweiligen Aufgabenbereichs in vH -

	1963	1972	1973	1974	1975	1976	1977
Sachaufwand							
Allgemeine Verwaltung	26,0	24,9	25,5	24,3	24,7	24,2	24,7
Verteidigung	75,0	52,2	52,2	51,2	52,2	53,0	52,1
Unterrichtswesen	13,3	16,1	16,0	16,4	15,5	15,8	16,6
Gesundheitswesen	28,5	25,5	24,8	25,1	25,1	25,9	26,4
Soziale Sicherung	11,1	9,7	9,5	9,6	10,5	11,0	10,9
Wohnungsw., Stadt-u.Landesplanung	19,0	21,7	23,0	21,1	21,1	21,5	22,8
Sonst. Dienste f.d. Allgemeinheit	32,5	34,5	31,3	25,2	26,4	27,7	28,5
Wirtschaftsförd., -ordng.,-aufsicht	25,5	19,1	19,9	18,1	18,4	19,7	19,9
Insgesamt	34,5	24,5	24,6	23,8	23,9	24,4	24,6
nachrichtlich:							
Käufe v. Vorleistungen lt. VGR	43,0	39,2	39,9	40,2	42,0	42,7	42,4
Personalaufwand							
Allgemeine Verwaltung	65,4	67,7	67,3	68,0	67,7	68,5	68,4
Verteidigung	20,9	45,2	45,9	46,5	45,8	45,1	46,1
Unterrichtswesen	55,4	57,2	59,3	60,0	62,7	65,0	67,2
Gesundheitswesen	48,8	56,1	57,5	59,9	60,7	61,4	61,5
Soziale Sicherung	85,4	86,4	86,4	86,2	86,0	86,0	87,3
Wohnungsw., Stadt-u.Landesplanung	31,2	35,4	36,1	41,9	43,3	41,9	43,6
Sonst. Dienste f.d. Allgemeinheit	34,4	36,9	39,5	36,9	38,6	40,1	42,2
Wirtschaftsförd., -ordng.,-aufsicht	12,2	17,1	18,8	16,5	17,0	18,3	18,1
Insgesamt	41,6	52,6	54,0	55,0	56,1	57,1	58,1
nachrichtlich:							
Entgelte f. Beschäftigte lt. VGR	35,1	41,9	42,8	42,7	42,3	42,3	43,1
Investitionen							
Allgemeine Verwaltung	8,6	7,4	7,2	7,7	7,6	7,3	6,9
Verteidigung	4,1	2,6	1,9	2,3	2,0	1,9	1,8
Unterrichtswesen	31,1	26,7	24,7	23,6	21,8	19,2	16,2
Gesundheitswesen	22,7	18,4	17,7	15,0	14,2	12,7	12,1
Soziale Sicherung	3,5	3,9	4,0	3,9	3,5	3,0	1,8
Wohnungsw., Stadt-u.Landesplanung	49,8	42,9	40,9	37,0	35,6	36,6	33,6
Sonst. Dienste f.d. Allgemeinheit	33,1	28,6	29,2	37,9	35,0	32,2	29,3
Wirtschaftsförd., -ordng.,-aufsicht	62,3	63,8	61,3	65,4	64,6	62,0	62,0
Insgesamt	23,9	22,9	21,4	21,2	20,0	18,5	17,3
nachrichtlich:							
Käufe v.neuen Anlagen lt. VGR	19,9	16,7	15,1	15,0	13,6	12,8	12,2

1) In der Abgrenzung der Finanzstatistik.
Quelle: Statistisches Bundesamt, Fachserie 14.

Staat für seine Leistungserstellung diese Produktionsfaktoren in Anspruch genommen hat. Deutlich erkennbar ist auch hier, daß im Zuge der staatlichen Leistungserstellung ein ständig zunehmender Anteil der Zahl der Erwerbstätigen durch den Staat in Anspruch genommen wurde. Auch die Inanspruchnahme des gesamtwirtschaftlichen Produktivvermögens für die staatliche Leistungserstellung ist, wenn auch

Schaubild 2.2/2
Inanspruchnahme von Produktionsfaktoren durch den Staat in vH des gesamtwirtschaftlichen Einsatzes

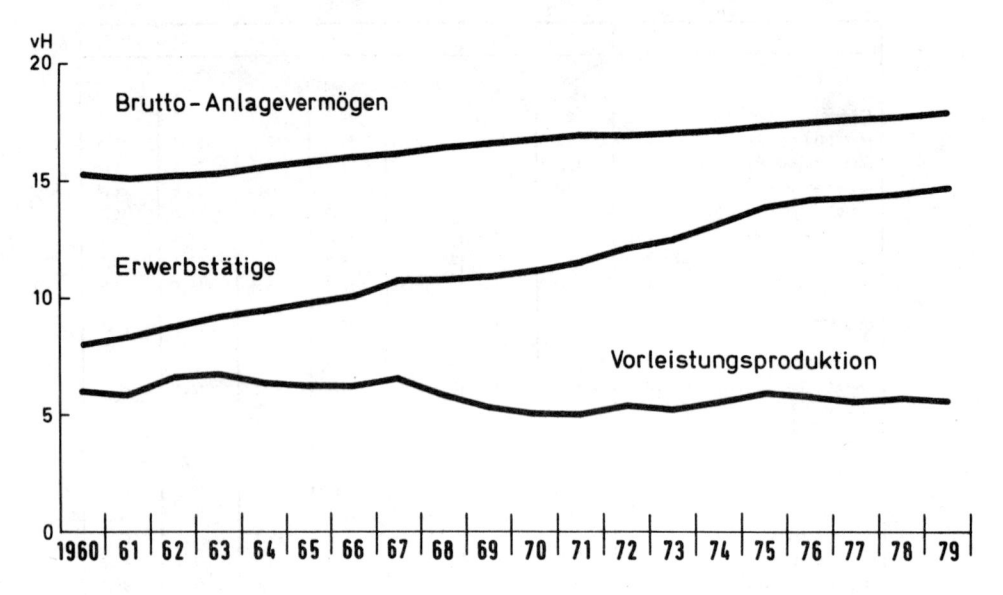

nicht ganz so stark, gestiegen, während der Anteil an der gesamtwirtschaftlichen Vorleistungsproduktion tendenziell abnahm.

Während für Unternehmen das Produktionsergebnis gemessen werden kann, steht ein allgemein akzeptierter realer Leistungsindex für den Staat nicht zur Verfügung. Als Hilfsindikator läßt sich daher nur die Entwicklung der Erwerbstätigen und des Bruttoanlagevermögens in den Aufgabenbereichen des Staates verwenden.

Während in der VGR lediglich eine sehr grobe Gliederung des staatlichen Anlagevermögens ausgewiesen wird, ist vom DIW auch das Bruttoanlagevermögen nach staatlichen Aufgabenbereichen berechnet worden. Methodisch konnte dabei auf frühere Arbeiten des DIW zurückgegriffen werden. Grundlage der Berechnung waren die vom Statistischen Bundesamt in der Abgrenzung der Rechnungsstatistiken ausgewiesenen Zeitreihen für die Bruttoanlageinvestitionen nach Aufgabenbereichen, für die eine Anpassung an die VGR-Werte für neue Bauten und Ausrüstungen vorgenommen worden ist, um eine mit der

VGR konsistente Ausgangsbasis für die Anlagevermögensrechnung zu schaffen.

Das Wachstum der staatlichen Anlageinvestitionen zu Preisen von 1970 wird bis 1969 vom Straßenbau getragen; der in dem Bereich Wirtschaftsförderung enthalten ist. In der Stagnationsphase bis 1974 haben der Bereich Allgemeine Verwaltung, das Sozialwesen, Wohnungswesen etc. und das Gesundheitswesen und bis 1971 auch das Unterrichtswesen überdurchschnittliche Zuwachsraten zu verzeichnen. In der Phase 1975 bis 1977 entwickelten sich die gesamten staatlichen Anlageinvestitionen rückläufig. Bis auf das Gesundheitswesen und die Wirtschaftsförderung sind alle Aufgabenbereiche von den Kürzungen des Investitionsvolumens betroffen worden.

Von der Investitionsstruktur unterscheidet sich die Vermögensstruktur dadurch, daß Aufgabenbereiche mit hohen Anteilen an langlebigen Tiefbauinvestitionen, wie etwa der Straßenbau, einen entsprechend höheren Anteil am gesamten Anlagevermögen des Staates zu verzeichnen haben. Der einzige Aufgabenbereich, der über den ganzen Zeitraum seinen Anteil am Anlagevermögen ausgedehnt hat, ist das Unterrichtswesen. Bei den in diesem Aufgabenbereich seit Jahren rückläufigen realen Investitionen ist dies vor allem auf den hohen Modernitätsgrad und damit verbundene geringe Abgänge zurückzuführen.

Die Zahl seiner Beschäftigten hat der Staat im gesamten Beobachtungszeitraum erheblich ausgeweitet. Nachdem im militärischen Bereich die Bundeswehr Anfang der siebziger Jahre ihre Sollstärke erreichte, war es überwiegend die Ausdehnung des Personalstandes im Unterrichtswesen, die zu einem weiteren Anstieg der Anzahl der Zivilbeschäftigten beim Staat führte. Nach 1974 ist erstmals auch ein Personalabbau beim Staat in den Aufgabenbereichen der sozialen Sicherung und im Verkehrs- und Nachrichtenbereich feststellbar, wogegen in den sonstigen Diensten, im Bereich Wohnungswesen, Stadt- und Landesplanung, aber auch im Unterrichtswesen der Personaleinsatz weiterhin steigt. Die Tabelle 2.2/13 gibt Auskunft über

Tabelle 2.2/13

Einsatz von Brutto-Anlagevermögen und Arbeitskräften in den staatlichen Aufgabenbereichen

	1963	1972	1973	1974	1975	1976	1977
Brutto-Anlagevermögen in Mrd.DM zu Preisen von 1970							
Allgemeine Verwaltung	27,0	35,8	36,9	38,1	39,5	40,9	42,4
Verteidigung	9,3	10,6	10,7	10,7	10,8	10,9	10,9
Unterrichtswesen	52,3	98,8	105,1	111,3	117,9	124,2	129,6
Gesundheitswesen	26,0	38,7	40,1	41,7	43,4	45,2	46,9
Soziale Sicherung	10,6	14,2	14,8	15,5	16,3	17,1	17,8
Wohnungsw., Stadt-u.Landesplanung	58,4	87,9	91,5	95,1	99,3	103,2	107,7
Sonst. Dienste f.d. Allgemeinheit	11,3	19,4	20,7	22,2	23,9	25,5	27,2
Wirtschaftsförd., -ordng.,-aufsicht	143,5	234,1	245,4	255,8	266,5	276,8	286,6
Insgesamt	338,4	539,5	565,2	590,4	617,6	643,8	669,1
Erwerbstätige[1] in 1000							
Allgemeine Verwaltung	684	818	.	846	.	.	869
Verteidigung	562	710	.	709	.	.	711
Unterrichtswesen	378	647	.	722	.	.	804
Gesundheitswesen	338	485	.	544	.	.	569
Soziale Sicherung	138	159	.	175	.	.	153
Wohnungsw., Stadt-u.Landesplanung	136	162	.	180	.	.	212
Sonst. Dienste f.d. Allgemeinheit	68	84	.	90	.	.	102
Wirtschaftsförd., -ordng.,-aufsicht	140	168	.	175	.	.	152
Insgesamt	2 444	3 233	3 328	3 441	3 512	3 558	3 572
Brutto-Anlagevermögen je Erwerbstätigen in 1000 DM							
Allgemeine Verwaltung	40	44	.	45	.	.	49
Verteidigung[2]	68	59	.	59	.	.	61
Unterrichtswesen	138	153	.	155	.	.	161
Gesundheitswesen	77	80	.	77	.	.	82
Soziale Sicherung	77	89	.	89	.	.	116
Wohnungsw., Stadt-u.Landesplanung	429	543	.	528	.	.	508
Sonst. Dienste f.d. Allgemeinheit	166	231	.	246	.	.	266
Wirtschaftsförd., -ordng.,-aufsicht	1 025	1 393	.	1 462	.	.	1 886
Insgesamt	138	167	170	172	176	181	187

1) Voll- und Teilzeitbeschäftigte mit 20 und mehr Wochenstunden. - 2) Nur zivile Beschäftigte.
Quelle: DIW-Vermögensrechnung; Statistisches Bundesamt, Fachserie 18, Fachserie 14.

die unterschiedliche Kombination der Produktionsfaktoren Arbeit und Kapital in den einzelnen Aufgabenbereichen. Erkennbar ist, daß auch die Produktion bei einem allerdings höheren Niveau des Staates kapitalintensiver geworden ist, wenn auch in weit geringerem Maß als in der Privatwirtschaft.

Innerhalb der staatlichen Aufgabenbereiche haben sich die Leistungen - gemessen am Einsatz der Produktionsfaktoren Arbeit und Kapital - von kapitalintensiven Bereichen wie dem Verkehr zu arbeitsintensiven Aufgabenbereichen wie Unterricht und Gesundheit verlagert. Diese Verlagerung ist vermutlich noch stärker, wenn man berücksichtigt, daß die Vorleistungskäufe des im Anteil rückläufigen Verteidigungsbereichs größtenteils investiven Charakter haben.

2.2.2.2 Bestimmungsgründe der Leistungsstruktur des Staates

Die Erstellung von Leistungen durch den Staat unterliegt weitgehend politischen Entscheidungen; ihre Bereitstellung erfolgt in der Regel auch nicht zu Marktpreisen, sondern zu Bedingungen, die der jeweiligen politischen Zielsetzung entsprechen. So kann die Zielsetzung z. B. sein, Verkehrsleistungen zu einem geringeren als einem kostendeckenden Preis anzubieten. In anderen Aufgabengebieten wie z. B. dem des Unterrichts an Schulen und Universitäten bietet der Staat als einziger Leistungen an, um die Bedeutung dieses Gutes für alle zu unterstreichen und niemanden aufgrund eines zu hohen kostendeckenden Preises von der Bildung auszuschließen.

Weil es für die meisten öffentlichen Leistungen keinen Marktpreis gibt, läßt sich die Nachfrage nach öffentlichen Leistungen nur schwer in Analogie zu der Nachfrage nach privat angebotenen Gütern wie Nahrung, Kleidung etc. behandeln. Zum einen stehen dem prinzipielle Schwierigkeiten gegenüber, wenn es sich um öffentliche Güter handelt, da hier im Regelfall die Wirtschaftssubjekte ihre Präferenzen nicht unmittelbar und/oder unverzerrt offenbaren. Aber auch bei anderen öffentlichen Leistungen entfaltet sich eine Nachfrage oft erst dann, wenn Leistungen angeboten werden, wie z. B. im Bildungswesen oder auch bei der Eröffnung neuer U-Bahnstrecken. Die prinzipielle politische Bestimmung des Umfangs staatlichen Leistungsangebots basiert aber selbst auf einem Bündel wirtschaftlicher, demographischer und gesellschaftspolitisch bedingter Faktoren, deren Einzelgewicht meist nur schwer abzuschätzen ist.

Ungeachtet der theoretischen Schwierigkeiten, die es bereitet, Ursachen für die Aufgabenverteilung zwischen staatlichem und privatem Sektor zu ermitteln, ist für Teilbereiche der staatlichen Leistungserstellung versucht worden, die dort anfallenden Ausgaben insgesamt oder auch für einzelne Ausgabearten wie Personal-, Sach- und Investitionsausgaben regressionsanalytisch mit möglichen Einflußfaktoren wie Bevölkerung, Bruttosozialprodukt pro Kopf, Zeittrend und Finanzierungssalden der Gebietskörperschaften zu verknüpfen. Wenn sich auch teilweise recht stramme Korrelationsbeziehungen für Teilaufgabenbereiche herausschälen, so kann man andererseits nicht übersehen, daß allein der Zeittrend einen großen Teil der zu erklärenden Varianz aufnimmt.

Dies deutet darauf hin, daß die staatliche Leistungserstellung überwiegend von normativ bestimmten Gesichtspunkten abhängt, die sich nur in Teilbereichen auf z. B. demographische Faktoren oder die Entwicklung des Pro-Kopf-Einkommens zurückführen lassen. Beispielsweise hat für den Anstieg der Schülerzahlen im nicht obligatorischen Teil des Schulwesens und die zunehmenden Studentenzahlen die demographische Entwicklung nur in einem geringen Maße eine Rolle gespielt. Vielmehr hat eine verstärkte Förderung von 'höherer' Bildung und ein entsprechend verbreitetes Angebot letztlich die Zunahme einer individuell dann auch erwünschten Bildungsbeteiligung bewirkt. Beispielsweise hat sich der Anteil der 17jährigen Schüler an allgemeinbildenden und beruflichen Schulen an der gleichaltrigen Bevölkerung zwischen 1960 und 1978 von 66 vH auf 90 vH erhöht. Auch der Anteil der Studienanfänger an Hochschulen bezogen auf die 19- bis unter 21jährige Bevölkerung hat sich zwischen 1960 und 1974 von knapp 8 vH auf knapp 20 vH erhöht.

2.3 Strukturwandel in Angebot und Nachfrage der Unternehmen

2.3.1 Kapitalausstattung und Arbeitskräfte

2.3.1.1 Investitionen und Anlagevermögen

Investitionen dienen der Aufstockung des Anlagevermögens und haben als solche das Ziel, das Angebotspotential zu erweitern. Ihre Entwicklung ist geprägt von den konjunkturellen Wechsellagen und spiegelt wirtschaftliche Erwartungen wider. Andererseits entsteht mit jeder Anlageinvestition gleichzeitig Nachfrage, die ihrerseits den Konjunkturverlauf prägt und die Strukturen der Wirtschaft im Zeitablauf verändert. Knapp ein Viertel der gesamtwirtschaftlichen Produktion ist im Durchschnitt der Jahre 1960 bis 1979 in der Bundesrepublik für den Ausbau und die Erhaltung des Anlagenbestandes aufgewendet worden; davon entfielen - konjunkturell schwankend und mit abnehmendem Trend - gut 60 vH auf Bauinvestitionen.

Dies zeigen die für die Investitionen der Wirtschaftszweige, getrennt nach Bauten und Ausrüstungen, ermittelten Zeitreihen, die einer Neuberechnung des Anlagevermögens in erweiterter Sektorengliederung zugrunde gelegt wurden. In Zusammenarbeit mit dem Statistischen Bundesamt konnten für die Ausrüstungen sektoral unterschiedliche Nutzungsdauern vorgegeben werden, während für die Bauten die Nutzungsdauer unverändert aus der unrevidierten Rechnung übernommen wurde. Die jetzt verwendeten Schätzungen reflektieren gut die Zusammensetzung der Ausrüstungsinvestitionen nach unterschiedlicher Nutzungsdauer in den jeweiligen Wirtschaftszweigen. Insgesamt entspricht die durchschnittliche Nutzungsdauer der Ausrüstungen im Anlagevermögensmodell des DIW den auch in der VGR zugrunde gelegten Werten.

Die Anlagevermögensrechnung (vgl. Tabelle 2.3/1) zeigt, daß infolge der Verlagerung der Investitionstätigkeit von den Bauten zu den Ausrüstungen im gesamten Unternehmensbereich (ohne Wohnungs-

Tabelle 2.3/1

Die Veränderung in der Struktur des Bruttoanlagevermögens zwischen 1960 und 1979

	Anteile am Anlagevermögen des Unternehmensbereichs in vH			Ausrüstungen in vH aller Anlagen		
	1960	1970	1979	1960	1970	1979
Land- und Forstwirtschaft	14,9	11,6	8,5	31,8	42,6	45,6
Warenproduzierendes Gewerbe	49,7	51,9	49,2	54,9	56,9	58,0
Energiewirtschaft, Bergbau	13,6	12,1	11,9	49,1	43,7	41,3
Energiewirtschaft	9,7	9,7	10,4	44,9	40,6	39,0
Bergbau	3,9	2,4	1,5	59,5	56,4	57,4
Verarbeitendes Gewerbe	34,1	36,7	34,6	56,1	60,0	63,2
Baugewerbe	2,0	3,2	2,7	73,5	71,0	64,8
Handel und Verkehr	25,6	23,8	23,6	48,6	44,5	43,7
Handel	6,6	7,5	7,1	39,4	37,8	35,4
Verkehr und Nachrichten	19,0	16,4	16,6	51,7	47,6	47,2
Dienstleistungsunternehmen	9,8	12,7	18,7	13,2	21,8	36,2
Kreditinstitute, Versicherungen	2,7	3,0	3,5	12,6	16,2	22,1
Sonstige Dienstleistungen	7,1	9,7	15,2	13,5	23,6	39,4
Unternehmen ohne Wohnungsvermietung	100,0	100,0	100,0	45,7	47,9	44,5
Anlagevermögen in Mrd. DM	610,7	1118,3	1708,6			
Ausrüstungsvermögen in Mrd. DM				279,3	535,2	845,4

Quelle: DIW-Vermögensrechnung.

vermietung) der Anteil der Ausrüstungen - trotz ihrer geringeren Nutzungsdauer - am Bruttoanlagevermögen zu Preisen von 1970 von 46 vH im Jahre 1960 auf 49,5 vH im Jahre 1979 geringfügig gestiegen ist. Betrachtet man die strukturellen Veränderungen, die zwischen den Sektoren des Unternehmensbereichs in den letzten 20 Jahren stattgefunden haben, so wird deutlich, daß die Land- und Forstwirtschaft und der Bergbau die stärksten Anteilsverluste hinnehmen mußten. Anteilsgewinne waren besonders bei den Dienstleistungsunternehmen, aber auch beim verarbeitenden Gewerbe zu verzeichnen.

Da Betrachtungen auf dieser gesamtwirtschaftlichen Ebene jedoch nur die Summe aller positiven und negativen Strukturverschiebungen erkennen lassen, ist für das verarbeitende Gewerbe eine detailliertere Analyse durchgeführt worden (vgl. Tabelle 2.3/2). Sie zeigt, daß die

Tabelle 2.3/2
Die Entwicklung des Bruttoanlagevermögens in den Wirtschaftszweigen des Verarbeitenden Gewerbes
- Jahresanfangswerte -

	1960	1970	1979	1960	1970	1979
	Mrd.DM			Ausrüstungen in vH aller Anlagen		
Verarbeitendes Gewerbe	207,98	410,41	591,04	56,1	60,0	63,2
Chemische Industrie	28,33	57,54	83,33	54,1	63,6	66,6
Mineralölverarbeitung	5,57	13,19	20,08	68,9	73,4	77,8
Kunststoff- u. Gummiwaren	3,64	10,57	18,22	48,4	59,6	65,8
Kunststoffwaren	1,23	5,30	10,67	57,7	66,6	70,3
Gummiwaren	2,41	5,27	7,55	43,6	52,6	59,5
Steine und Erden	9,10	20,53	26,63	61,3	67,6	69,2
Feinkeramik und Glasgewerbe	2,86	5,95	8,95	57,7	58,3	62,5
Feinkeramik	1,21	2,14	2,66	54,5	57,5	56,4
Glasgewerbe	1,65	3,81	6,29	60,0	58,8	65,0
Metallerzeugung und -bearbeitung	34,54	57,68	75,91	59,6	63,6	66,5
Eisenschaffende Industrie	19,70	34,16	43,60	60,7	66,0	68,5
NE-Metallerzeugung und -bearbeitung	3,76	6,39	10,05	48,4	56,7	65,0
Gießereien	4,67	6,47	7,78	60,4	60,7	63,1
Ziehereien und Kaltwalzwerke	6,41	10,66	14,48	62,1	61,5	63,1
Stahl- und Leichtmetallbau	2,10	4,86	7,42	47,1	51,6	53,8
Maschinenbau, ADV	25,24	46,35	67,72	54,6	56,4	61,2
Maschinenbau	22,32	39,22	53,63	52,1	52,9	56,2
Büromaschinen, ADV	2,92	7,13	14,09	74,3	75,9	80,6
Fahrzeugbau	14,60	38,96	62,14	47,7	56,7	61,0
Straßenfahrzeugbau	11,74	34,84	56,22	49,6	58,3	62,5
Schiffbau	2,67	3,27	4,11	39,7	40,1	40,9
Luft- und Raumfahrzeugbau	0,19	0,85	1,81	47,4	54,1	58,6
Elektrotechnik	11,25	23,78	45,95	44,6	50,4	62,8
Feinmechanik, Optik, EBM	7,82	17,46	27,14	44,1	53,4	59,8
Feinmechanik, Optik	1,98	3,88	6,43	50,5	52,1	60,8
EBM-Waren	5,21	11,76	17,71	39,7	52,2	58,3
Musikinstrumente, Spielwaren	0,63	1,82	3,00	60,3	64,3	66,3
Holz-, Papier- und Druckgewerbe	15,90	32,35	46,57	60,7	60,6	60,7
Holzbe- und -verarbeitung	7,06	13,60	19,78	56,8	54,7	54,2
Papiererzeugung und -verarbeitung	5,04	11,02	15,33	64,9	65,7	66,2
Druckerei	3,80	7,73	11,46	62,4	63,8	64,4
Textilgewerbe	12,58	20,08	22,71	58,7	61,2	61,1
Leder- und Bekleidungsgewerbe	6,58	10,49	11,71	47,7	44,7	43,0
Lederbe- und -verarbeitung	3,55	4,84	4,75	47,0	47,5	43,6
Bekleidungsgewerbe	3,03	5,65	6,96	48,5	42,3	42,5
Ernährungsgewerbe	27,09	49,16	64,33	62,1	60,7	59,8
Tabakverarbeitung	0,76	1,45	2,17	89,5	85,5	78,8

Quelle: DIW-Vermögensrechnung.

Anteilsgewinne des verarbeitenden Gewerbes am Ausrüstungsvermögen des Unternehmensbereichs in den sechziger Jahren auf wenige Wirtschaftszweige zurückzuführen sind. Aus dem Grundstoffbereich sind dies die Chemische Industrie, die Mineralölverarbeitung, die Kunststoff- und Gummiwaren sowie die Steine und Erden, aus dem Investitionsgüterbereich der Straßenfahrzeugbau, die EBM-Waren, die Büromaschinen einschließlich ADV und die Elektrotechnik; die beiden letztgenannten Sektoren sind die einzigen, die auch nach 1970 noch einen nennenswerten Anteilsgewinn am Ausrüstungsvermögen des Unternehmensbereichs verzeichnen konnten.

2.3.1.2 Einfluß struktureller Veränderungen im Anlagevermögen auf die Entwicklung des Produktivitätspotentials

Derartige Verschiebungen in der Struktur des Anlagevermögens haben auch Einfluß auf die Entwicklung des gesamtwirtschaftlichen Produktivitätspotentials der Arbeitsplätze. Gleiches gilt für die Altersstruktur des Anlagevermögens und seine Veränderung.

Im Schaubild 2.3/1 ist die Altersstruktur des gesamtwirtschaftlichen Anlagevermögens für die Jahre 1960 und 1976 dargestellt. Es zeigt sich, daß die Struktur des Anlagevermögens 1960 noch weitgehend geprägt war einerseits durch die Investitionsausfälle in der Kriegszeit und zum Teil auch während der Weltwirtschaftskrise, andererseits durch das starke Investitionswachstum in der Wiederaufbauphase der Bundesrepublik. 1976 hat sich die Altersstruktur des Anlagevermögens bei den älteren Anlagen weitgehend normalisiert und eine Verteilung erreicht, wie sie im Zuge eines längerfristig anhaltenden Wachstumsprozesses zu erwarten ist. Die Rezession von 1967 und die Investitionsschwäche der siebziger Jahre haben aber auch hier bereits wieder Unregelmäßigkeiten bewirkt, die allerdings nicht zu vergleichen sind mit den Einflüssen, die von der Altersstruktur des Bruttoanlagevermögens im Jahre 1960 auf den Wachstumsprozeß ausgegangen sind.

Die Effekte von Veränderungen in der Alters- und Sektorenstruktur auf die Arbeitsproduktivität lassen sich im Rahmen der DIW-Vermögensrechnung quantifizieren, wenn Annahmen über die Art der Produktionstechnologie getroffen werden. Den hier durchgeführten Berechnungen liegt ein Vintage-Produktionsmodell zugrunde, bei dem angenommen wird, daß jedem Investitionsjahrgang eines Wirtschaftszweiges jeweils ein bestimmtes Produktionspotential und eine bestimmte Zahl von Arbeitsplätzen zugeordnet werden kann.

Die Quantifizierung der Struktureffekte erfolgt im Wege der Komponentenzerlegung; durch sie wird der gesamte Einfluß der Veränderung der Altersstruktur wie auch der sektoralen Struktur auf die

Schaubild 2.3/1
Die Altersstruktur des Anlagevermögens

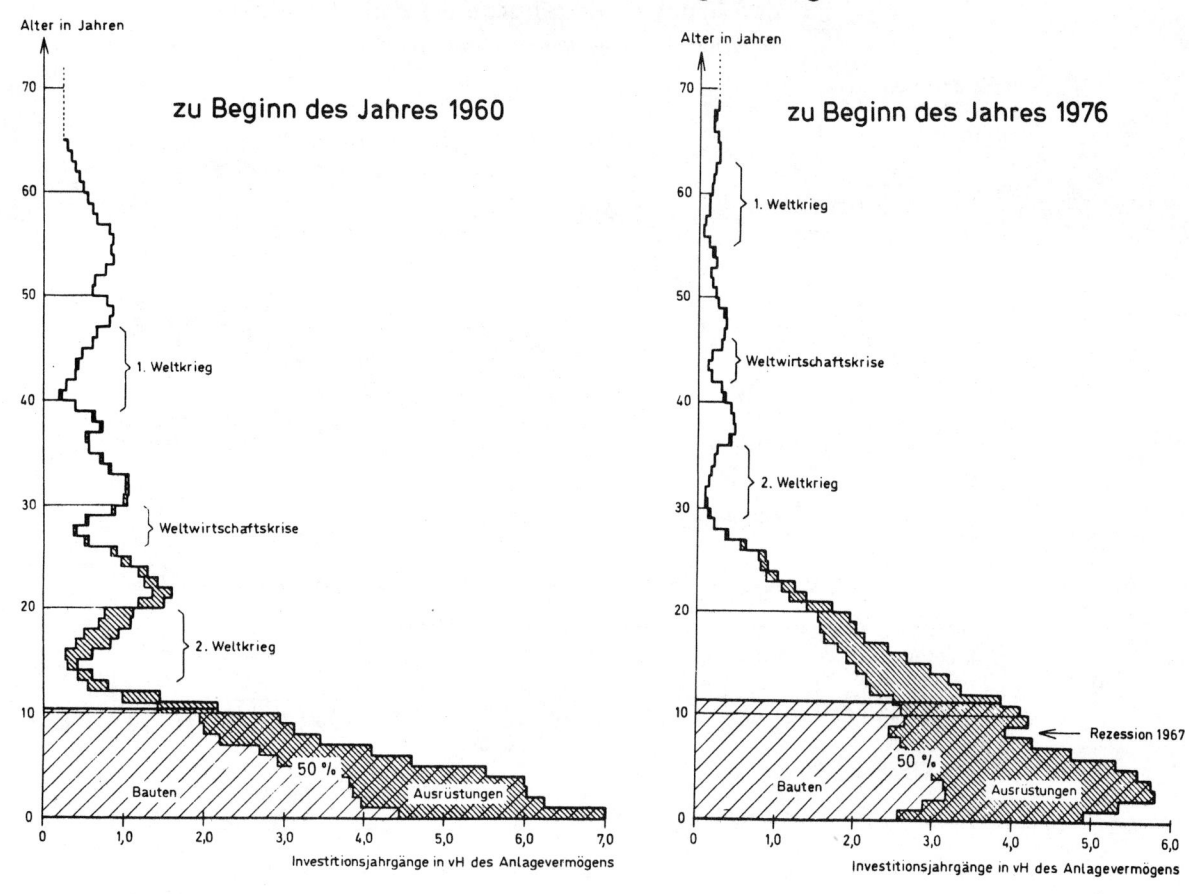

Entwicklung des Produktionspotentials und damit auch auf das Produktivitätspotential nachgewiesen. Dabei ist jedoch zu beachten, daß die Veränderungen in der sektoralen Struktur des Anlagevermögens nur indirekt über die Strukturveränderungen bei den Arbeitsplätzen erfaßt werden. Es kann jedoch gezeigt werden, daß bei direkter Messung die Strukturkomponente des Kapitalstocks ebenfalls einen positiven Einfluß auf die Entwicklung des Produktivitätspotentials ausübt.

Das Schaubild 2.3/2 enthält die Ergebnisse der Berechnung. Es macht deutlich, daß das gesamtwirtschaftliche Produktivitätspotential in den sechziger und siebziger Jahren, bedingt durch sektorale Verschiebungen im Kapitalstock, ständig stärker gestiegen ist, als es allein mit dem technologischen Wandel innerhalb der Wirtschaftszweige zu

Schaubild 2.3/2
Strukturelle Einflüsse auf die Veränderungsrate der Arbeitsstundenproduktivität [1]
—Unternehmen ohne Wohnungsvermietung—

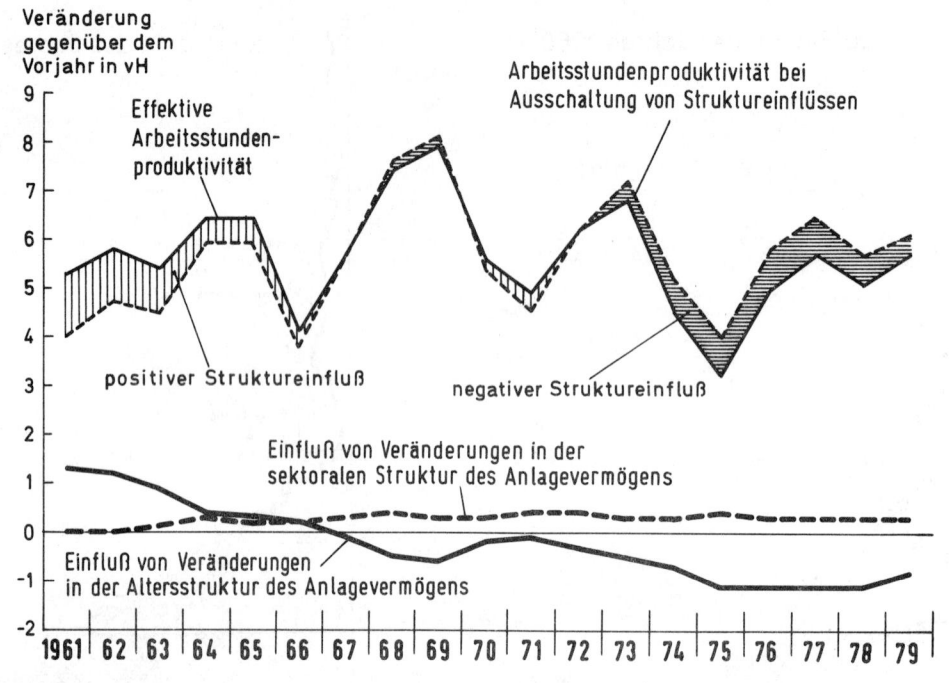

[1] *1978 und 1979 vorläufig.*

erklären ist. Anfang der sechziger Jahre trug außerdem die ständige Verbesserung der Altersstruktur des Anlagevermögens erheblich zur Produktivitätssteigerung bei.

Dies änderte sich erstmals in der Rezessionsperiode 1966/67. Beginnend mit dieser Periode reichten auch die positiven sektoralen Struktureffekte nicht mehr aus, um die Folgen der Verschlechterung in der Altersstruktur des Anlagevermögens zu kompensieren. Lediglich durch die vorübergehend stark zunehmende Investitionstätigkeit 1969 bis 1973 konnten noch einmal per Saldo positive Struktureffekte erzielt werden. In den Jahren 1975 bis 1977 erreichte die negative Wirkung, die von der Verschlechterung der Altersstruktur ausging, ihren Höhepunkt. Der Anstieg des Produktivitätspotentials wurde durch den Altersstruktureffekt um mehr als einen Prozentpunkt gebremst.

Die seit 1976 wieder stärker zunehmende Investitionstätigkeit zeigte allerdings in den nachfolgenden Jahren langsam ihre Wirkung, wobei auch der Modernitätsgrad - mehr neuere Anlagen mit höherer Arbeitsproduktivität - einen positiven Einfluß auf die Entwicklung des Produktivitätspotentials ausgeübt hat. Für 1980 kann angenommen werden, daß die Einflüsse, die von Veränderungen der Alters- und Sektorenstruktur des Anlagevermögens ausgehen, per Saldo vergleichsweise gering sind. Es bleibt daher festzuhalten, daß der Anstieg der effektiven Arbeitsproduktivität gegenwärtig unterhalb des Trends für das Produktivitätspotential liegt.

2.3.2 Angebot auf dem Arbeitsmarkt

2.3.2.1 Erwerbspersonen, Erwerbsquoten und Erwerbspersonenpotential

In der gesamtwirtschaftlichen Arbeitsmarktbilanz wird die Nachfrage nach Arbeitskräften dem Angebot an Erwerbspersonen bzw. dem Erwerbspersonenpotential gegenübergestellt. Von Einfluß auf die Entwicklung des Erwerbspersonenpotentials sind Faktoren wie Erwerbsbeteiligung, Alter, Geschlecht und - bei den Frauen - auch der Familienstand.

Schaubild 2.3/3 zeigt die Entwicklung der Zahl der Erwerbspersonen seit 1962. Die Zahl der deutschen Erwerbspersonen ist seit 1963 ständig gesunken, erst gegen Ende der siebziger Jahre hat sich diese Entwicklung umgekehrt. Die Ausländer hatte bis zum Anfang der siebziger Jahre eine "Pufferfunktion", um den Rückgang der deutschen Erwerbspersonenzahl und konjunkturelle Schwankungen der Arbeitsnachfrage auszugleichen. Seitdem ist die Zahl der ausländischen Erwerbspersonen ungefähr konstant geblieben.

Die Entwicklung der Erwerbspersonenzahl hat sich nicht gleichmäßig nach Alter und Geschlecht vollzogen. So ist der Anteil der Erwerbs-

Schaubild 2.3/3
Entwicklung der Erwerbspersonenzahl

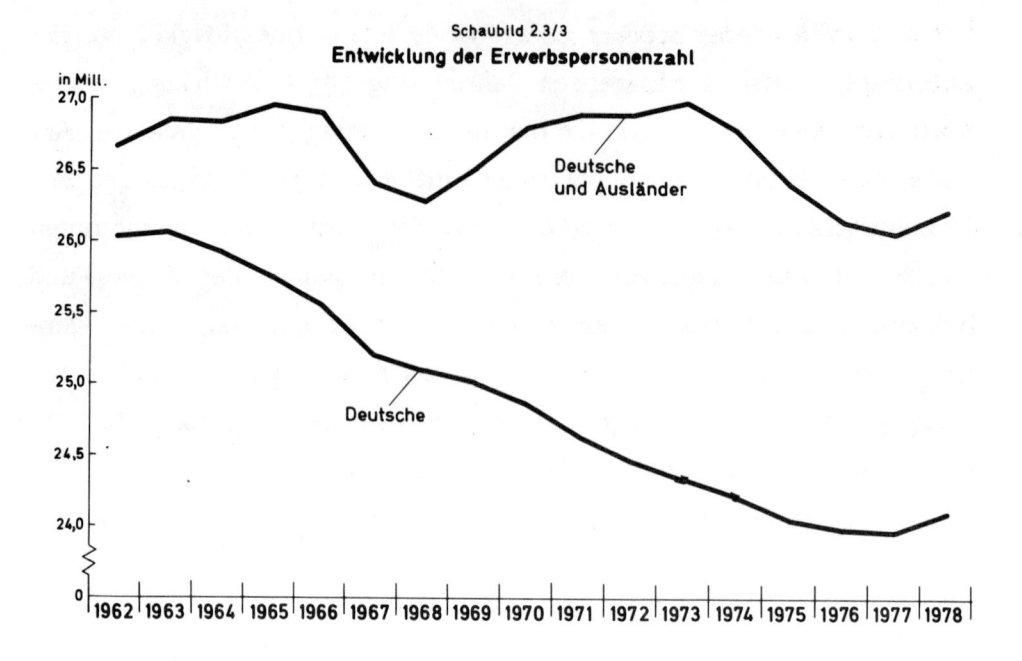

personen in den jüngeren und älteren Altersgruppen zugunsten der mittleren Altersgruppen zurückgegangen, und die Anteile der Frauen haben sich in den Altersgruppen zwischen 20 und 35 und über 50 Jahre relativ zu denen der Männer erhöht. Um zu zeigen, wie weit diese Tendenzen auf demographische Effekte oder Änderungen der Erwerbsbeteiligung zurückgehen, sind die demographische Komponente (einschließlich Wanderungen) und die Verhaltenskomponente der Änderung der Zahl der Erwerbspersonen modellmäßig isoliert worden[1].

---

1 Dazu wird für jedes Jahr ab 1970 die Zahl der Erwerbspersonen ermittelt, die sich ergeben hätte, wenn die Erwerbsbeteiligung nach Alter, Geschlecht und Familienstand gegenüber dem Vorjahr unverändert geblieben wäre. Die Änderung dieser Zahl gegenüber dem Vorjahr wird als demographische Komponente interpretiert und mit der tatsächlichen Änderung der Zahl der Erwerbspersonen verglichen.

Nach dieser Rechnung ergibt sich eine Abnahme der Erwerbspersonenzahl von 1970 bis 1978 um rund 580 Tausend Personen. Der Rückgang resultiert aus einer Zunahme aufgrund demographischer Einflüsse um fast 1,5 Mill. und einer Abnahme aufgrund von Verhaltensänderungen um über 2 Mill. Personen. In den frühen siebziger Jahren war die demographische Komponente am größten, mitbedingt durch den Zustrom von Ausländern in dieser Zeit. Sie ist dann immer schwächer geworden und war 1975 sogar negativ, um danach, diesmal aufgrund der Folgen des Geburtenbooms um die Mitte der sechziger Jahre, wieder kräftig anzusteigen. Die Verhaltenskomponente war in allen Jahren negativ, ihren größten Wert erreichte sie im Jahr 1975.

Die Änderungen im Erwerbsverhalten spiegeln sich in der Entwicklung der Erwerbsquoten wider, die im Schaubild 2.3/4 für die Männer und Frauen angegeben sind. Sie zeigen, daß die Erwerbsbeteiligung sowohl der Männer als auch der Frauen kontinuierlich zurückgegangen ist, allerdings war der Rückgang bei den Männern erheblich ausgeprägter, so daß sich eine Annäherung der Erwerbsquoten der Männer und Frauen ergeben hat. In einzelnen Altersgruppen stellt sich dieses Bild jedoch teilweise anders dar: Für die Männer und Frauen zwischen 15 und 20 Jahren zeigt sich ein gemeinsamer starker Rückgang der Erwerbsbeteiligung, während einer nahezu konstanten Erwerbsbeteiligung der Frauen zwischen 20 und 25 Jahren ein trendmäßiger Rückgang bei den Männern in dieser Altersgruppe gegenübersteht. Für die stark besetzte Gruppe der 25- bis 50jährigen ergibt sich ein ungebrochener Anstieg der Erwerbsbeteiligung der Frauen bei gleichzeitigem Rückgang der Erwerbsquote der Männer; ein ähnliches Verlaufsmuster gilt für die Altersgruppe der 50- bis 60jährigen, aber nur bis zum Jahre 1975, weil sich danach eine Trendumkehr bei der Erwerbsbeteiligung der Frauen einstellt.

Untersuchungen über die Bestimmungsgründe für das Erwerbsverhalten haben zu dem Ergebnis geführt, daß sich Veränderungen der Erwerbsquoten gut durch Veränderungen der Reallohnsätze und der alters- und geschlechtsspezifischen Arbeitslosenquoten erklären lassen. Außerdem spielen die Kinderzahl und institutionelle Einflüsse

Schaubild 2.3/4
Entwicklung der Erwerbsquoten der Männer und Frauen im Jahresdurchschnitt

wie die flexible Altersgrenze und ihre Ausgestaltung eine wichtige Rolle für die Erwerbsbeteiligung.

Mit Hilfe von Alternativsimulationen mit einem ökonometrischen Modell, das den Einfluß dieser Bestimmungsgründe abbildet, läßt sich die Elastizität des Arbeitsangebots in Bezug auf Änderungen der Arbeitsmarktbedingungen ermitteln. Die im Schaubild 2.3/5 zusammengestellten Ergebnisse lassen erkennen, daß die Elastizität der Erwerbspersonen in Bezug auf die Arbeitslosigkeit in den unteren und oberen Altersgruppen im allgemeinen höher ist als in den mittleren. Außerdem reagieren die weiblichen Erwerbspersonen meist stärker auf Änderungen der Arbeitslosenquote als die männlichen.

Schaubild 2.3/5
Elastizität der Erwerbsbeteiligung in Bezug auf die Arbeitslosigkeit *

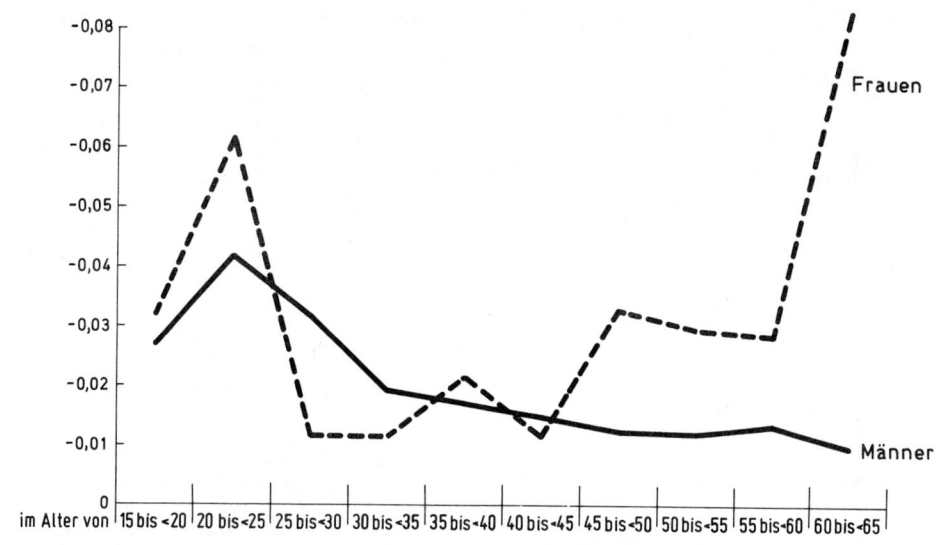

*Relative Änderung der Erwerbsquoten bezogen auf die relative Änderung der geschlechtsspezifischen Arbeitslosenquoten.

Für die Abschätzung der Angebotsbedingungen auf dem Arbeitsmarkt ist es sinnvoll, nach dem unter günstigen konjunkturellen Bedingungen zu erwartenden Erwerbspersonenpotential und der stillen Reserve zu fragen. Deshalb wurde mit dem Erwerbsquotenmodell auf der Grundlage der Elastizitäten des Arbeitsangebots in Bezug auf die Arbeitslosenquote ermittelt, mit welcher Zahl von Erwerbspersonen man bei Vollbeschäftigung (Stand 1970) im Jahre 1978 hätte rechnen können. Die Ergebnisse sind in Tabelle 2.3/3 und im Schaubild 2.3/6 wiedergegeben. Vergleicht man die potentiellen Größen mit der tatsächlichen Erwerbspersonenzahl im Jahre 1978, so ergibt sich als stille Reserve eine Zahl von 520 000 Personen, von denen 245 000 Frauen sind. Gleichzeitig ist zu erkennen, daß die Zunahme der Zahl der Erwerbspersonen in jüngster Zeit keinen wesentlichen Abbau der stillen Reserve, sondern einen erneuten Anstieg des Erwerbspersonenpotentials signalisiert.

Tabelle 2.3/3

Stille Reserve und Erwerbspersonenpotential
in 1000 Personen[1]

Jahr	Erwerbspersonen			Erwerbspersonenpotential			Stille Reserve		
	Männer	Frauen	insges.	Männer	Frauen	insges.	Männer	Frauen	insges.
1970	17 171	9 631	26 802	17 176	9 631	26 807	5	0	5
1971	17 226	9 670	26 896	17 231	9 690	26 921	5	20	25
1972	17 175	9 712	26 887	17 205	9 747	26 952	30	35	65
1973	17 121	9 851	26 972	17 166	9 901	27 067	45	50	95
1974	16 906	9 878	26 784	17 051	9 998	27 049	145	120	265
1975	16 580	9 818	26 398	16 930	10 038	26 968	350	220	570
1976	16 379	9 770	26 149	16 719	10 020	26 739	340	250	590
1977	16 268	9 806	26 074	16 563	10 056	26 619	295	250	545
1978	16 342	9 881	26 223	16 617	10 126	26 743	275	245	520

1) über 15 Jahre.
Quelle: Statistisches Bundesamt und Erwerbsquotenmodell des DIW.

Es ist schon darauf hingewiesen worden, daß die ausländischen Arbeitskräfte bis Anfang der siebziger Jahre den Rückgang der deutschen Erwerbspersonenzahl kompensiert haben. Deshalb wurde untersucht, welche Auswirkungen eine Verringerung der Zahl ausländischer Erwerbspersonen auf Produktionsstruktur und Wirtschaftswachstum in der Bundesrepublik Deutschland gehabt hätte[1]. Im Wege von Modellrechnungen ließ sich für den Zeitraum 1962 bis 1972 zeigen, daß die gelegentlich vertretene These, die Ausländerbeschäftigung sei auf ein überproportionales Wachstum der Auslandsnachfrage zurückzuführen und habe darüber hinaus die Produktionsstruktur zugunsten des industriellen Bereichs verzerrt, nicht belegt werden kann (vgl. hierzu auch Abschnitt 2.1.6).

---

1 Vgl. hierzu B. Görzig unter Mitarbeit von K. Keiter: Ausländerbeschäftigung, Produktionsstruktur und Wirtschaftswachstum. Gutachten des DIW im Auftrage des Bundesministers für Wirtschaft, Berlin, Dezember 1977.

Schaubild 2.3/6
Erwerbspersonen und Erwerbspersonenpotential

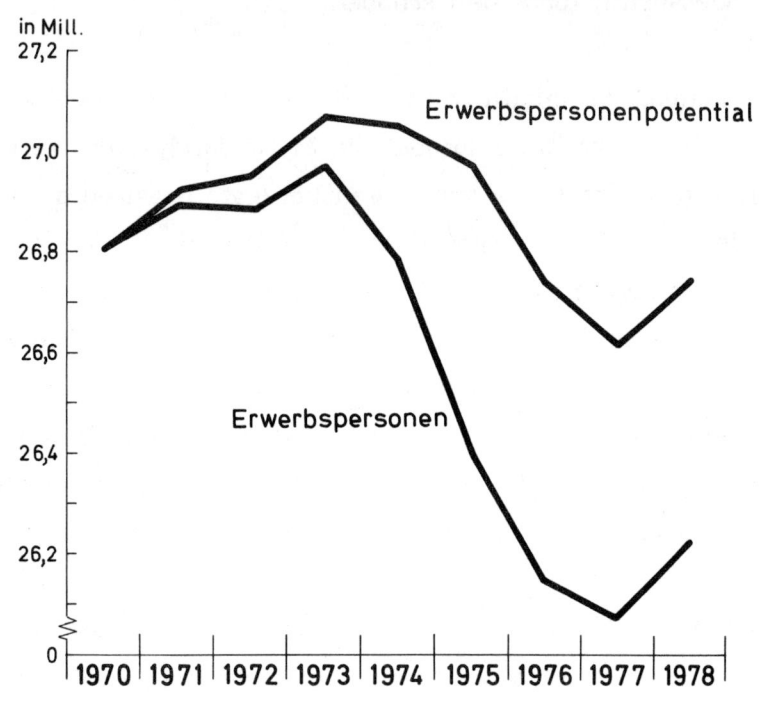

Außerdem wurden Sensitivitätsanalysen durchgeführt, die die hypothetische wirtschaftliche Entwicklung in der Bundesrepublik beschreiben, wie sie sich ohne ausländische Arbeitskräfte ergeben hätte. Die entsprechenden Ergebnisse für den Unternehmensbereich (ohne Wohnungsvermietung) zeigen, daß ohne Ausländerbeschäftigung das Bruttoinlandsprodukt von 1962 bis 1972 jährlich um 0,9 bis 0,6 vH-Punkte weniger gestiegen wäre. Auch auf das Pro-Kopf-Einkommen der Deutschen hat sich die Beschäftigung ausländischer Arbeitskräfte positiv ausgewirkt.

2.3.2.2 Qualifikation der Arbeitskräfte

Unter Qualifikation werden hier diejenigen Eigenschaften der Arbeitskräfte verstanden, die Einfluß auf die Produktionsleistung haben können. Derartige qualitative Merkmale werden für die Gesamtwirtschaft in den Volks- und Berufszählungen (u. a. 1961 und 1970), dem

Mikrozensus (z. B. 1976 und 1978) und in der Beschäftigtenstatistik der Bundesanstalt für Arbeit erhoben.

Die Bedeutung der qualitativen Merkmale des Arbeitskräfteeinsatzes für das Niveau der Arbeitsproduktivität ist durch einen Vergleich von Rangfolgen ermittelt worden. Gegenübergestellt wurde die Rangfolge der Wirtschaftszweige, geordnet nach der Höhe der Anteile der qualitativen Merkmale des Arbeitskräftebestandes und die Rangfolge der Zweige nach dem Niveau der Arbeitsproduktivität. Hierzu wurden Rang-Korrelationskoeffizienten nach Spearman berechnet, mit denen zwar keine kausalen Abhängigkeiten nachgewiesen werden können, die es jedoch ermöglichen, bereits bekannte Zusammenhänge zu messen und vom Ergebnis her auf ihre Bedeutung zu schließen.

Für die qualitativen Merkmale der Arbeitskräfte, die als Einflußgrößen auf die Arbeitsproduktivität berücksichtigt wurden, werden im folgenden nur die wichtigsten Ergebnisse für die zugrunde gelegten Beobachtungsjahre 1961, 1970, 1976 und 1977/78 wiedergegeben, zumal die Korrelationsrechnungen teilweise auch zu wenig gesicherten Koeffizienten führten:

Erreichtes berufliches Ausbildungsniveau der Arbeitskräfte

Hierunter wird das durchschnittliche formale Ausbildungsniveau der Arbeitskräfte verstanden, gemessen am höchsten beruflichen Bildungsabschluß. Unterschieden werden drei Qualifikationsniveaus: Berufliche Bildung ohne Fachhochschul-/Hochschulausbildung, Fachhochschul-/Hochschulausbildung, ohne Ausbildung/ohne Angabe. Kriterium für die Rangfolge der Bildungsabschlüsse ist die Dauer der Ausbildung. Es wird vermutet, daß ein höheres durchschnittliches Bildungsniveau - also eine Ausbildung mit längerer Dauer - auch eine höhere Arbeitsproduktivität in dem jeweiligen Wirtschaftszweig zur Folge hat.

Diese Vermutung wird durch die Korrelationskoeffizienten gestützt; es zeigt sich, daß die beruflichen Bildungsmerkmale unterhalb der akademischen Ausbildung positiv - allerdings schwach - mit den Produktivitätsniveaus korrelieren, die Merkmalskombination "ohne Ausbildung/ohne Angabe" dagegen - wenngleich ebenfalls schwach - negativ. Die Korrelationen der akademischen Ausbildungsniveaus mit der Produktivität ergeben durchweg hohe Werte.

Anteil der Auszubildenden an den Arbeitskräften

Auszubildende werden in vielen Fällen nicht - oder zumindest nicht voll - im Produktionsprozeß eingesetzt. Bei der Ermittlung der branchenspezifischen Arbeitsproduktivität werden sie jedoch als Arbeitskräfte gezählt. Dies könnte das Niveau der Arbeitsproduktivität in denjenigen Wirtschaftszweigen tangieren, in denen der Anteil an Auszubildenden überdurchschnittlich hoch ist. Diese Hypothese wird durch die Korrelationsrechnungen zwar nicht widerlegt, allerdings wird sie auch nicht bestätigt. Daraus folgt, daß der postulierte negative Zusammenhang von Auszubildenden-Anteilen an den Erwerbstätigen und Produktivität für die vier Untersuchungszeitpunkte nicht nachweisbar ist.

Verhältnis von Arbeitern zu Angestellten

Die Stellung im Beruf - hier die Eigenschaften "Arbeiter" oder "Angestellter" - ist als Einflußfaktor auf die Produktivität interpretationsbedürftig; beide Eigenschaften sind eher Indikatoren für unterstellte qualifikatorische Merkmale, die direkten Einfluß auf die Produktivität haben können. Angestelltentätigkeiten umfassen einerseits Berufe im organisatorischen, im dispositiven und im Forschungsbereich mit positivem Einfluß auf die Effizienz des Produktionsprozesses. Andererseits sind Angestelltentätigkeiten oft nicht unmittelbar mit dem Produktionsprozeß verbunden, sondern gehören eher zu denjenigen Aktivitäten, die die Produktion erst ermöglichen oder erleichtern. Arbeitertätigkeiten werden allgemein mit der Vorstellung von ausführenden Beschäftigungen verbunden. Das Produktivitätsniveau hängt jedoch stark von der Kombination dieser Tätigkeiten mit anderen Produktionsfaktoren - etwa Maschineneinsatz und organisatorischen Leistungen - ab.

Die Korrelationskoeffizienten lassen erkennen, daß die Produktivität in allen Untersuchungszeitpunkten positiv mit den Angestellten-Anteilen korreliert, mit den Anteilen der Arbeiter entsprechend negativ. Für drei der vier untersuchten Zeitpunkte (1961, 1976, 1977/78) kann als gesichert gelten, daß in den produktivitätsstärkeren Branchen der Angestellten-Anteil überdurchschnittlich ist und umgekehrt.

Geschlechterproportion der Arbeitskräfte

Wenn von einem hohen Frauenanteil an den Beschäftigten auf eine geringere produktive Leistung pro Arbeitskraft geschlossen wird, wird dies begründet mit einem geringeren durchschnittlichen Ausbildungsniveau, einem höheren Anteil von Teilzeitbeschäftigten und einem höheren Anteil von Ausfallzeiten, bedingt durch Schwangerschaft und Kinderversorgung.

Die für diese Einflußgröße durchgeführten Korrelationsrechnungen ergaben für zwei Beobachtungsjahre (1961 und 1970) einen hohen positiven Zusammenhang zwischen dem Einsatz männlicher Arbeitskräfte und dem Produktivitätsniveau. Entsprechend negativ war demnach der Zusammenhang mit dem Einsatz weiblicher Arbeitskräfte. Für die anderen beiden Zeitpunkte (1976 und 1977/78) sind diese Korrelationen jedoch nicht mehr gesichert.

Altersstruktur der Arbeitskräfte

Ein möglicher Zusammenhang von Altersstruktur der Erwerbstätigen und Produktivität kann begründet werden einerseits mit dem formal deutlich besseren Ausbildungsstand jüngerer Arbeitskräfte gegenüber älteren und dem Absinken der physischen Leistungsfähigkeit mit zunehmendem Alter. Dem wirkt die größere Lebens- und Arbeitserfahrung bei älteren Arbeitskräften entgegen. In den Analysen nicht berücksichtigt wurde die Auswirkung von Arbeitslosigkeit und deren Dauer auf die Qualifikation der Arbeitskräfte, obwohl nachteilige Folgen für die Produktivitätsentwicklung zu erwarten sind, z. B. dann, wenn Jugendliche keine Lehrstelle finden.

Für die Korrelationsrechnungen wurde der Arbeitskräftebestand in den Wirtschaftszweigen in drei Altersgruppen - bis unter 30 Jahre, 30 bis unter 45 Jahre sowie 45 Jahre und älter - aufgeteilt. Der Vergleich der Anteile der Altersgruppen mit den Produktivitätsniveaus ergab in allen Untersuchungsperioden nahezu identische Ergebnisse: In der Altersklasse bis unter 30 Jahre sind die Korrelationen negativ. In der Altersklasse 30 bis unter 45 Jahre zeigen sich starke positive Zusammenhänge. Die älteren Arbeitskräfte korrelieren schwach mit der Produktivität, dazu mit wechselnden Vorzeichen.

Einkommen der Arbeitskräfte

Bei der Betrachtung der Ergebnisse der Untersuchung fällt auf, daß die positiven Korrelationen von qualitativen Merkmalen der Arbeitskräfte mit dem Produktivitätsniveau meist Eigenschaften betreffen, die auch mit einem relativ höheren Einkommensniveau verbunden sind[1]. Dies legt den Schluß nahe, daß in produktivitätsstärkeren Sektoren auch Arbeitskräfte mit höherem Durchschnittseinkommen beschäftigt sind und umgekehrt. Diese Feststellung für den Niveauvergleich scheint sich jedoch in der Entwicklung der letzten Jahre nicht zu bestätigen. Während die Einkommensstrukturen relativ stabile Tendenzen aufweisen, ist die Produktivitätshierarchie der Wirtschaftszweige einem stärkeren Wandel unterworfen. Der festgestellte Zusammenhang zwischen Arbeitseinkommen und Arbeitsproduktivität wird damit durch die neuere Entwicklung relativiert. Es bleibt abzuwarten, ob es sich hierbei um eine vorübergehende Entwicklung handelt oder ob sich ein grundsätzlicher Wandel in der Relation von Arbeitseinkommen zur Produktivitätsentwicklung abzeichnet.

---

1 Zum Zusammenhang von Ausbildung und Einkommen vgl. etwa W. Clement, M. Tessaring und G. Weißhuhn: Zur Entwicklung der qualifikationsspezifischen Einkommensrelationen in der Bundesrepublik Deutschland. In: Mitteilungen aus der Arbeitsmarkt- und Berufsforschung, Heft 2/1980. S. 181 ff.

2.3.3 Bestimmungsgründe für den Einsatz von Produktionsfaktoren

2.3.3.1 Profitquoten und Renditen

Wichtigster Indikator für die Gewinnentwicklung auf gesamtwirtschaftlicher Ebene ist das aus der Einkommensverteilung abgeleitete Bruttoeinkommen aus Unternehmertätigkeit und Vermögen. Da dieses in der VGR als Residualgröße bestimmte Einkommen - ebenso wie der auf betrieblicher Ebene ermittelte Gewinn - in beträchtlichem Maße von kalkulatorischen Posten beeinflußt wird, ist es hier um kalkulatorische Arbeitseinkommen der Selbständigen und mithelfenden Familienangehörigen sowie um Wertberichtigungen für Abschreibungen und Vorräte bereinigt worden.

Um die Eigenleistungen der Unternehmer einkommensmäßig quantifizieren zu können, wurde vereinfachend für die Pro-Kopf-Einkommen der Selbständigen und mithelfenden Familienangehörigen der nichtlandwirtschaftlichen Wirtschaftszweige das gleiche Niveau angenommen wie für die Bruttoeinkommen je beschäftigtem Arbeitnehmer. Wegen der konzeptionellen Besonderheiten in der Land- und Forstwirtschaft wurde für diesen Sektor unterstellt, daß der Unternehmerlohn lediglich dem halben Durchschnittsverdienst der beschäftigten Arbeitnehmer entspricht. Dieses Verfahren führt zu Gewinnen, die um den sogenannten Unternehmerlohn bereinigt sind, bei denen also der Einfluß unterschiedlich hoher Anteile der Arbeitsleistung von Selbständigen und mithelfenden Familienangehörigen in den Wirtschaftszweigen eliminiert ist. Dadurch wird es möglich, andere Einflüsse auf den Gewinn besser sichtbar zu machen.

Im Schaubild 2.3/7 ist die Entwicklung der Profitquote, definiert als Anteil der Bruttoeinkommen aus Unternehmertätigkeit und Vermögen an der Gesamtheit der Erwerbs- und Vermögenseinkommen des Unternehmensbereichs (Nettowertschöpfung zu Faktorkosten), nach unterschiedlichen Abgrenzungen für den Zeitraum 1960 bis 1979 wieder-

Schaubild 2.3/7
Die Entwicklung der Profitquote nach unterschiedlichen Abgrenzungen [1]
—Unternehmen ohne Wohnungsvermietung—

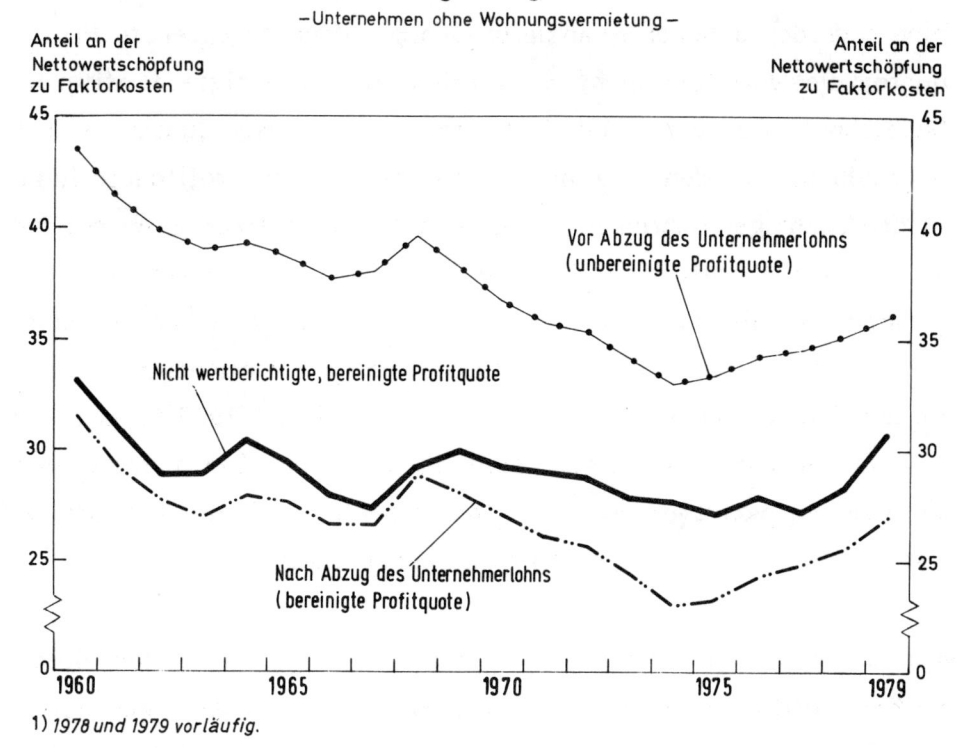

1) *1978 und 1979 vorläufig.*

gegeben. Ihr Pendant ist die Lohnquote, die sich durch den Anteil der Bruttoeinkommen aus unselbständiger Arbeit an den Gesamteinkommen ergibt (Profitquote = Eins minus Lohnquote). Dem Schaubild ist zu entnehmen, daß der Abzug des Unternehmerlohns zwar zu einer insgesamt niedrigeren bereinigten Profitquote führt, daß diese Quote aber weit weniger stark abnimmt als die unbereinigte Profitquote. Entsprechend gilt für die bereinigte Lohnquote, daß sie weit weniger stark zunimmt als die unbereinigte Lohnquote.

Werden auch die in der VGR unterstellten Wertberichtigungen[1] auf Vorräte und Abschreibungen unberücksichtigt gelassen, ergibt sich eine nach den üblichen Bilanzierungsvorschriften abgegrenzte Profitquote; sie wird als nicht wertberichtigte, bereinigte Profitquote bezeichnet. Das Schaubild 2.3/7 zeigt, daß diese Quote generell oberhalb der um den Unternehmerlohn bereinigten Profitquote liegt, in den sechziger Jahren im Durchschnitt aber stärker gesunken ist. Zwischen 1969 und 1977 fällt die Abschwächung dagegen sehr viel geringer aus als bei der lediglich um den Unternehmerlohn bereinigten Profitquote; auch die Zunahme der nicht wertberichtigten, bereinigten Profitquote nach 1977 ist stärker, so daß 1979 wieder das Niveau der frühen sechziger Jahre erreicht wird. Die divergierende Entwicklung von 1968 an ist auf die erheblich höheren Preissteigerungsraten in den siebziger Jahren zurückzuführen.

Die Unternehmenseinkommen, die der nicht wertberichtigten, bereinigten Profitquote zugrunde liegen, können auch als wichtiger Indikator für die Gewinnentwicklung eines einzelnen Unternehmens angesehen werden. Das setzt jedoch voraus, daß Vorgänge, die mit der Finanzierung des Produktionsprozesses zu tun haben (z. B. Zinserträge und Ausschüttungen von Dritten sowie Zinsaufwendungen und Ausschüttungen an Dritte), ebenfalls berücksichtigt werden. Werden die so ermittelten Unternehmensgewinne zum Eigenkapital[2] in Beziehung gesetzt, ergeben sich Eigenkapitalrenditen, deren Entwicklung für die Produktionsunternehmen (ohne Wohnungsvermietung) im Schaubild 2.3/8 dargestellt ist.

---

1 Sie resultieren aus einer Bewertung der Abschreibungen zu Wiederbeschaffungspreisen anstelle von Anschaffungspreisen und aus einer entsprechenden Umbewertung der nach dem Niederstwertprinzip ermittelten Buchwerte für die Vorratsveränderungen.

2 Das Eigenkapital der Unternehmen ist unter Zuhilfenahme der VGR, der Finanzierungsrechnung der Deutschen Bundesbank und der DIW-Vermögensrechnung ermittelt worden.

Schaubild 2.3/8
Die Entwicklung von Eigenkapital- und Sachkapitalrendite [1]
– Produktionsunternehmen ohne Wohnungsvermietung –

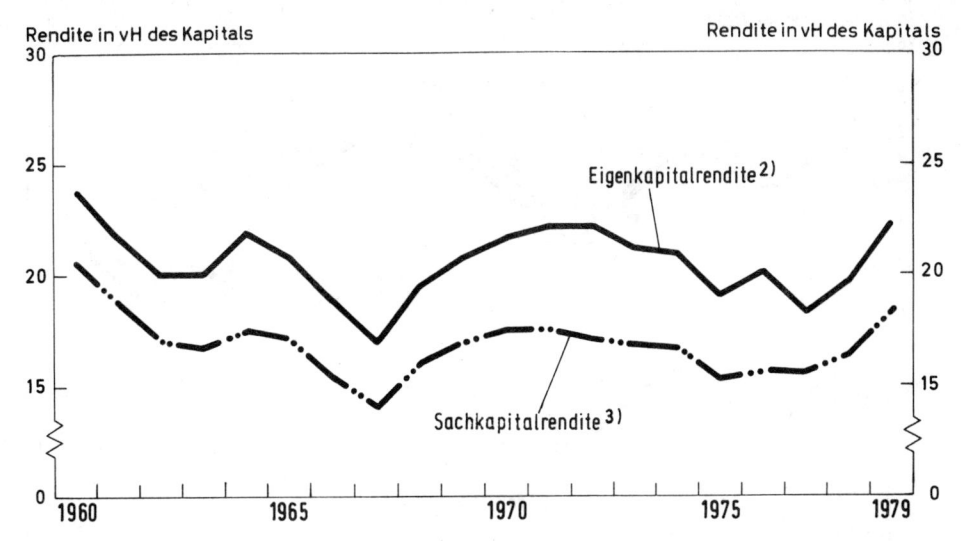

[1] 1978 und 1979 vorläufig. – [2] Unternehmenseinkommen nach Abzug der Nettoaufwendungen für das Fremdkapital in vH des Eigenkapitals. – [3] Unternehmenseinkommen in vH des Sachkapitals.

Es zeigt sich, daß die Eigenkapitalrendite im gesamten Beobachtungszeitraum über der Sachkapitalrendite gelegen hat, daß aber das Entwicklungsmuster beider Renditen - vom Niveauunterschied abgesehen - weitgehend übereinstimmt. Die höhere Eigenkapitalverzinsung ist Folge der Fremdfinanzierung des Produktionsprozesses; das bedeutet, daß Finanzierungsvorgänge die Rendite für das Eigenkapital nicht unbeträchtlich beeinflussen.

Die Entwicklung der Eigenkapitalrendite verlief in den sechziger Jahren nahezu parallel zur Veränderung des Produktionsanstiegs und damit letztlich zur Veränderung der Nachfrage. Bei einer Verminderung des Anstiegs von Nachfrage und Produktion wurde auch eine Verminderung der Rendite in Kauf genommen. Seit Beginn der siebziger Jahre hat sich dieses Verhalten offenbar geändert. Bereits die vorübergehende Abschwächung des Produktionsanstiegs im Jahre 1971 ist in der Renditenentwicklung nicht erkennbar (vgl. Schau-

Schaubild 2.3/9
Nachfrage, Arbeitsmarkt und Eigenkapitalrendite
– Produktionsunternehmen ohne Wohnungsvermietung –

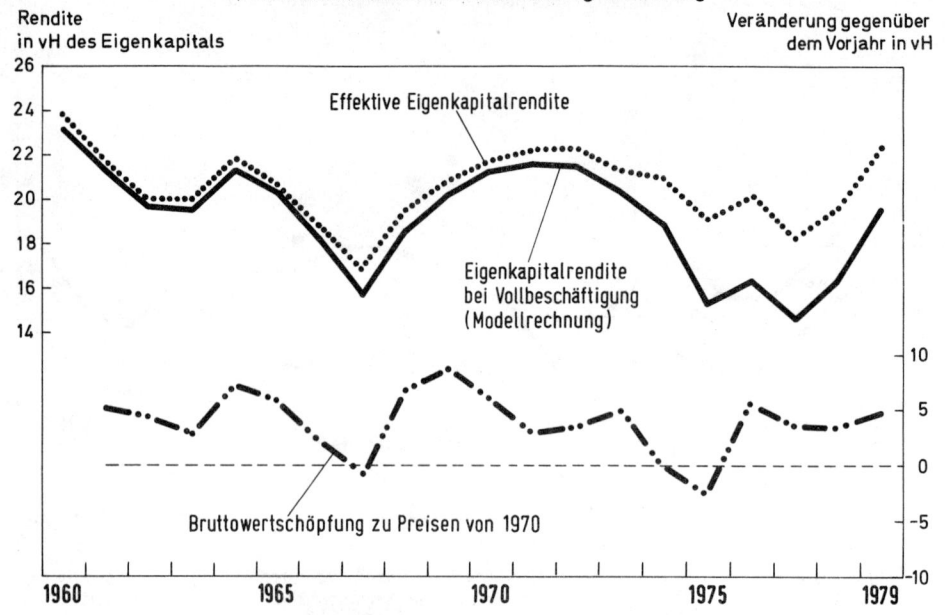

bild 2.3/8). Auch in der Rezession von 1974/75 ist es den Unternehmen offenbar in weitaus stärkerem Maße als 1967 gelungen, den Nachfragerückgang durch Verminderung der Lohnkostenbelastung zu kompensieren. Die Rendite lag 1974 noch um fast zwei Prozentpunkte über dem Wert von 1967, obwohl die Zahl der Arbeitslosen bereits um mehr als 100 000 höher war als im Jahre 1967.

Auch die folgende Modellrechnung zeigt, daß die Unternehmen in der letzten Rezession eine Politik der Renditensicherung zu Lasten der Beschäftigung betrieben haben. Für die Modellrechnung wurde der Gewinn der Unternehmen um jenen Betrag vermindert, der erforderlich gewesen wäre, um alle Arbeitslosen zum jeweils herrschenden Durchschnittslohn zu beschäftigen. Diese "Eigenkapitalrendite bei Vollbeschäftigung" liegt in Zeiten relativer Vollbeschäftigung nur leicht (0,5 Prozentpunkte) unter der tatsächlichen Eigenkapitalrendite (vgl. Schaubild 2.3/9). Auch für 1967 ergibt sich unter diesen Umständen lediglich eine Verminderung der Rendite um einen Prozentpunkt auf knapp 16 vH des Eigenkapitals.

In den Jahren seit 1975 hätte eine derartige Politik des Durchhaltens von Beschäftigten dagegen zu einer erheblich stärkeren Verminderung der Rendite geführt. Wie aus dem Schaubild 2.3/9 deutlich wird, liegt die Vollbeschäftigungsrendite sowohl 1975 als auch 1977 im Gegensatz zur effektiv erwirtschafteten Rendite unter dem Niveau von 1967. Nicht vergleichbar mit der Situation in den sechziger Jahren ist auch die kräftige Zunahme der Rendite in den Jahren 1978 und 1979, die trotz eines relativ verhaltenen Nachfrageanstiegs stattgefunden hat.

Eine Aufspaltung der gesamtwirtschaftlichen Sachkapitalrendite nach Wirtschaftszweigen[1] zeigt, daß ihre Entwicklung von 1960 bis 1979 im wesentlichen auf die Anteilsverluste der Land- und Forstwirtschaft sowie auf die zunehmende Bedeutung des Dienstleistungsbereichs zurückzuführen ist. Im verarbeitenden Gewerbe lassen sich dagegen weder positive noch negative Struktureffekte für die Sachkapitalrendite nachweisen.

Die nominale Nachfrage hat sich in den letzten 20 Jahren vornehmlich auf solche Wirtschaftszweige konzentriert, in denen mit dem eingesetzten Sachkapital überdurchschnittliche Renditen zu erzielen waren. Ins einzelne gehende Schlüsse, inwieweit der Rendite oder der Nachfrage eine Steuerungsfunktion bei der realen Sachkapitalbildung, also der Investitionsentscheidung in den Sektoren zukommt, lassen sich aus dieser Analyse nicht ziehen.

---

1 Für sektorale Analysen stehen gegenwärtig nur Informationen über die Sachkapitalrendite zur Verfügung. Die Ergebnisse für Produktionsunternehmen in ihrer Gesamtheit lassen indes erwarten, daß aus der Entwicklung der Sachkapitalrendite für die überwiegende Zahl der Sektoren auch auf die Entwicklung der Eigenkapitalrendite geschlossen werden kann, sofern nicht branchenspezifische Besonderheiten wie im Baugewerbe mit seinen speziellen Finanzierungsbedingungen dem entgegenstehen.

Zwar sind die Wirkungen auf die Renditen, die auf Veränderungen der nominalen Produktionsstruktur beruhen, geringer als diejenigen, die aus der strukturellen Veränderung des Sachkapitalbestandes herrühren, jedoch muß zusätzlich die Preisstruktur von Produktion und Kapitaleinsatz in den Wirtschaftszweigen berücksichtigt werden, um hier weiterzukommen; das gilt ebenso für die unterschiedliche Entwicklung der Kapitalproduktivität in den Sektoren wie für die Verschiebungen in der Relation von Netto- zu Bruttoanlagevermögen.

2.3.3.2 Schätzung von Faktornachfragefunktionen

Bisher stand die Entwicklung der Eigenkapital- und der Sachkapitalrendite als Bestimmungsgrund für die Veränderung des Einsatzes von Produktionsfaktoren im Vordergrund der Analyse. Darüber hinaus ist untersucht worden, welche Anhaltspunkte sich aus der mikroökonomischen Theorie der Unternehmung für die Bestimmungsgründe der Nachfrage nach Produktionsfaktoren auf der Ebene von Wirtschaftszweigen gewinnen lassen.

Ausgangspunkt der Untersuchung ist die Hypothese, daß ein Unternehmen den Einsatz von Produktionsfaktoren aufgrund einer langfristigen Relation zwischen Produktion und Faktoreinsatz plant, die durch eine Produktionsfunktion beschrieben werden kann. Als Produktionsfaktoren werden nicht nur das Anlagevermögen und das Arbeitsvolumen, sondern auch die Vorleistungen berücksichtigt; dabei wird zwischen inländischen und importierten Vorleistungen unterschieden. Auf diese Weise können nicht nur Substitutionsbeziehungen zwischen den primären Inputs, sondern auch zwischen diesen und Vorleistungen und innerhalb des Vorleistungsbereichs untersucht werden. Da auf der Inputseite die Vorleistungen einbezogen werden, müssen als Output-Variable die Produktionswerte benutzt werden. Für den technischen Fortschritt wird wie üblich angenommen, daß er im Zeitablauf zunimmt.

Die Abhängigkeit der Produktionskosten vom Einsatz der Produktionsfaktoren wird durch eine Funktion beschrieben, bei der die einzelnen Kostenkomponenten unterschiedlich eng mit der Menge der eingesetzten Produktionsfaktoren verbunden sind. Wie eng diese Beziehung ist, hängt auch von der Fristigkeit der Betrachtung ab.

Bei der Bestimmung von Faktorpreisen für den Kapitaleinsatz müssen nicht nur die Kosten für den Kauf dieser Güter, sondern darüber hinaus weitere Kostenelemente wie Finanzierungskosten und Steuern, aber auch Steuerersparnisse und Gewinne berücksichtigt und periodengerecht zugerechnet werden. Diese Kostenelemente finden ihren Niederschlag in den Nutzungskosten für Kapitalgüter. Als Kosten für den Einsatz des Faktors Arbeit werden die Bruttoeinkommen aus unselbständiger Arbeit je Arbeitsstunde in Rechnung gestellt.

Werden die Kosten bei der gegebenen Produktionstechnologie minimiert, ergeben sich langfristige Faktornachfragefunktionen, bei denen die Einsatzmengen sämtlicher Produktionsfaktoren vom Output und von allen Faktorpreisverhältnissen abhängen. Darüber hinaus muß der Tatsache Rechnung getragen werden, daß die langfristig angestrebten Faktoreinsatzmengen nicht ohne Verzögerung realisiert werden können.

Auf der Basis des skizzierten Modells lassen sich Elastizitäten des Faktoreinsatzes in bezug auf die Produktion und die Preisrelationen ermitteln, und zwar sowohl für kurzfristige Reaktionen als auch nach Anpassung der tatsächlichen an die gewünschten Faktoreinsatzmengen.

Die wichtigsten Ergebnisse lauten in vereinfachter Form:

- Die kurzfristigen Elastizitäten der Nachfrage nach Produktionsfaktoren, die die Reaktion im Jahr der Datenänderung beschreiben, sind in bezug auf den Output im allgemeinen größer als in bezug auf die relativen Preise. Dies gilt auch für die langfristigen Elastizitäten, die die Reaktion nach Abschluß aller Anpassungvorgänge beschreiben.

- Für die verschiedenen Produktionsfaktoren ist allerdings die relative Bedeutung von Output- und Preisverhältnissen unterschiedlich. So reagieren die Unternehmen in den meisten Sektoren mit dem Einsatz von inländischen Vorleistungen nur geringfügig weniger elastisch auf Preisänderungen als auf Outputänderungen, Arbeits- und Kapitaleinsatz allerdings sind kaum preiselastisch. Beim Einsatz importierter Vorleistungen dagegen finden sich sogar viele Wirtschaftszweige, die auf Änderungen der relativen Preise stärker reagieren als auf Outputänderungen.

2.3.4 Ausweitung und Stillegung von Produktionskapazitäten und Arbeitsplätzen

Die hier vorgelegten Berechnungen für das Produktionspotential und die Arbeitsplätze knüpfen an die Anlagevermögensrechnung des DIW an. Die Methode zur Bestimmung des Produktionspotentials der Wirtschaftszweige unterscheidet sich von früheren Berechnungen dadurch, daß nicht mehr nur Bestände betrachtet werden, sondern auch ihre Zusammensetzung, die von Zugängen und Abgängen an Arbeitsplätzen und Produktionspotential in den Wirtschaftszweigen bestimmt wird[1].

Ausgangspunkt der Berechnungen sind Überlegungen über die trendmäßigen Zusammenhänge zwischen

- Ausrüstungsinvestitionen und neuen Arbeitsplätzen einerseits und
- Ausrüstungsinvestitionen und neuem Produktionspotential andererseits.

---

[1] Unbefriedigend ist zur Zeit noch die unzulängliche Einbindung dieses Modells in einen konsistenten produktionstheoretischen Zusammenhang, bei dem auch Einflüsse veränderter Faktorpreisrelationen berücksichtigt werden. Im Vergleich zu Potentialrechnungen, die mit Bestandsgrößen arbeiten, erlaubt dieses Vintage-Modell allerdings schon sehr viel weitergehende Aussagen.

Die Parameter dieser Trendfunktionen sind auf iterativem Wege so festgelegt worden, daß sich die mit Hilfe des Anlagevermögensmodells zum Produktionspotential bzw. zum Bestand an Arbeitsplätzen aggregierten Werte möglichst gut an die Entwicklung der Bruttowertschöpfung bzw. der Zahl der Erwerbstätigen anpassen. Um den Einfluß des jeweiligen Auslastungsgrades auf die gewählte Faktorkombination zu erfassen, wurden außerdem die mit den Trendfunktionen ermittelten Werte branchenmäßig in Abhängigkeit von der Entwicklung des Auslastungsgrades modifiziert. Dabei ist angenommen worden, daß immer dann, wenn ein Investitionsjahrgang oder Teile davon verschrottet werden, auch Arbeitsplätze und Produktionspotential entsprechend den festen Relationen zwischen dem Faktoreinsatz und dem Output des jeweiligen Investitionsjahrgangs verloren gehen.

2.3.4.1 Produktionspotential und Arbeitsplätze

Für das Produktionspotential der Wirtschaftszweige zu Preisen von 1970 sind die Ergebnisse der Neuberechnung auszugsweise in Tabelle 2.3/4 wiedergegeben. Sie zeigen, daß im Jahre 1978 das Produktionspotential des gesamten Unternehmensbereichs mit 783 Mrd. DM fast doppelt so groß war wie 1962 mit 430 Mrd. DM. Das Spektrum der Entwicklungspfade in den Wirtschaftszweigen ist allerdings sehr groß. Eine weit überdurchschnittliche Zunahme des Produktionspotentials verzeichnen vor allem die Sektoren Chemische Industrie, Kunststoff- und Gummiwaren, Fahrzeugbau und Elektrotechnik. Ihre Entwicklung hat im wesentlichen dazu beigetragen, daß der Anteil des verarbeitenden Gewerbes am gesamten Produktionspotential des Unternehmensbereichs von 45,7 vH im Jahre 1962 auf über 48/49 vH in den siebziger Jahren zugenommen hat. Auf der anderen Seite gibt es auch Wirtschaftszweige, in denen sich das Produktionspotential absolut rückläufig entwickelt hat, so z. B. im Bergbau, im Leder- und Bekleidungsgewerbe sowie bei den Eisenbahnen.

Tabelle 2.3/4

Entwicklung des Produktionspotentials

- Potentielle Bruttowertschöpfung in Mrd DM zu Preisen von 1970 -

Wirtschaftszweig	1962	1967	1972	1973	1974	1975	1976	1977	1978
Land- und Forstwirtschaft	22,82	25,75	26,35	27,82	27,87	27,16	26,71	27,55	28,06
Energiewirtschaft, Bergbau	21,24	25,29	30,23	31,58	32,93	34,52	36,43	38,23	40,05
Energiewirtschaft	10,17	14,83	20,94	22,53	24,16	25,97	28,05	30,02	32,02
Bergbau	11,07	10,46	9,29	9,05	8,77	8,55	8,38	8,21	8,03
Kohlenbergbau	.	.	.	.	.	.	.	.	.
übriger Bergbau	.	.	.	.	.	.	.	.	.
Verarbeitendes Gewerbe	196,52	260,62	335,93	348,06	355,95	360,98	366,87	371,44	375,37
Chemische Industrie	12,09	20,40	33,00	34,67	36,47	38,32	39,92	41,11	41,87
Mineralölverarbeitung	6,64	11,58	15,28	16,24	17,16	17,91	18,31	18,64	18,97
Kunststoff- u. Gummiwaren	4,07	7,08	12,51	13,59	14,32	14,79	15,22	15,88	16,47
Steine und Erden	7,65	9,52	12,66	13,01	12,71	11,98	12,61	12,25	12,31
Feinkeramik, Glasgewerbe	2,92	3,59	4,50	4,63	4,64	4,48	4,62	4,75	4,82
Metallerzeugung, -bearbeitg.	22,38	27,22	31,16	31,94	32,23	32,41	32,61	32,60	32,30
Stahlbau	4,43	4,67	6,76	7,20	7,29	7,78	7,71	8,73	9,15
Maschinenbau, ADV	23,71	31,83	39,68	40,82	41,68	42,27	42,86	43,17	43,99
Fahrzeugbau	15,23	22,78	31,06	32,23	33,32	34,23	34,78	35,23	35,98
Elektrotechnik	17,67	25,39	36,78	39,18	41,50	43,37	44,90	46,25	48,07
Feinmech., Optik, EBM	11,85	15,26	19,18	19,88	19,77	19,23	19,90	20,40	20,25
Holz-, Papier-, Druckgew.	16,80	21,26	26,53	27,32	27,78	27,92	27,97	28,05	28,12
Textilgewerbe	10,11	11,81	13,29	13,31	13,16	12,88	12,59	12,23	11,85
Leder-, Bekleidungsgewerbe	11,01	11,63	11,29	11,09	10,78	10,42	10,12	9,80	9,46
Ernährungsgewerbe	23,08	28,24	32,44	32,95	33,08	32,89	32,68	32,42	31,93
Tabakverarbeitung	6,88	8,36	9,81	10,00	10,06	10,10	10,07	9,93	9,83
Baugewerbe	46,21	58,24	69,50	71,07	66,72	63,87	63,70	63,20	63,57
Bauhauptgewerbe	34,06	43,05	51,21	51,25	49,01	47,01	46,77	45,96	46,32
Ausbaugewerbe	12,15	15,19	18,29	19,82	17,71	16,86	16,93	17,24	17,25
Handel und Verkehr	81,35	101,96	125,73	129,72	132,52	134,12	137,08	139,72	142,61
Handel	50,33	65,27	79,56	81,41	82,17	83,46	84,43	85,48	86,14
Großhand., Handelsverm.	24,88	32,50	38,13	39,12	39,78	40,02	40,05	40,14	40,07
Einzelhandel	25,45	32,77	41,43	42,29	42,39	43,44	44,38	45,34	46,07
Verkehr und Nachrichten	31,02	36,69	46,17	48,31	50,35	50,66	52,65	54,24	56,47
Eisenbahnen	9,43	9,05	9,52	9,71	9,84	8,81	9,00	8,76	8,83
Schiffahrt, Häfen	3,55	3,55	3,62	3,49	3,58	3,60	3,65	3,59	3,41
Übriger Verkehr	9,89	13,69	17,40	18,16	18,66	19,11	19,73	20,48	21,43
Nachrichtenübermittlung	8,15	10,40	15,63	16,95	18,27	19,14	20,27	21,41	22,80
Dienstleistungsunternehmen[1]	61,96	74,22	98,91	103,80	107,81	112,45	118,48	125,48	133,30
Kreditinstitute	9,32	13,60	20,59	21,99	23,00	24,27	26,01	27,84	29,74
Versicherungsunternehmen	2,32	3,69	5,74	6,15	6,23	6,63	7,02	7,39	7,72
Sonstige Dienstleistungen[1]	50,32	56,93	72,58	75,66	78,58	81,55	85,45	90,25	95,84
Unternehmen o. Wohnungsvermiet.	430,10	546,08	686,65	712,05	723,80	733,10	749,27	765,62	782,96

1) Ohne Wohnungsvermietung

Quelle: Potentialrechnung des DIW.

Im verarbeitenden Gewerbe lag die Phase der überdurchschnittlichen Expansion des Produktionspotentials allerdings ausschließlich in den sechziger Jahren. Von den besonders expansiven Sektoren konnten lediglich die Chemische Industrie und die Elektrotechnik ihren Anteil auch in den siebziger Jahren nennenswert steigern. Demgegenüber hat das Gewicht der Dienstleistungen am Produktionspotential seit der Aufschwungphase nach 1967 ständig zugenommen. Ebenfalls expansiv hat sich seit 1972 das Produktionspotential in der Energiewirtschaft entwickelt.

Tabelle 2.3/5

Entwicklung der Zahl der Arbeitsplätze

- Arbeitsplätze in 1000 -

Wirtschaftszweig	1962	1967	1972	1973	1974	1975	1976	1977	1978
Land- und Forstwirtschaft	3361	2821	2218	2108	2004	1903	1810	1724	1644
Energiewirtschaft, Bergbau	712	612	540	521	513	511	505	497	495
Energiewirtschaft	212	223	234	236	239	241	245	247	249
Bergbau	500	389	306	285	274	270	260	250	246
Kohlenbergbau	.	.	.	.	.	.	.	.	.
übriger Bergbau	.	.	.	.	.	.	.	.	.
Verarbeitendes Gewerbe	10156	10449	10517	10468	10301	10026	9783	9599	9444
Chemische Industrie	588	617	675	673	677	667	651	642	630
Mineralölverarbeitung	44	50	54	52	50	50	48	46	44
Kunststoff- u. Gummiwaren	242	296	367	381	387	385	381	375	368
Steine und Erden	332	328	313	310	297	276	265	251	246
Feinkeramik, Glasgewerbe	179	174	172	170	165	155	151	147	146
Metallerzeugung, -bearbeitg.	1089	1057	968	954	930	902	873	846	815
Stahlbau	247	208	210	213	209	202	188	198	194
Maschinenbau, ADV	1208	1325	1378	1377	1371	1356	1336	1318	1298
Fahrzeugbau	784	968	1079	1089	1093	1103	1088	1069	1054
Elektrotechnik	1055	1180	1265	1275	1290	1292	1285	1269	1253
Feinmech., Optik, EBM	714	754	770	772	754	715	701	699	699
Holz-, Papier-, Druckgew.	1086	1047	1026	1022	993	941	908	895	892
Textilgewerbe	716	646	555	531	505	473	442	411	380
Leder-, Bekleidungsgewerbe	851	764	655	624	573	536	514	491	481
Ernährungsgewerbe	952	988	994	989	974	943	923	915	918
Tabakverarbeitung	69	47	36	36	33	30	29	27	26
Baugewerbe	2315	2418	2447	2433	2309	2142	2091	2021	2019
Bauhauptgewerbe	1677	1709	1683	1657	1545	1413	1365	1298	1286
Ausbaugewerbe	638	709	764	776	764	729	726	723	733
Handel und Verkehr	4908	5001	5099	5116	5062	4964	4905	4858	4833
Handel	3400	3487	3540	3535	3470	3373	3328	3297	3288
Großhand., Handelsverm.	1380	1400	1417	1412	1379	1333	1316	1297	1288
Einzelhandel	2020	2087	2123	2123	2091	2040	2012	2000	2000
Verkehr und Nachrichten	1508	1514	1559	1581	1592	1591	1577	1561	1545
Eisenbahnen	513	488	450	444	441	437	434	431	429
Schiffahrt, Häfen	111	99	98	98	97	96	94	92	90
Übriger Verkehr	444	486	503	505	501	498	493	491	490
Nachrichtenübermittlung	440	441	508	534	553	560	556	547	536
Dienstleistungsunternehmen[1]	2524	2709	2981	3009	3049	3063	3131	3222	3318
Kreditinstitute	305	363	460	476	493	501	508	517	524
Versicherungsunternehmen	138	177	201	204	206	202	202	202	204
Sonstige Dienstleistungen[1]	2081	2169	2320	2329	2350	2360	2421	2503	2590
Unternehmen o. Wohnungsvermiet.	23976	24010	23802	23655	23238	22609	22225	21921	21753

1) Ohne Wohnungsvermietung.
Quelle: Potentialrechnung des DIW.

Das Potential an Arbeitsplätzen ergibt sich als Summe derjenigen Arbeitsplätze, die den jeweiligen, noch im Produktionsprozeß einsetzbaren Investitionsjahrgängen entsprechen. Die Ergebnisse sind in der Tabelle 2.3/5 zusammengefaßt und lassen folgende Tendenzen erkennen:

- In den sechziger Jahren sind die Arbeitsplätze im verarbeitenden Gewerbe ausgeweitet worden; das Maximum von 10,5 Mill. wurde zu Beginn der siebziger Jahre erreicht. Getragen wurde diese

Schaubild 2.3/10
Zeitliche Entwicklung der neugeschaffenen Arbeitsplätze in den Unternehmensbereichen

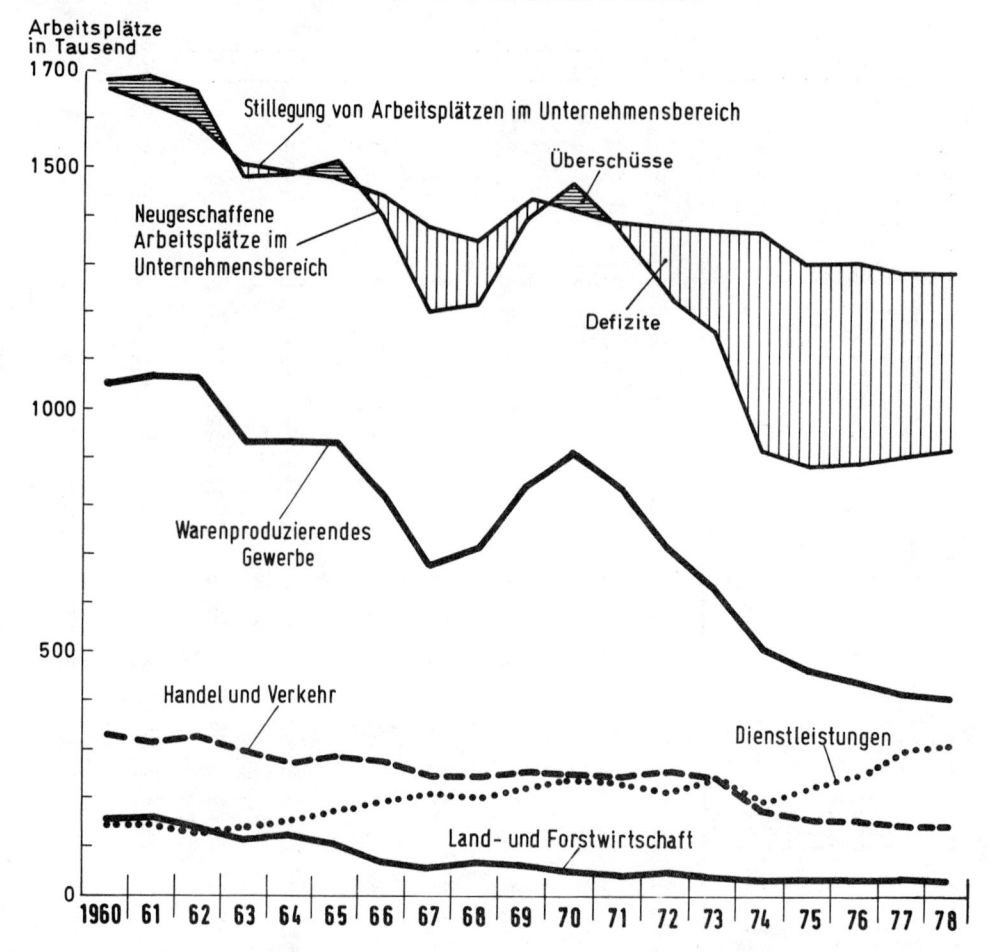

Entwicklung von den Sektoren Chemische Industrie, Kunststoff- und Gummiwaren, Maschinenbau, Fahrzeugbau, Elektrotechnik sowie Feinmechanik, Optik, EBM. Der gleichzeitige Rückgang der Zahl der Arbeitsplätze in anderen Wirtschaftszweigen, insbesondere in der Land- und Forstwirtschaft, im Bergbau, im Metallgewerbe sowie im Textil-, Leder- und Bekleidungsgewerbe, war jedoch größer, so daß per Saldo die Gesamtzahl der Arbeitsplätze im Unternehmensbereich abgenommen hat.

- Seit 1972 geht auch im verarbeitenden Gewerbe die Zahl der Arbeitsplätze in immer stärkerem Tempo zurück.

- Zusätzliche Arbeitsplätze wurden seit 1972 lediglich in der Energiewirtschaft, in der Nachrichtenübermittlung und in den Dienstleistungsbereichen bereitgestellt. Diese Zugänge reichten jedoch bei weitem nicht aus, um die Rückgänge in den übrigen Wirtschaftszweigen zu kompensieren.

Diese Tendenzen spiegeln sich auch im Schaubild 2.3/10 wider, das ebenfalls deutlich macht, daß von 1971 an die Zugänge an Arbeitsplätzen nicht mehr ausgereicht haben, um die Abgänge zu ersetzen. Im Jahre 1977 z. B. wurden etwa 1,2 Mill. Arbeitsplätze stillgelegt, aber nur 900 000 neu geschaffen, so daß sich per Saldo die Gesamtzahl der Arbeitsplätze allein in diesem Jahr um mehr als 300 000 verringert hat. Kumuliert man den Abbau von Arbeitsplätzen für die Zeit von 1971 an, so hat der Unternehmensbereich per Saldo 1,9 Millionen Arbeitsplätze verloren. Den stärksten Anteil an der Verminderung der Arbeitsplätze hatte das warenproduzierende Gewerbe, während im Bereich der Dienstleistungen die Zahl der neugeschaffenen Arbeitsplätze weiter zunahm.

2.3.4.2 Auslastung des Produktionspotentials und der Arbeitsplätze

Wird die Bruttowertschöpfung als Indikator der Produktion zum Produktionspotential in Beziehung gesetzt, erhält man Auslastungsziffern, die anzeigen, welcher Teil des Produktionspotentials ungenutzt geblieben ist[1] (vgl. Tabelle 2.3/6).

---

[1] Während die Auslastungsziffern im verarbeitenden Gewerbe vergleichsweise gut mit den Berechnungen auf aggregierter Basis übereinstimmen, sind die Ergebnisse in den Dienstleistungsbereichen noch sehr unbefriedigend. Hingewiesen werden muß auch auf konzeptionell bedingte Differenzen zu den Auslastungsziffern, die das DIW für die Industriezweige berechnet.

Tabelle 2.3/6

Entwicklung der Auslastung des Produktionspotentials

- Bruttowertschöpfung zu Preisen von 1970 in vH des Produktionspotentials -

Wirtschaftszweig	1962	1967	1972	1973	1974	1975	1976	1977	1978
Land- und Forstwirtschaft	90,9	87,8	88,2	92,7	93,5	91,9	90,7	93,6	95,4
Energiewirtschaft, Bergbau	90,0	82,5	87,8	91,6	91,9	84,1	82,9	79,8	79,7
Energiewirtschaft	87,0	83,9	90,5	93,9	93,1	85,7	85,0	83,2	82,5
Bergbau	92,8	80,5	81,6	86,0	88,7	79,1	75,9	67,2	68,4
Kohlenbergbau	.	.	.	.	.	.	.	.	.
übriger Bergbau	.	.	.	.	.	.	.	.	.
Verarbeitendes Gewerbe	90,7	81,7	86,9	89,0	87,2	81,5	86,0	87,3	87,7
Chemische Industrie	87,6	80,2	85,8	88,4	88,5	73,2	83,6	82,8	84,9
Mineralölverarbeitung	87,3	83,1	87,3	87,6	76,5	65,0	65,0	64,2	64,2
Kunststoff- u. Gummiwaren	90,9	78,7	78,5	81,4	72,4	63,2	69,9	69,9	69,3
Steine und Erden	91,6	83,9	92,0	91,5	89,4	86,9	91,5	91,2	93,1
Feinkeramik, Glasgewerbe	94,2	88,3	94,4	94,6	91,8	85,9	91,3	95,2	97,5
Metallerzeugung, -bearbeitg.	86,0	74,9	82,5	86,2	88,9	87,6	86,1	89,4	89,1
Stahlbau	87,8	93,1	84,3	83,1	79,1	73,8	75,1	76,2	79,8
Maschinenbau, ADV	92,9	79,3	87,2	90,3	91,8	84,4	91,3	88,7	88,8
Fahrzeugbau	87,0	73,3	82,1	86,5	77,3	78,7	87,5	91,7	93,0
Elektrotechnik	85,4	74,0	83,2	88,1	90,7	81,8	84,7	87,9	85,8
Feinmech., Optik, EBM	90,8	85,4	90,1	91,5	90,0	87,9	91,8	95,0	95,1
Holz-, Papier-, Druckgew.	93,1	86,8	93,2	95,8	91,6	85,3	89,7	92,1	91,6
Textilgewerbe	94,6	85,1	90,4	85,2	83,5	82,2	86,9	91,6	92,1
Leder-, Bekleidungsgewerbe	90,0	91,9	94,6	89,1	88,7	90,5	94,4	93,7	93,8
Ernährungsgewerbe	97,5	91,9	88,8	92,1	91,6	88,5	90,0	91,9	95,9
Tabakverarbeitung	94,3	90,0	90,3	88,0	89,4	88,3	89,9	81,4	87,6
Baugewerbe	92,7	86,7	92,0	90,6	88,6	87,1	89,5	91,7	95,4
Bauhauptgewerbe	94,4	86,1	92,2	91,7	88,8	87,7	89,9	91,6	95,9
Ausbaugewerbe	88,1	88,2	91,3	87,7	88,1	85,6	88,3	91,8	93,9
Handel und Verkehr	92,6	87,1	90,6	90,5	88,2	86,4	89,2	91,0	93,5
Handel	96,0	88,9	92,9	92,8	90,0	88,6	91,4	93,2	96,6
Großhand., Handelsverm.	96,7	85,9	91,1	92,5	88,3	83,9	88,3	90,5	96,1
Einzelhandel	95,3	91,8	94,5	93,1	91,5	93,0	94,2	95,5	97,0
Verkehr und Nachrichten	87,1	84,1	86,5	86,5	85,2	82,8	85,5	87,6	88,8
Eisenbahnen	79,3	80,7	83,9	85,5	86,6	77,4	78,9	76,5	77,1
Schiffahrt, Häfen	87,6	93,8	90,6	86,8	89,7	91,4	95,1	95,0	92,1
Übriger Verkehr	93,2	83,0	89,7	91,9	88,5	87,0	91,2	94,2	94,0
Nachrichtenübermittlung	88,6	85,2	83,7	81,3	80,3	79,4	81,3	84,5	88,0
Dienstleistungsunternehmen[1]	91,2	95,8	95,7	95,0	93,8	93,6	93,8	93,9	93,7
Kreditinstitute	95,5	94,2	94,4	93,3	90,2	87,9	87,4	87,7	87,7
Versicherungsunternehmen	97,4	94,6	97,7	96,9	90,5	89,7	88,7	86,2	83,9
Sonstige Dienstleistungen[1]	90,1	96,3	95,9	95,4	95,1	95,6	96,2	96,4	96,4
Unternehmen o. Wohnungsvermiet.	91,3	85,5	89,4	90,6	89,0	85,3	88,1	89,3	90,3

1) ohne Wohnungsvermietung

Quelle: Potentialrechnung des DIW

Je stärker eine Branche kurzfristigen Nachfrageschwankungen unterliegt, um so heftiger reagiert auch die Auslastung des Produktionspotentials, es sei denn, die Produktionskapazitäten können relativ schnell an die Nachfrageschwankungen angepaßt werden. Das ist immer dann der Fall, wenn der Produktionsapparat aus vergleichsweise kurzlebigen Anlagen besteht.

Die Auslastung des Produktionspotentials im Unternehmensbereich verschlechterte sich während der Rezession 1966/67 in fast allen

Tabelle 2.3/7

Indikatoren für die Arbeitsplatzreserven in den Wirtschaftszweigen[1]

- Arbeitsplätze in 1000 -

Wirtschaftszweig	1962	1967	1972	1973	1974	1975	1976	1977	1978
Land- und Forstwirtschaft	54	183	180	154	122	80	67	69	36
Energiewirtschaft, Bergbau	16	38	20	25	24	21	22	23	28
Energiewirtschaft	8	1	3	4	6	9	12	15	19
Bergbau	8	37	17	21	18	12	10	8	9
Kohlenbergbau	.	.	.	.	.	.	.	.	.
Übriger Bergbau	.	.	.	.	.	.	.	.	.
Verarbeitendes Gewerbe	208	1031	653	567	672	963	913	728	576
Chemische Industrie	21	22	33	33	22	25	30	17	13
Mineralölverarbeitung	1	5	1	0	7	8	11	12	11
Kunststoff- u. Gummiwaren	8	38	33	35	51	78	70	60	51
Steine und Erden	6	41	22	19	24	28	19	16	12
Feinkeramik, Glasgewerbe	3	10	4	3	4	9	8	5	4
Metallerzeugung, -bearbeitg.	21	129	73	61	51	56	52	36	26
Stahlbau	0	14	12	10	11	14	19	6	4
Maschinenbau, ADV	16	164	85	67	81	125	116	133	134
Fahrzeugbau	24	124	78	75	98	159	136	78	27
Elektrotechnik	27	190	87	43	49	142	172	160	155
Feinmech., Optik, EBM	25	73	62	53	57	69	57	33	26
Holz-, Papier-, Druckgew.	9	58	53	43	54	69	66	48	33
Textilgewerbe	30	92	38	46	63	72	61	50	24
Leder-, Bekleidungsgewerbe	9	19	7	14	33	36	29	24	19
Ernährungsgewerbe	7	49	63	63	66	72	65	49	37
Tabakverarbeitung	1	3	2	2	1	1	2	1	0
Baugewerbe	43	169	80	69	124	166	127	101	79
Bauhauptgewerbe	17	128	40	33	88	130	100	82	53
Ausbaugewerbe	26	41	40	36	36	36	27	19	26
Handel und Verkehr	94	284	222	210	261	300	301	270	227
Handel	52	195	159	147	188	194	167	125	98
Großhand., Handelsverm.	6	66	38	32	54	59	54	43	36
Einzelhandel	46	129	121	115	134	135	113	82	62
Verkehr und Nachrichten	42	89	63	63	73	106	134	145	129
Eisenbahnen	11	49	17	6	1	7	23	39	55
Schiffahrt, Häfen	4	3	4	4	3	4	4	4	4
Übriger Verkehr	6	36	19	10	6	15	18	20	6
Nachrichtenübermittlung	21	1	23	43	63	80	89	82	64
Dienstleistungsunternehmen[2]	117	4	49	65	85	104	113	119	121
Kreditinstitute	8	4	0	2	4	11	17	23	24
Versicherungsunternehmen	3	0	0	0	1	3	4	6	6
Sonstige Dienstleistungen[2]	106	0	49	63	80	90	92	90	91
Unternehmen o. Wohnungsvermiet.	532	1709	1204	1090	1288	1634	1543	1310	1067

1) Differenz zwischen der Zahl der Arbeitsplätze und der Zahl der Erwerbstätigen.
2) Ohne Wohnungsvermietung.

Quelle: Potentialrechnung des DIW.

Wirtschaftszweigen um mehr als zehn Prozentpunkte gegenüber dem zuvor erreichten Maximum. Im Zuge der sich belebenden Nachfrage wurden in den Jahren 1969/70 in der Mehrzahl der Zweige wieder Auslastungswerte von 95 vH erreicht. Die verbesserte Auslastung, die sich für die meisten Sektoren nach 1975 ergibt, ist dagegen in weit geringerem Maße Resultat einer sich belebenden Nachfrage, sondern zumeist durch Einschränkungen der kapazitätswirksamen Investitionen verursacht.

Bei der Aktualisierung der Berechnungen des Produktionspotentials für das Jahr 1978 wurde deutlich, daß sich in einigen Wirtschaftszweigen der Anstieg des marginalen Kapitalkoeffizienten in jüngster Zeit offenbar abgeschwächt hat und nicht mehr dem längerfristigen Trend entspricht. Dabei muß aber darauf hingewiesen werden, daß die Ergebnisse für die jüngste Zeit mit Vorsicht zu interpretieren sind, weil auch die für den Zwischenbericht vorgenommenen Schätzungen der Zahl der Erwerbstätigen von den unlängst vom Statistischen Bundesamt vorgelegten Berechnungen erheblich abwichen.

Vergleicht man die Zahl der Erwerbstätigen mit der Zahl der Arbeitsplätze in den Wirtschaftszweigen, erhält man als Differenz einen Indikator, der Rückschlüsse auf die Zahl der unbesetzten Arbeitsplätze erlaubt (vgl. Tabelle 2.3/7). In der Regel bleibt aus funktionellen und strukturellen Gründen immer ein Teil der Arbeitsplätze unbesetzt. So weist der Indikator für die Arbeitsplatzreserven in den Wirtschaftszweigen für den gesamten Unternehmensbereich auch in Jahren hoher Auslastung des Produktionspotentials Werte von knapp über einer Million aus, in den Rezessionsjahren 1967 und 1975 liegen sie jedoch um 600 000 bis 700 000 darüber.

Seit 1975 entwickelt sich dieser Indikator in nahezu allen Wirtschaftszweigen rückläufig, ein Zeichen dafür, daß auch die Zahl der unbesetzten Arbeitsplätze kleiner wird. Dieser Abbau ist jedoch nicht mit einer Ausweitung der Beschäftigung einhergegangen, sondern das Resultat einer ständigen Verminderung der insgesamt zur Verfügung stehenden Arbeitsplätze.

2.4 Außenwirtschaft und Strukturwandel

In den letzten 20 Jahren hat der Außenhandel der Bundesrepublik zunehmend an Bedeutung gewonnen. Der Anteil der Ausfuhr von Waren und Dienstleistungen ist von 20 vH des Bruttoinlandsprodukts im Jahre 1960 auf rd. 27 vH im Jahre 1979 gestiegen. Der Anteil der Einfuhr erhöhte sich im gleichen Zeitraum von 17 vH, gemessen am Bruttoinlandsprodukt, auf rd. 25 vH. Der weitaus größte Teil des Warenaustausches der Bundesrepublik entfällt auf den Handel mit den westlichen Industrieländern. 1979 gingen Waren im Wert von 225 Mrd. DM in diese Länder, das sind 59 vH der Ausfuhr. Gleichzeitig wurden 54 vH der Einfuhr durch Waren aus den Industrieländern gedeckt. Obwohl immer noch von erheblichem Gewicht, hat sich die Bedeutung der Industrieländer für unseren Außenhandel allerdings in den Jahren seit 1972 tendenziell verringert (vgl. Tabelle 2.4/1).

Der erste Teil dieses Abschnitts befaßt sich mit den Veränderungen in der sektoralen Struktur der Exporte. In einem weiteren Teil wird untersucht, inwieweit das Wachstum speziell beim Handel mit Industriewaren lediglich auf die Expansion der betroffenen Märkte oder auf die Ausweitung der deutschen Marktanteile zurückzuführen ist. Zur Analyse der strukturellen Veränderungen bei den Importen wird der Versuch unternommen, Entwicklungslinien und Bestimmungsfaktoren auf mehreren Analyseebenen zu erfassen. Dabei wird insbesondere auf die Entwicklung der Mineralölimporte eingegangen. Schließlich werden einige ausgewählte Aspekte der internationalen Arbeitsteilung behandelt sowie auf den Faktorgehalt der deutschen Exporte eingegangen.

2.4.1 Die Ausfuhrabhängigkeit der deutschen Wirtschaft

Obwohl sich der Wert der Waren- und Dienstleistungsausfuhr der Bundesrepublik mit 357 Mrd. DM gegenüber 1962 fast versechsfacht hat (vgl. Tabelle 2.4/2), haben sich in der sektoralen Struktur der Ausfuhr nur geringfügige Verschiebungen ergeben. Auch die Rangord-

Tabelle 2.4/1

Die Zusammensetzung der Ausfuhren und Einfuhren der Bundesrepublik Deutschland

	1962	1972	1973	1974	1975	1976	1977	1978	1979
Ausfuhr in Mrd.DM	66,3	183,3	214,7	276,2	272,7	312,1	330,6	348,1	382,5
Anteilswerte in vH:									
Dienstleistungsausfuhr	19,9	20,5	18,9	17,4	19,5	19,0	18,8	20,0	19,7
Warenausfuhr 1)	80,1	79,5	81,1	82,6	80,5	81,0	81,2	80,0	80,3
Industrieländer	59,3	62,0	62,4	59,9	55,4	57,3	57,4	57,3	59,3
Entwicklungsländer	17,5	13,3	13,6	16,7	18,5	18,0	18,6	17,6	15,9
Staatshandelsländer	3,3	4,2	5,1	6,0	6,6	5,7	5,2	5,1	5,1
Einfuhr in Mrd.DM	62,0	164,9	185,6	232,8	243,7	283,4	301,1	310,8	370,1
Anteilswerte in vH:									
Dienstleistungseinfuhr	26,8	27,8	27,6	25,6	26,7	24,8	25,6	25,9	24,9
Wareneinfuhr 1)	73,2	72,2	72,4	74,4	73,3	75,2	74,4	74,1	75,1
Industrieländer	51,2	55,6	54,4	51,5	52,4	53,2	52,8	54,1	54,2
Entwicklungsländer	18,3	13,6	14,7	19,3	17,4	18,2	17,9	16,1	16,7
Staatshandelsländer	3,7	3,0	3,3	3,6	3,5	3,8	3,7	3,9	4,2

1) Regionalstruktur in der Abgrenzung der OECD.
Quelle: Statistisches Bundesamt, Fachserie 18, Zahlungsbilanzstatistik.

nung für alle Wirtschaftszweige bestätigt die im Zeitverlauf relativ stabile Ausfuhrstruktur. Seit 1960 haben – von zwischenzeitlichen Schwankungen abgesehen – nur 21 Sektoren ihren Rang um höchstens zwei Plätze verändert. Auch hat der Konzentrationsgrad kaum zugenommen: Sowohl 1962 als auch 1979 entfielen auf die fünf wichtigsten Exportzweige (Chemisches Gewerbe, Metallerzeugung und -bearbeitung, Maschinenbau einschließlich ADV, Fahrzeugbau und Elektrotechnik) rund 60 vH der Gesamtausfuhr.

Mißt man die Ausfuhrabhängigkeit der Wirtschaftszweige durch den Anteil der Exporte an der Bruttoproduktion, so erhält man lediglich die direkte Ausfuhrabhängigkeit; sie ist zwischen 1962 und 1977 in 23 der betrachteten Wirtschaftszweige gestiegen. Nicht zum Ausdruck kommt in diesem Anteil, daß zur Produktion dieser Erzeugnisse auch Wirtschaftszweige beitragen, die nur in geringem Umfang selbst exportieren. Diese ausfuhrinduzierte Vorleistungsproduktion kann mit Hilfe der Input-Output-Rechnung ermittelt werden. Bezieht man auch diese indirekte Ausfuhrabhängigkeit in die Betrachtung ein, so ist die Quote der gesamten Exportabhängigkeit in allen Wirtschaftszweigen tendenziell gestiegen. Bei Berücksichtigung der gesamten durch die Ausfuhr (direkt und indirekt) ausgelösten Produktion hat die Exportabhängigkeit der deutschen Wirtschaft von 16 vH im Jahre 1962 auf

Tabelle 2.4/2

Sektorale Struktur der Ausfuhr

- Anteile in vH der gesamten Ausfuhr -

Wirtschaftszweig	1962	1972	1973	1974	1975	1976	1977	1978[2]	1979[2]
Land- und Forstwirtschaft	0,9	1,1	1,2	1,1	1,2	1,1	1,0	1,0	1,1
Energiewirtschaft, Bergbau	4,1	2,0	1,8	2,1	2,1	1,8	1,8	2,2	2,2
Energiewirtschaft	0,1	0,1	0,1	0,1	0,1	0,1	0,1	0,1	0,2
Bergbau	4,0	1,9	1,7	2,0	2,0	1,7	1,7	2,1	2,0
Kohlenbergbau	3,6	1,6	1,5	1,8	1,7	1,4	1,3	1,5	1,4
Übriger Bergbau	0,4	0,3	0,2	0,2	0,3	0,3	0,4	0,6	0,6
Verarbeitendes Gewerbe	79,3	82,6	84,0	84,1	82,7	83,7	83,8	82,1	82,7
Chemische Industrie	9,8	11,3	11,5	13,0	11,0	11,6	11,3	11,2	12,3
Mineralölverarbeitung	1,4	1,0	0,9	1,3	1,1	1,1	1,1	0,8	1,0
Kunststoff- u. Gummiwaren	1,4	2,0	2,2	2,3	2,1	2,2	2,3	2,3	2,4
Steine und Erden	0,9	0,8	0,8	0,8	0,9	0,9	0,9	0,9	0,9
Feinkeramik, Glasgewerbe	1,3	1,0	1,0	0,9	0,8	0,9	0,9	0,9	0,9
Metallerzeugung, -bearbeitg.	10,5	7,8	8,9	11,6	10,0	8,1	7,4	8,1	8,5
Stahlbau	1,1	0,9	0,8	0,8	1,0	1,2	1,3	1,2	1,0
Maschinenbau, ADV	18,9	18,8	18,4	17,5	18,6	17,9	17,4	16,5	15,7
Fahrzeugbau	12,2	14,6	14,6	12,0	13,7	15,1	15,6	14,6	14,9
Elektrotechnik	7,6	8,6	8,7	8,4	8,5	9,0	9,2	9,3	8,8
Feinmech., Optik, EBM	6,4	5,2	5,2	4,9	4,8	5,0	5,3	5,4	5,2
Holz-, Papier-, Druckgew.	1,9	2,6	2,7	2,8	2,5	2,8	2,8	3,0	3,1
Textilgewerbe	2,6	3,5	3,6	3,2	2,8	3,0	2,9	2,8	2,7
Leder-, Bekleidungsgewerbe	1,1	1,4	1,3	1,1	1,2	1,4	1,4	1,4	1,4
Ernährungsgewerbe	2,1	3,0	3,3	3,4	3,5	3,3	3,8	3,5	3,7
Tabakverarbeitung	0,1	0,1	0,1	0,1	0,2	0,2	0,2	0,2	0,2
Baugewerbe	0,5	0,6	0,4	0,5	1,0	1,3	1,3	.	.
Bauhauptgewerbe	0,5	0,5	0,4	0,5	0,8	1,1	1,1	.	.
Ausbaugewerbe	0,0	0,1	0,0	0,0	0,2	0,2	0,2	.	.
Handel und Verkehr	9,8	9,0	8,4	8,8	9,2	8,5	8,3	.	.
Handel	3,0	3,4	3,3	4,0	4,1	3,7	3,5	.	.
Großhand., Handelsverm.	2,7	3,2	3,1	3,8	3,9	3,5	3,3	.	.
Einzelhandel	0,3	0,2	0,2	0,2	0,2	0,2	0,2	.	.
Verkehr und Nachrichten	6,8	5,6	5,1	4,8	5,1	4,8	4,8	.	.
Eisenbahnen	0,9	0,8	0,7	0,7	0,7	0,7	0,7	.	.
Schiffahrt, Häfen	3,2	2,4	2,3	2,1	2,3	2,1	2,1	.	.
Übriger Verkehr	2,7	2,4	2,1	2,0	2,1	2,0	2,0	.	.
Nachrichtenübermittlung	0,0	0,0	0,0	0,0	0,0	0,0	0,0	.	.
Dienstleistungsunternehmen	5,4	4,6	4,0	3,2	3,6	3,4	3,6	.	.
Kreditinstitute	0,1	0,1	0,1	0,1	0,1	0,1	0,2	.	.
Versicherungsunternehmen	0,1	0,1	0,1	0,1	0,1	0,0	0,1	.	.
Sonstige Dienstleistungen	5,0	4,3	3,7	2,8	3,3	3,2	3,2	.	.
Wohnungsvermietung	0,2	0,1	0,1	0,1	0,1	0,1	0,1	.	.
Unternehmen o. Wohnungsvermiet.	99,8	99,8	99,7	99,7	99,7	99,7	99,7	.	.
Unternehmen insgesamt	100,0	99,9	99,8	99,8	99,8	99,8	99,8	.	.
Staat,Priv.Haush.,Org.o.Erw.	0,0	0,1	0,2	0,2	0,2	0,2	0,2	.	.
Staat	0,0	0,1	0,2	0,2	0,2	0,2	0,2	.	.
Priv.Haush.,Org.o.Erw.	0,0	0,0	0,0	0,0	0,0	0,0	0,0	.	.
Ausfuhr insgesamt[1] in Mrd. DM	62,8	170,9	200,8	259,8	256,4	293,9	311,3	326,4	357,4

1) Ohne Erwerbs- und Vermögenseinkommen; 2) Vorläufige Ergebnisse.
Quelle: Volkswirtschaftliche Gesamtrechnungen, Außenhandelsstatistik und Dienstleistungsbilanz der Deutschen Bundesbank

23 vH im Jahre 1976 zugenommen. Gesamtexportquoten von mehr als 40 vH hatten 1962 zwei, 1972 vier und 1976 neun Wirtschaftszweige.

Der zunehmenden Abhängigkeit der deutschen Wirtschaft von der Nachfrage des Auslands entspricht auch ein Anstieg des Teils der Erwerbstätigen, der für die Ausfuhr tätig ist. 1962 waren noch

3,7 Mill. Personen, das sind 14 vH der inländischen Erwerbstätigen, für die Ausfuhr tätig. Bis 1976 hat sich die Zahl um 40 vH auf 5,1 Mill. erhöht.

Der Außenhandel schafft allerdings nicht nur über die Auslandsnachfrage zusätzliche Beschäftigungsmöglichkeiten im Inland, sondern führt zugleich auch zu Beschäftigungseinbußen, wenn inländische Produktion durch den Import der entsprechenden Produkte substituiert wird. In welchem Maße dadurch letztlich die Beschäftigungswirkungen der Exporte kompensiert wurden, hängt von einer Anzahl unterschiedlicher Einflußfaktoren ab.

Die Bundesrepublik konnte in den letzten zwanzig Jahren regelmäßig mehr Güter exportieren als importieren. Von diesem positiven Außenhandelssaldo gingen für sich genommen auch positive Beschäftigungseffekte aus, die sich allerdings im Laufe der Zeit verminderten, weil der Außenhandelssaldo - bezogen auf das Außenhandelsvolumen - ständig zurückging.

Negativ auf die inländische Beschäftigung wirkt es sich trotz positivem Außenhandelssaldo aus, wenn Güter eingeführt werden, die in der Bundesrepublik Branchen betreffen, in denen mit unterdurchschnittlicher Arbeitsproduktivität produziert wird. Die Verlagerung dieser Produktion in das Ausland setzt in diesem Falle mehr Arbeitskräfte frei, als durch einen zusätzlichen Export in gleicher Größenordnung in anderen Wirtschaftszweigen beschäftigt werden könnten. Ein derartiger negativer Beschäftigungseinfluß, der im Prinzip sogar den positiven Einfluß des Außenhandelssaldos kompensieren könnte, kann allerdings nur bei konkurrierenden Gütern sinnvoll interpretiert werden, die sowohl im Inland als auch im Ausland produziert werden können. Aus dieser Betrachtung sind damit vor allem diejenigen Güter ausgeschlossen, deren Produktion natürliche Ressourcen (Sonne, Mineralöl, seltene Erze) voraussetzt, die nur in bestimmten Regionen verfügbar sind. Der Import kann hier sogar positive Beschäftigungswirkungen haben, weil eine Reihe von Produktionsprozessen ohne den Einsatz dieser Güter nicht oder nur schwer durchführbar wäre.

Tabelle 2.4/3

Beschäftigungswirkungen von Exporten und Importen
im verarbeitenden Gewerbe

- in 1000 Erwerbstätigen -

	1962	1972	1976
Beschäftigungswirkungen der Exporte	2 370	3 050	3 320
Beschäftigungsäquivalent der Importe	1 530	2 320	2 410
Beschäftigungswirkungen (netto)	840	730	910
Quelle: Input-Output-Rechnung des DIW.			

Vielfach werden daher Beschäftigungsäquivalente von Einfuhren lediglich für das verarbeitende Gewerbe ermittelt und den entsprechenden Beschäftigungswirkungen der Ausfuhr gegenübergestellt. Tabelle 2.4/3 zeigt das Ergebnis derartiger Rechnungen für das verarbeitende Gewerbe, bei denen nicht nur die direkten Effekte, sondern auch die über den Input-Output-Ansatz ermittelten indirekten Effekte berücksichtigt wurden. Die Rechnungen machen deutlich, daß vom Außenhandel des verarbeitenden Gewerbes in der Vergangenheit positive Beschäftigungswirkungen ausgegangen sind, die sich in den Jahren 1962 bis 1972 abgeschwächt haben. Bis 1976 wurde dieser Rückgang allerdings mehr als wettgemacht.

Bemerkenswert ist, daß überwiegend Produkte solcher Branchen des verarbeitenden Gewerbes importiert worden sind, deren Produktivität über derjenigen der vorwiegend exportierenden Branchen lag. Es ist daher nicht auszuschließen, daß bei gegebenen Import- und Exportstrukturen eine Intensivierung beider Seiten des Außenhandels positive Beschäftigungseffekte ausgelöst hätte, allerdings mit abnehmender Wirkung in den letzten Jahren.

2.4.2 Wettbewerbssituation des deutschen Außenhandels

Die relative Stabilität der Struktur der deutschen Exporte in der Abgrenzung nach Wirtschaftszweigen täuscht darüber hinweg, daß dennoch beachtliche strukturelle Verschiebungen stattgefunden haben. Dies wird deutlich, wenn nach Warengruppen und nachfragenden Regionen differenziert wird (vgl. Tabelle 2.4/4).

Untersucht worden ist auf dieser Basis, inwieweit die Exporte zunahmen infolge

- der Expansion des Welthandels (Wachstumskomponente),

- des unterschiedlichen Anstiegs der Nachfrage auf den einzelnen Märkten (Strukturkomponente), wobei zwischen den Gütermärkten (Wareneinfluß) und den regionalen Märkten (Regionaleinfluß) unterschieden wurde oder aufgrund

- von Marktanteilsgewinnen der deutschen Exporteure (Wettbewerbskomponente) auf den jeweiligen Teilmärkten.

In den siebziger Jahren ist die Expansion des Industriewarenexports der Bundesrepublik Deutschland durch die sich abschwächende Weltkonjunktur, die 1975 - nach der ersten Erdölkrise - in Rezession mündete, erheblich beeinträchtigt worden. Nominal ist in den siebziger Jahren der Exportanteil am Welthandel gestiegen; real ist er aber, anders als in den sechziger Jahren, zurückgegangen (vgl. Schaubild 2.4/1). Auch die Marktanteilsverluste in dieser Zeit hatten konjunkturelle Ursachen, sie waren jedoch auch durch Reaktionen der Nachfrage auf die gravierenden Umschichtungen im Wechselkursgefüge bedingt.

Die Wettbewerbskomponente des Exports ist im Rezessionsjahr 1975 in einem bis dahin ungewohnten Ausmaß - und dabei auch im internationalen Vergleich besonders kräftig - gesunken (vgl. Schaubild 2.4/1). Dies belegt jedoch noch nicht, daß sich die Wettbewerbsfähigkeit des

Tabelle 2.4/ 4

Komponenten[2] der Export- und Importentwicklung[1] der Bundesrepublik Deutschland 1962/76

Warengruppen	Exportanteil [3] 1976	Export Veränderung 4)	Veränderung insgesamt	Struktur Regionaleinfluß	Struktur Wareneinfluß	Wettbewerb	Importanteil [3] 1976	Import Veränderung	Veränderung 4)	Struktur insgesamt	Wettbewerb
			1962 = 100						1962 = 100		
		Warengruppen mit steigendem Exportanteil									
Wichtige Export-Warengruppen											
Straßenfahrzeuge	15,7	110	535	166,7	117,7	141,8	64,6	9,1	166	945	131,6	143,4
Elektrotechnische Erzeugnisse	10,4	112	546	127,7	95,9	133,1	86,2	9,6	168	958	130,0	147,4
Chemische Erzeugnisse	13,8	112	546	113,0	111,4	101,4	97,5	12,7	152	865	123,1	140,2
Textilien	4,2	112	546	74,1	123,4	60,0	148,8	7,4	53	301	54,9	109,6
Büromaschinen/Datenverarb.-geräte	1,8	128	625	147,2	106,5	138,9	85,7	2,7	97	550	115,9	94,8
Übrige Warengruppen											
Wasserfahrzeuge	1,8	100	488	132,3	83,0	159,5	74,3	0,9	204	1 160	166,7	139,3
Steine und Erden	1,1	103	501	101,2	109,3	92,6	99,8	1,5	107	607	104,0	116,7
Stahl- und Leichtmetallbauerzeugnisse	1,0	105	509	136,7	114,8	119,2	75,1	0,7	133	755	166,1	90,9
Druckereierzeugnisse	0,8	113	548	96,3	125,3	76,7	114,9	0,5	84	476	82,2	116,0
Kautschukwaren	1,0	116	565	117,0	120,8	96,7	97,4	1,5	150	855	103,8	164,6
Bearbeitetes Holz, Papier, Pappe	1,2	151	733	107,9	154,9	69,6	137,0	3,6	71	404	76,5	105,6
Bekleidung	1,6	153	743	162,0	117,6	138,0	92,5	7,7	200	1 136	134,4	168,9
Papier- und Pappewaren	0,4	156	760	147,7	147,3	100,3	103,7	0,5	111	629	103,8	121,3
Holzwaren (einschl. Möbel)	1,4	255	1 240	206,5	126,1	163,5	121,1	1,8	152	867	148,2	116,8
Luftfahrzeuge	0,7	878	4 273	99,4	70,8	140,5	869,2	1,1	51	291	96,4	60,5
		Warengruppen mit sinkendem Exportanteil									
Wichtige Export-Warengruppen											
NE-Metall und NE-Metallhalbzeug	2,1	94	457	67,2	112,6	59,8	137,1	5,3	60	341	60,3	113,3
Maschinenbauerzeugnisse	22,8	92	446	84,7	94,7	89,5	106,4	9,8	71	402	92,2	87,4
Feinmech.u.opt.Erzeugnisse; Uhren	3,0	85	414	104,6	102,1	102,5	79,8	3,4	130	739	112,5	131,2
Eisen-, Blech- u. Metallwaren	2,8	75	365	92,9	109,0	85,0	79,3	2,4	126	715	101,1	141,6
Eisen und Stahl	7,3	70	339	89,2	101,0	88,4	76,6	8,1	66	378	67,3	112,4
Übrige Warengruppen											
Leder und Lederwaren; Schuhe	0,8	87	423	121,3	108,9	111,2	70,3	3,3	119	678	116,2	116,6
Musikinstrumente, Spielwaren, Sportgeräte, Schmuck u.ä.	1,5	76	367	137,4	97,6	140,8	54,0	3,1	130	743	138,0	107,6
Glas und Glaswaren	0,6	73	355	71,1	107,8	66,0	100,7	0,9	142	807	73,9	218,0
Feinkeramische Erzeugnisse	0,2	60	292	74,2	112,5	65,9	79,3	0,2	129	737	66,6	220,9
Schienenfahrzeuge	0,3	55	269	60,3	121,2	49,9	90,1	0,1	53	301	50,7	118,4

1) Industriewaren SITC 5-8; jeweilige Preise.- 2) Berechnet auf der Grundlage des Industriewarenexports von 53 Ländern bzw. Regionen, gegliedert nach 43 Warengruppen und 29 Importländern, und unter Zugrundelegung konstanter Gewichte des Basisjahres 1962 (für Zeitraum bis 1973) bzw. jährlich wechselnder Gewichte (für Zeitraum 1973 bis 1976). Zur Beschreibung der Komponenten vgl. auch Fußnoten in Tabelle 2.4/5.- 3) Gemessen am gesamten Industriewarenexport bzw. -import der Bundesrepublik Deutschland.- 4) DM-Basis.

Exports insgesamt gesehen seitdem tendenziell verschlechtert hätte. Schon in den beiden folgenden Jahren hat sich die Position der deutschen Exporteure auf den Exportmärkten wieder gefestigt. Dies zeigt der erneute Anstieg der Wettbewerbskomponente in den Jahren 1976 und 1977.

Auf die Entwicklung der Wettbewerbskomponente wirkten sich seit 1973 auch die Veränderungen in den Währungsrelationen aus, die sich durch Aufgabe des Fixkurssystems ergaben und zu einer realen Höherbewertung der D-Mark führten. 1973 war die D-Mark besonders

Schaubild 2.4/1
Komponenten [2] der jährlichen Entwicklung des Industriewarenexports [1] der Bundesrepublik Deutschland 1962 bis 1977

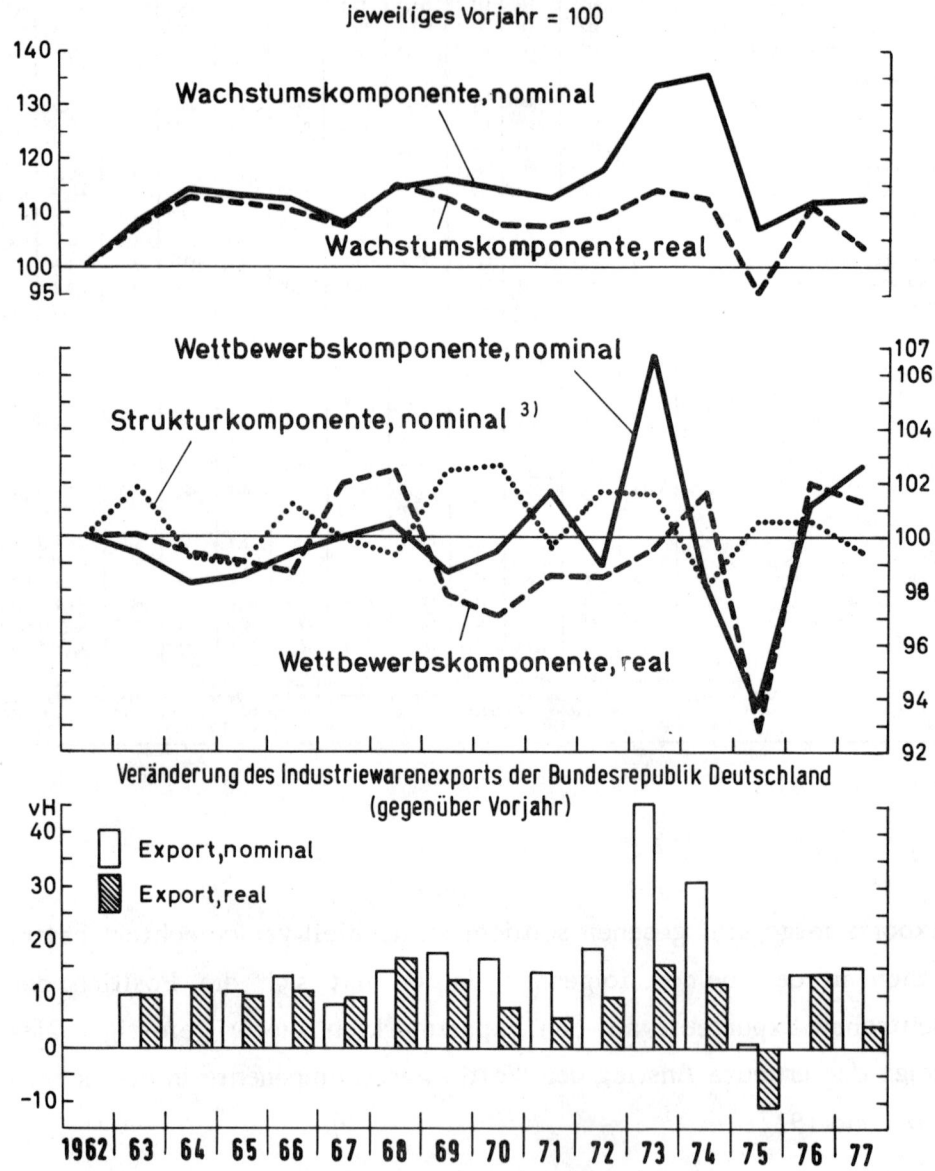

jeweiliges Vorjahr = 100

[1] SITC 5 bis 8; Basis US-Dollar. — [2] Berechnet auf der Grundlage der Industriewarenexporte von 13 westlichen Industrieländern (EG-Länder ohne Irland (7), Österreich, Schweden, Norwegen, USA, Kanada, Japan), gegliedert nach 15 Warengruppen und 20 Importländern bzw. -regionen und unter Zugrundelegung eines jährlich wechselnden Gewichtungsschemas. Vgl. auch Fußnoten in Tab. 2.4/3. — [3] Die Strukturkomponente läßt sich in Ermangelung geeigneter Preisstatistiken nur nominal nachweisen.

stark aufgewertet worden, doch konnten die hohen deutschen Exportpreise sowohl 1973 als auch 1974 angesichts des sehr starken inflationären Drucks im Ausland ohne reale Marktanteilseinbußen überwälzt werden. Offenbar haben in dieser Zeit ausländische Abnehmer in Erwartung weiterer Kurssteigerungen der D-Mark auch Käufe vorgezogen. Dem kam entgegen, daß sich schon 1973 die Lieferfähigkeit der Exporteure wegen des Konjunkturabschwungs in der Bundesrepublik relativ verbessert hatte. Der Konjunkturabschwung im Ausland, der erst etwa Mitte 1974 einsetzte und 1975 weltweit in einer rezessiven Entwicklung der Wirtschaftstätigkeit, vor allem der Investitionsneigung, auslief, wirkte sich dann besonders ungünstig auf den deutschen Export aus, der nun - auch an internationalen Maßstäben gemessen - real kräftig zurückging. Die damit einhergehenden nominalen Marktanteilsverluste (Wettbewerbskomponente) entsprachen ziemlich genau den erheblichen Marktanteilsgewinnen aus dem Boomjahr 1973, als sich den Exporteuren auf den Auslandsmärkten große Preiserhöhungsspielräume boten.

Von Strukturfaktoren ist die Exportentwicklung der Bundesrepublik Deutschland in den sechziger und siebziger Jahren begünstigt worden. Gütersortiment und regionale Ausrichtung auf die verschiedenen Absatzräume haben den Export allgemein eher positiv als negativ beeinflußt, wobei die Regionalfaktoren offenbar ein etwas größeres Gewicht hatten als die Warenstruktur. Die Exporteure haben sich dem Wandel in der Struktur der Weltnachfrage offensichtlich elastisch angepaßt und sich dabei auf jene regionalen Märkte hin orientiert, die besonders gute Absatzchancen boten.

Für Veränderungen in der Warenstruktur des Exports der Bundesrepublik Deutschland waren die Regionaleffekte jedoch zumeist nicht entscheidend. Ausschlaggebend waren die unterschiedlichen Expansionsraten auf den Weltwarenmärkten. Dies macht deutlich, daß sich ein Land negativen Einflüssen der konjunkturellen Entwicklung in den Abnehmerländern nur begrenzt entziehen kann, indem der Export auf jene regionalen Teilmärkte gelenkt wird, auf denen die Absatzchancen noch relativ gut sind. Auch die Wettbewerbseinflüsse traten in ihrer Bedeutung hinter den Einflüssen der Warenstruktur zurück. Marktanteilsgewinne oder -verluste auf den Auslandsmärkten bestimmten somit weniger die Richtung als die Intensität, mit der sich die Exportanteile veränderten.

Bei den zehn Warengruppen mit dem höchsten Exportanteil gab es im Zeitraum 1962/76 recht deutliche Verschiebungen (vgl. Tabelle 2.4/4). Gestiegen ist der Exportanteil in fünf Gruppen, und zwar von insgesamt 41 vH auf 46 vH; bei den übrigen fünf ist er von 45 vH auf 38 vH gesunken. Erhöht hat sich gegenüber 1962 der Exportanteil von Straßenfahrzeugen, elektrotechnischen Erzeugnissen und Büromaschinen/Datenverarbeitungsgeräten aufgrund positiver Struktureffekte, die den Wareneinfluß in der kräftigen Ausweitung des internationalen Handels in diesen Gruppen reflektierten; gesunken ist er bei Maschinenbauerzeugnissen, EBM-Waren sowie Eisen und Stahl insbesondere deshalb, weil hier der Wareneinfluß negativ war. Nur bei Textilien und chemischen Erzeugnissen, die einen steigenden Exportanteil aufwiesen, sowie bei feinmechanischen und optischen Erzeugnissen, deren Anteil 1976 niedriger war als 1962, waren die Wettbewerbseffekte ausschlaggebend.

In einigen Warengruppen (Straßenfahrzeuge, elektrotechnische Erzeugnisse, Büromaschinen/Datenverarbeitungsgeräte) wurde die Wettbewerbsschwäche durch die kräftige Ausweitung der internationalen Nachfrage überdeckt; dies verhinderte, daß diese Gruppen im Export der Bundesrepublik Deutschland strukturell zurückfielen. Umgekehrt verhielt es sich bei Maschinenbauerzeugnissen, deren Anteil zurückgegangen ist, obwohl sich diese Exporte im internationalen Wettbewerb gut behaupten konnten, und beim Export von NE-Metallerzeugnissen, der sogar deutliche Wettbewerbsvorteile hatte. Bei jenen Exporten schließlich, deren Wettbewerbskomponente im Beobachtungszeitraum überwiegend negativ war und die außerdem auf eine schwache internationale Nachfrage stießen (Eisen und Stahl, EBM-Waren) oder auf eine im Verhältnis zur negativen Wettbewerbskomponente zu schwach expandierende Nachfrage (feinmechanische und optische Erzeugnisse), ist der Anteil prozentual besonders kräftig gesunken.

Die Stellung dieser Branchen im internationalen Wettbewerb wird auch durch die Entwicklung der entsprechenden Importe charakterisiert, die sich rechnerisch in gleicher Weise wie die Exportentwicklung in Komponenten zerlegen läßt. Bereinigt man die Importe der Branchen um Wachstums- und Struktureffekte, so erhält man einen Indikator für die Entwicklung der Marktanteile der deutschen Importeure auf den jeweiligen Weltmärkten. Der kräftige Anstieg dieser Wettbewerbskomponente für Importe zeigt an, daß es den deutschen Importeuren gelungen ist, sich zunehmende Anteile an der Weltgüterversorgung zu sichern. Im Gegensatz zur Wettbewerbskomponente beim Export, die die Position der Bundesrepublik im Anbieterwettbewerb beschreibt, geht aus der Wettbewerbskomponente der Importe die Stellung der Bundesrepublik im Nachfragerwettbewerb hervor. Sie darf nicht verwechselt werden mit der Importkonkurrenz auf den heimischen Märkten, in der der Anbieterwettbewerb zum Ausdruck kommt.

Die Wettbewerbskomponente der Importe war, betrachtet man z. B. nur die großen Exportwarengruppen, sehr hoch bei Straßenfahrzeugen, elektrotechnischen Erzeugnissen, chemischen Erzeugnissen, EBM-Waren sowie feinmechanischen und optischen Erzeugnissen. Sie war relativ niedrig bei Eisen und Stahl, NE-Metallen und Textilien, und sie war negativ bei Maschinenbauerzeugnissen.

Damit ist zugleich die Richtung angedeutet, in der sich im Zeitraum 1962 bis 1976 die Strukturanteile der Warengruppen im Import der Bundesrepublik Deutschland verändert haben. Entscheidend auch für den Strukturwandel im Import waren indes - bis auf Maschinenbauerzeugnisse und EBM-Waren - zumeist die güterspezifischen Struktureffekte.

Unterdurchschnittlich hat sich der Import von Eisen und Stahl erhöht und - schwächer als der entsprechende Export - der Import von Maschinenbauerzeugnissen, Textilien und NE-Metallen. Überdurchschnittlich und auch wesentlich stärker als der entsprechende Export ist dagegen der Import von Straßenfahrzeugen, elektrotechnischen

Erzeugnissen, chemischen Erzeugnissen, EBM-Waren sowie von feinmechanischen und optischen Erzeugnissen gestiegen, mit der Folge, daß sich die Importanteile den entsprechenden Exportanteilen angenähert oder diese sogar übertroffen haben. Straßenfahrzeuge und Maschinenbauerzeugnisse waren dagegen nach wie vor stärker im Export als im Import vertreten.

Auf der Importseite gibt es somit ebenfalls Indikatoren für die Verschärfung des Wettbewerbs. Freilich soll man die Wettbewerbsproblematik bei der Erklärung des Imports nicht überschätzen. Lediglich im verbrauchsgüterproduzierenden Gewerbe ist offenbar die Preiselastizität größer als die Einkommenselastizität der Nachfrage. Letztlich war damit die Entwicklung der inländischen Produktion entscheidend für die Importentwicklung.

Obwohl - anders als der Export - strukturell insgesamt eher benachteiligt, hat der Industriewarenimport der Bundesrepublik Deutschland, auch an internationalen Maßstäben gemessen, kräftig expandiert und rascher zugenommen als der Export. Ein Einbruch ergab sich indes während der Rezession Mitte der siebziger Jahre (vgl. Tabelle 2.4/5). Schon 1974 ging der Import infolge der Konjunkturabschwächung in der Bundesrepublik real zurück, als der Export noch zunahm. Im darauffolgenden Jahr, als sich auch der Welthandel real abschwächte, verringerte sich der Import zwar wiederum, nun aber weniger stark als der Export. Die Wettbewerbskomponente des Imports war 1975 sogar positiv. Faßt man die Ergebnisse in den Jahren 1974 und 1975 zusammen, so ist der Industriewarenimport der Bundesrepublik von der Rezession insgesamt real stärker beeinträchtigt worden als der Export; ein Ergebnis des Konjunkturgefälles, das sich in dieser Zeit gegenüber dem Ausland herausgebildet hatte. Gleichwohl haben die Importe, von Struktureinflüssen bereinigt, auf die Abschwächung des Sozialproduktanstiegs und den folgenden Rückgang schwächer reagiert, als dies in anderen westlichen Industrieländern der Fall gewesen ist.

Tabelle 2.4/5

Komponenten[2] der Export- und Importentwicklung[1] der Bundesrepublik Deutschland

Basisjahr bzw. Vorjahr = 100

	1962/73	1973/76	1974	1975	1976	Nachrichtlich[10]	
						1962/73	1973/76
	1962=100[3]	1973=100[4]	jeweiliges Vorjahr = 100			1962=100	1973=100
Import							
Veränderung, nominal	589,8	153,5	118,9	110,9	116,4	577,9	149,2
Durchschnittswerte							
Basis: US-Dollar	154,4	138,5	121,9	114,5	99,2	152,8	137,2
D-Mark	102,5	131,3	118,6	109,2	101,3	101,5	130,0
Veränderung, real	382,0	110,8	97,5	96,9	117,3	378,2	108,7
Wachstumskomponente 5)							
nominal	488,0	163,0	134,4	107,3	113,0	525,5	150,8
real 6)	314,9	117,8	111,0	94,8	111,8	341,7	109,9
Strukturkomponente	97,6	97,5	98,1	98,9	100,5	99,7	99,7
Relativ-Preisindex 7)	99,6	100,1	100,8	101,0	98,3	99,4	100,0
Wettbewerbskomponente							
nominal	123,8	96,6	90,2	104,4	102,6	110,3	99,2
real 8)	124,3	96,5	89,5	103,4	104,4	111,0	99,2
Export 9)							
Veränderung, nominal	513,7	150,4	130,9	100,8	114,0	513,7	150,4
Durchschnittswert							
Basis: US-Dollar	166,7	132,4	116,7	113,4	100,0	166,7	132,4
D-Mark	110,4	125,8	114,0	108,0	102,2	110,4	125,8
Veränderung, real	308,2	113,6	112,2	88,9	114,0	308,2	113,6
Wachstumskomponente							
nominal	486,5	161,8	135,5	105,6	113,1	463,1	162,5
real	314,5	117,4	111,7	93,6	112,4	301,5	118,6
Strukturkomponente	109,6	100,1	98,5	101,8	99,8	109,2	99,4
Relativ-Preisindex 11)	[12]107,8	96,1	96,3	100,5	99,3	108,5	96,7
Wettbewerbskomponente							
nominal	96,4	92,9	98,2	93,8	100,9	101,6	93,2
real	89,4	96,7	102,0	93,3	101,6	93,6	96,4

1) Industriewaren SITC 5-8; Basis US-Dollar. Import berechnet auf Basis der Exporte der Partnerländer. Entsprechendes gilt für den Import-Durchschnittswert.- 2) Berechnung der Komponenten der Export- und Importentwicklung auf der Grundlage der Industriewarenexporte von 53 Ländern bzw. Regionen, gegliedert nach 43 Warengruppen und 29 Importländern bzw. -regionen.- 3) Berechnung der Struktur- und Wettbewerbskomponente unter Zugrundelegung konstanter Gewichte des Basisjahres 1962.- 4) Berechnung der Struktur- und Wettbewerbskomponente unter Zugrundelegung eines jährlich wechselnden Gewichtungsschemas.- 5) Durchschnittliche Entwicklung des Imports aller erfaßten Länder, ohne Importe aus der Bundesrepublik Deutschland.-
6) Als Deflationierungsfaktor wurde der gewogene Import-Durchschnittswertindex von 15 Ländern verwendet (jeweils einschl. Bundesrepublik Deutschland). Gewichtungsschema: Importanteil von 1973.- 7) Import-Durchschnittswertindex der Bundesrepublik Deutschland in vH des Durchschnittswertindex der Wachstumskomponente.- 8) Quotient aus nominaler Restgröße und Relativ-Preisindex.- 9) Siehe Fußnote 2).- 10) Berechnung der Export- und Importentwicklung auf der Grundlage der Industriewarenexporte von 13 Ländern (einschl. Bundesrepublik Deutschland), gegliedert nach 15 Warengruppen und 20 Importregionen und unter Zugrundelegung eines jährlich wechselnden Gewichtungsschemas. Deflationierungsfaktor der Wachstumskomponente:Ausgangsdaten bilden die Export-Durchschnittswerte von 11 Ländern.- 11) Durchschnittswertindex der Bundesrepublik Deutschland in vH des gewogenen Durchschnittswertindex von 15 Ländern (einschl. Bundesrepublik Deutschland). Als Gewichte wurden die Exportanteile von 1973 verwendet.-
12) Gemessen am gewogenen Durchschnittswertindex von 12 Ländern (einschl. Bundesrepublik Deutschland). Als Gewichte wurden die Exportanteile von 1973 verwendet.

2.4.3 Bestimmungsgründe der Einfuhr

Die gesamte Waren- und Dienstleistungseinfuhr ist von 71,4 Mrd. DM im Jahre 1962 auf 203,7 Mrd. DM im Jahre 1977 angestiegen (jeweils zu Preisen von 1970). Das Wachstumstempo hat sich dabei allerdings verlangsamt, es sank von jahresdurchschnittlich 8,9 vH für den Zeitraum 1962 bis 1972 auf 4,9 vH für die Jahre 1972 bis 1977.

Die nominalen Einfuhren sind bis zuletzt schneller gestiegen als die gesamte Nachfrage (Bruttoproduktion zuzüglich Einfuhr), so daß die Importquote im betrachteten Zeitraum von 7 vH auf 10 vH deutlich zunahm. Erzeugnisse des verarbeitenden Gewerbes waren an dieser Entwicklung überdurchschnittlich beteiligt, hier stieg die Quote von 8 vH auf 13 vH stärker als im Durchschnitt (vgl. Tabelle 2.4/6).

In der Periode 1962 bis 1972 hatten die verbrauchsgüterproduzierenden Wirtschaftszweige die größte Einfuhrdynamik. Allein fünf Wirtschaftszweige wiesen zweistellige jährliche Veränderungsraten der Importquote auf. In den siebziger Jahren verlagerte sich der Schwerpunkt dagegen eher zu Wirtschaftszweigen, die vorwiegend Investitionsgüter herstellen.

Die Entwicklung der Einfuhren von Erzeugnissen des Grundstoff- und Produktionsgütergewerbes war im Vergleich zu den anderen Hauptgruppen über den gesamten Zeitraum unterdurchschnittlich. Dagegen werden Bergbauerzeugnisse mit Ausnahme von Kohle sowie Kali- und Steinsalzen fast vollständig aus dem Ausland bezogen. Die Einfuhr der Bundesrepublik beschränkt sich nicht nur auf notwendige Rohstoffe, sondern auch auf Fertigwaren, die zur Diversifizierung des Warenangebots und zur Ausweitung der Substitutionsspielräume beitragen.

Im folgenden wird zunächst der Frage nachgegangen, inwieweit sich die Aufteilung des gesamten Güteraufkommens eines Wirtschaftszweiges auf die inländische Produktion und Importe durch Nachfrage- und Preiselastizitäten bestimmen läßt.

Tabelle 2.4/6
Die Entwicklung der Einfuhrquoten in den Wirtschaftszweigen
- in vH -

Wirtschaftszweig	1962	1972	1973	1974	1975	1976	1977
Land- und Forstwirtschaft	26,9	26,1	26,0	28,8	26,9	28,0	29,2
Energiewirtschaft, Bergbau	13,6	16,2	17,5	27,4	23,1	23,9	23,9
Energiewirtschaft	1,1	1,4	1,3	0,9	0,8	0,7	0,8
Bergbau	25,7	40,3	43,7	57,0	52,4	55,0	58,5
Kohlenbergbau	6,3	4,1	3,4	3,6	4,3	3,8	3,0
Übriger Bergbau	57,2	80,4	82,6	89,5	86,9	90,1	93,4
Verarbeitendes Gewerbe	8,1	11,1	11,0	11,5	12,3	13,0	13,0
Chemische Industrie	7,6	11,6	12,0	12,4	13,1	13,4	13,4
Mineralölverarbeitung	11,7	11,5	13,9	15,4	16,8	17,8	17,9
Kunststoff- u. Gummiwaren	5,6	9,8	10,0	10,6	12,6	11,8	12,2
Steine und Erden	5,7	6,5	6,9	7,6	8,3	7,7	7,8
Feinkeramik, Glasgewerbe	5,1	13,0	13,7	12,9	14,6	15,6	16,0
Metallerzeugung, -bearbeitg.	10,9	14,6	14,2	14,0	13,2	15,4	15,2
Stahlbau	1,9	4,3	3,9	3,4	3,6	3,9	2,8
Maschinenbau, ADV	7,8	10,1	9,2	9,2	9,8	10,3	10,5
Fahrzeugbau	8,6	9,8	8,5	8,0	10,7	10,7	10,7
Elektrotechnik	5,4	8,7	8,6	9,1	9,9	11,6	11,5
Feinmech., Optik, EBM	7,1	12,1	11,7	12,9	15,2	15,4	14,8
Holz-, Papier-, Druckgew.	9,5	9,8	10,2	10,9	11,4	12,1	11,9
Textilgewerbe	14,1	22,3	22,6	22,5	25,0	26,3	27,2
Leder-, Bekleidungsgewerbe	5,7	17,1	17,6	20,0	21,7	24,3	25,2
Ernährungsgewerbe	7,2	9,3	9,5	9,5	10,1	10,2	10,1
Tabakverarbeitung	0,7	1,8	1,9	2,0	2,5	2,5	2,8
Baugewerbe	0,3	0,6	0,5	0,6	1,1	1,3	1,2
Bauhauptgewerbe	0,3	0,6	0,6	0,7	1,2	1,6	1,4
Ausbaugewerbe	0,2	0,4	0,3	0,4	0,8	0,9	0,8
Handel und Verkehr	2,1	3,0	2,9	3,3	3,4	3,4	3,4
Handel	0,2	0,5	0,5	0,7	0,7	0,7	0,7
Großhand., Handelsverm.	0,4	1,0	1,0	1,3	1,4	1,4	1,5
Einzelhandel							
Verkehr und Nachrichten	5,5	7,1	6,9	7,3	7,4	7,6	7,5
Eisenbahnen	3,5	6,2	6,6	6,6	7,9	7,4	8,0
Schiffahrt, Häfen	13,2	17,6	16,9	17,8	16,6	16,5	17,9
Übriger Verkehr	5,0	7,5	7,3	7,6	8,1	8,3	7,8
Nachrichtenübermittlung	2,6	1,9	1,6	1,5	1,6	2,2	2,2
Dienstleistungsunternehmen	7,3	6,4	6,6	6,8	7,1	7,2	6,9
Kreditinstitute	2,8	0,8	0,9	0,7	0,8	0,8	0,9
Versicherungsunternehmen		0,4	1,3	0,7	0,2	0,3	
Sonstige Dienstleistungen	11,6	10,4	10,8	11,0	11,4	11,5	10,9
Wohnungsvermietung							
Unternehmen o. Wohnungsvermiet.	8,1	9,5	9,6	10,7	11,0	11,5	11,5
Unternehmen insgesamt	7,9	9,1	9,2	10,3	10,6	11,2	11,1
Staat, Priv.Haush., Org.o.Erw.	0,7	1,0	0,8	0,8	0,8	0,9	0,9
Staat	0,8	1,1	0,9	0,8	0,9	1,0	1,0
Priv.Haush., Org.o.Erw.							
Alle Wirtschaftszweige	7,3	8,4	8,4	9,4	9,5	10,1	10,0
Nachrichtlich: Importe in Mrd. DM[1]	58,1	153,7	173,2	216,2	228,3	267,4	281,9

[1] Ohne Erwerbs- und Vermögenseinkommen.

Quelle: Volkswirtschaftliche Gesamtrechnung des Statistischen Bundesamtes und Input-Output-Rechnung des DIW.

Da sich in vielen Wirtschaftszweigen ein Einfluß der relativen Preise kaum nachweisen läßt, wird auch untersucht, in welchem Umfang dies auf eine relativ enge Abhängigkeit der Produktion eines Wirtschaftszweiges von importierten Vormaterialien und Rohstoffen zurückzuführen ist. Zu diesem Zweck sind die Importe nicht nur in ihrer gütermäßigen Zusammensetzung, sondern auch nach dem Verwendungszweck disaggregiert worden.

2.4.3.1 Preis- und Nachfrageelastizitäten der Einfuhr

Im Rahmen einer ökonometrischen Untersuchung wurde der Versuch unternommen, die Wirkung wichtiger Einflußfaktoren auf die Nachfrage nach ausländischen Gütern zu analysieren und quantitativ zu erfassen. Untersuchungszeitraum sind die Jahre 1962 bis 1974.

Wichtiger Bestimmungsfaktor der Einfuhren ist in jedem Fall das Niveau der ökonomischen Aktivität, das hier durch die Nachfrage gemessen wird. Daneben spielt das Verhältnis von inländischen Preisen und Importpreisen als Indikator für die Wettbewerbsverhältnisse auf dem heimischen Markt bei allen theoretischen Überlegungen eine wichtige Rolle. Zusätzlich wurden sektoral disaggregierte Zollbelastungsquoten mit in die Analyse einbezogen.

Für fast alle Wirtschaftszweige erweist sich die Nachfrage als wichtigster Faktor zur Erklärung der Einfuhrentwicklung. Die geschätzten Nachfrageelastizitäten haben dabei in aller Regel Werte, die über eins liegen. Dagegen konnte die Hypothese, daß das Konkurrenzpreisverhältnis zwischen inländischen und importierten Gütern für das Vordringen der Einfuhr von entscheidender Bedeutung sei, nur teilweise bestätigt werden (vgl. Tabelle 2.4/7).

Die Preiselastizitäten sind für die Zweige des Grundstoff- und Produktionsgütergewerbes häufiger signifikant als für die Zweige des Investitions- und Verbrauchsgütergewerbes, dem Betrage nach sind sie allerdings kleiner. Dies stützt die Hypothese, daß die Preiselastizität für Fertigprodukte aufgrund umfassender Substitutionsmöglichkeiten größer ist als für Grundstoffe und Halbfabrikate. Freilich spielt sie für diese Branchen weniger häufig eine bestimmende Rolle.

Ein signifikanter Einfluß der veränderten Zollbelastung hat sich nicht durchgängig nachweisen lassen. Jedoch scheint von den wichtigen Sektoren die Einfuhrentwicklung in der Elektrotechnik, im EBM-Gewerbe, in der Kunststoffverarbeitung und im Ledergewerbe von dem Abbau der Zollbelastung profitiert zu haben.

Tabelle 2.4/7

Nachfrage - und Preiselastizitäten der Einfuhr[1]

Wirtschaftszweig	Nachfrageelastizitäten			Preiselastizitäten		
	Signifikanz[2]	unter eins	über zwei	Signifikanz[2]	unter eins	über zwei
Kohlenbergbau	x		*	n.s.		
Eisenerzbergbau	x	*		x	*	
Erdöl- und Erdgasgewinnung	x	*		n.s.		
Restlicher Bergbau	x	*		n.s.		
Chemische Industrie	x	*		x	*	
Mineralölverarbeitung	x	*		x	*	
Herstellung von Kunststoffwaren	x	*		n.s.		
Gummiverarbeitung (einschl. Asbestv.)	x	*		x		*
Gew. u. Verarb. von Steinen und Erden	x	*		n.s.		
Feinkeramik	x		*	n.s.		
Herstellung u. Verarbeitung von Glas	x		*	n.s.		
Eisenschaffende Industrie	x	*		x	*	
NE-Metallerzeugung, -halbzeugwerke	x	*		n.s.		
Gießereien	x	*		x		*
Ziehereien, Kaltwalz.w., Mech.a.n.g.	x		*	n.s.		
Stahlverformung	x	*		x	*	
Stahl- u.Leichtmetallb., Schienenfzb.	x	*		n.s.		
Maschinenbau	x	*		n.s.		
Straßenfahrzeugbau	x	*		x	*	
Schiffbau	x		*	n.s.		
Elektrotechnik	x	*		n.s.		
Feinmechanik, Optik, Herst.v.Uhren	x	*		n.s.		
Herstellung von EBM-Waren	x	*		n.s.		
Herstellung von Musikinstr., Spielw.	x	*		x	*	
Holzbearbeitung	x	*		x	*	
Holzverarbeitung	x	*		n.s.		
Zellstoff- u.Papiererzeugung	x	*		n.s.		
Papier- u.Pappeverarbeitung	x	*		x		*
Druckerei u. Vervielfältigung	x	*		n.s.		
Textilgewerbe	x	*		n.s.		
Ledergewerbe	x		*	x		*
Bekleidungsgewerbe	x		*	n.s.		
Ölmühlen- und Margarine-Industrie	x	*		n.s.		
Brauerei und Mälzerei	n.s.			x	*	
Tabakverarbeitende Industrie	x		*	x	*	
Sonst. Nahr.- und Genußm.-Industrie	x		*	x	*	

1) Schätzzeitraum 1962 - 1974
2) x: Parameter bei ∝= 0,10 signifikant, n.s.: Parameter bei ∝= 0,10 nicht signifikant von 0 verschieden

Quelle: Input-Output-Rechnung des DIW

2.4.3.2 Die Entwicklung der Einfuhr nach Nachfragebereichen

Abgesehen von Verschiebungen in den Preisrelationen hängt die Nachfrage nach Importen einer bestimmten Warenkategorie auch davon ab, inwieweit sich die Nachfrage nach den Produkten einer Branche verändert, die diese Importgüter im Produktionsprozeß einsetzt. Verschiebungen in der Branchenstruktur können daher denkbare Preiseinflüsse überlagern. Auch hängt die Entwicklung der Importnachfrage davon ab, wie sich in den einzelnen Wirtschaftszweigen das Gewicht der importierten Rohstoffe und Vormaterialien im Produktionsprozeß verändert. Das Resultat dieser strukturellen Verschiebungen spiegelt sich in den im vorigen Abschnitt gemessenen Nachfrageelastizitäten nur unzureichend wider. Um diese Einflüsse besser zu erfassen, ist eine zusätzliche Untersuchung durchgeführt worden, in der die Importe nicht in ihrem Verhältnis zu möglicherweise konkurrierenden inländischen Produkten, sondern nach ihrem Verwendungszweck analysiert werden.

Da Importe nicht nur in Form von Rohstoffen und Vormaterialien als Vorleistungen in den einzelnen Wirtschaftszweigen verwendet werden, sondern auch direkt in die Verbrauchs- und Investitionsnachfrage eingehen, wird die Analyse hier auch auf diesen Bereich ausgedehnt. Die wichtigsten Entwicklungslinien zeigt Tabelle 2.4/8.

Die Einfuhren für den privaten Verbrauch und die Ausrüstungsinvestitionen wuchsen insbesondere von 1962 bis 1972 weit überdurchschnittlich. Dagegen ging der Anteil der Vorleistungseinfuhren von rund 67 vH im Jahre 1962 auf 61 vH im Jahre 1977 zurück. Besonders dynamisch entwickelte sich die Einfuhr von Ausrüstungsinvestitionen: Gut ein Fünftel des Investitionsvolumens wurde 1977 aus dem Ausland bezogen, während 1962 erst 9 vH der Ausrüstungsinvestitionen aus dem Ausland stammten.

Die größte Dynamik in der Entwicklung der Vorleistungseinfuhren wies das Investitionsgütergewerbe auf. In diesem Bereich hat sich der Importkoeffizient - das ist das Verhältnis von importierten Vorleistungen zum Bruttoproduktionswert - verdoppelt. Die höchsten Werte weisen Bereiche auf, deren Rohstoff- bzw. Vormaterialbasis im Ausland liegt: Teile des Grundstoff- und Produktionsgütergewerbes und des Nahrungs- und Genußmittelgewerbes sowie im Bereich des Verbrauchsgütergewerbes, das Leder-, Textil- und Bekleidungsgewerbe, die in starkem Maße Lohnveredelungsarbeiten in das Ausland vergeben haben.

Der Anteil der Importe an der inländischen Produktion ist im allgemeinen kräftig gestiegen, so daß sich allein schon aus diesem Grunde die Importe erhöhten. Den dominierenden Einfluß (70 vH) auf die Zunahme der Importe übte in der Zeit von 1962 bis 1972 jedoch das Produktionswachstum aus. Der Einfluß von Verschiebungen in der Produktionsstruktur zu Wirtschaftszweigen mit höheren Importkoeffizienten fiel dagegen kaum ins Gewicht.

Tabelle 2.4/8

Entwicklung der Einfuhr nach Nachfragebereichen 1962 - 1977

- zu Preisen von 1970 -

	jährliche Veränderungsraten in vH		Importkoeffizienten[1] in vH			Wachstumselastizität[2]	
	1962/72	1972/77	1962	1972	1977	1962/72	1972/77
Vorleistungen	7,8	4,8	5,3	6,4	7,2	1,4	2,0
dar.: Grundstoff u.Prod.-Gütergew.	8,1	4,1	11,1	11,6	12,6	1,1	1,8
Investitionsgüter prod. Gew.	12,0	7,7	5,0	8,3	10,0	1,7	2,1
Verbrauchsgüter prod. Gew.	7,1	2,2	9,1	11,6	12,7	1,4	11,0
Nahrungs- u.Genußmittelgew.	4,7	2,9	9,5	9,3	10,1	1,1	2,6
Verarbeitendes Gewerbe	8,3	4,7	8,2	10,0	11,2	1,3	2,0
Privater Verbrauch	10,5	4,6	6,1	10,1	11,2	2,5	1,8
Ausrüstungsinvestitionen	15,8	6,2	8,6	17,2	22,3	2,1	1,8
Einfuhr insgesamt	8,9	4,9	-	-	-	-	-

1) Einsatz von importierten Gütern im Verhältnis zur Bruttoproduktion bzw. zur Endnachfrage
2) Verhältnis der durchschnittlichen Veränderungsrate der Einfuhr zur durchschnittlichen Veränderungsrate der Produktion bzw. der Nachfrage (Privater Verbrauch und Ausrüstungsinvestitionen insgesamt)

Quelle: Input-Output-Rechnung des DIW

In der Periode von 1972 bis 1976 verstärkte sich der Einfluß, der von den steigenden Importkoeffizienten ausging, erheblich. Nur noch die Hälfte (55 vH) des gesamten Importanstiegs kann auf den Produktionsanstieg zurückgeführt werden.

Gut 75 vH der Veränderung der Vorleistungseinfuhren zwischen 1972 und 1977 entfielen auf das verarbeitende Gewerbe, darunter rund 40 vH auf das Investitionsgütergewerbe. Im Verbrauchsgütergewerbe wäre die Vorleistungseinfuhr im Jahre 1977 unter dem Niveau von 1962 geblieben, hätte nicht der Anstieg des Importkoeffizienten nochmals eine Zunahme der Vorleistungsimporte bewirkt.

2.4.3.3 Einflüsse auf die Mineralölimporte

In den bisherigen Analysen sind Produktionsanstieg und Veränderung der Importkoeffizienten als Indikatoren für die Importentwicklung untersucht worden. Der hohe Aggregationsgrad der verwendeten Daten läßt jedoch eine gezielte Ermittlung von Einflüssen auf die Importentwicklung ausgewählter Güter nur in Grenzen zu. Insbesondere für Mineralöl ist es im Grunde wegen der universellen Verwendung im energetischen und nichtenergetischen Bereich sowie wegen der unterschiedlichen Steuerlastquoten bei den einzelnen Derivaten notwendig, Zeitreihen von Verflechtungsmatrizen zu erarbeiten, in denen insbesondere der Sektor Mineralölverarbeitung wie auch das Chemische Gewerbe stärker unterteilt sind. Derartige Informationen liegen jedoch als Zeitreihen nicht vollständig vor. Dennoch lassen sich auf indirektem Wege einige Erkenntnisse gewinnen.

Auf der Grundlage einer nach 383 Produktionssektoren gegliederten Input-Output-Tabelle für das Jahr 1972 hat das DIW für Mineralöl eine Querschnittsanalyse durchgeführt. Danach wurden zur Zeit der ersten Ölpreiserhöhung rund 52 vH aller Importe an Rohöl und Mineralölprodukten vom privaten Verbrauch entweder direkt nachgefragt oder durch die Nachfrage nach denjenigen Produkten induziert, zu deren Herstellung Mineralöl erforderlich war. Gut die Hälfte davon entfiel auf die Nachfrage nach leichtem Heizöl, Motorenbenzin und Dieselkraftstoff. Der öffentliche Verbrauch induzierte rund 7 vH der Mineralölimporte. Für die Erstellung der Anlageinvestitionen wurden rund 16 vH benötigt, und die Exportproduktion induzierte direkt und indirekt rund 25 vH der Mineralölimporte. 18 vH aller Mineralölimporte wurden als Rohstoffe verwendet, 82 vH zur Energieerzeugung.

Unterstellt man die spezifischen Verwendungskoeffizienten des Jahres 1972 auch für das Jahr 1962, so erhält man einen rechnerischen Mineralölimport in Höhe von 83 Mill. t. Der tatsächliche Wert für 1962 lag mit 46 Mill. t dagegen wesentlich niedriger. Die errechnete Differenz von 37 Mill. t entspricht dem zusätzlichen Bedarf an Mineralölimporten, der im Laufe der zehn Jahre zwischen 1962 und 1972 durch strukturelle Veränderungen entstanden ist.

Die gleiche Analyse für die Jahre nach 1973 läßt deutlich erkennen, daß die relativ starke Preiserhöhung bei Mineralöl zusammen mit der Versorgungsunsicherheit bereits Veränderungen zugunsten der Einsparung von Mineralöl bewirkt haben. Legt man auch hier die Verwendungskoeffizienten von 1972 zugrunde, so wären die Mineralölimporte - lediglich 1975 durch die Rezession etwas abgeschwächt -

Tabelle 2.4/9

Ermittlung von Einsparungseffekten
bei der Verwendung von Mineralölimporten
- in Mill. t -

	Effektiver Mineralölimport	Mineralölimport bei unveränderten Verwendungskoeffizienten von 1972
1962	45,8	83
1972	139,7	139,7
1973	150,8	147
1974	138,1	150
1975	124,8	148
1976	138,0	158
1977	135,2	163
1978	139,7	170
1979	146,2	179

bis 1979 auf rund 179 Mill. t gestiegen. Tatsächlich gingen die Mineralölimporte jedoch zum Teil sogar zurück, erreichten 1978 erst wieder das Volumen von 1972 und lagen 1979 rund 30 Mill. t unter dem rechnerischen Wert. Ohne diese Einsparungen wäre die Ölrechnung der Bundesrepublik im letzten Jahr um gut 10 Mrd. DM höher ausgefallen.

Gemessen an den im Rahmen der Querschnittsanalyse für den Zeitraum Anfang bis Mitte der siebziger Jahre beobachteten Verwendungszwecken des Mineralölverbrauchs haben sich bis zum Ende der siebziger Jahre allerdings beachtliche Verschiebungen ergeben: So lag der Verbrauch an Vergaserkraftstoff um gut ein Drittel über demjenigen der Jahre 1972 bis 1974. Der Anteil des leichten Heizöls am Mineralölverbrauch erhöhte sich nur noch geringfügig; das gleiche gilt für Dieselkraftstoff. Kompensiert wurden diese Verbrauchsverläufe durch ein drastisches Sinken des Einsatzes von schwerem Heizöl in Kraftwerken und in der Industrie. Der Anteil aller sonstigen Verwendungen (rund 25 vH) blieb in der Summe konstant.

2.4.4 Arbeitsteilung mit Entwicklungsländern

In den sechziger Jahren haben die Entwicklungsländer, deren Schwerpunkt beim Export von Rohstoffen liegt, von der dynamischen Entwicklung der internationalen Arbeitsteilung bei Industrieprodukten kaum profitiert. Der Anteil am deutschen Außenhandel ging bis 1972 auf 19 vH bei den Importen und 12 vH bei den Exporten zurück (gegenüber 25 bzw. 21 vH im Jahre 1962).

Erst in der ersten Hälfte der siebziger Jahre gelang es, den Trend sinkender Welthandelsanteile aufzuhalten und umzukehren. Freilich wurde diese Entwicklung wesentlich durch die Verteuerung der Rohstoffe, insbesondere des Erdöls bestimmt, von der vor allem die wenigen Erdölländer profitierten, die übrigen Länder der Dritten Welt aber schwer betroffen wurden. Allerdings nahmen auch die Fertigwarenlieferungen verstärkt zu. Aber auch im Fertigwarenbereich konzentrierten sich die Lieferungen auf wenige fortgeschrittene Länder, insbesondere die südostasiatischen Schwellenländer. Auf die Länder mit mittlerem Entwicklungsstand - die Mehrzahl der Entwicklungsländer - entfiel lediglich ein Fünftel des deutschen Außenhandels mit der Dritten Welt, für die 30 rückständigsten Länder (LLDC) ergaben sich sogar weniger als 2 vH.

Eingeführt werden aus Entwicklungsländern an Fertigerzeugnissen im wesentlichen Verbrauchsgüter, insbesondere Bekleidung, Textilien, Lederwaren, aber auch Spielwaren, Sportgeräte und Schmuck. Die Bedeutung von Nahrungs- und Genußmitteln in der Einfuhr hat sich deutlich verringert. Hohe Zuwachsraten, bei allerdings niedrigem Niveau, wiesen die Lieferungen der Entwicklungsländer bei Erzeugnissen des Investitionsgütergewerbes auf.

Die Erfolge der Entwicklungsländer auf dem deutschen Markt dürften weniger auf die ihnen gewährten Präferenzen zurückzuführen sein als vielmehr auf ihre Wettbewerbsfähigkeit dank ihrer Kostenvorteile, insbesondere bei arbeits- und/oder rohstoffintensiven Gütern. Die Bundesrepublik exportiert in die Entwicklungsländer fast ausschließlich Güter des verarbeitenden Gewerbes, mit Schwergewicht bei Erzeugnissen des Maschinenbaus, des Straßenfahrzeugbaus, der Chemischen Industrie und der Elektrotechnik. Insgesamt sind diese Lieferungen in den siebziger Jahren weit schneller gestiegen als in den Jahren davor. Hierfür gab vor allem die Nachfrage der OPEC-Länder den Ausschlag. Besonders stark ist die Position des deutschen Maschinenbaus. Auf diese Lieferungen entfiel 1977 mehr als ein Fünftel des entsprechenden Exports aller westlichen Industrieländer in die Dritte Welt.

In der zweiten Hälfte der siebziger Jahre wurde die Entwicklung des Warenaustauschs durch Reaktionen der Industrieländer auf die Ölpreispolitik der OPEC-Länder wie auch auf die gestiegene internationale Wettbewerbsfähigkeit einer Reihe von Entwicklungsländern bei Halb- und Fertigwaren geprägt. Gegenüber Fertigwaren aus der Dritten Welt errichteten die Industrieländer immer mehr Handelshemmnisse, insbesondere im nicht-tarifären Bereich. Die Zunahme der deutschen Fertigwareneinfuhr aus der Dritten Welt hat sich daher in den letzten Jahren deutlich abgeschwächt.

Auch die Exporte der Bundesrepublik Deutschland sind in dieser Zeit verlangsamt gestiegen. Dabei spielte freilich insbesondere die begrenzte Absorptionsfähigkeit der Erdölländer und vor allem der Rückgang im Iran-Geschäft eine Rolle. Für den Handel mit den Nicht-Erdölländern fiel ins Gewicht, daß diese in erhöhtem Umfang Devisen für Erdöleinfuhren aufwenden mußten. Lediglich die Ausfuhr in die südostasiatischen Schwellenländer, die hohe Erlöse aus dem Export von Fertigwaren erzielten, sowie die Ausfuhr in die LLDC und die afrikanischen Länder mit mittlerem Entwicklungsstand, die viel Entwicklungshilfe erhielten, entwickelte sich noch relativ günstig. Die negativen Beschäftigungseffekte des Handels mit Entwicklungsländern werden in der Regel überschätzt. Für die deutsche Wirtschaft sind diese Länder als Absatzmarkt von Industrieprodukten und als Rohstofflieferanten von größerer Bedeutung denn als Lieferanten von Halb- und Fertigwaren.

Analysiert man die deutschen Importe von Halb- und Fertigwaren aus Entwicklungsländern, so entsprachen sie 1962 0,8 vH der deutschen Beschäftigten, 1972 1,1 vH und 1976 1,5 vH. Allerdings sind diese Beschäftigungswirkungen stark konzentriert, insbesondere im Bekleidungs- und Ledergewerbe. Es läßt sich zeigen, daß mehr als 90 vH der durch Importe freigesetzten Arbeitskräfte wieder in der Exportproduktion für Entwicklungsländer benötigt werden.

Probleme bereiten Einfuhren aus Entwicklungsländern deshalb, weil Arbeitsplätze vorwiegend in Wirtschaftszweigen verlorengehen, die von den Exporten nicht oder nur wenig profitieren. Betroffen werden zum einen wenige und relativ kleine Wirtschaftszweige auch in strukturschwachen Regionen, zum anderen benachteiligte Gruppen von Arbeitskräften (weibliche Arbeitnehmer, unqualifizierte Arbeitskräfte). Die positiven Beschäftigungseffekte, die von den induzierten Exporten ausgelöst werden, sind dagegen sektoral und regional breiter gestreut und weisen einen besonders hohen Anteil an qualifizierten Arbeitskräften auf. Der durch Ausweitung der Arbeitsteilung mit Entwicklungsländern bedingte Strukturwandel verlangt demnach eine Höherqualifizierung der Erwerbspersonen, verstärkte Ausbildung von Frauen in sogenannten "Männerberufen" und eine Regionalpolitik mit dem Ziel der Ansiedlung international konkurrenzfähiger Produktion.

2.4.5 Faktorgehalt der Exporte

Theoretische Überlegungen zur internationalen Arbeitsteilung lassen erwarten, daß Länder, wie die Bundesrepublik, die vergleichsweise hohe Lohnkosten haben, vorwiegend Produkte importieren, für deren Herstellung ein hoher Arbeitseinsatz erforderlich ist. Umgekehrt müßten vor allem solche Produkte exportiert werden, die einen im

Vergleich zum Arbeitsinput hohen Kapitaleinsatz in der Produktion benötigen.

Für die Jahre 1962 und 1976 wurde der Versuch unternommen, diese These für die Exporte zu überprüfen. Dabei wurden nicht nur die Faktorrelationen der direkt exportierenden Wirtschaftszweige in die Rechnung einbezogen, sondern auch die Produktion derjenigen Wirtschaftszweige berücksichtigt, die zwar selbst nicht oder nur in geringem Umfang exportieren, jedoch Vorleistungsgüter an die exportierenden Wirtschaftszweige liefern. Gemessen wurden die Faktorproportionen in dieser Rechnung durch die aufgewendeten Beträge für Abschreibungen als Äquivalent für den Kapitaleinsatz und die Lohnsumme als Äquivalent für den Arbeitseinsatz. Dieses Verfahren erlaubt auch eine vergleichsweise einfache Abspaltung derjenigen Aufwendungen für den Faktor Arbeit, mit denen das Humankapital entgolten wird. Die Ergebnisse zeigen folgende Tendenz:

Die Exportgüterproduktion erfolgt in der Bundesrepublik in Branchen, deren Sachkapitalaufwendungen im Verhältnis zu den Lohnaufwendungen im Durchschnitt geringer sind als in den Branchen, die für die inländische Nachfrage produzieren. Tabelle 2.4/10 zeigt, daß die Sachkapitalintensität der Exporte 1962 lediglich 86 vH des entsprechenden Wertes der inländischen Endnachfrage erreichte. Zwischen 1962 und 1976 hat sich dieser Wert noch weiter vermindert.

Dieses an sich überraschende Ergebnis ist darauf zurückzuführen, daß die Aufwendungen für das Humankapital in den Aufwendungen für den gesamten Arbeitseinsatz enthalten sind. Werden diese dagegen den Kapitalaufwendungen zugeschlagen, so zeigt der Indexwert von 119 vH für 1962, daß die Exportgüterproduktion der Bundesrepublik kapitalintensiver ist als die Produktion für die inländische Nachfrage. Dies gilt auch noch für 1976, allerdings in geringerem Maße, da die Zunahme des Gehalts an Humankapital durch einen stärker rückläufigen Sachkapitalgehalt der Exporte mehr als wettgemacht wurde.

Tabelle 2.4/10

Kapitalintensität der Exporte in vH
des jeweiligen Wertes der inländischen Nachfrage

	1962	1976
Sachkapitalintensität[1]	86,0	77,3
Gesamtkapitalintensität[2]	118,9	113,8
1) Aufwendungen für den Einsatz von Sachkapital im Verhältnis zu den gesamten Lohnaufwendungen. 2) Aufwendungen für den Einsatz von Sachkapital zuzüglich der Lohnaufwendungen für höher qualifizierte Arbeit im Verhältnis zu den Lohnaufwendungen für einfache Arbeit.		

Dieses Ergebnis hat sich in der Grundtendenz auch aus methodisch anders angelegten Untersuchungen herausgeschält. Umstritten sind dagegen jene Untersuchungen, in denen auch der Faktorgehalt der Importe ermittelt wird, indem deutsche Produktionsbedingungen zugrunde gelegt werden. Entsprechende Berechnungen zeigen, daß die importierten Güter, sofern sie überhaupt im Inland produziert werden könnten, in nicht ganz so starkem Maße wie die Exporte Wirtschaftszweige betreffen, in denen überdurchschnittlich viel für Humankapital aufgewendet wird.

2.5 Zusammenhang zwischen gesamtwirtschaftlichem und sektoralem Strukturwandel

In diesem Abschnitt kann es nicht darum gehen, sämtliche Aspekte des gesamtwirtschaftlichen Strukturwandels in ihren sektoralen Auswirkungen zu analysieren. Worauf es ankommt ist vielmehr eine operationale Reduktion dieser Interdependenzen, bei der das Spektrum der Analysen so wenig wie möglich eingeengt wird, gleichzeitig aber quantitative Aussagen in konsistenter Form möglich sind.

Interdependente Beziehungen legen es nahe, zu ihrer Analyse entsprechend disaggregierte ökonometrische Modelle zu verwenden. Das DIW hat in seiner Konzeption zur Strukturberichterstattung einen solchen Vorschlag auch gemacht[1]. Die Entwicklung derartiger Modelle ist jedoch nicht so weit gediehen, daß jetzt schon mit Ergebnissen zu rechnen ist, die für die Zwecke der Strukturberichterstattung verwendbar wären.

Hier ist so vorgegangen worden, daß das Sozialprodukt und seine Verwendung als Indikator der gesamtwirtschaftlichen Entwicklung gewählt wurde und der Beitrag der Wirtschaftszweige zur Produktion als Indikator der strukturellen Entwicklung. Der Zusammenhang zwischen struktureller und gesamtwirtschaftlicher Entwicklung stellt sich damit als Problem der Interdependenz von Produktionsstruktur und Endnachfrage dar, zu deren Untersuchung sich die Input-Output-Rechnung eignet.

---

[1] Vgl. B. Görzig und W. Kirner, unter Mitarbeit von R. Stäglin: Konzeption einer Strukturberichterstattung für die Bundesrepublik Deutschland, Sonderheft des DIW, Nr. 122, Berlin 1978, S. 9 ff.

2.5.1 Nachfrage und Produktion

Um die Produktionsleistung der gesamten Volkswirtschaft in einer Periode zu messen, ist es unzweckmäßig, die Vorleistungen einzubeziehen, da sie entweder in den der letzten Verwendung zugeführten Gütern und Dienstleistungen oder in den Vorratsveränderungen enthalten sind. Für eine Betrachtung einzelner Wirtschaftszweige jedoch müssen die Vorleistungen als Komponente der Nachfrage berücksichtigt werden, da es für einen Wirtschaftszweig kaum von Belang ist, ob sein Produkt im Produktionsprozeß anderer Wirtschaftszweige als Vorleistung eingesetzt wird oder in die Endnachfrage eingeht. Aus diesem Grund wird als Indikator für die Nachfrage nach der Produktion von Wirtschaftszweigen in erster Linie der Bruttoproduktionswert betrachtet.

In Tabelle 2.5/1 sind Ergebnisse von 1960 bis 1979 für die so abgegrenzte Gesamtnachfrage nach einzelnen Nachfragebereichen zusammengestellt worden. Diese Nachfrage ist nicht nur der inländischen Produktion zugute gekommen, sondern in zunehmendem Maße auch der Einfuhr von Gütern und Dienstleistungen. 1979 machten die Einfuhren etwa 12 vH der Gesamtnachfrage aus, das waren vier Prozentpunkte mehr als 1960.

In den letzten 20 Jahren hat sich die Verteilung der Nachfrage auf Vorleistungen und Endnachfrage nur wenig verändert. Das Bild sieht jedoch anders aus, wenn berücksichtigt wird, daß Vorleistungsimporte den Anteil der im Inland produzierten Vorleistungen ständig zurückgedrängt haben. Besonders ausgeprägt war diese Entwicklung in den siebziger Jahren: Zwischen 1972 und 1978 hat der Anteil importierter Vorleistungen an der gesamten Vorleistungsnachfrage zu jeweiligen Preisen um mehr als zwei Prozentpunkte zugenommen, gegenüber nur einem Prozentpunkt in den zehn Jahren davor.

Aus Tabelle 2.5/2 wird auch deutlich, welches Gewicht die Vorleistungseinfuhren haben: Etwa 60 vH der Einfuhren fließt in den Produktionsprozeß der Wirtschaftszweige und wird erst in verarbeiteter Form an die Endnachfrage weitergegeben.

Tabelle 2.5/1
Zusammensetzung der Nachfrage[1] nach Verwendungsbereichen

Jahre	Vorlei- stungs- nachfrage	Endnachfrage							Gesamte Nachfrage	davon gedeckt durch	
		Privater Verbrauch	Öffentl. Verbrauch	Bruttoinvestitionen				Ausfuhr	Insgesamt	Inlands- produktion (Produk- tionswert)	Einfuhr
				Insgesamt	davon						
					Unter- nehmen	Wohnungen	Staat					
				Mrd. DM zu jeweiligen Preisen								
1960	303,1	171,8	40,8	82,5	52,7	20,1	9,7	60,9	355,8	658,9	606,1	52,8
1961	324,0	188,3	46,1	89,9	56,2	22,3	11,4	63,2	387,5	711,5	655,4	56,1
1962	344,7	204,8	53,1	98,3	59,6	24,4	14,3	66,3	422,5	767,2	705,2	62,0
1963	362,3	216,8	59,7	100,0	57,3	25,6	17,1	72,0	448,5	810,8	744,4	66,4
1964	393,8	233,5	62,5	117,7	67,2	29,6	20,9	79,9	493,6	887,4	813,4	74,0
1965	430,0	257,6	70,2	130,1	77,0	32,2	20,9	87,2	545,1	975,1	888,2	86,9
1966	448,6	275,1	76,1	128,9	73,2	34,5	21,2	98,4	578,5	1 027,1	936,1	91,0
1967	446,5	282,6	80,7	113,1	60,2	34,0	18,9	106,4	582,8	1 029,3	940,2	89,1
1968	503,1	300,8	83,7	131,0	74,8	35,4	20,8	120,1	635,6	1 138,7	1 038,4	100,3
1969	578,9	330,8	94,3	155,0	94,3	36,8	23,9	137,1	717,2	1 296,1	1 176,6	119,5
1970	661,7	367,6	108,1	189,1	115,8	42,6	30,7	152,7	817,5	1 479,2	1 340,8	138,4
1971	718,0	407,8	129,2	203,4	117,6	52,4	33,4	168,3	908,7	1 626,7	1 473,9	152,8
1972	773,2	447,3	144,0	216,9	119,6	63,5	33,8	183,3	992,0	1 765,2	1 600,3	164,9
1973	868,3	491,7	166,7	232,6	128,6	68,8	35,2	214,7	1 105,7	1 974,0	1 788,4	185,6
1974	993,9	527,6	194,0	221,9	120,4	60,9	40,6	276,2	1 219,7	2 213,6	1 980,8	232,8
1975	1 017,1	577,4	215,3	213,2	117,1	55,8	40,3	272,7	1 278,6	2 295,7	2 052,0	243,7
1976	1 135,5	623,6	227,2	245,6	144,4	61,1	40,1	312,0	1 408,4	2 543,9	2 260,5	283,4
1977	1 192,6	669,6	239,4	262,2	156,8	65,7	39,7	330,6	1 501,8	2 694,4	2 393,3	301,1
1978	1 256,9	714,6	257,2	284,5	167,2	72,0	45,3	348,1	1 604,4	2 861,3	2 550,5	310,8
1979	1 390,8	766,3	277,9	347,7	211,3	84,2	52,2	382,5	1 774,4	3 165,2	2 795,1	370,1
				Struktur in vH								
1960	46,0	26,1	6,2	12,5	8,0	3,0	1,5	9,2	54,0	100	92,0	8,0
1961	45,5	26,5	6,5	12,6	7,9	3,1	1,6	8,9	54,5	100	92,1	7,9
1962	44,9	26,7	6,9	12,8	7,8	3,2	1,8	8,7	55,1	100	91,9	8,1
1963	44,7	26,7	7,4	12,3	7,1	3,1	2,1	8,9	55,3	100	91,8	8,2
1964	44,4	26,3	7,0	13,3	7,6	3,3	2,4	9,0	55,6	100	91,7	8,3
1965	44,1	26,4	7,2	13,4	7,9	3,3	2,2	8,9	55,9	100	91,1	8,9
1966	43,7	26,8	7,4	12,5	7,1	3,3	2,1	9,6	56,3	100	91,1	8,9
1967	43,4	27,5	7,8	11,0	5,9	3,3	1,8	10,3	56,6	100	91,3	8,7
1968	44,2	26,4	7,4	11,5	6,6	3,1	1,8	10,5	56,6	100	91,2	8,8
1969	44,7	25,5	7,3	11,9	7,3	2,8	1,8	10,6	55,3	100	90,8	9,2
1970	44,7	24,9	7,3	12,8	7,8	2,9	2,1	10,3	55,3	100	90,6	9,4
1971	44,1	25,0	7,9	12,5	7,2	3,2	2,1	10,3	55,9	100	90,6	9,4
1972	43,8	25,4	8,1	12,3	6,8	3,6	1,9	10,4	56,2	100	90,7	9,3
1973	44,0	24,9	8,4	11,8	6,5	3,5	1,8	10,9	56,0	100	90,6	9,4
1974	44,9	23,8	8,8	10,0	5,4	2,8	1,8	12,5	55,1	100	89,5	10,5
1975	44,3	25,1	9,4	9,3	5,1	2,4	1,8	11,9	55,7	100	89,4	10,6
1976	44,6	24,5	8,9	9,7	5,7	2,4	1,6	12,3	55,4	100	88,9	11,1
1977	44,3	24,8	8,9	9,7	5,8	2,4	1,5	12,3	55,7	100	88,8	11,2
1978	43,9	25,0	9,0	9,9	5,8	2,5	1,6	12,2	56,1	100	89,1	10,9
1979	43,9	24,2	8,8	11,0	6,7	2,7	1,6	12,1	56,1	100	88,3	11,7

[1] In der Abgrenzung der Input-Output-Rechnung des DIW (Handel nur mit seiner Transitfunktion, Bruttoinvestitionen nach Vorsteuerabzug, Ausfuhr einschl. Erwerbs- und Vermögenseinkommen).
Quellen: Volkswirtschaftliche Gesamtrechnungen des Statistischen Bundesamts und Input-Output-Rechnung des DIW.

Das Gewicht der Einfuhren im Vorleistungsbereich ist wesentlich größer als in allen anderen Verwendungsbereichen der Endnachfrage. Zwar konkurrieren für Produktionszwecke eingeführte Güter nicht in jedem Fall mit inländischen Produkten: Gerade komplementäre Importe (Mineralöl, Rohstoffe) haben in der Einfuhr an Gewicht gewonnen, nicht zuletzt wegen der zum Teil beträchtlichen Preissteigerungen für diese Güter. Dennoch spielen auch mit heimischer Produktion konkurrierende Güter eine wichtige Rolle.

Tabelle 2.5/2

Einfuhr und inländische Produktion nach Verwendungsbereichen[1]

Jahr	Vorlei-stungen	Endnachfrage				Nachfrage insgesamt
		Privater Verbrauch	Öffentl. Verbrauch	Brutto-investitionen	Ausfuhr	
Mrd.DM zu jeweiligen Preisen						
Nachfrage insgesamt						
1962	344,7	204,8	53,1	98,3	66,3	767,2
1972	773,2	447,8	144,0	216,9	183,3	1 765,2
1976	1 135,5	623,6	227,2	245,6	312,0	2 543,9
1978	1 256,9	714,6	257,2	284,5	348,1	2 861,3
davon Einfuhr						
1962	37,8	13,6	3,4	3,3	3,9[2]	62,0
1972	91,6	43,4	6,5	12,2	11,2[2]	164,9
1976	170,8	68,1	11,1	17,4	16,0[2]	283,4
1978	179,4	80,1	11,7	22,2	17,4[2]	310,8
inländische Produktion						
1962	306,9	191,2	49,7	95,0	62,4	705,2
1972	681,6	404,4	137,5	204,7	172,1	1 600,3
1976	964,7	555,5	216,1	228,2	296,0	2 260,5
1978	1 077,5	634,5	245,5	262,3	330,7	2 550,5
Struktur der inländischen Produktion in vH						
1962	43,5	27,1	7,0	13,5	8,9	100
1972	42,6	25,3	8,6	12,8	10,7	100
1976	42,7	24,6	9,5	10,1	13,1	100
1978	42,2	24,9	9,6	10,3	13,0	100
Einfuhr in vH der Nachfrage insgesamt						
1962	11,0	6,6	6,4	3,4	5,9	8,1
1972	11,8	9,7	4,5	5,6	6,1	9,3
1976	15,0	10,9	4,9	7,1	5,1	11,1
1978	14,3	11,2	4,5	7,8	5,0	10,9

1) In der Abgrenzung der Input-Output-Rechnung des DIW (Handel nur mit seiner Transitfunktion, Bruttoinvestitionen nach Vorsteuerabzug. Ausfuhr einschl. Erwerbs- und Vermögenseinkommen).
2) Erwerbs- und Vermögenseinkommen an die übrige Welt.
Quelle: Volkswirtschaftliche Gesamtrechnungen des Statistischen Bundesamtes und Input-Output-Rechnung des DIW.

Für die Stichjahre der Input-Output-Rechnung ist die Nachfrage nicht nur insgesamt, sondern für jeden Wirtschaftszweig nach Verwendungsbereichen disaggregiert worden. Die Einfuhr ist denjenigen Wirtschaftszweigen zugeordnet worden, zu deren Produktionsprogramm diese Einfuhren gehören. Dadurch kann die Produktion inländischer Wirtschaftszweige mit der entsprechenden Einfuhr zusammengeführt werden. Auch wenn die eingeführten Produkte nicht immer in Konkurrenz zu der Produktion heimischer Wirtschaftszweige stehen, wie im Agrar- und Rohstoffbereich, läßt sich in den außenhandelsorientierten Wirtschaftszweigen, insbesondere des Investitions- und Verbrauchsgütergewerbes, aus der Entwicklung von Einfuhranteilen auch auf die Substitutionsverhältnisse zwischen heimischer Produktion und dem Angebot aus dem Ausland schließen. Für diese Wirtschaftszweige erlaubt eine Gegenüberstellung von Einfuhr- und Ausfuhranteilen, aus denen sich als Saldo die sektoralen Außenhandelspositionen errechnen lassen, darüber hinaus auch Rückschlüsse auf die Stellung der Wirtschaftszweige im internationalen Handel.

Betrachtet man die Anteile der jeweiligen Nachfragebereiche an den Produktionswerten der Wirtschaftszweige, so zeigt sich, daß nur wenige Zweige gleichermaßen von sämtlichen Nachfragebereichen profitieren. Zumeist gibt es ausgeprägte Schwerpunkte. Sie werden aus Tabelle 2.5/3 deutlich, in der die Anteile zusammengestellt worden sind, die 1962 und 1976 auf die jeweiligen Nachfragebereiche entfallen. Wie nicht anders zu erwarten, ist das Gewicht der Vorleistungslieferungen vor allem in den Zweigen des primären Sektors (Landwirtschaft, Bergbau) sowie im Grundstoff- und Produktionsgütergewerbe überdurchschnittlich hoch. Aber auch einige Verbrauchsgüterzweige, die Verkehrsbereiche, der Großhandel und die Kreditinstitute[1] produzieren überwiegend für die Vorleistungsnachfrage.

---

1 Die hohen Vorleistungsanteile bei den Kreditinstituten resultieren aus der intrasektoralen Verbuchung der unterstellten Entgelte für Bankleistungen in den Input-Output-Tabellen.

Tabelle 2.5/3
Produktionsstruktur und Außenhandelsposition der Wirtschaftszweige 1962 und 1976

Wirtschaftszweig	für die Vor-leistungs-nachfrage		für die Endnachfrage								Insgesamt		Einfuhr		Sektorale Außenhan-delsposi-tion1)	
			Privater Verbrauch		Staats-verbrauch		Brutto-investitionen		Ausfuhr							
	1962	1976	1962	1976	1962	1976	1962	1976	1962	1976	1962	1976	1962	1976	1962	1976
	in vH der inländischen Produktion										Mrd. DM		in vH der inländischen Produktion			
Land- und Forstwirtschaft	67	70	26	23	1	2	4		2	5	31,6	63,9	37	39	- 35	- 34
Energiewirtschaft	73	67	18	25	4	5	5	3			17,6	78,3	1	2	- 1	- 2
Bergbau																
Kohlenbergbau	62	67	16	11	1	3			21	19	10,7	23,0	7	4	14	15
Übriger Bergbau	88	70		1	2	2	1	1	9	26	3,0	3,4	134	916	-125	-890
Verarbeitendes Gewerbe																
Chemische Industrie	58	56	15	9	5	5	1	2	21	28	29,1	120,1	8	15	13	13
Mineralölverarbeitung	72	58	18	33	3	4	1		6	5	14,4	65,1	13	22	- 7	- 17
Kunststoff- u. Gummiwaren	73	70	11	7	2	2	2	1	12	20	7,8	32,7	6	13	6	7
Steine und Erden	88	84	5	5	1	1	2	2	4	8	11,8	32,6	6	8	- 2	
Feinkeramik, Glasgewerbe	63	68	14	8	1	1	1		21	23	4,0	11,1	5	18	16	5
Metallerzeugung, -bearbeitg.	75	68	2	3	1	1	6	6	16	22	42,0	107,4	12	18	4	4
Stahlbau	38	42	1	1	2	1	49	39	10	17	6,5	19,8	2	4	8	13
Maschinenbau, ADV	32	37	2	1	1	1	34	20	31	41	37,1	130,3	9	11	22	30
Fahrzeugbau	19	23	25	25	7	3	23	13	26	36	30,4	123,9	9	12	17	24
Elektrotechnik	42	40	14	10	5	3	23	22	16	25	29,0	104,1	6	13	10	12
Feinmech., Optik, EBM	35	35	24	20	4	5	14	13	23	27	17,8	55,2	8	18	15	9
Holz-, Papier-, Druckgew.	61	55	27	24	4	5	4	6	4	10	28,0	82,9	10	14	- 6	- 4
Textilgewerbe	62	46	27	26	2	2		1	9	25	19,4	35,1	16	35	- 7	- 10
Leder-, Bekleidungsgewerbe	22	6	72	78	2	2		2	4	12	18,9	32,8	6	32	- 2	- 20
Ernährungsgewerbe	44	41	52	50	1	1	1	2	2	6	62,8	153,8	8	11	- 6	- 5
Tabakverarbeitung	22	23	76	74			1		1	3	7,1	14,7	1	3		
Baugewerbe																
Bauhauptgewerbe	5	7			5	3	89	86	1	4	38,7	98,9		2	1	2
Ausbaugewerbe	15	28	4	6	2	4	64	61		1	15,8	48,5		1		
Handel																
Großhand., Handelsverm.	79	72	6	8	5	4	5	6	5	10	35,9	99,5		1	5	9
Einzelhandel	4	7	88	85	3	4	5	3		1	33,7	97,9				1
Verkehr und Nachrichten																
Eisenbahnen	60	58	22	18	4	6	8	7	6	11	9,6	17,0	4	8	2	3
Schiffahrt, Häfen	56	42	3	2	1	1	2	3	38	52	5,3	11,2	15	20	23	32
Übriger Verkehr	62	70	21	15	3	3	4	2	10	10	16,0	59,9	5	9	5	1
Nachrichtenübermittlung	71	54	18	36	8	8	2	2	1		6,5	30,0	3	2	- 2	- 2
Dienstleistungsunternehmen																
Kreditinstitute	91	90	5	6	3	3			1	1	9,4	50,8	3	1	- 2	
Versicherungsuntern.	42	40	55	58	1	1			2	1	4,4	20,4			2	1
Wohnungsvermietung			99	99			1	1			20,5	78,4				
Sonstige Dienstleistungen	34	48	38	25	15	17	6	5	7	5	46,6	210,9	22	20	- 15	- 15
Staat, Priv.Haush., Org.o.Erw.																
Staat	7	8	7	7	85	85	1				27,6	131,9	2	2	- 2	- 2
Priv.Haush., Org.o.Erw.			72	41	28	59					6,6	25,0				

1) Ausfuhranteil minus Einfuhranteil.
Quelle: Input-Output-Rechnung des DIW.

Im Vergleich zu 1962 hat es 1976 Rückgänge in den Anteilen der Vorleistungsnachfrage sowohl zugunsten des privaten Verbrauchs (Mineralölverarbeitung, Nachrichtenübermittlung) als auch zugunsten der Ausfuhr gegeben (u. a. Metallerzeugung und -bearbeitung, Holz-, Papier- und Druckgewerbe, Textilgewerbe, Schiffahrt). Im Leder- und Bekleidungsgewerbe hat sich die Produktionsstruktur sowohl zugunsten des privaten Verbrauchs als auch der Ausfuhr verschoben. Zugenommen hat der Anteil der Vorleistungslieferungen bei drei Investitionsgüterproduzenten (Stahlbau, Maschinenbau, Fahrzeugbau), die ihre starken Einbußen im Investitionsgeschäft auch nicht durch beträchtliche Exportzuwächse haben kompensieren können. Anteilsgewinne bei den Vorleistungslieferungen haben auch das Ausbaugewerbe (Instandsetzungsleistungen) und die sonstigen Dienstleistungen zu verzeichnen, hier zu Lasten des Anteils der Verbrauchsnachfrage.

Sieht man von den bereits erwähnten Anteilsverschiebungen ab, so hat sich die Quote des privaten Verbrauchs am Produktionswert nur in zwei Bereichen wesentlich verschoben: in der Energiewirtschaft nach oben und bei den Organisationen ohne Erwerbscharakter nach unten, im letzten Bereich vor allem deswegen, weil die Verkäufe von Gesundheitsdienstleistungen an die Sozialversicherung als Teil des öffentlichen Verbrauchs beträchtlich zugenommen haben.

Die Abschwächung der Investitionsgüternachfrage in den siebziger Jahren hat im wesentlichen nur die Elektrotechnik ohne Anteilseinbußen überstanden. Bei den anderen Investitionsgüterproduzenten ist die Quote der Investitionsgüterproduktion dagegen - teilweise sogar beträchtlich - zurückgegangen. Im Bauhauptgewerbe hat sich diese Entwicklung in den Anteilswerten nur deshalb nicht stärker niedergeschlagen, weil dieser Bereich kaum Möglichkeiten zur Diversifizierung seiner Produktion, d. h. zur Ausweitung oder Änderung seiner Produktpalette hat, so daß die Abschwächung der Nachfrage nach Bauinvestitionen fast vollständig auf die Produktion dieses Wirtschaftszweiges durchgeschlagen hat. Dies wird auch von der Entwicklung der Wachstumsraten der Produktion des Bauhauptgewerbes und der Nachfrage nach Bauinvestitionen bestätigt, die auf mittlere Frist fast vollständig übereinstimmen. Zwar haben die Unternehmen des Bauhauptgewerbes in den letzten Jahren erhebliche Anstrengungen auch im Exportgeschäft unternommen, der Anteil der Ausfuhr ist mit 4 vH (1976) jedoch viel zu gering[1], um Einbußen im Investitionsgeschäft kompensieren zu können.

---

1 Diese Quote ist auch deshalb so niedrig, weil Exportleistungen der Bauwirtschaft häufig über andere Wirtschaftszweige abgewickelt werden.

Tabelle 2.5/4

Anteilsverschiebungen in der Zusammensetzung der Nachfrage nach Produkten des Investitionsgütergewerbes in der Zeit von 1962 bis 1976

in vH des Bruttoproduktionswertes

	Vor- lei- stungen	Endnachfrage			
		Privater Verbrauch	Öffentl. Verbrauch	Investi- tionen	Ausfuhr
Stahlbau	+ 4		- 1	-10	+ 7
Maschinenbau, ADV	+ 5	- 1		-14	+10
Fahrzeugbau	+ 4		- 4	-10	+10
Elektrotechnik	- 2	- 4	- 2	- 1	+ 9
Feinmechanik, Optik, EBM		- 4	+ 1	- 1	+ 4

Quelle: Input-Output-Rechnung des DIW.

Dagegen hat das Ausbaugewerbe von dem steigenden Bedarf an Instandsetzungsleistungen profitiert, wie der um dreizehn Prozentpunkte gestiegene Anteil der Vorleistungslieferungen am Produktionswert dieser Branche zeigt.

Im Gegensatz zum Bauhauptgewerbe verfügen die Produzenten von Ausrüstungen im allgemeinen über eine breitere Palette von Produktionsmöglichkeiten, die es ihnen erlaubt, Einbußen bei einem Nachfragebereich anderswo wettzumachen. Zu welchen Ergebnissen diese Strukturänderungen zwischen 1962 und 1976 geführt haben, zeigen die in der Tabelle 2.5/4 aufgeführten Anteilsverschiebungen in der Zusammensetzung der Nachfrage bei den wichtigsten Lieferanten von Ausrüstungen. Zwei der Wirtschaftszweige, die die stärksten Einbußen bei der Investitionsgüternachfrage zu verzeichnen hatten, nämlich Stahlbau und Maschinenbau, konnten sowohl im Vorleistungsbereich als auch bei der Ausfuhr kompensieren. Demgegenüber haben im Fahrzeugbau die Anteilsgewinne bei der Ausfuhr die Rückgänge im Investitionsgeschäft gerade kompensiert und auch bei den Zweigen Elektrotechnik sowie Feinmechanik, Optik, EBM hat sich die Produktion zugunsten der Ausfuhr verlagert, hier jedoch nicht zu Lasten der Investitionen, sondern zu Lasten von Vorleistungen und Gütern für den privaten Verbrauch.

2.5.2 Direkte und indirekte Produktion für die Endnachfrage

Die bisherigen Ausführungen haben erkennen lassen, welche Anteilsverschiebungen sich zwischen 1962 und 1976 bei der Belieferung der Nachfragebereiche durch die Wirtschaftszweige ergeben haben. Die Verkäufe der Wirtschaftszweige von Vorleistungsgütern bildeten in dieser Betrachtung einen gesonderten Nachfragebereich, ohne daß erkennbar wurde, für welche Bereiche der Endnachfrage diese Verkäufe letztlich bestimmt waren. Auch diese Frage läßt sich mit Hilfe der Input-Output-Rechnung beantworten. Werden die Vorleistungen entsprechend den Lieferverflechtungen den Bereichen der Endnachfrage zugerechnet, so wird erkennbar, welcher Teil der Produktion eines Wirtschaftszweiges unmittelbar in die Endnachfrage eingeht (direkte Abhängigkeit) und welcher Teil mittelbar in Form von Vorleistungsverkäufen an andere Wirtschaftszweige (indirekte Abhängigkeit) eine Rolle spielt.

Schon aus den Anteilen der Vorleistungsproduktion an den Bruttoproduktionswerten der Wirtschaftszweige wird deutlich, daß insbesondere der primäre Sektor, die Grundstoff- und Produktionsgüterzweige, der Großhandel, die Verkehrsbereiche und die Kreditinstitute in erster Linie über ihre Vorleistungsproduktion von der Endnachfrage abhängig sind. Diese Verhältnisse finden sich auch in den indirekten Beiträgen dieser Wirtschaftszweige zu den einzelnen Endnachfragebereichen wieder, wenn auch in unterschiedlicher Ausprägung im einzelnen.

Der Tabelle 2.5/5 ist zu entnehmen, daß zu der bereits erwähnten kräftigen Zunahme der Exportabhängigkeit (vgl. Abschnitt 2.4.1) fast alle Wirtschaftszweige durch gestiegene direkte und/oder indirekte Produktionsanteile beigetragen haben. Dieses Mehr an Produktion für die Ausfuhr ist in unterschiedlicher Weise zu Lasten anderer Nachfragebereiche kompensiert worden. So gibt es Wirtschaftszweige wie Landwirtschaft und Feinmechanik, Optik, EBM, bei denen die direkte und die indirekte Produktion zwischen 1962 und 1976 nur für den privaten Verbrauch und die Bruttoinvestitionen zurückgegangen sind -

Tabelle 2.5/5

Direkte und indirekte Abhängigkeit der Wirtschaftszweige von den Endnachfragebereichen 1962 und 1976
Der Endnachfrage zugerechnete Vorleistungs- und Endproduktion in vH der Bruttoproduktion zu jeweiligen Preisen

Wirtschaftszweig	Privater Verbrauch 1962		Privater Verbrauch 1976		Öffentlicher Verbrauch 1962		Öffentlicher Verbrauch 1976		Bruttoinvestitionen 1962		Bruttoinvestitionen 1976		Ausfuhr 1962		Ausfuhr 1976		Bruttoproduktion[1] 1962	Bruttoproduktion[1] 1976
	direkt	indirekt	direkt	indirekt	direkt	indirekt	direkt	indirekt	direkt	indirekt	direkt	indirekt	direkt	indirekt	direkt	indirekt	in Mill. DM	
Land- und Forstwirtschaft	25,8	53,3	22,6	50,6	0,8	3,4	1,5	4,7	4,8	5,0	0,7	4,4	1,6	5,3	4,9	10,4	31 620	63 860
Energiewirtschaft	17,7	35,0	25,1	33,4	4,0	4,9	4,5	5,4	4,4	17,8	2,6	11,6	0,5	15,7	0,5	16,9	17 610	78 260
Bergbau																		
Kohlenbergbau	15,2	26,6	11,0	29,1	1,6	4,6	2,6	5,3	0,5	15,1	0,6	12,1	20,7	15,2	18,7	20,6	10 730	22 950
Übriger Bergbau	0,3	41,0	0,9	31,0	1,7	7,2	2,5	6,0	0,9	18,1	0,6	10,6	8,6	22,2	26,3	22,1	3 010	3 420
Verarbeitendes Gewerbe																		
Chemische Industrie	15,4	26,0	8,6	20,1	4,6	4,2	5,4	4,6	1,2	13,4	1,4	10,2	21,0	14,1	28,5	21,2	29 090	120 110
Mineralölverarbeitung	18,3	34,0	32,7	25,4	3,3	5,4	3,7	3,1	1,7	18,5	1,0	11,8	12,5	13,9	4,4	15,3	14 360	65 100
Kunststoff- u. Gummiwaren	11,0	27,8	7,1	24,3	2,0	5,0	1,8	4,5	2,6	22,8	1,8	16,2	12,5	17,2	19,7	24,5	7 760	32 750
Steine und Erden	4,7	12,0	5,3	10,4	0,8	4,7	1,8	4,1	1,2	65,7	2,6	57,3	3,6	11,3	5,9	10,6	11 800	32 600
Feinkeramik, Glasgewerbe	13,4	23,6	7,7	23,6	1,1	3,9	2,8	4,7	1,2	24,3	0,6	20,7	21,2	11,3	22,5	18,7	4 000	11 100
Metallerzeugung, -bearbeitg.	2,4	17,8	2,6	15,0	1,2	4,2	0,7	3,1	5,8	29,5	6,9	22,4	16,0	23,4	17,1	28,9	41 990	107 360
Stahlbau	1,1	7,8	0,5	7,9	2,3	2,0	0,8	1,8	48,7	21,1	39,6	21,2	31,5	6,8	40,6	11,5	6 500	19 810
Maschinenbau, ADV	2,2	8,2	1,2	7,3	1,2	1,6	0,8	1,2	33,6	12,0	20,3	10,2	25,5	9,6	35,9	16,2	37 140	130 300
Fahrzeugbau	24,8	7,2	24,9	8,3	6,5	2,8	2,8	1,2	23,1	15,4	13,6	4,3	11,3	5,3	25,3	9,0	30 400	123 870
Elektrotechnik	14,2	11,8	9,6	10,7	4,7	1,5	2,6	2,6	23,1	14,3	22,2	11,8	16,4	11,3	26,8	15,0	28 980	104 070
Feinmech., Optik, EBM	14,4	12,1	20,1	10,7	4,1	2,1	4,6	5,7	4,3	13,6	13,4	11,4	22,8	9,3	25,4	9,5	17 760	55 150
Holz-, Papier-, Druckgew.	26,6	28,3	24,3	23,2	3,7	5,1	1,6	2,1	4,3	8,1	6,0	13,7	4,3	9,5	9,8	12,7	28 030	82 920
Textilgewerbe	26,5	43,9	26,1	27,4	1,6	2,0	2,4	0,4	0,2	3,2	1,4	3,7	9,1	9,3	25,4	12,7	19 430	35 140
Leder-, Bekleidungsgewerbe	71,7	14,5	76,0	13,6	2,0	1,5	1,0	4,4	0,7	4,5	0,9	3,3	3,7	4,5	12,3	6,8	18 950	32 840
Ernährungsgewerbe	52,2	31,7	50,4	26,9	0,7	3,6	2,4	4,4	0,2	3,2	0,2	3,3	2,1	6,3	6,3	6,8	62 760	153 780
Tabakverarbeitung	75,4	13,2	73,5	11,5	0,0	3,3	0,0	4,7	1,3	3,1	0,2	2,9	1,0	2,7	3,3	3,9	7 100	14 720
Baugewerbe																		
Bauhauptgewerbe	0,2	4,1	0,4	5,2	5,0	0,1	2,6	0,4	88,9	0,7	86,1	1,2	0,7	0,3	3,5	0,8	38 680	98 890
Ausbaugewerbe	3,8	6,9	5,7	9,7	2,3	0,6	4,5	1,1	78,9	7,0	61,5	15,1	0,2	0,3	0,6	1,8	15 760	48 500
Handel																		
Großhand., Handelsverm.	5,9	43,9	8,0	37,5	4,9	4,5	4,1	4,5	6,1	17,5	5,8	13,0	4,7	12,5	10,3	16,8	35 880	99 470
Einzelhandel	88,3	2,1	85,4	3,6	3,1	0,3	4,1	0,7	4,5	0,8	2,9	1,4	0,5	0,4	0,6	1,3	33 690	97 940
Verkehr und Nachrichten																		
Eisenbahnen	21,9	25,8	17,6	24,3	3,7	4,5	5,8	4,6	8,2	18,1	6,8	13,5	5,7	12,1	11,4	16,0	9 610	17 020
Schiffahrt, Häfen	2,6	22,7	16,3	16,3	1,5	3,9	1,0	3,1	2,0	14,1	2,3	9,3	38,1	15,6	52,2	13,5	5 330	11 240
Übriger Verkehr	21,1	27,2	14,8	22,3	3,2	4,6	3,2	5,2	1,3	18,2	2,6	16,7	10,3	11,9	9,8	18,5	15 980	59 940
Nachrichtenübermittlung	17,7	35,8	36,1	25,9	8,5	6,1	7,9	5,5	1,7	17,1	1,9	9,9	1,4	11,7	0,3	12,5	6 470	30 000
Dienstleistungsunternehmen																		
Kreditinstitute	4,3	58,1	6,5	55,5	2,8	9,9	2,5	4,6	0,7	13,9	0,3	9,4	0,9	8,9	0,8	12,9	9 410	50 790
Versicherungsuntern.	55,3	25,5	58,5	22,1	2,5	0,0	0,5	3,1	0,5	8,3	1,0	6,4	1,5	5,5	0,7	8,1	4 430	20 410
Wohnungsvermietung	98,0	0,1	96,4	1,1	0,0	0,0	0,0	0,0	1,3	0,0	1,0	0,0	1,6	0,5	0,5	0,5	20 510	78 440
Sonstige Dienstleistungen	36,5	17,5	25,5	22,2	15,0	3,3	17,3	6,2	6,2	7,0	4,4	7,8	6,7	5,8	4,6	12,0	46 640	210 900
Staat, Priv.Haush., Org.o.Erw.																		
Staat	7,2	4,5	6,5	4,5	85,0	0,5	85,3	0,6	0,4	1,3	0,3	1,1	0,0	1,1	0,4	1,3	27 610	131 900
Priv.Haush., Org.o.Erw.	71,8	0,0	40,8	0,0	28,2	0,0	59,2	0,0	0,0	0,0	0,0	0,0	0,0	0,0	0,0	0,0	6 560	24 980
Wirtschaftszweige, insgesamt	27,1	21,1	24,5	18,4	7,1	2,9	9,5	3,5	13,5	11,4	10,6	9,1	8,9	8,0	12,9	11,5	705 580	2 270 530

[1] Vor Vorsteuerabzug für Investitionen.

Quelle: Input-Output-Rechnung des DIW.

bei gleichzeitigem Anstieg der Quoten für den öffentlichen Verbrauch. Es gibt aber auch Sektoren, bei denen die direkten und indirekten Abhängigkeiten bei allen anderen Nachfragebereichen zurückgegangen sind, wie z. B. beim Wirtschaftszweig Kunststoff- und Gummiwaren.

Das sektoral unterschiedliche Gewicht der direkten und der indirekten Produktionseffekte, das von dem Produktionsprogramm der Wirtschaftszweige abhängt, hat sich in der Untersuchungsperiode teilweise verschoben. Unverändert gilt jedoch, daß von den Wirtschaftszweigen des verarbeitenden Gewerbes die Grundstoffbereiche und einige der Investitions- und Verbrauchsgüterzweige sowie zahlreiche Sektoren außerhalb des verarbeitenden Gewerbes stärker indirekt vom privaten Verbrauch abhängig sind als direkt. Bei der Landwirtschaft z. B. ist die hohe indirekte Abhängigkeit durch die starke Beteiligung des Ernährungsgewerbes am privaten Verbrauch bedingt. Ähnliche Beziehungen bestehen zwischen Groß- und Einzelhandel insofern, als der Einzelhandel durch seine Ausrichtung auf den privaten Verbrauch den überwiegenden Teil der Großhandelsleistungen induziert.

Auch für die sektorale Abhängigkeit von den Bruttoinvestitionen spielt die Vorleistungsproduktion eine wesentliche Rolle; nur bei den Investitionsgüterproduzenten des verarbeitenden Gewerbes und der Bauwirtschaft ist die direkte Abhängigkeit bestimmend. Bei allen Wirtschaftszweigen zeigt sich zwischen 1962 und 1976 ein Rückgang des gesamten (direkten und indirekten) Produktionsanteils für diesen Nachfragebereich, obwohl sich die direkten und indirekten Abhängigkeiten bei der Hälfte der Sektoren gegenläufig entwickelt haben. Am deutlichsten wirkt sich die Abschwächung der Investitionstätigkeit beim Sektor Steine und Erden aus, dessen rückläufige Vorleistungsproduktion vor allem auf den Rückgang der direkt in die Bauinvestitionen eingegangenen Produktion des Bauhauptgewerbes zurückzuführen ist.

2.5.3 Sektorale Außenhandelspositionen

Bisher sind lediglich die Strukturverschiebungen innerhalb der inländischen Produktion für die Bereiche der Endnachfrage untersucht worden. Die Zuordnung der Einfuhr zu denjenigen Wirtschaftszweigen, in deren Produktionsprogramm sich die eingeführten Güter und Dienstleistungen einordnen lassen, gibt darüber hinaus die Möglichkeit, den Ausfuhranteil der Wirtschaftszweige nicht nur isoliert zu betrachten, sondern auch in Relation zu der Entwicklung der entsprechenden Einfuhren. Diese Betrachtung ist insbesondere für die Bereiche des verarbeitenden Gewerbes von Interesse, für die auch am ehesten davon ausgegangen werden kann, daß die Entwicklung dieser Anteile das Ergebnis von Strukturwandlungen im Gefolge von Wettbewerbsprozessen bei konkurrierenden Gütern ist.

Um diese Prozesse in komprimierter Form charakterisieren zu können, sind Kennziffern für die sektorale Außenhandelsposition berechnet worden, indem die Exportquote als Anteil der Ausfuhr an der inländischen Produktion um die entsprechende Importquote vermindert wurde. Die in Tabelle 2.5/3 für 1962 und 1976 auf der Basis von Werten zu jeweiligen Preisen zusammengestellten Ergebnisse zeigen für das verarbeitende Gewerbe folgende Tendenzen:

- Mit Ausnahme der Mineralölverarbeitung haben sämtliche Zweige des verarbeitenden Gewerbes ihre Exportquote vergrößert, teilweise sogar beträchtlich. In allen Zweigen hat aber auch die Importquote erheblich zugenommen, häufig sogar noch stärker als die Exportquote. Bei den Grundstoffindustrien ist dies auch eine Folge der Preissteigerungen für Rohstoffe.

- Insbesondere in den Bereichen Stahlbau, Maschinenbau und Fahrzeugbau hat die Einfuhrzunahme mit dem Ausfuhrwachstum allerdings nicht Schritt gehalten, so daß diese Bereiche ihre Außenhandelsposition erheblich verbessern konnten.

- In einer zweiten Gruppe von Wirtschaftszweigen, in denen die Exportquote oft nur mäßig gestiegen ist, haben die Einfuhren dagegen dazugewinnen können mit der Folge, daß sich die Außenhandelsposition verschlechtert hat. Hierzu gehören die Wirtschaftszweige Feinkeramik, Glas sowie Feinmechanik, Optik, EBM. Eine Verschlechterung der Außenhandelsposition haben aber auch Wirtschaftszweige hinnehmen müssen, deren Exportquote kräftig zugenommen hat. Im Leder- und Bekleidungsgewerbe hat eine Verdreifachung der Exportquote nicht ausgereicht, um den Einfuhranstieg, der in der Zunahme der Importquote von 6 vH (1962) auf 32 vH (1976) zum Ausdruck kommt, auch nur annähernd wettzumachen.

- In einer dritten Gruppe von Wirtschaftszweigen haben sich Einfuhr- und Ausfuhrwachstum bei weitgehend unveränderter sektoraler Außenhandelsposition etwa die Waage gehalten. Dies gilt für die Chemische Industrie, die Elektrotechnik, das Holz-, Papier- und Druckgewerbe, aber auch für das Textilgewerbe, dessen Außenhandelsposition sich zwar geringfügig von -7 vH auf -10 vH verschlechtert hat, dessen Unternehmen es aber - im Gegensatz zum Leder- und Bekleidungsgewerbe - gelungen ist, den Anstieg des Einfuhranteils um rund 20 Prozentpunkte durch eine fast ebenso große Steigerung der Exportquote aufzufangen.

2.5.4 Kosten und Erlöse

Zusammenhänge zwischen gesamtwirtschaftlichem und sektoralem Strukturwandel kommen nicht nur in Anteilsverschiebungen der Branchen an der gesamten Produktion und für die jeweiligen Nachfragebereiche zum Ausdruck. In die Betrachtung einbezogen werden müssen auch diejenigen Aktionsparameter, die den Unternehmen zur Verfügung stehen, um ihre Kostenstruktur an die Entwicklung der Nachfrage anzupassen. Auf Branchenebene finden sie ihren Niederschlag in der Entwicklung der Arbeitsproduktivität als Kennziffer für den Wandel in den Produktionstechnologien und in der (relativen)

Preisentwicklung als Indikator für die unterschiedlichen Möglichkeiten der Wirtschaftszweige, reale Produktion in Erlöse umzusetzen.

Um zu verdeutlichen, wie die Wirtschaftszweige reagiert haben, um ihre Kosten-Erlös-Relation zu verbessern, sind in den nachfolgenden Schaubildern auf den Unternehmensdurchschnitt normierte jährliche Wachstumsraten für eine Reihe von Kennziffern zur Entwicklung von Erlösen und Arbeitskosten in den Wirtschaftszweigen für die Zeit zwischen 1970 und 1978 zusammengestellt worden. Die Beschränkung dieser Betrachtung auf die Arbeitskosten ließ sich deshalb nicht vermeiden, weil mangels ausreichend differenzierter Informationen über die Preisentwicklung der Bruttoproduktion von der Bruttowertschöpfung als Produktionsergebnis ausgegangen werden mußte, bei der der Einsatz von Vorleistungen unberücksichtigt bleibt. Auch die Produktionssteuern sind in diesem Zusammenhang ausgeklammert worden, weil üblicherweise unterstellt wird, daß sie zum überwiegenden Teil überwälzt werden und insofern die Erlösposition nicht verändern.

Im Schaubild 2.5/1 sind die Wirtschaftszweige nach ihren relativen Zuwächsen bei der Arbeitsproduktivität und den Lohnsätzen differenziert worden. In der Arbeitsproduktivität als Maß für die Effizienz der Produktionsprozesse ist das Produktionsergebnis auf sämtliche Erwerbstätige bezogen worden; es wurden also auch Selbständige und mithelfende Familienangehörige einbezogen. Welches Gewicht dieser Personengruppe in einzelnen Wirtschaftszweigen zukommt, wird am Beispiel der Landwirtschaft besonders deutlich: In diesem Wirtschaftszweig machten 1979 Selbständige und mithelfende Familienangehörige immer noch 83 vH der Erwerbstätigen aus.

Wird der Arbeitseinsatz durch die Zahl der Erwerbstätigen gemessen, so ist es zweckmäßig, auch die Arbeitskosten entsprechend abzugrenzen. Im Zusammenhang mit der Diskussion um die Bereinigung von Lohn- und Profitquoten geschieht dies auch bereits (vgl. Abschnitt 2.3.3.1). Hier ist dieses Konzept auf die Wirtschaftszweige übertragen und angenommen worden, daß für Selbständige und mit-

Schaubild 2.5/1

Arbeitsproduktivität, Lohnsatz und Lohnstückkosten 1970–1978 [1]

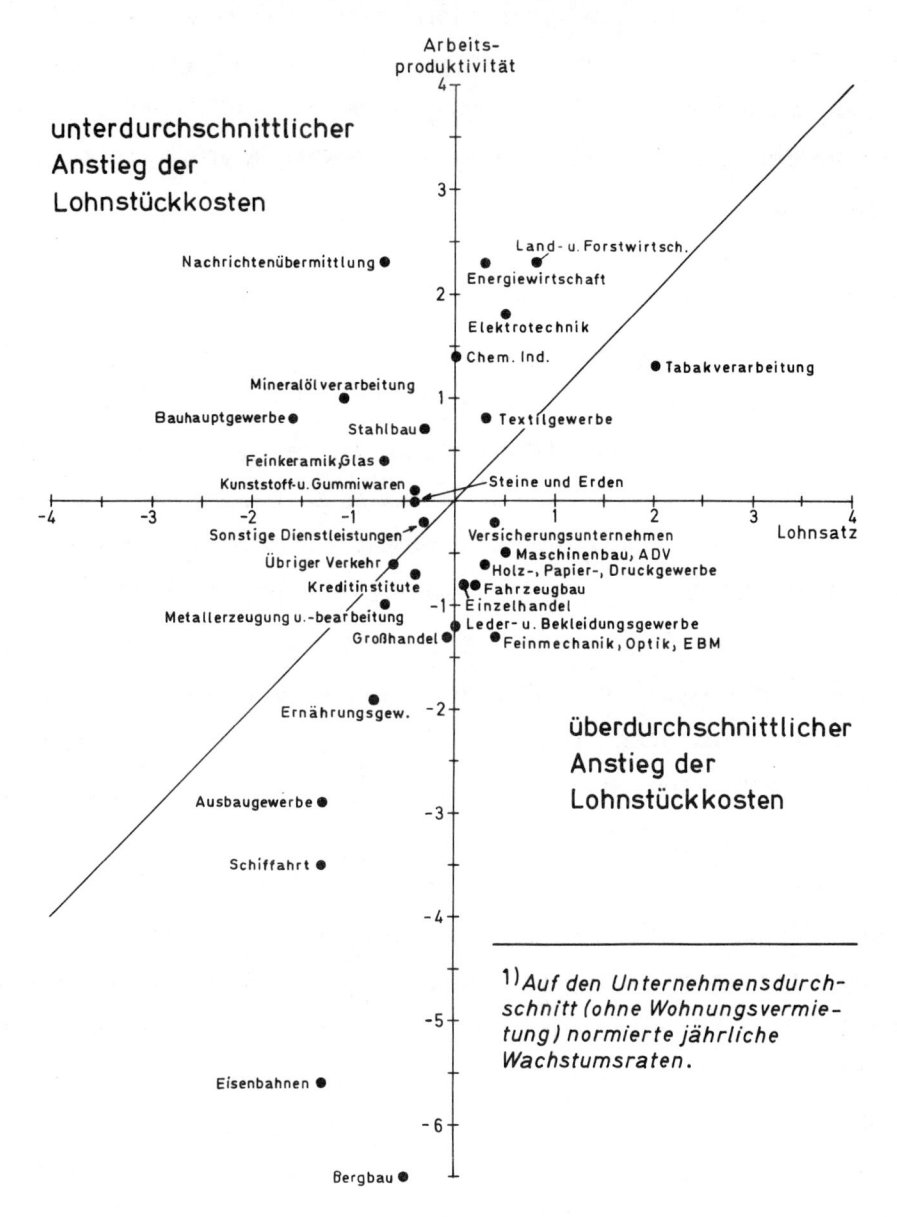

[Streudiagramm: X-Achse = Lohnsatz (–4 bis 4), Y-Achse = Arbeitsproduktivität (–6 bis 4)]

unterdurchschnittlicher Anstieg der Lohnstückkosten (oberer linker Bereich)

überdurchschnittlicher Anstieg der Lohnstückkosten (unterer rechter Bereich)

Datenpunkte:
- Nachrichtenübermittlung
- Land- u. Forstwirtsch.
- Energiewirtschaft
- Elektrotechnik
- Chem. Ind.
- Mineralölverarbeitung
- Tabakverarbeitung
- Bauhauptgewerbe
- Stahlbau
- Textilgewerbe
- Feinkeramik, Glas
- Kunststoff- u. Gummiwaren
- Steine und Erden
- Sonstige Dienstleistungen
- Versicherungsunternehmen
- Übriger Verkehr
- Maschinenbau, ADV
- Holz-, Papier-, Druckgewerbe
- Kreditinstitute
- Fahrzeugbau
- Einzelhandel
- Metallerzeugung u. -bearbeitung
- Leder- u. Bekleidungsgewerbe
- Großhandel
- Feinmechanik, Optik, EBM
- Ernährungsgew.
- Ausbaugewerbe
- Schiffahrt
- Eisenbahnen
- Bergbau

[1] *Auf den Unternehmensdurchschnitt (ohne Wohnungsvermietung) normierte jährliche Wachstumsraten.*

---

helfende Familienangehörige pro Kopf die gleichen Arbeitskosten entstehen wie für die abhängig Beschäftigten in den jeweiligen Wirtschaftszweigen. Lediglich in der Landwirtschaft wurde für Selbständige und mithelfende Familienangehörige nur der halbe Lohnsatz in Rechnung gestellt. Mit Ausnahme dieses Bereichs ändert sich daher an den Lohnsätzen je Erwerbstätigen nichts, obwohl die Arbeitskosten dem Konzept der bereinigten Lohnquote entsprechen.

Damit läßt sich auch eine Beziehung von Lohnsatzsteigerung und Produktivitätszuwachs zur Entwicklung der Lohnstückkosten - definiert als Arbeitskosten je Einheit realer Bruttowertschöpfung - herstellen: Der Lohnstückkostenanstieg ergibt sich als Quotient der beiden Wachstumsindizes. Die Diagonale im Schaubild 2.5/1 trennt also die Bereiche über- und unterdurchschnittlich zunehmender Lohnstückkosten.

Die Ergebnisse zeigen, daß es fast ausschließlich an der Produktivitätsentwicklung gelegen hat, ob die Lohnstückkosten überdurchschnittlich zugenommen haben oder nicht. Branchen mit überdurchschnittlichen Produktivitätszuwächsen war es auch dann möglich, ihren Lohnstückkostenanstieg in Grenzen zu halten, wenn sie überdurchschnittliche Zuwächse der Lohnsätze hinnehmen mußten. Aus dem Rahmen fällt lediglich die Tabakverarbeitung. Hier ist jedoch bei dem gewählten Ansatz zwischen dem Einfluß von Lohnkosten und Produktionssteuern kaum zu unterscheiden. Von den Branchen mit unterdurchschnittlichen Produktivitätszuwächsen ist es nur den sonstigen Dienstleistungen gelungen, einen überdurchschnittlichen Lohnstückkostenanstieg zu verhindern.

Schaubild 2.5/2 macht deutlich, daß ein überdurchschnittlicher Lohnstückkostenanstieg nicht gleichbedeutend sein muß mit einem Anstieg der Lohnquote, dem Anteil der Arbeitskosten an der nominalen Bruttowertschöpfung. Einer Reihe von Wirtschaftszweigen (Maschinenbau, Fahrzeugbau, Ausbaugewerbe, Kreditinstitute, Versicherungsunternehmen) ist es gelungen, einen überdurchschnittlichen Lohnstückkostenanstieg durch entsprechende Preiserhöhungen mehr als wettzumachen, so daß die Lohnquote nur unterdurchschnittlich angestiegen ist. Umgekehrt hat eine gute Position im Lohnstückkostenvergleich bei einer Reihe von Wirtschaftszweigen (Landwirtschaft, Chemische Industrie, Steine und Erden, Kunststoff- und Gummiverarbeitung, Textilgewerbe, übriger Verkehr) nicht verhindern können, daß die Lohnquote infolge stark unterdurchschnittlicher Preissteigerungen überdurchschnittlich zugenommen hat.

Schaubild 2.5/2
Preisentwicklung, Lohnstückkosten und Lohnquote 1970-1978 [1]

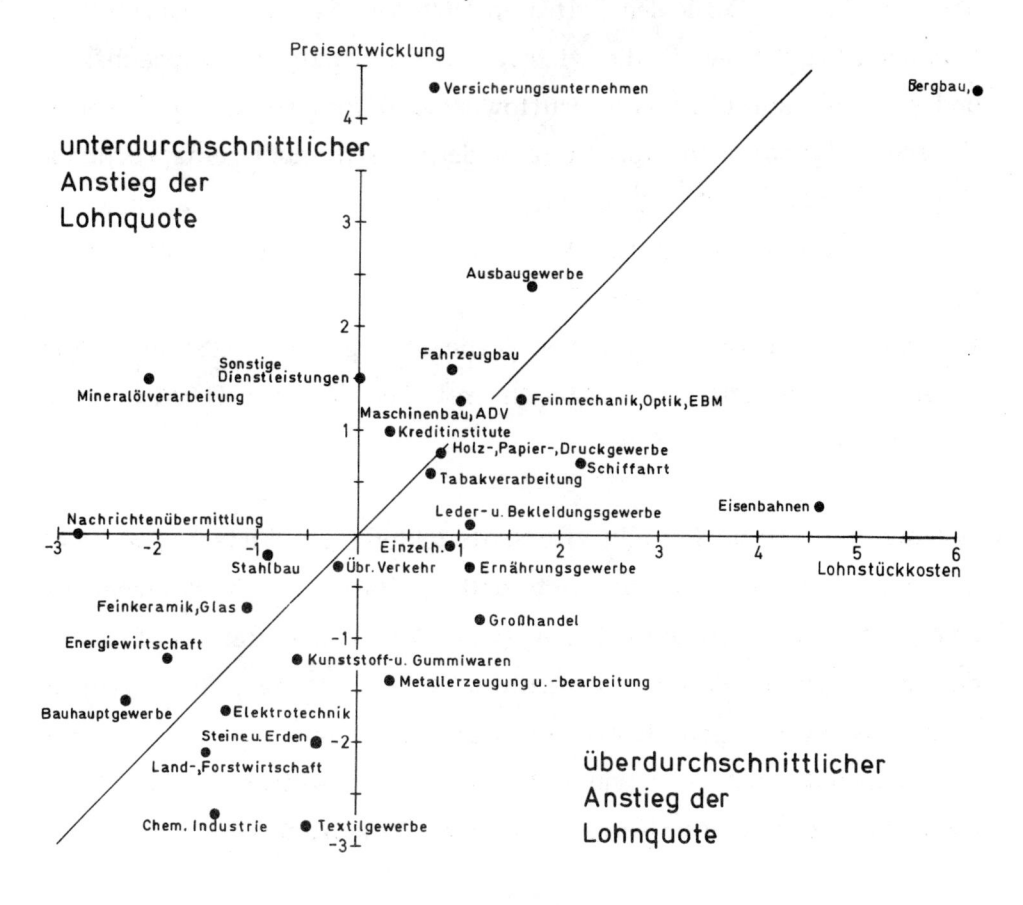

[1] *Auf den Unternehmensdurchschnitt (ohne Wohnungsvermietung) normierte jährliche Wachstumsraten.*

2.5.5 Nachfrage und Beschäftigung

Ebenso wie die Produktionswirkungen lassen sich mit Hilfe der Input-Output-Rechnung auch die Wirkungen des Strukturwandels der Nachfrage auf die Beschäftigung bestimmen. Sie sind das Resultat zweier Komponenten: Zum einen werden bei wachsender Nachfrage und entsprechender Produktionsausweitung unter sonst gleichen Bedingungen mehr Arbeitskräfte benötigt, zum anderen mindern Produktivitätsfortschritte, die häufig verbunden sind mit Änderungen in der Struktur der Vorleistungsbezüge, diesen Zusatzbedarf, so daß nur dann positive Beschäftigungseffekte ausgelöst werden, wenn die Produktion schneller zunimmt als die Arbeitsproduktivität.

Wie sich diese beiden Komponenten der sektoralen Beschäftigungsentwicklung in ihrem Verhältnis zueinander entwickelt haben, zeigt das Schaubild 2.5/3 für den Zeitraum 1970 bis 1978. In die Darstellung sind auch Ergebnisse für die wichtigsten Aggregate der Endnachfrage und der ihnen zurechenbaren Bruttowertschöpfung sowie der Erwerbstätigen aufgenommen worden, aus denen sich auch entsprechende Produktivitätszuwächse errechnen lassen. Der Staatsverbrauch wurde hier ausgeklammert, da für den Staat als wichtigstem Produzenten staatlicher Dienstleistungen aus definitorischen Gründen Produktivitätszuwächse nur im Ausmaß von Verbesserungen seines Stellenkegels unterstellt werden, ein Vergleich mit der Wirtschaft also nicht möglich ist.

Betrachtet man die Produktivitätsentwicklung der Wirtschaftszweige in diesem Zeitraum, so zeigt sich, daß die Hälfte der 30 Wirtschaftszweige des Unternehmensbereichs (ohne Wohnungsvermietung) jahresdurchschnittliche Produktivitätszuwächse erzielt hat, die zwischen 3 vH und 5 vH liegen. Erweitert man die Spanne um jeweils einen Prozentpunkt nach oben und unten, so fallen weitere sieben Wirtschaftszweige in diesen Korridor von vier Prozentpunkten.

Weitaus stärker streuen die jahresdurchschnittlichen Zuwachsraten der Bruttowertschöpfung dieser 22 Wirtschaftszweige. Die Extremwerte liegen zwischen +5,8 vH (Kreditinstitute) und -2,4 vH (Leder- und Bekleidungsgewerbe). Dies macht deutlich, daß die Entwicklung der Beschäftigung in sehr viel stärkerem Maße von Wandlungen in der Struktur der Nachfrage bestimmt worden ist als von Änderungen des Produktivitätsgefälles.

Werden nicht die einzelnen Wirtschaftszweige betrachtet, sondern ihre (direkten und indirekten) Beiträge zu den jeweiligen Endnachfragebereichen, so tritt diese Tendenz noch klarer hervor: Auch in Rezessionsperioden mit zum Teil erheblichen Ausschlägen im Wachstum der Bruttowertschöpfung für die einzelnen Endnachfragebereiche haben sich die Produktivitätszuwächse nur geringfügig abgeschwächt (vgl. Tabelle 2.5/6). Die im Vergleich zu früheren Aufschwungs-

Schaubild 2.5/3
Reale Nachfrage[1], Produktion[2] und Arbeitsproduktivität 1970-1978
Jahresdurchschnittliche Wachstumsraten in vH

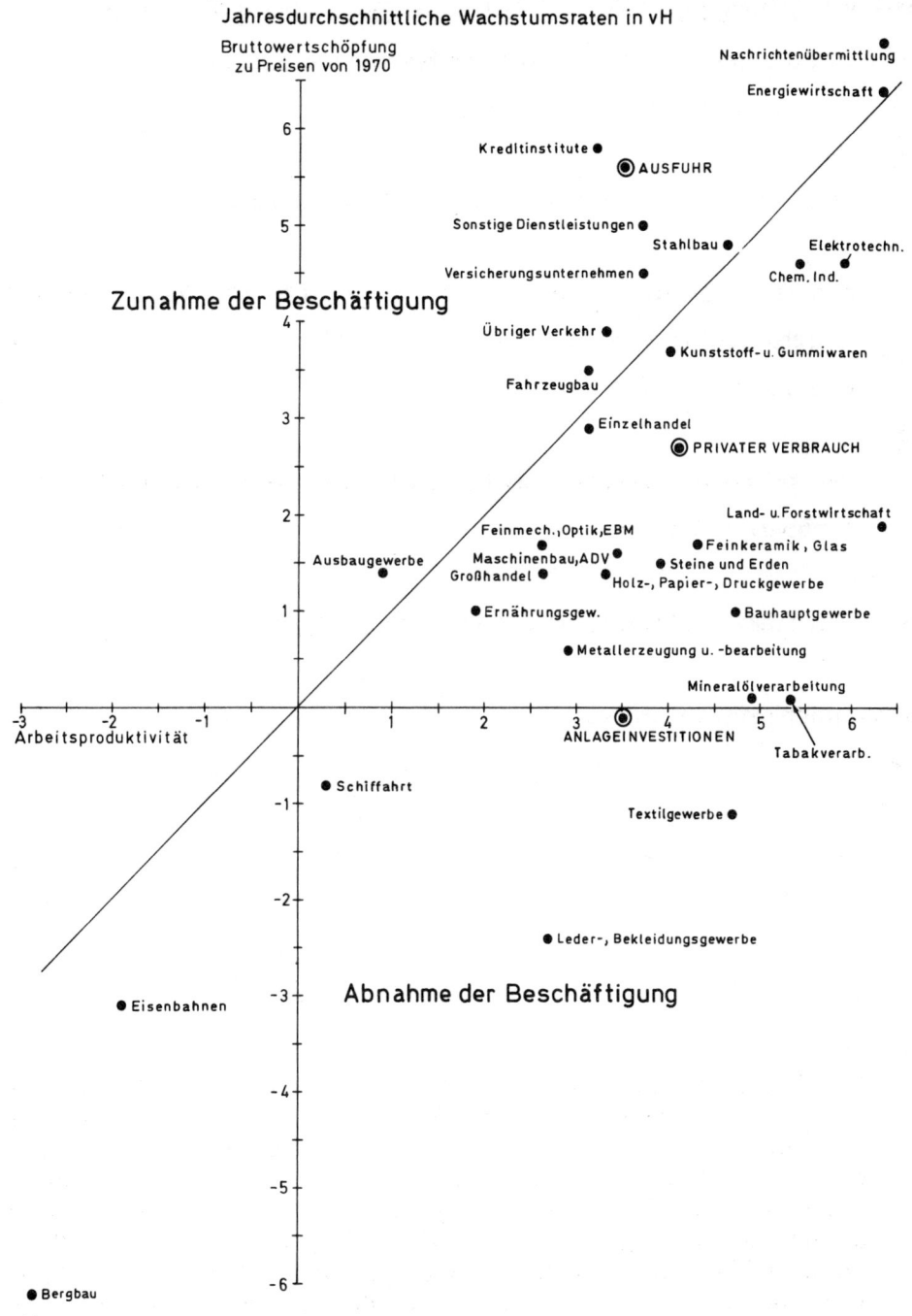

[1] *Bei den Aggregaten der Nachfrage handelt es sich um das Ergebnis von Zurechnungen der sektoralen Bruttowertschöpfung sowie der Erwerbstätigen.* —
[2] *Unternehmen ohne Wohnungsvermietung.*

perioden schwächere Zunahme der Arbeitsproduktivität in den Jahren 1977/78 macht deutlich, daß in dieser Zeit noch erhebliche Auslastungsreserven nicht nur an unbesetzten Arbeitsplätzen, sondern auch an Produktivitätspotential zur Verfügung standen, die auch 1979 nur teilweise abgebaut worden sind (vgl. hierzu auch Tabelle 2.1/8).

Um die wichtigsten Trends zu verdeutlichen, sind die Beschäftigungseffekte, die der Strukturwandel der Nachfrage ausgelöst hat, hier für vier Blöcke von Wirtschaftszweigen

- den primären Sektor (Landwirtschaft und Bergbau),

- den sekundären Sektor, in den auch die zur Verteilung der Güterproduktion erforderlichen Handels- und Verkehrsbereiche einbezogen worden sind[1],

- den privaten Dienstleistungsbereich einschließlich der Nachrichtenübermittlung und

- den Staat als Produzent von Dienstleistungen

zusammengefaßt worden.

---

[1] Die Zuordnung der Handels- und Verkehrsbereiche mag zunächst ungewöhnlich erscheinen. Sie läßt sich jedoch in diesem Zusammenhang damit begründen, daß der Produktionswert dieser Bereiche in engem Zusammenhang mit dem Produktionswert der güterproduzierenden Wirtschaftszweige steht. Dies wird auch deutlich an den Bewertungsprinzipien: Der Kaufpreis, den der Endverbraucher für ein Gut bezahlen muß, enthält neben dem Ab-Werk-Preis der Güterproduzenten immer auch die Handelsspannen und Verkehrsleistungen als Produktionswert der verteilenden Wirtschaftszweige.

Tabelle 2.5/6

Inländische Produktion für die Endnachfrage, Erwerbstätige und Arbeitsproduktivität

- Jahresdurchschnittliche Zuwachsraten in vH -

	1963-65	1966-67	1968-73	1974-76	1977-78
Bruttowertschöpfung					
für die inländ. Verwendung	4,7	0,0	4,5	0,4	3,1
darunter					
Privater Verbrauch	4,5	2,5	4,1	1,5	3,9
Bruttoinvestitionen	4,9	- 2,7	4,6	- 5,1	3,0
für die Ausfuhr	7,1	9,1	8,7	4,3	3,6
für die Endnachfrage insgesamt	5,1	1,4	5,2	1,2	3,2
Erwerbstätige					
für die inländ. Verwendung	0,0	- 3,1	0,0	- 2,7	0,2
darunter					
Privater Verbrauch	- 0,9	- 1,0	- 1,1	- 2,5	0,4
Staatsverbrauch	1,8	0,9	1,6	1,9	0,7
Bruttoinvestitionen	0,2	- 5,9	0,1	- 8,2	0,1
für die Ausfuhr	1,9	6,0	3,2	0,5	0,7
für die Endnachfrage insgesamt	0,3	- 1,8	0,5	- 2,1	0,2
Arbeitsproduktivität					
für die inländ. Verwendung	4,7	3,2	4,5	3,1	2,9
darunter					
Privater Verbrauch	5,4	3,5	5,3	4,1	3,5
Bruttoinvestitionen	4,7	3,5	4,5	3,4	2,9
für die Ausfuhr	5,1	2,9	5,3	3,7	2,9
für die Endnachfrage insgesamt	4,7	3,2	4,7	3,3	2,9
darunter					
von Unternehmen[1]	5,4	3,3	5,3	3,8	3,5

1) Ohne Wohnungsvermietung.
Quelle: Input-Output-Rechnung des DIW.

In der **Periode von 1962 bis 1972** haben sich - insgesamt gesehen - nachfrageinduzierte Expansionseffekte und produktivitätsbedingte Einsparungseffekte bei den Erwerbstätigen etwa die Waage gehalten mit der Folge, daß sich die Zahl der Beschäftigten in diesem Zehnjahreszeitraum kaum verändert hat. Die Ergebnisse in Tabelle 2.5/7 machen deutlich, daß diese Entwicklung im wesentlichen das Resultat gegenläufiger Tendenzen beim privaten Verbrauch einerseits, bei der Ausfuhr und dem öffentlichen Verbrauch andererseits, gewesen ist. Weniger ins Gewicht fallen dagegen die retardierenden

Tabelle 2.5/7

Beschäftigungswirkungen des Strukturwandels der Nachfrage 1962 bis 1972

Veränderung der Zahl der von den Bereichen der Endnachfrage direkt und indirekt abhängigen Erwerbstätigen in 1000 Personen

	Landwirtschaft u. Bergbau	Warenprod. Gewerbe, Handel u. Verkehr 1)	Private Dienstleistungen 2)	Staat	Wirtschaftszweige insgesamt
Nahrungs- und Genußmittel	- 990	- 300	- 50	+ 10	-1330
Kleidung und Schuhe	- 20	- 200	+ 20	+ 10	- 190
Wohnungsmieten	- 20	- 20	+ 20	+ 40	+ 20
Elektrizität, Gas, Brennstoffe	- 40	- 10	+ 10		- 40
Haushaltsführung	- 70	- 60	- 100		- 230
Verkehr u. Nachrichtenübermittl.	- 10	+ 150	+ 140		+ 280
Körper- u. Gesundheitspflege	- 20	- 60		+ 10	- 70
Bildung und Unterhaltung	- 30	- 50	+ 10	+ 10	- 60
Persönliche Ausstattung			+ 100	+ 20	+ 120
Privater Verbrauch insgesamt	-1200	- 550	+ 150	+ 100	-1500
Öffentlicher Verbrauch	- 40	- 50	+ 190	+ 750	+ 850
Anlageinvestitionen des Staates	- 30		+ 10		- 20
Staat insgesamt	- 70	- 50	+ 200	+ 750	+ 830
Investitionen der Wirtschaft[3]	- 180	- 190	+ 100	+ 10	- 260
Inländische Nachfrage insgesamt	-1450	- 790	+ 450	+ 860	- 930
Ausfuhr	- 30	+ 840	+ 150	+ 20	+ 980
Endnachfrage insgesamt	-1480	+ 50	+ 600	+ 880	+ 50

1) Ohne Bergbau und Nachrichtenübermittlung.
2) Einschließlich Nachrichtenübermittlung.
3) Einschließlich Wohnungen und Vorratsveränderungen.
Quelle: Input-Output-Rechnung des DIW.

Wirkungen, die von der Investitionstätigkeit der Wirtschaft auf die Beschäftigung ausgegangen sind.

Der Rückgang der vom privaten Verbrauch abhängigen Erwerbstätigen hat seine Ursache in den veränderten Verbrauchsgewohnheiten, insbesondere hinsichtlich der Nachfrage nach Nahrungs- und Genußmitteln. Verstärkt wurde diese Entwicklung durch die überdurchschnittlichen Produktivitätsfortschritte in der Landwirtschaft. Die Folge waren Beschäftigungsrückgänge in der Größenordnung von 1,3 Mill. Personen für diesen Verwendungszweck. Demgegenüber fallen die Einbußen bei den Verwendungszwecken Kleidung und Schuhe sowie Haushaltsführung weniger ins Gewicht.

Wesentlich mehr Erwerbstätige erforderten in diesem Zeitraum nur zwei Verwendungszwecke des privaten Verbrauchs:

- Verkehr und Nachrichtenübermittlung (die Beschäftigtenzuwächse kamen jeweils zur Hälfte dem sekundären Sektor (Fahrzeugbau) und den privaten Dienstleistungen zugute) und

- persönliche Ausstattung (hier fast ausschließlich zugunsten privater Dienstleistungen).

Insgesamt machen die vom privaten Verbrauch ausgelösten positiven Beschäftigungseffekte bei den privaten Dienstleistungen allerdings weniger als ein Viertel des gesamten Beschäftigungszuwachses in diesem Sektor aus. Ausfuhr und Anlageinvestitionen der Wirtschaft haben etwa gleich große Beschäftigungseffekte bewirkt, der öffentliche Verbrauch sogar noch größere. Hier handelt es sich vor allem um den Erwerb von Sozial- und Gesundheitsdienstleistungen durch die Sozialversicherung.

Im sekundären Sektor waren die von der Ausfuhr bewirkten positiven Beschäftigungseffekte mit 0,8 Mill. Personen weitaus größer als die Einbußen, die dem privaten Verbrauch zuzurechnen sind; per Saldo konnte dieser Sektor seinen Bestand an Beschäftigten aufrechterhalten.

Ein ganz anderes Bild zeigen die Ergebnisse für die **Periode von 1972 bis 1976** in Tabelle 2.5/8. Waren es in den zehn Jahren zuvor vor allem die Beschäftigungseinbußen im primären Sektor, die die Entwicklung bestimmt haben, so sind es jetzt die Rückgänge im sekundären Sektor. Im Jahresdurchschnitt waren sie mit 0,4 Mill. Personen fast dreimal so hoch wie die jährlichen Rückgänge im primären Sektor in den zehn Jahren zuvor.

Tabelle 2.5/8

Beschäftigungswirkungen des Strukturwandels der Nachfrage 1972 bis 1976

Veränderung der Zahl der von den Bereichen der Endnachfrage direkt und indirekt abhängigen Erwerbstätigen in 1000 Personen

	Landwirtschaft u. Bergbau	Warenprod. Gewerbe, Handel u. Verkehr 1)	Private Dienstleistungen 2)	Staat	Wirtschaftszweige insgesamt
Nahrungs- und Genußmittel	- 200	- 190	- 40	- 10	- 440
Kleidung und Schuhe	- 10	- 220			- 230
Wohnungsmieten		- 30		- 10	- 40
Elektrizität, Gas, Brennstoffe	- 10	+ 20	+ 10		+ 20
Haushaltsführung	- 40	- 190	- 20		- 250
Verkehr u. Nachrichtenübermittl.		- 60	+ 10		- 50
Körper- u. Gesundheitspflege		- 20		+ 10	- 10
Bildung und Unterhaltung		- 60	+ 30	+ 10	- 20
Persönliche Ausstattung		- 30	- 40	+ 20	- 50
Privater Verbrauch insgesamt	- 260	- 780	- 50	+ 20	-1070
Öffentlicher Verbrauch	- 10	- 70	+ 240	+ 280	+ 440
Anlageinvestitionen des Staates		- 110	- 10		- 120
Staat insgesamt	- 10	- 180	+ 230	+ 280	+ 320
Investitionen der Wirtschaft 3)	- 60	-1050	- 110	+ 10	-1210
Inländische Nachfrage insgesamt	- 330	-2010	+ 70	+ 310	-1960
Ausfuhr		+ 360	+ 40	+ 20	+ 420
Endnachfrage insgesamt	- 330	-1650	+ 110	+ 330	-1540

1) Ohne Bergbau und Nachrichtenübermittlung.
2) Einschließlich Nachrichtenübermittlung.
3) Einschließlich Wohnungen und Vorratsveränderungen.
Quelle: Input-Output-Rechnung des DIW.

Mit einem Plus von 0,4 Mill. Personen konnte die Ausfuhr in dieser Periode nur etwa 40 vH der Beschäftigungseinbußen wettmachen, die durch den privaten Verbrauch verursacht wurden. Das Minus bei den Erwerbstätigen, die der Produktion von Investitionsgütern für die Wirtschaft zugerechnet werden können, war jedoch so groß, daß per Saldo in der Gesamtwirtschaft ein Beschäftigungsrückgang von mehr als 1,5 Mill. Personen zu verzeichnen war. In der Entwicklung des sekundären Sektors, dessen Erwerbstätigenzahl sogar um mehr als 1,6 Mill. reduziert worden ist, spiegelt sich diese Entwicklung noch deutlicher.

Auch innerhalb der Verwendungszwecke des privaten Verbrauchs ergaben sich erhebliche Umschichtungen: Schwächere Beschäftigungseinbußen für den Verwendungszweck Nahrungs- und Genußmittel einerseits, eine Umkehr der seinerzeit noch positiven Beschäftigungseffekte für den Verwendungszweck Verkehr und Nachrichtenübermittlung andererseits hatten zur Folge, daß auch der sekundäre Sektor in seiner Gesamtheit mit 0,8 Mill. Personen sehr viel größere Beschäftigungseinbußen hinnehmen mußte als in den zehn Jahren zuvor. Im Jahresdurchschnitt war der Rückgang mit 0,2 Mill. Personen sogar mehr als viermal so groß.

Anders als in der Vorperiode wurden vom privaten Verbrauch auch im Bereich der privaten Dienstleistungen per Saldo keine positiven Beschäftigungseffekte mehr ausgelöst. Neben der Ausfuhr war es wiederum der öffentliche Verbrauch, der bewirkt hatte, daß in diesem Sektor noch geringfügige Beschäftigungszuwächse zu verzeichnen waren. Damit wurde die Entwicklung hier stärker noch als in der Vorperiode von expansiven Effekten in den nichtstaatlichen Sektoren des Sozial- und Gesundheitswesens geprägt und nicht von den privaten Dienstleistungen im engeren Sinne.

Die positiven Beschäftigungseffekte, die auch in dieser Periode vom öffentlichen Verbrauch ausgelöst wurden, entfielen fast zu gleichen Teilen auf diese Käufe vom privaten Dienstleistungsbereich und auf eine Ausweitung des Personalbestandes beim Staat. In den zehn Jahren zuvor machte die Zunahme der Staatsbediensteten dagegen noch fast 90 vH der vom öffentlichen Verbrauch ausgelösten Beschäftigungseffekte aus.

Ins Gewicht fallende negative Impulse auf die Beschäftigung gingen in der Periode von 1972 bis 1976 von den Investitionen des Staates aus. Dies hatte zur Folge, daß die per Saldo positiven Beschäftigungseffekte, die von den gesamten Käufen des Staates ausgelöst wurden, auch im Jahresdurchschnitt nicht größer waren als in den zehn Jahren zuvor.

Tabelle 2.5/9

Beschäftigungswirkungen des Strukturwandels der Nachfrage im Jahresdurchschnitt

Jahresdurchschnittliche Veränderung der Zahl der von den Bereichen der Endnachfrage direkt u. indirekt abhängigen Erwerbstätigen in 1000 Pers.

	Wirtschaftszweige insgesamt	
	1962-72	1972-76
Nahrungs- und Genußmittel	- 133	- 110
Kleidung und Schuhe	- 19	- 58
Wohnungsmieten	+ 2	- 10
Elektrizität, Gas, Brennstoffe	- 4	+ 5
Haushaltsführung	- 23	- 63
Verkehr und Nachrichtenübermittlung	+ 28	- 12
Körper- und Gesundheitspflege	- 7	- 2
Bildung und Unterhaltung	- 6	- 5
Persönliche Ausstattung	+ 12	- 12
Privater Verbrauch insgesamt	- 150	- 267
Öffentlicher Verbrauch	+ 85	+ 110
Anlageinvestitionen des Staates	- 2	- 30
Staat insgesamt	+ 83	+ 80
Investitionen der Wirtschaft[1]	- 26	- 303
Inländische Nachfrage insgesamt	- 93	- 490
Ausfuhr	+ 98	+ 105
Endnachfrage insgesamt	+ 5	- 385

1) Einschließlich Wohnungen und Vorratsveränderungen.
Quelle: Input-Output-Rechnung des DIW.

In der Tabelle 2.5/9 sind die jahresdurchschnittlichen Beschäftigungswirkungen für die beiden Teilperioden gegenübergestellt worden. Die Ergebnisse machen deutlich, welches Gewicht einer Stabilisierung der Inlandsnachfrage für die Beschäftigung zukommt.

Während sich in der Periode von 1962 bis 1972 positive und negative Effekte von Ausfuhr und Inlandsnachfrage auf die Beschäftigung etwa die Waage hielten, konnte die Ausfuhr in den vier Jahren danach nur gut ein Fünftel der Beschäftigungseinbußen aufgrund der verlangsamt zunehmenden Inlandsnachfrage kompensieren. Zu diesem Ergebnis kam es, obwohl der jährliche Zusatzbedarf an Erwerbstätigen für die Ausfuhr sogar noch etwas größer war als in den zehn Jahren zuvor.

Die negativen Beschäftigungseffekte in der Periode von 1972 bis 1976 sind nicht nur auf die abgeschwächte Investitionstätigkeit der Wirtschaft zurückzuführen. Ein fast ebenso großes Gewicht haben die Einbußen, die vom privaten Verbrauch ausgelöst wurden: Sie waren im Jahresdurchschnitt um fast 80 vH größer als in den zehn Jahren zuvor. Bei diesen Größenordnungen reichten die positiven Beschäftigungseffekte, die in dieser Zeit von der Nachfrage des Staates ausgegangen sind, für eine Kompensation bei weitem nicht aus, zumal sie im Jahresdurchschnitt sogar noch etwas geringer waren als in der Zeit zuvor.

3 Staat und Strukturwandel

Jede Volkswirtschaft wird allein schon durch die Existenz staatlicher Aktivitäten in ihrer Struktur geprägt. Veränderungen der staatlichen Aktivitäten haben stets strukturelle Auswirkungen, und zwar auf die Nachfrage und das Angebot, auf Beschäftigung, Preise und Einkommen. Struktureffekte ergeben sich auch aus der Außenwirtschaftspolitik des Staates, die zu einer mehr oder minder raschen Entwicklung der internationalen Arbeitsteilung führen kann.

Von grundsätzlicher Bedeutung für die Struktur einer Volkswirtschaft ist die Wahl der Wirtschaftsordnung. So gibt es zwischen vorwiegend marktwirtschaftsgelenkten Volkswirtschaften und planwirtschaftlich bestimmten Volkswirtschaften deutliche Unterschiede. Diese brauchen sich nicht einmal in der Struktur der Wirtschaftszweige zu zeigen, für die vermutlich der generelle Entwicklungsstand einer Volkswirtschaft bedeutsamer ist als die Wirtschaftsordnung. Die Unterschiede werden vielmehr hauptsächlich in der Verwendungsstruktur des Sozialprodukts, besonders aber in den relativen Preisen und in der Einkommensverteilung zu finden sein. Der Nachweis ordnungspolitischer Einflüsse auf die Struktur ist indes im Einzelfall schwer zu erbringen. Denn in der Praxis liegen Wirtschaftssysteme mit gemischten ordnungspolitischen Einflüssen vor, bei denen zudem schwer nach ordnungspolitisch im engeren Sinn bedingten und durch spezielle Staatsinterventionen bewirkten Effekten getrennt werden kann.

In den folgenden Abschnitten bleiben die strukturellen Wirkungen, die von der Wirtschaftsordnung im engeren Sinn in der Bundesrepublik Deutschland ausgegangen sind und ausgehen, außerhalb der Betrachtung. Behandelt werden vielmehr Struktureinflüsse, die auf spezielle staatliche Aktivitäten zurückzuführen sind.

3.1 Produktions- und Beschäftigungswirkungen der Nachfrage des Staates

Während in der umfassenden, alle Nachfragebereiche der Volkswirtschaft berücksichtigenden Input-Output-Rechnung der Staatsverbauch als ein Endnachfragevektor behandelt worden ist, werden hier nicht nur die Produktions- und Beschäftigungswirkungen der staatlichen Vorleistungskäufe, sondern auch die der staatlichen Investitionsgüterkäufe und dabei die Verschiebung des Gewichts der Käufe der einzelnen Aufgabenbereiche des Staates einbezogen.

3.1.1 Verschiebungen in der Struktur der Vorleistungs- und Investitionsgüterkäufe des Staates

Der Zeitraum von 1960 bis 1976 ist durch gravierende Verschiebungen in den Prioritäten der einzelnen staatlichen Aufgabenbereiche geprägt. Der Anteil der militärischen Beschaffungen an den Vorleistungskäufen ist drastisch zurückgegangen, während der des Unterrichtswesens und vor allem der Sozialversicherung im Gesundheitsbereich zugenommen hat. Bei den nominalen Investitionen steht dem Rückgang des Anteils des Bereichs Wirtschaftsförderung (vor allem Verkehr) ein Zuwachs insbesondere im Unterrichtswesen gegenüber.

Für die Käufe von Vorleistungen und von neuen Anlagen zusammen ergibt sich die folgende Entwicklung (vgl. Tabelle 3.1/1): 1972 lagen die Käufe des Staates um 140 vH über dem Niveau von 1962, die des Verteidigungsbereichs nur um 4 vH; unterdurchschnittlich haben sich die Käufe des Verkehrsbereichs entwickelt, während Unterrichts- und Gesundheitswesen einen weit überdurchschnittlichen Anstieg zu verzeichnen hatten. Von 1972 bis 1976 sind die Käufe des Staates weiter um 52 vH gestiegen, die des Verkehrsbereichs aber nur noch um 10 vH. Der Verteidigungsbereich entwickelte sich durchschnittlich, während das Unterrichtswesen nach dem Verkehrsbereich den niedrigsten Zuwachs hatte. Weiterhin überdurchschnittlich wurden die Käufe des Sozial- und des Gesundheitswesens erhöht, wobei hier auch die Preissteigerungen im Gesundheitsbereich eine Rolle spielten.

Tabelle 3.1/1

Staatliche Käufe von Vorleistungen und neuen Anlagen nach Aufgabenbereichen

	1962			1972			1976		
	Käufe von Vorleistungen	Käufe von neuen Anlagen	insgesamt	Käufe von Vorleistungen	Käufe von neuen Anlagen	insgesamt	Käufe von Vorleistungen	Käufe von neuen Anlagen	insgesamt
in Mill. DM									
Allgemeine Verwaltung	2 440	800	3 240	7 400	1 830	9 230	11 600	2 820	14 420
Verteidigung	13 070	200	13 270	13 600	220	13 820	20 760	230	20 990
Unterrichtswesen	1 060	2 640	3 700	5 400	7 990	13 390	8 400	8 570	16 970
Gesundheitswesen	9 300	840	10 140	34 090	2 160	36 250	61 830	2 880	64 710
Soziale Sicherung	1 670	330	2 000	5 580	860	6 440	10 380	1 140	11 520
Wohnungsw., Stadt- u. Landespl.	750	2 120	2 870	3 000	4 620	7 620	4 550	6 660	11 210
Sonst. Dienste f. d. Allgemeinheit	490	600	1 090	1 800	1 640	3 440	2 630	2 230	4 860
Wirtschaftsförd., -ordnung, -aufsicht	2 510	6 070	8 580	4 800	12 840	17 640	6 090	13 380	19 470
Insgesamt	31 290	13 600	44 890	75 670	32 160	107 830	126 240	37 910	164 150
in vH									
Allgemeine Verwaltung	7,8	5,9	7,2	9,8	5,7	8,6	9,2	7,4	8,8
Verteidigung	41,8	1,5	29,6	18,0	0,7	12,8	16,4	0,6	12,8
Unterrichtswesen	3,4	19,4	8,2	7,1	24,8	12,4	6,7	22,6	10,3
Gesundheitswesen	29,7	6,2	22,6	45,0	6,7	33,5	49,0	7,6	39,4
Soziale Sicherung	5,3	2,4	4,5	7,4	2,7	6,0	8,2	3,0	7,0
Wohnungsw., Stadt- u. Landespl.	2,4	15,6	6,4	4,0	14,4	7,1	3,6	17,6	6,8
Sonst. Dienste f. d. Allgemeinheit	1,6	4,4	2,4	2,4	5,1	3,2	2,1	5,9	3,0
Wirtschaftsförd., -ordnung, -aufsicht	8,0	44,6	19,1	6,3	39,9	16,4	4,8	35,3	11,9
Insgesamt	100,0	100,0	100,0	100,0	100,0	100,0	100,0	100,0	100,0

	Durchschnittliche jährliche Wachstumsraten in vH					
	1962 - 1972			1972 - 1976		
Allgemeine Verwaltung	11,7	8,6	11,0	11,9	11,4	11,8
Verteidigung	0,4	1,0	0,4	11,2	1,1	11,0
Unterrichtswesen	17,7	11,7	13,7	11,7	1,8	6,1
Gesundheitswesen	13,9	9,9	13,6	16,0	7,5	15,6
Soziale Sicherung	12,8	10,1	12,4	16,8	7,3	15,6
Wohnungsw., Stadt- u. Landespl.	14,9	8,1	10,3	11,0	9,6	10,1
Sonst. Dienste f. d. Allgemeinheit	13,9	10,6	12,2	9,9	8,0	9,0
Wirtschaftsförd., -ordnung, -aufsicht	6,7	7,8	7,5	6,1	1,0	2,5
Insgesamt	9,2	9,0	9,2	13,7	4,2	11,1

Quelle: F. Kormanicki, K.-H. Neuhaus, Der Staatssektor in der Input-Output-Rechnung, Berlin, 1972; H. Karrenberg, Die Input-Output-Verflechtung der Gebietskörperschaften in den Jahren 1968 bis 1973; Statistisches Bundesamt, Fachserien 14 u. 18; eigene Berechnungen.

3.1.2 Sektorale Produktions- und Beschäftigungswirkungen

Aufgrund der veränderten Nachfragestruktur wurde zwischen 1962 und 1976 vor allem die Produktion des Sektors private Haushalte und private Organisationen ohne Erwerbscharakter, der sonstigen Dienstleistungen, aber auch der Chemischen Industrie und des Holz-, Papier- und Druckgewerbes begünstigt. Anteile verloren haben vor allem die Einfuhr, der Fahrzeugbau und das Baugewerbe (vgl. Tabelle 3.1/2). Die Umschichtung zugunsten der privaten Organisationen ohne Erwerbscharakter (Krankenhäuser), der sonstigen Dienstleistungen

Tabelle 3.1/2

Käufe des Staates nach Wirtschaftszweigen

zu jeweiligen Preisen

Wirtschaftszweig	1962	1972	1976	1962	1972	1976
	Mill. DM			vH		
Land- und Forstwirtschaft	580	1 048	1 460	1,3	1,0	0,9
Energiewirtschaft	713	1 967	3 539	1,6	1,8	2,2
Bergbau	226	421	677	0,5	0,3	0,5
Kohlenbergbau, Kokerei	176	376	592	0,4	0,3	0,4
Übriger Bergbau	50	45	85	0,1	0,0	0,1
Verarbeitendes Gewerbe	11 819	25 275	33 921	26,3	23,4	20,7
Chemische Industrie	1 474	4 799	6 739	3,3	4,6	4,1
Mineralölverarbeitung	473	1 224	2 193	1,1	1,1	1,3
Kunststoff- u. Gummiwaren	195	391	648	0,4	0,4	0,4
Steine und Erden	205	370	436	0,5	0,3	0,3
Feinkeramik, Glasgewerbe	146	361	451	0,3	0,3	0,3
Metallerzeugung, -bearbeitung	576	1 090	1 280	1,3	1,0	0,8
Stahlbau	676	1 524	1 691	1,5	1,4	1,0
Maschinenbau, ADV	775	1 246	1 716	1,7	1,1	1,0
Fahrzeugbau	2 125	3 460	4 121	4,7	3,2	2,5
Elektrotechnik	1 908	3 175	4 181	4,3	2,9	2,5
Feinmech., Optik, EBM	920	1 918	3 047	2,0	1,8	1,9
Holz-, Papier-, Druckgewerbe	1 171	3 462	4 396	2,6	3,2	2,7
Textilgewerbe	314	467	606	0,7	0,4	0,4
Leder-, Bekleidungsgewerbe	391	598	803	0,9	0,6	0,5
Ernährungsgewerbe	468	1 185	1 606	1,0	1,1	1,0
Tabakverarbeitung	2	5	7	0,0	0,0	0,0
Baugewerbe	12 318	28 014	32 856	27,4	25,9	20,0
Bauhauptgewerbe	10 795	23 435	27 353	24,0	21,7	16,6
Ausbaugewerbe	1 523	4 579	5 503	3,4	4,2	3,4
Handel	3 100	6 913	9 014	6,9	6,4	5,5
Großhandel, Handelsvermittlung	1 948	3 914	4 663	4,3	3,6	2,8
Einzelhandel	1 152	2 999	4 351	2,6	2,8	2,7
Verkehr und Nachrichtenübermittlung	1 561	4 149	5 520	3,4	3,8	3,3
Eisenbahnen	378	793	1 020	0,8	0,7	0,6
Schiffahrt, Häfen	81	128	139	0,2	0,1	0,1
Übriger Verkehr	554	1 516	1 994	1,2	1,4	1,2
Nachrichtenübermittlung	548	1 712	2 367	1,2	1,6	1,4
Kreditinstitute und Versicherungswesen	312	842	1 409	0,7	0,8	0,9
Kreditinstitute	259	712	1 272	0,6	0,7	0,8
Versicherungsunternehmen	53	130	137	0,1	0,1	0,1
Wohnungsvermietung						
Sonstige Dienstleistungen	7 295	18 850	37 535	16,4	17,5	22,8
Unternehmen insgesamt	37 924	87 479	25 931	84,5	80,9	76,8
Staat	1 430	5 520	11 220	3,2	5,2	6,8
Private Haushalte, private Organisationen ohne Erwerbscharakter	1 850	7 530	14 791	4,1	7,0	9,0
Wirtschaftszweige insgesamt	41 204	100 529	151 942	91,8	93,1	92,6
Einfuhr plus Einfuhrabgabe	3 686	7 301	12 208	8,2	6,9	7,4
Fremdbezüge insgesamt	44 890	107 830	164 150	100,0	100,0	100,0

Quelle: Input-Output-Rechnung des DIW.

(Ärzte) und des Chemischen Gewerbes (Medikamente) geht überwiegend auf die verstärkte Nachfrage des Gesundheitswesens (einschließlich 90 vH der Käufe der Sozialversicherung) zurück.

Der relative Rückgang der Nachfrage nach Produkten des Fahrzeugbaus und der Elektrotechnik ist auf die stark abgeschwächte militärische Nachfrage zurückzuführen. Bei den anderen Wirtschaftszweigen verringern positive Wirkungen einiger Aufgabenbereiche die durchschlagend negativen Effekte anderer Bereiche: So werden beim Baugewerbe negative Effekte aufgrund des relativen Rückgangs der Nachfrage der Verteidigung und des Verkehrs durch positive des Unterrichts- und des Gesundheitswesens verringert.

Die von 1962 bis 1972 um 140 vH gestiegenen Käufe des Staates haben 1972 nur 104 000 (4 vH) mehr Beschäftigte als 1962 gebunden (vgl. Tabelle 3.1/3); die jahresdurchschnittliche Zuwachsrate betrug 0,4 vH. Auch verglichen mit der Ausdehnung der vom Staat unmittelbar Beschäftigten um 885 000 Personen ist dies sehr wenig. Damit hat sich eine bemerkenswerte Änderung vollzogen: Während durch die staatlichen Käufe 1962 in anderen Wirtschaftszweigen mehr Personen beschäftigt wurden als beim Staat selbst, überwog 1972 die Zahl der unmittelbar beim Staat Beschäftigten.

Bis 1976 hat sich dieser Trend zugunsten der unmittelbar beim Staat Beschäftigten abgeschwächt fortgesetzt. Im Jahresdurchschnitt stieg die Zahl der in anderen Wirtschaftszweigen für die Käufe des Staates Beschäftigten um 0,6 vH. Trotz einer restriktiveren Einstellungspolitik des Staates nahm aber die Zahl der unmittelbar beim Staat Beschäftigten jahresdurchschnittlich noch immer stärker, nämlich um 2,4 vH, zu.

Die Strukturverschiebungen zwischen den Aufgabenbereichen sind in der Periode 1962 bis 1972 heftiger gewesen als in dem darauffolgenden - allerdings kürzeren - Zeitabschnitt. In der ersten Periode sank die Zahl der mittelbar für den Verteidigungsbereich Beschäftigten um mehr als 50 vH. Auch der Verkehr, der 1962 nach dem Verteidigungsbereich und dem Gesundheitswesen die drittgrößte Zahl von mittelbar Beschäftigten an sich gebunden hatte, beschäftigte 1972 mittelbar wesentlich weniger Erwerbstätige, während diese Zahl beim Unterrichts- und beim Gesundheitswesen am stärksten stieg.

Bis 1976 setzte sich der Rückgang beim Verkehrsbereich verstärkt fort, erfaßte nun aber auch das Unterrichtswesen; vom Gesundheitswesen gingen dagegen noch größere Impulse auf die Beschäftigung in anderen Wirtschaftszweigen aus als vorher.

Tabelle 3.1/3

Den Käufen des Staates nach Wirtschaftszweigen insgesamt zugerechnete Erwerbstätige

Wirtschaftszweig	1962	1972	1976	1962	1972	1976
	1 000 Personen			vH		
Land- und Forstwirtschaft	193	141	136	7,1	5,1	4,8
Energiewirtschaft	23	25	27	0,9	0,9	1,0
Bergbau	42	26	25	1,5	0,9	0,9
Kohlenbergbau, Kokerei	36	23	22	1,3	0,8	0,8
Übriger Bergbau	6	3	3	0,2	0,1	0,1
Verarbeitendes Gewerbe	868	828	724	32,5	29,9	25,6
Chemische Industrie	56	77	72	2,1	2,8	2,5
Mineralölverarbeitung	5	5	4	0,2	0,2	0,1
Kunststoff- u. Gummiwaren	24	31	28	0,9	1,1	1,0
Steine und Erden	68	55	50	2,5	2,0	1,8
Feinkeramik, Glasgewerbe	19	20	17	0,7	0,7	0,6
Metallerzeugung, -bearbeitung	93	71	60	3,5	2,6	2,1
Stahlbau	49	49	36	1,8	1,8	1,3
Maschinenbau, ADV	48	49	50	1,8	1,8	1,8
Fahrzeugbau	78	65	48	2,9	2,3	1,7
Elektrotechnik	113	97	88	4,2	3,4	3,1
Feinmech., Optik, EBM	64	69	65	2,4	2,5	2,3
Holz-, Papier-, Druckgewerbe	133	142	122	5,0	5,1	4,3
Textilgewerbe	34	24	17	1,3	0,9	0,6
Leder-, Bekleidungsgewerbe	34	24	16	1,3	0,9	0,6
Ernährungsgewerbe	48	49	50	1,8	1,8	1,8
Tabakverarbeitung	2	1	1	0,1		
Baugewerbe	509	475	423	19,1	17,1	14,8
Bauhauptgewerbe	432	381	329	16,2	13,7	11,5
Ausbaugewerbe	77	94	94	2,9	3,4	3,3
Handel	232	253	243	8,7	9,1	8,6
Großhandel, Handelsvermittlung	157	155	141	5,9	5,6	5,0
Einzelhandel	75	98	102	2,8	3,5	3,6
Verkehr und Nachrichtenübermittlung	179	190	183	6,7	6,8	6,4
Eisenbahnen	52	52	53	1,9	1,9	1,8
Schiffahrt, Häfen	8	6	6	0,3	0,2	0,2
Übriger Verkehr	50	59	54	1,9	2,1	1,9
Nachrichtenübermittlung	69	73	70	2,6	2,6	2,5
Kreditinstitute und Versicherungswesen	48	77	88	1,8	2,8	3,1
Kreditinstitute	41	67	79	1,5	2,4	2,8
Versicherungsunternehmen	7	10	9	0,3	0,4	0,3
Wohnungsvermietung						
Sonstige Dienstleistungen	390	457	583	14,6	16,5	20,4
Unternehmen insgesamt	2 484	2 472	2 432	92,9	89,1	85,6
Staat						
Private Haushalte, private Organisationen ohne Erwerbscharakter	190	306	408	7,1	10,9	14,4
Wirtschaftszweige insgesamt	2 674	2 778	2 840	100,0	100,0	100,0

Quelle: Input-Output-Rechnung des DIW.

Die Hierarchie der einzelnen Aufgabenbereiche in bezug auf die mittelbaren Beschäftigungswirkungen hat sich dementsprechend deutlich verändert. Faßt man die Zahlen der unmittelbar und mittelbar für den Staat Beschäftigten zusammen, zeigen sich gravierende Verschiebungen in den Beschäftigungseffekten der einzelnen Aufgabenbereiche (vgl. Tabelle 3.1/4).

Die Verteidigung hatte ihre führende Position schon bis 1972 an das Gesundheitswesen verloren. Das Unterrrichtswesen rückte vom fünf-

Tabelle 3.1/4

Hierarchie in der Zahl der staatlichen Beschäftigten nach Aufgabenbereichen

	Rangziffern			durchschnittl. Wachstumsrate 1962-1976
	1962	1972	1976	
Allgemeine Verwaltung	3	2	2	1,7
Verteidigung	1	3	3	- 0,9
Unterrichtswesen	5	4	4	4,4
Gesundheitswesen	2	1	1	4,1
Soziale Sicherung	7	7	7	2,3
Wohnungswesen etc.	6	6	6	2,1
Sonstige Dienste	8	8	8	2,5
Wirtschaft u. Verkehr	4	5	5	- 2,3
Insgesamt	.	.	.	1,7

ten auf den vierten Rang vor. Die Einbußen des Verkehrsbereichs betrafen fast ausschließlich die mittelbar Beschäftigten (Investitionskäufe), während der Bedeutungsverlust des Verteidigungsbereichs auf die Entwicklung der Zahl der unmittelbar Beschäftigten zurückzuführen war.

In der Gesamtperspektive zeigt sich, daß neben der Ausfuhr der öffentliche Verbrauch eine im Zeitablauf kontinuierlich steigende Zahl von Erwerbspersonen beschäftigt hat. Die für staatliche Investitionen Tätigen haben dagegen abgenommen. Im Jahre 1976 machten die 6,4 Mill. den staatlichen Aktivitäten zurechenbaren Erwerbstätigen mehr als ein Viertel der gesamten Erwerbstätigen aus, gegenüber nur einem Fünftel (5,0 Mill.) im Jahre 1962. Nur geringfügig zugenommen hat dabei der Anteil mittelbar für den Staat Beschäftigter. Dies ist in erster Linie auf die schwache Entwicklung der

Tabelle 3.1/5

Entwicklung der den Käufen des Staates insgesamt zugerechneten Erwerbstätigen nach Aufgabenbereichen

	1962			1972			1976		
	beim Staat	in and. Wirtschaftszweigen	insgesamt	beim Staat	in and. Wirtschaftszweigen	insgesamt	beim Staat	in and. Wirtschaftszweigen	insgesamt
	in Tausend								
Allgemeine Verwaltung	659	235	894	818	270	1 088	866	270	1 136
Verteidigung	533	659	1 192	710	324	1 034	710	340	1 050
Unterrichtswesen	365	233	598	647	345	992	800	290	1 090
Gesundheitswesen	326	625	951	485	893	1 378	566	1 100	1 666
Soziale Sicherung	133	138	271	159	190	349	152	220	372
Wohnungsw., Stadt- u. Landespl.	131	172	303	162	196	358	211	195	406
Sonst. Dienste f. d. Allgemeinheit	66	70	136	84	98	182	102	90	192
Wirtschaftsförd., -ordnung, -aufsicht	135	542	677	168	462	630	151	335	486
Insgesamt	2 343	2 674	5 022	3 233	2 778	6 011	3 558	2 840	6 398
	in vH								
Allgemeine Verwaltung	28,1	8,8	17,8	25,3	9,7	18,1	24,3	9,5	17,8
Verteidigung	22,7	24,6	23,7	22,0	11,7	17,2	20,0	12,0	16,4
Unterrichtswesen	15,5	8,7	11,9	20,0	12,4	16,5	22,5	10,2	17,0
Gesundheitswesen	13,9	23,4	18,9	15,0	32,2	22,9	15,9	38,7	26,1
Soziale Sicherung	5,7	5,2	5,4	4,9	6,8	5,8	4,3	7,7	5,8
Wohnungsw., Stadt- u. Landespl.	5,6	6,4	6,0	5,0	7,1	6,0	5,9	6,9	6,3
Sonst. Dienste f. d. Allgemeinheit	2,8	2,6	2,7	2,6	3,5	3,0	2,9	3,2	3,0
Wirtschaftsförd., -ordnung, -aufsicht	5,7	20,3	13,6	5,2	16,6	10,5	4,2	11,8	7,6
Insgesamt	100	100	100	100	100	100	100	100	100
				Durchschnittliche jährliche Wachstumsraten in vH					
				1962 - 1972			1972 - 1976		
Allgemeine Verwaltung				2,2	1,4	2,0	1,4	0,0	1,1
Verteidigung				2,9	- 6,9	1,4	0,0	1,2	0,4
Unterrichtswesen				5,9	4,0	5,2	5,4	- 4,2	2,4
Gesundheitswesen				4,1	3,6	3,8	3,9	5,4	4,9
Soziale Sicherung				1,8	3,2	2,6	- 1,1	3,7	1,6
Wohnungsw., Stadt- u. Landespl.				2,1	1,3	1,7	6,8	- 0,1	3,2
Sonst. Dienste f. d. Allgemeinheit				2,4	3,4	3,0	5,0	- 2,1	1,3
Wirtschaftsförd., -ordnung, -aufsicht				2,2	- 1,6	- 0,7	- 2,6	- 7,7	- 6,3
Insgesamt				3,3	0,4	1,8	2,4	0,6	1,6

Quelle: Input-Output-Rechnung des DIW.

staatlichen Investitionstätigkeit zurückzuführen. Allein in der Periode 1972 bis 1976 ist die Zahl der von der staatlichen Investitionstätigkeit abhängigen Erwerbstätigen um fast 130 000 Personen zurückgegangen (vgl. Tabellen 3.1/5 und 3.1/6).

Insgesamt zeigt sich, daß die Vorleistungskäufe im Vergleich zu den Käufen von neuen Anlagen ein fast dreimal so hohes und im Zeitverlauf noch zunehmendes Gewicht für die mittelbaren Beschäftigungseffekte hatten.

Tabelle 3.1/6

Den Käufen des Staates insgesamt zugerechnete Erwerbstätige

	Erwerbstätige						
	beim Staat Beschäftigte			für Käufe des Staates in anderen Wirtschaftszweigen	für Leistungen des Staates insgesamt[1]	darunter:	
	für unentgeltliche Leistungen	für andere Bereiche der Endnachfrage	insgesamt			für öffentl. Verbrauch	für Anlageinvestitionen
	1000 Personen						
1962	2 007	341	2 348	2 674	5 022	3 807	871
1972	2 826	407	3 233	2 778	6 011	4 743	874
1976	3 060	500	3 560	2 840	6 400	5 158	750
	in vH der beim Staat Beschäftigten						
1962	85,5	14,5	100	113,9	213,9	162,1	37,1
1972	87,4	12,6	100	85,9	185,9	146,7	27,0
1976	86,0	14,0	100	79,8	179,8	144,9	21,1
	in vH der Erwerbstätigen insgesamt						
1962	7,6	1,3	8,9	10,1	18,9	14,3	3,3
1972	10,6	1,6	12,2	10,5	22,6	17,8	3,3
1976	12,2	2,0	14,2	11,4	25,6	20,6	3,0

1) Ein Vergleich mit den zugerechneten Erwerbstätigen für andere Verwendungsbereiche ist nur möglich für die dem öffentlichen Verbrauch und den Anlageinvestitionen des Staates zugerechneten Erwerbstätigen.
Quelle: Input-Output-Rechnung des DIW

Zum Abschluß sei darauf hingewiesen, daß in diesem Abschnitt nur die Erwerbstätigen ermittelt wurden, die den Aktivitäten des von der VGR recht eng gefaßten "Staates" zuzurechnen sind. Zu abweichenden Ergebnissen würde man gelangen, wenn man z. B. Bundesbahn, Bundespost und kommunale Eigenbetriebe einbezöge. Die Zahl der unmittelbar bei Bahn und Post Beschäftigten hat von 1962 bis 1979 um 70 000 Personen zugenommen, allerdings nicht gleichmäßig. Nach einem starken Rückgang der Beschäftigtenzahl von 1962 bis 1969 (auf 822 000) stieg sie bis 1973/74 wieder auf rund 910 000; gerade in der beschäftigungspolitisch kritischen Periode seit 1975 ist diese Zahl dann wieder auf den Stand von 1969 gesunken.

3.2 Wirkungen finanzpolitischer Maßnahmen im Konjunkturverlauf

Zur Beeinflussung der konjunkturellen Entwicklung stehen den finanzpolitischen Entscheidungsträgern vielfältige Eingriffsmöglichkeiten zur Verfügung. Die konjunkturpolitische Bedeutung der staatlichen Käufe von Gütern und Diensten ist vor allem darin zu sehen, daß der Staat mit ihrer Veränderung den Auslastungsgrad des Produktionspotentials unmittelbar beeinflussen kann. Bedeutendste Variable waren dabei bisher die öffentlichen Anlageinvestitionen. Alle übrigen Steuerungsmöglichkeiten (Gewährung von Finanzhilfen, Steuervergünstigungen) zielen auf indirekte Wirkung.

Wenn heute das Vertrauen in die Wirksamkeit finanzpolitischer Maßnahmen zu einem guten Teil verflogen ist, so liegt dies einmal daran, daß sich die Vorstellungen, auf denen das Konzept der Globalsteuerung und damit der antizyklischen Finanzpolitik beruht, politisch häufig nicht durchsetzen ließen. Zum anderen wird immer deutlicher, daß die konjunkturelle Entwicklung kein einheitliches Phänomen ist, sondern die einzelnen Wirtschaftszweige ganz unterschiedlich berührt. Globale Eingriffe, die unterschiedlich intensiv auf gesamtwirtschaftliche Teilmengen wirken, können deshalb zu beträchtlichen Reibungsverlusten führen. Nachfragesteuerung darf sich also nicht allein auf eine Beeinflussung des Volumens beschränken, sondern muß auch die strukturellen Bedingungen, d. h. die wechselseitigen Beziehungen zwischen Nachfrage- und Angebotsstruktur, berücksichtigen.

Die konjunkturpolitische Steuerung über Ausgaben für Käufe stellt die öffentlichen Haushalte vor gravierende Probleme: Wenn sich die staatlichen Aktivitäten nicht an eigenständigen Zielen ausrichten und insbesondere die staatlichen Investitionen die Funktion eines konjunkturpolitischen Lückenbüßers erhalten, werden strukturelle Verwerfungen und Wohlfahrtsverluste zwangsläufig in Kauf genommen. Klassisches Beispiel hierfür ist die Bauwirtschaft. Auch sei auf die Effizienzhemmnisse hingewiesen, die sich aus dem föderalistischen Prinzip und den damit verbundenen politischen Zielkonflikten sowie technisch-administrativ bedingten Schwierigkeiten (begrenzte Flexibilität der Verwaltung, Vielfalt von Vorschriften, Richtlinien oder beteiligten Dienststellen, fehlende bzw. unzureichend geplante "Schubladenprojekte" u. ä.) ergeben.

3.2.1 Zur Messung und Beurteilung staatlicher Aktivitäten im Konjunkturverlauf

Jede Wirkungsanalyse staatlichen Handelns wirft erhebliche methodische Schwierigkeiten auf. Die Diskussion um die Abschätzung der Auswirkungen staatlicher Aktivitäten wurde insbesondere durch das vom Sachverständigenrat zur Begutachtung der gesamtwirtschaftlichen Entwicklung (SVR) entwickelte Konzept des "konjunkturneutralen Haushalts" vorangetrieben - ein Ansatz, der nicht zuletzt wegen seines gleichzeitigen Anspruchs, die konjunktur- **und** allokationspolitischen Folgen staatlicher Politik quantitativ zu analysieren, kritisiert worden ist. Ohne im Detail auf die Schwächen des Konzepts eingehen zu können, sei hier nur auf die grundsätzliche Problematik eines Basisperiodenvergleichs hingewiesen. Zwar hat der SVR zuletzt diesen Einwänden Rechnung zu tragen versucht, indem er die Strukturquoten des Jahres 1966 als Berechnungsbasis aufgegeben hat und stattdessen mit Durchschnittswerten operiert, doch ist es zweifelhaft, ob die Auslassung des Krisenjahres 1975 - nach Auffassung des SVR ein untypisches Extremjahr - gerechtfertigt ist, denn ebenso läßt sich die These vertreten, daß die ökonomische Entwicklung zu Beginn der siebziger Jahre in eine neue Phase eingetreten ist, in der das Jahr 1975 gar nicht so untypisch ist. Es mag offen bleiben, ob der Grund nicht vielmehr war, daß mit der Einbeziehung jenes Jahres eine dem Rat unerwünscht hohe Staatsquote Basis der Berechnung geworden wäre. Letzten Endes wird weder die Orientierung an einem Basisjahr noch an einem Jahresdurchschnitt der Tatsache gerecht, daß sich die Staatsquote im Trend aufwärts entwickelt, wie immer man dies bewerten mag. Konjunkturelle Impulse können daher nur als Abweichung von diesem Trend gemessen werden.

Im Rahmen dieser - ausschließlich konjunkturellen - Betrachtung werden Umfang und Richtung der von den öffentlichen Haushalten (Gebietskörperschaften ohne Sozialversicherung) initiierten Nachfrageimpulse auf Basis des Vorperiodenvergleichs ermittelt. Sie ergeben sich aus der absoluten Differenz zwischen den staatlichen Käufen und dem Übertragungssaldo (empfangene Übertragungen einschließlich Einkommen aus Unternehmertätigkeit und Vermögen abzüglich geleisteter Übertragungen einschließlich Zinsen auf öffentliche Schulden) im Vergleich zum Vorjahr.

Ein Übertragungsüberschuß ist Ausdruck für Entzugseffekte - er repräsentiert die indirekte Einflußnahme des Staates -, während die staatlichen Käufe Indikator für die unmittelbare Beanspruchung des Produktionspotentials sind. Je nach dem Disaggregationsgrad können die wesentlichen Ursachen für das Entstehen von kontraktiven oder expansiven Einflüssen ausfindig gemacht werden. Die Nachfrageimpulse stellen Primärimpulse dar; nicht berücksichtigt werden die multiplikativen Verknüpfungen. Kontraktive Einflüsse gehen auf die Gesamtwirtschaft dann aus, wenn im Vergleich zur Vorperiode die Entzugswirkungen der staatlichen Mehreinnahmen größer sind als die expansiven Effekte der Mehrausgaben. Die Frage der Konjunkturgerechtigkeit kann durch den Bezug zum Auslastungsgrad des gesamtwirtschaftlichen Produktionspotentials geklärt werden (vgl. Schaubild 3.2/1).

3.2.2 Globale Ausrichtung und Wirkung der Finanzpolitik im Konjunkturverlauf

In der Mehrzahl der Fälle hat die Finanzpolitik in der Berichtszeit prozyklisch gewirkt (vgl. auch Tabelle 3.2/1). Lediglich für die Zeiträume 1968/69 sowie 1974/75 verdient sie eindeutig das Attribut "konjunkturadäquat". Konjunkturgerecht war aber auch, daß die Finanzpolitik im Aufschwung der Jahre 1978/79 expansiv wirkte; denn es ist höchst fraglich, ob sich ohne diese Unterstützung der Aufschwung, der zuvor ins Stocken geraten war, überhaupt fortgesetzt

Schaubild 3.2/1
Wirkungen der Staatstätigkeit im Konjunkturverlauf
Nachfrageimpulse [1] und Auslastung des Produktionspotentials

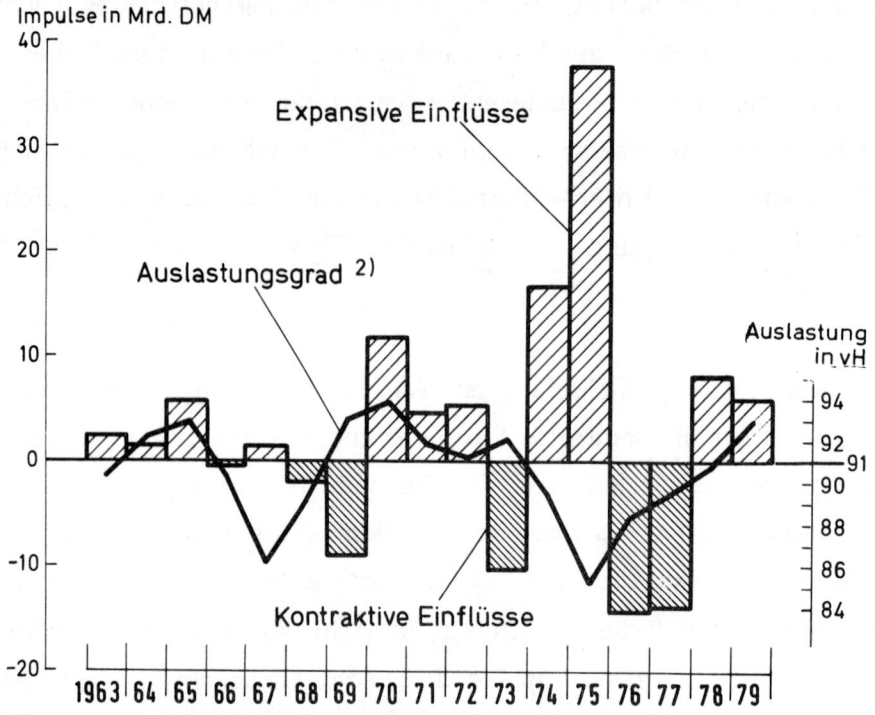

[1] *Differenz zwischen staatlichen Käufen und Übertragungssaldo im Vergleich zum Vorjahr (in Mrd. DM).* — [2] *Normalauslastung 91 vH.*

hätte. Besonders gravierend war das Fehlverhalten in den beiden Boomjahren 1965 und 1970, als von den Haushalten der Gebietskörperschaften noch beträchtliche expansive Impulse ausgegangen sind.

In starkem Maße prozyklisch gewirkt haben die forcierten Bemühungen um einen raschen Defizitabbau in den Jahren 1976 und 1977; ohne Zweifel hat hier die Finanzpolitik einen wesentlichen Beitrag dazu geleistet, daß der zaghafte Aufschwung nach der schweren Krise 1975 frühzeitig zum Stillstand gekommen ist. Die Anzeichen sprechen auch dafür, daß die heftige Reaktion der finanzpolitischen Entscheidungsträger auf den Preisauftrieb 1973 - in Verbindung mit dem scharfen Bremskurs der Bundesbank - in dieser Phase das Abkippen der Konjunktur wenn auch nicht verursacht, so doch merklich begünstigt hat.

Tabelle 3.2/1

Nachfrageimpulse der Gebietskörperschaften
in Mrd. DM

	1963	1964	1965	1966	1967	1968	1969	1970	1971	1972	1973	1974	1975	1976	1977	1978	1979
(1) Empfangene Übertragungen[1]	117,6	128,3	136,1	145,2	148,8	158,4	183,9	198,9	226,0	249,7	292,8	315,9	319,4	355,5	389,7	416,8	449,5
(2) Geleistete Übertragungen[1]	53,7	60,6	68,7	73,9	77,9	82,6	88,0	97,9	112,3	132,4	149,3	166,9	196,2	212,0	223,5	242,9	260,3
(3) Übertragungssaldo	63,9	67,7	67,4	71,3	70,9	75,8	95,9	101,0	113,7	117,3	143,5	149,0	123,2	143,5	166,4	173,9	189,2
(4) Differenz zum Vorjahr[2]	5,8	3,8	-0,3	3,9	-0,4	4,9	20,1	5,1	12,7	3,6	26,2	5,5	-25,8	20,3	22,9	7,5	15,3
(5) Staatliche Käufe	63,5	68,8	74,3	77,7	78,5	81,4	92,5	109,4	126,8	135,8	151,8	174,0	185,9	191,8	200,8	216,4	237,6
(6) Differenz zum Vorjahr[2]	8,2	5,3	5,5	3,4	0,8	2,9	11,1	16,9	17,4	9,0	16,0	22,2	11,9	5,9	9,0	15,6	21,2
(7) Nachfrageimpulse[2]	2,4	1,5	5,8	-0,5	1,2	-2,0	-9,0	11,8	4,7	5,4	-10,2	16,7	37,7	-14,4	-13,9	8,1	5,9

Abweichungen in den Summen durch Auf- bzw. Abrunden. 1) Brutto, d.h. einschließlich der innerstaatlichen Transfers, jedoch ohne unterstellte Sozialbeiträge, Übrige Welt u.ä. - 2) (7) = (6) ./. (4); positives Vorzeichen: expansiver Impuls.

Quelle: Berechnungen des DIW.

Unterschiedlich zu bewerten ist das Verhalten in den beiden Krisenphasen: 1966, als der Abschwung bereits deutlich sichtbar war, blieb die Finanzpolitik restriktiv. Auf der Basis des "Haushaltssicherungsgesetzes" wurden die ursprünglichen Ausgabenansätze für 1966 kräftig nach unten revidiert. Auch im darauffolgenden Jahr hat das Ausgabenverhalten der Gebietskörperschaften die rezessive Entwicklung verstärkt; die Wirkung der damals beschlossenen Konjunkturprogramme wurde teils durch Kürzungen in den Kernhaushalten kompensiert, teils wurden die Aufträge erst in der Folgezeit in Produktion umgesetzt.

Dagegen waren die expansiven Einflüsse, die von den öffentlichen Haushalten 1974/75 ausgegangen sind, beträchtlich. Zwar reichte die Anstoßwirkung nicht aus, die riesige gesamtwirtschaftliche Nachfragelücke zu schließen, doch wurden ein noch stärkerer Einbruch verhindert und die Voraussetzungen für eine konjunkturelle Wende geschaffen. Allerdings waren die Impulse weitgehend Folge der in das Transfersystem eingebauten Stabilisatoren und der Steuer- und Kindergeldreform. Das Volumen der staatlichen Käufe war 1975 - trotz der verschiedenen Konjunkturprogramme - schon nicht mehr groß genug, das Produktionspotential im gleichen Maße zu beanspruchen wie 1974.

Der Konjunkturaufschwung 1978/79 ist in engem Zusammenhang mit dem im Frühjahr 1977 eingeleiteten finanzpolitischen Kurswechsel zu sehen. Damals ist der schon aus beschäftigungspolitischen Gründen erforderliche Versuch unternommen worden, die finanzpolitische Steuerung in eine mittelfristige, an der Ausschöpfung des Produktionspotentials orientierte Konzeption einzubetten. Anders als 1974/75 waren die Bedingungen für ein "Greifen" der Ankurbelungsmaßnahmen günstig. Die Wirtschaft befand sich nicht in einer Talfahrt; es fehlten lediglich die Voraussetzungen für die notwendige Wachstumsbeschleunigung. Positive Einflüsse sind vor allem vom Zukunftsinvestitionsprogramm - seine Wirkungen waren auf mehrere Jahre verteilt - ausgegangen; diese Impulse sind kaum durch Kürzungen in den Kernhaushalten geschmälert worden.

Verfolgt man die Entwicklung seit 1974, so lag die Priorität der verschiedenen Maßnahmen jedoch eindeutig bei Steuersenkungen: Während die kumulierten Mindereinnahmen aufgrund der steuerpolitischen Entscheidungen in den Jahren 1974 bis 1979 eine Größenordnung von 100 Mrd. DM (einschl. der Kindergeldregelung als Teil der Steuerreform 1975) erreichten, errechnen sich auf der Ausgabenseite - ebenfalls nur bezogen auf die Sondermaßnahmen (einschl. Haushaltsstrukturgesetz) - per Saldo sogar Einsparungen in Höhe von 8 Mrd. DM. Wahrscheinlich wären die beschäftigungspolitischen Ziele eher realisiert worden, wenn in dieser Zeit das ausgabenpolitische Instrumentarium stärker zur Anwendung gekommen wäre. Gerade damals hätte sich die Bauwirtschaft als Einstiegsstelle für beschäftigungspolitische Interventionen hervorragend geeignet, war doch die Antinomie von Stabilitäts-, Beschäftigungs- und Allokationsziel sowohl global als auch sektoral weitgehend aufgehoben.

3.2.3 Produktions- und Beschäftigungswirkungen der Staatskäufe im Konjunkturverlauf

Ebenso wie die konjunkturellen Wirkungen lassen sich die Produktions- und Beschäftigungswirkungen der staatlichen Käufe von Gütern und Dienstleistungen quantitativ nur dann sinnvoll bestimmen, wenn es gelingt, eine operationale Bezugsbasis ("Neutralitätslinie") zu finden. Grundsätzlich kann Nachfragewachstum nur dann zu positiven Beschäftigungswirkungen führen, wenn der Produktivitätsanstieg übertroffen wird und umgekehrt. Als beschäftigungswirksame Nachfragedifferenz sind demnach jene Beträge anzusehen, die das jeweils realisierte Volumen der Vorperiode, fortgeschrieben mit dem durchschnittlichen, auslastungsbereinigten Anstieg des Produktivitätspotentials, über- oder unterschreiten (vgl. Tabelle 3.2/2).

Im einzelnen wurden folgende jahresdurchschnittliche Zuwachsraten des Produktivitätspotentials ermittelt (in vH):

	1963 bis 1972	1972 bis 1978
Laufende Güterkäufe	4,0	3,5
Ausrüstungsinvestitionen	5,0	4,0
Bauinvestitionen	3,5	2,5

Die Tabellen 3.2/3 und 3.2/4 geben einen Überblick darüber, in welchem Umfang die staatlichen Käufe die sektorale Bruttoproduktion und Beschäftigung (unter Einschluß der einkommensmultiplikativen Verknüpfungen) im Konjunkturverlauf beeinflußt haben. Bei der Interpretation dieser rechnerischen Wirkungen sind allerdings einige Restriktionen zu beachten: Zwar werden Produktivitätsentwicklung bzw. -niveau durch die "Neutralitätslinie" und die sektoralen Arbeitskoeffizienten berücksichtigt, doch ist fraglich, ob damit auch das Einstellungsverhalten in konjunkturellen Extremlagen adäquat abgebildet wird, denn es ist anzunehmen, daß die einzelnen Sektoren in Abhängigkeit von der Konjunkturreagibilität in unterschiedlichem

Tabelle 3.2/2

Güterkäufe der Gebietskörperschaften im Konjunkturverlauf
- in Mrd. DM (zu Preisen von 1970) -

	1963	1964	1965	1966	1967	1968	1969	1970	1971	1972	1973	1974	1975	1976	1977	1978
Laufende Güterkäufe im Inland																
Ist	26,76	26,57	27,76	26,02	27,32	24,92	28,51	29,71	33,78	35,43	38,70	38,38	39,22	43,10	43,62	46,24
"Soll"[1]	25,16	27,83	27,63	28,87	27,06	28,41	25,92	29,65	30,90	35,13	36,85	40,05	39,72	40,59	44,61	45,15
Überschuß (+) / Defizit (-)	+1,60	-1,26	+0,13	-2,85	+0,26	-3,49	+2,59	+0,06	+2,88	+0,30	+1,85	-1,67	-0,50	+2,51	-0,99	+1,09
Ausrüstungsinvestitionen																
Ist	1,61	1,69	1,87	1,82	1,74	1,62	1,80	2,18	2,52	2,66	2,89	3,05	2,87	2,70	2,98	3,25
"Soll"[1]	1,49	1,69	1,78	1,96	1,91	1,83	1,70	1,89	2,29	2,65	2,79	3,01	3,17	2,98	2,81	3,10
Überschuß (+) / Defizit (-)	+0,12	0	+0,09	-0,14	-0,17	-0,21	+0,10	+0,29	+0,23	+0,01	+0,10	+0,04	-0,30	-0,28	+0,17	+0,15
Bauinvestitionen																
Ist	19,16	23,51	23,62	23,81	21,66	23,36	25,43	28,47	27,94	27,26	26,80	28,69	28,00	27,32	26,09	28,16
"Soll"[1]	17,22	19,83	24,33	24,45	24,64	22,42	24,18	26,32	29,47	28,92	28,21	27,47	29,41	28,70	28,00	26,74
Überschuß (+) / Defizit (-)	+1,94	+3,68	-0,71	-0,64	-2,98	+0,94	+1,25	+2,15	-1,53	-1,66	-1,41	+1,22	-1,41	-1,38	-1,91	+1,42
Anlageinvestitionen insgesamt																
Überschuß (+) / Defizit (-)	+2,06	+3,68	-0,62	-0,78	-3,15	+0,73	+1,35	+2,44	-1,30	-1,65	-1,31	+1,26	-1,71	-1,66	-1,74	+1,57

1) Soll = Neutralitätslinie; siehe Text.
Quelle: Berechnungen des DIW.

Maße Produktivitätsreserven mobilisieren, bevor es zu arbeitsmarktrelevanten Schritten kommt. Ebenso kann nicht berücksichtigt werden, daß die Unternehmen auch mit einer Variation der Arbeitszeit auf Nachfrageveränderungen reagieren. Ein weiteres Problem ergibt sich aus der Konstanz der Multiplikatorbeziehung im Konjunkturverlauf: In rezessiven Phasen dürfte die Multiplikatorwirkung - zumindest für die Produktion - höher zu veranschlagen sein als im Falle voll ausgelasteter Kapazitäten. Auch können Lager- und Akzeleratoreffekte ohne Einführung weiterer Annahmen nicht berücksichtigt werden.

Die gesamten induzierten Produktionswirkungen staatlicher Käufe betragen das 2,2fache der autonomen Nachfrageänderung. Damit liegen die auf Basis des Input-Output-Modells ermittelten Effekte in der gleichen Größenordnung wie die mit Hilfe ökonometrischer Modelle errechneten Multiplikatorwerte der staatlichen Güterkäufe. Verfolgt man die vom staatlichen Verhalten ausgelösten Beschäftigungseffekte im Zeitablauf (vgl. Tabelle 3.2/4), so wird deutlich, daß die Gebietskörperschaften die Beschäftigungsprobleme sowohl in der ersten Rezession als auch in den Jahren 1974 bis 1977 verschärft

Tabelle 3.2/3

Produktionseffekte der staatlichen Güterkäufe im Konjunkturverlauf[1]

- in Mill. DM -

	1963	1964	1965	1966	1967	1968	1969	1970	1971	1972	1973	1974	1975	1976	1977	1978
Laufende Güterkäufe der Gebietskörperschaften																
Land- und Forstwirtschaft	91	-70	5	-156	11	-196	144	3	151	10	102	-86	-20	130	-50	66
Energie, Bergbau	206	-166	8	-385	30	-495	360	4	407	31	270	-240	-45	372	-142	162
Chemie, Steine, Erden	363	-292	31	-629	61	-856	642	12	744	78	499	-448	-110	650	-264	291
Eisen, Stahl, NE-Metalle	184	-141	12	-310	22	-360	267	7	276	24	186	-158	-51	230	-83	88
Stahl-,Masch.-, Fahrz.Bau	332	-271	31	-550	63	-632	483	16	570	67	384	-328	-114	487	-191	198
Elektrotechnik, EBM	311	-236	21	-516	52	-628	491	17	534	48	371	-325	-101	476	-187	206
Holz, Papier, Textil.	359	-280	29	-640	55	-798	643	21	701	74	463	-388	-119	583	-237	248
Nahrungs- u. Genußmittel	196	-162	14	-371	26	-466	347	7	392	30	278	-208	-63	321	-127	151
Bauwirtschaft	212	-172	32	-403	45	-499	354	12	399	68	260	-224	-91	351	-140	152
Handel	406	-314	26	-633	64	-768	596	19	637	66	410	-350	-97	494	-192	224
Verkehr, Nachrichten	303	-233	12	-535	48	-634	462	18	506	48	341	-303	-99	451	-186	195
Sonst. Dienstleistungen	520	-390	52	-913	81	-1 095	801	21	922	100	826	-535	-165	800	-319	346
Staat	26	-21	2	-46	4	-56	39	1	41	4	32	-24	-7	36	-14	16
Priv. Haush., Priv. Org.	67	-55	11	-162	11	-215	161	0	202	21	149	-107	-32	211	-74	85
Insgesamt	3 577	-2 803	286	-6 250	572	-7 699	5 791	157	6 483	670	4 571	-3 725	-1 112	5 592	-2 207	2 428
Anlageinvestitionen des Staates																
Land- und Forstwirtschaft	106	171	-29	-34	-134	32	50	93	-47	-55	-45	45	-58	-56	-59	54
Energie, Bergbau	149	262	-38	-48	-208	43	87	154	-88	-106	-86	86	-111	-108	-112	89
Chemie, Steine, Erden	449	817	-134	-173	-715	174	338	654	-360	-467	-368	336	-453	-443	-465	421
Eisen, Stahl, NE-Metalle	219	402	-74	-84	-314	82	144	278	-140	-171	-141	123	-163	-159	-166	150
Stahl-,Masch.-, Fahrz.Bau	329	554	-92	-118	-505	111	203	393	-222	-273	-226	210	-290	-275	-293	257
Elektrotechnik, EBM	233	402	-82	-92	-368	91	166	320	-171	-229	-191	186	-251	-246	-254	226
Holz, Papier, Textil.	335	617	-108	-137	-513	119	228	414	-223	-294	-217	205	-285	-279	-289	268
Nahrungs- u. Genußmittel	169	299	-51	-62	-260	62	112	207	-109	-137	-108	104	-141	-136	-142	129
Bauwirtschaft	1 654	2 987	-498	-645	-2 514	627	1 122	2 012	-1 060	-1 355	-1 056	1 001	-1 365	-1 344	-1 416	1 281
Handel	316	540	-87	-105	-467	100	188	362	-190	-229	-187	173	-235	-219	-228	208
Verkehr, Nachrichten	191	342	-54	-69	-273	61	106	202	-107	-136	-111	105	-142	-137	-144	130
Sonst. Dienstleistungen	301	528	-87	-106	-457	99	192	364	-197	-257	-201	198	-268	-250	-260	238
Staat	28	49	-8	-10	-42	10	17	29	-15	-20	-16	15	-21	-20	-21	19
Priv. Haush., Priv. Org.	9	16	-3	-3	-14	3	6	10	-5	-7	-6	5	-7	-7	-8	7
Insgesamt	4 486	7 985	-1 345	-1 686	-6 783	1 613	2 958	5 492	-2 935	-3 735	-2 958	2 793	-3 789	-3 679	-3 857	3 476

[1] Einschließlich einkommensmultiplikativer Effekte.- Abweichungen in den Summen durch Runden.-

Quelle: Input-Output-Rechnung des DIW.

Tabelle 3.2/4

Beschäftigungseffekte der staatlichen Güterkäufe im Konjunkturverlauf[1)]

- Erwerbstätige in 1 000 -

	1963	1964	1965	1966	1967	1968	1969	1970	1971	1972	1973	1974	1975	1976	1977	1978
Laufende Güterkäufe der Gebietskörperschaften																
Land- und Forstwirtschaft	9	-6	0	-13	1	-13	9	0	8	1	5	-4	-1	5	-2	2
Energie, Bergbau	4	-3	0	-6	0	-6	4	0	4	0	2	-2	0	3	-1	1
Chemie, Steine, Erden	7	-5	1	-9	1	-10	7	0	7	1	4	-4	-1	5	-2	2
Eisen, Stahl, NE-Metalle	4	-3	0	-6	0	-5	3	0	3	0	2	-2	0	2	-1	1
Stahl-, Masch.-, Fahrz.Bau	8	-6	1	-12	1	-12	8	0	9	1	6	-5	-2	6	-2	2
Elektrotechnik, EBM	10	-7	1	-14	1	-14	10	0	10	1	6	-5	-2	6	-2	3
Holz, Papier, Textil.	12	-8	1	-17	1	-18	14	1	13	1	8	-6	-2	9	-3	3
Nahrungs- u. Genußmittel	3	-2	0	-4	0	-5	3	0	3	0	2	-2	0	2	-1	1
Bauwirtschaft	7	-5	1	-11	1	-13	9	0	9	1	5	-5	-2	7	-3	3
Handel	17	-12	1	-23	2	-25	17	1	16	2	10	-9	-2	11	-4	5
Verkehr, Nachrichten	8	-6	0	-13	1	-15	10	1	11	1	7	-6	-2	8	-3	3
Sonst. Dienstleistungen	11	-8	1	-18	2	-21	15	0	16	2	13	-8	-2	11	-4	5
Staat	0	0	0	0	0	0	0	0	0	0	0	0	0	0	0	0
Priv. Haush., Priv. Org.	4	-3	0	-8	1	-11	7	0	8	1	6	-4	-1	8	-3	3
Insgesamt	103	-74	7	-154	13	-167	116	3	118	12	76	-60	-18	85	-32	35
Anlageinvestitionen des Staates																
Land- und Forstwirtschaft	11	15	-3	-3	-9	2	3	5	-3	-3	-2	2	-3	-2	-2	2
Energie, Bergbau	3	4	-1	-1	-3	1	1	2	-1	-1	-1	1	-1	-1	-1	1
Chemie, Steine, Erden	8	14	-2	-3	-10	2	4	7	-3	-4	-3	3	-4	-3	-3	3
Eisen, Stahl, NE-Metalle	5	8	-1	-1	-5	1	2	3	-2	-2	-1	1	-2	-2	-2	1
Stahl-, Masch.-, Fahrz.Bau	8	12	-2	-3	-11	2	3	6	-4	-4	-3	3	-4	-4	-4	3
Elektrotechnik, EBM	7	11	-2	-2	-9	2	3	6	-3	-4	-3	3	-4	-3	-3	3
Holz, Papier, Textil.	11	18	-3	-4	-14	3	5	8	-4	-5	-4	3	-5	-4	-4	4
Nahrungs- u. Genußmittel	2	4	-1	-1	-3	1	1	2	-1	-1	-1	1	-1	-1	-1	1
Bauwirtschaft	53	90	-15	-18	-68	16	27	46	-23	-28	-22	21	-27	-25	-25	22
Handel	13	21	-3	-4	-16	3	5	10	-5	-6	-5	4	-6	-5	-5	5
Verkehr, Nachrichten	5	9	-1	-2	-7	1	2	4	-2	-3	-2	2	-3	-2	-2	2
Sonst. Dienstleistungen	7	11	-2	-2	-9	2	4	6	-3	-4	-3	3	-4	-4	-4	3
Staat	0	0	0	0	0	0	0	0	0	0	0	0	0	0	0	0
Priv. Haush., Priv. Org.	1	1	0	0	0	0	0	0	0	0	0	0	0	0	0	0
Insgesamt	134	219	-35	-42	-164	36	61	105	-54	-66	-50	47	-62	-57	-57	50
Nachrichtlich: Beschäftigtenzuwachs bei den Gebietskörperschaften	92	94	85	74	65	24	56	115	109	134	89	106	60	45	17	63

1) Einschließlich einkommensmultiplikativer Verknüpfungen. - Abweichungen in den Summen durch Runden. -
Quelle: Input-Output-Rechnung des DIW.

haben. Während 1966/67 aufgrund des restriktiven Ausgabengebarens per Saldo rund 340 000 Arbeitsplätze in der Wirtschaft verlorengegangen sind - dies entsprach der Hälfte des gesamtwirtschaftlichen Beschäftigungsverlustes -, waren es in der Zeit von 1974 bis 1977 rund 150 000. Spürbar gemildert bzw. sogar überkompensiert wurde diese Negativwirkung indes durch die Beschäftigungsexpansion im öffentlichen Dienst, obwohl auch hier in der Tendenz eine verzögerte prozyklische Entwicklung festzustellen ist: Wurden 1966/67 bei Bund, Ländern und Gemeinden 140 000 Arbeitsplätze zusätzlich geschaffen, so waren es in den Jahren 1974 bis 1977 knapp 230 000 Arbeitsplätze. Nach Umrechnung der Teilzeit- auf Vollzeitkräfte sind 1966/67 rund 130 000 und 1974/77 210 000 Arbeitsplätze bei Bund, Ländern und Gemeinden neu eingerichtet worden.

Die rasche Überwindung der ersten Rezession ist vom unmittelbaren staatlichen Nachfrageverhalten nicht begünstigt worden. Selbst unter Aufrechnung der positiven Beschäftigungsentwicklung im öffentlichen Dienst im Jahre 1968 (+24 000 Erwerbstätige) verbleibt ein Negativsaldo von über 100 000 Arbeitsplätzen.

Expansiv, aber prozyklisch, hat die Finanzpolitik im Boom 1969/70 auf die Beschäftigung gewirkt. In dieser Phase sind aufgrund der staatlichen Nachfrage nach Gütern und Diensten rund 450 000 Erwerbstätige, davon 170 000 unmittelbar bei Bund, Ländern und Gemeinden, zusätzlich beschäftigt worden. Aber auch zum gesamtwirtschaftlichen Beschäftigungsaufschwung 1978 haben die Gebietskörperschaften nicht unerheblich beigetragen; unter Einschluß der unmittelbar im öffentlichen Dienst neu geschaffenen Stellen (60 000) errechnet sich ein positiver Beschäftigungseffekt in der Größenordnung von 150 000 Arbeitsplätzen.

Von den insgesamt geringfügig positiven Wirkungen des Staates auf die Beschäftigung in den Jahren 1974 bis 1977 waren die einzelnen Wirtschaftszweige in sehr unterschiedlichem Maße betroffen. Wie schon 1966/67 hat auch die letzte Wirtschaftskrise ihre Schärfe zu einem wesentlichen Teil aus dem Verfall der Baunachfrage bezogen. In beiden Fällen hat die restriktive Investitionspoltik der Gebietskörperschaften zu erheblichen Beschäftigungsverlusten geführt; lediglich 1974 entsprach die Politik den bauwirtschaftlichen Erfordernissen. Aus Sicht der Bauwirtschaft haben sich die öffentlichen Investoren dagegen in den Jahren 1968 bis 1972 richtig verhalten: Zuerst sind die negativen Wirkungen der nur schwachen Wohnungsbautätigkeit mehr als kompensiert worden. 1970 wurden durch einen Investitionsstoß die Voraussetzungen für den Aufschwung in der Bauwirtschaft geschaffen, und nachdem der Aufschwung an Stärke gewonnen hatte, schalteten die Gebietskörperschaften auf einen restriktiven Kurs um (1971/72).

3.2.4 Zur Wirkung indirekter Maßnahmen

Wirkungsanalytische Überlegungen über Maßnahmen, die auf eine Beeinflussung der privaten Konsum- und Investitionsentscheidungen zielen, stoßen sehr schnell auf methodische Grenzen; die Probleme der Zurechenbarkeit, der Isolierung von Vorzieh-, Mitnahme- (bzw. Überwälzungs-) und Zusatzeffekten sind nicht befriedigend zu lösen.

Vieles deutet darauf hin, daß das private Investorenverhalten mit finanzpolitischen Maßnahmen (Variation der Abschreibungs- und Steuersätze) nur marginal zu beeinflussen ist. Solche Maßnahmen dürften vor allem dann Wirkung gehabt haben, wenn andere bestimmende Variablen (Gewinn- und Absatzerwartungen) auf eine Umkehr des Trends deuteten: Wohl nicht die Richtung, sondern nur die Stärke der "endogenen" Bewegung kann beeinflußt werden. Da konjunkturpolitisch motivierte Maßnahmen in der Regel zeitlich befristet sind, besteht ihr Erfolg vor allem darin, daß Investoren eine zeitliche Verlagerung ihrer Projekte vornehmen; die längerfristigen Investitionspläne dürften sie kaum ändern.

Nach Untersuchungen des Ifo-Instituts zur Reaktion der Privaten auf globale konjunkturpolitische Maßnahmen hatten die Dämpfungsbemühungen vom Juli 1970 keinen nennenswerten Einfluß auf das private Nachfrageverhalten. Stärker zu Buche schlugen die Maßnahmen des Stabilitätsprogramms vom Mai 1973, insbesondere bei kleineren und mittleren Unternehmen; allerdings war die Restriktion auch wesentlich schärfer dosiert als 1970. Ob jedoch diese Maßnahmen das Umkippen der konjunkturellen Bewegung verursacht haben, scheint fraglich, denn anders als im Aufschwung 1968/70 war das Wachstum der Anlageinvestitionen in der Erholungsphase 1972/73 nur schwach ausgeprägt. Außerdem war die Geldpolitik gleichzeitig außerordentlich restriktiv ausgerichtet.

Nur schwer abschätzen läßt sich der Einfluß des Stabilitätszuschlags auf die privaten Konsumentscheidungen. Zwar ist die Konsumnachfrage im zweiten Halbjahr 1973 unter dem Niveau der Vorquartale geblieben, doch war der Zinsauftrieb in dieser Zeit beträchtlich. Die Begrenzung des Stabilitätszuschlags auf Einkommen über 24 000/48 000 DM spricht eher für die Wirkung der geldpolitischen Maßnahmen.

Auf die Suspendierung des Stabilitätsprogramms Ende 1973 reagierten die Unternehmer nicht, hatten sich doch zu diesem Zeitpunkt die gesamtwirtschaftlichen Rahmenbedingungen radikal verschlechtert. Gespalten war die Wirkung der Investitionszulage vom Dezember 1974 (sie führte zu Steuerausfällen von annähernd 10 Mrd. DM): Zwar wurde durch die Zulage ein noch stärkerer Verfall der Investitionsgüternachfrage verhindert, doch war der Vorzieheffekt so stark, daß in der Folgezeit ein entsprechendes Auftragsloch entstand. (Offensichtlich unterlagen die Unternehmer nicht der Illusion, daß eine "künstlich geraffte Nachfrage den neuen Trend (ihrer) Auftragseingänge markiert"[1].) Ob der relative Erfolg dieser Maßnahme die Kosten gerechtfertigt hat, ist zumindest in der Retrospektive zu bezweifeln.

Für die diversen, nach 1975 gewährten steuerlichen Begünstigungen des Unternehmenssektors liegen keine empirischen Untersuchungen vor; sicherlich haben sie zur Verbesserung des Investitionsklimas beigetragen.

Vom Volumen her bedeutender waren die Maßnahmen zur Stärkung der Massenkaufkraft (Steuer- und Kindergeldreform 1975, Steueränderungsgesetz 1977). Vor allem 1975 erwies sich die Konsumnachfrage - obgleich die Sparquote ein ungewöhnlich hohes Niveau erreichte - als stabilisierendes Element.

---

1 W. Gerstenberger: Reaktionen der Industrie auf konjunkturpolitische Maßnahmen, dargestellt am Beispiel der Anlageinvestitionen. In: Beihefte der Konjunkturpolitik, Heft 24, 1977, S. 110.

In überschlägiger Rechnung dürfte sich aufgrund der Steuer- und Kindergeldreform das Niveau der privaten Konsumausgaben 1975 um rund 9 Mrd. DM (zu Preisen von 1970) erhöht haben. Von den steuerlichen Maßnahmen im Jahre 1978 sind merkliche Impulse auf die Nachfrage nach Konsumgütern ausgegangen.

3.2.5 Maßnahmen zur Beeinflussung des Wohnungsbaus

Die finanzpolitischen Entscheidungsträger haben in der Vergangenheit im Rahmen der Konjunkturpolitik auch eine Reihe sektoraler Eingriffe vorgenommen. Hierbei handelt es sich insbesondere um die Beeinflussung der Wohnungsbautätigkeit durch Variationen des Fördervolumens im sozialen Wohnungsbau, die Eigentumsförderung und Modernisierungsmaßnahmen.

Die Entwicklung des **sozialen Wohnungsbaus** läßt sich wie folgt charakterisieren:

- Über den gesamten Zeitraum gesehen hat sich das Bauvolumen nicht erhöht; aufgrund der exorbitanten Kostensteigerungen sowie des hohen Zinsniveaus in der ersten Hälfte der siebziger Jahre war die öffentliche Hand aus sozialpolitischen Gründen gezwungen, den Anteil des Subventionsbetrags an der Kostenmiete laufend zu erhöhen, so daß der Ausgabenspielraum für zusätzliche Förderungsmaßnahmen immer mehr eingeengt wurde.

- Gemessen an den Veränderungsraten der Bewilligungen hat die Förderungspraxis in der Mehrzahl der Fälle antizyklisch gewirkt, wenngleich die restriktiven Einflüsse zu Beginn der Talfahrten erheblich waren.

- Der Beitrag zur Stabilisierung der Baukonjunktur hätte in beiden Krisenphasen, vor allem aber 1975 und danach, deutlich größer ausfallen müssen; Anfang 1975 war der freifinanzierte Mietwohnungsbau praktisch zum Erliegen gekommen.

Tabelle 3.2/5

Produktions- und Beschäftigungswirkungen des Sozialen Wohnungsbaus im Konjunkturverlauf[1]

	1966	1967	1968	1969	1973	1974	1975	1976	1977	1978
	Sektorale Bruttoproduktion (Mill. DM)									
Land- und Forstwirtschaft	-58	7	10	-99	-65	-35	69	-9	-80	40
Energie, Bergbau	-115	10	17	-180	-135	-71	141	-19	-163	88
Chemie, Steine, Erden	-425	42	77	-795	-672	-328	653	-87	-753	420
Eisen, Stahl, NE-Metalle	-216	14	26	-411	-300	-146	278	-37	-321	174
Stahl-, Masch.-, Fahrz.Bau	-194	15	23	-323	-260	-116	231	-24	-283	246
Elektrotechnik, EBM	-134	13	23	-251	-217	-109	217	-28	-252	179
Holz, Papier, Textil.	-245	24	42	-434	-313	-155	307	-41	-355	192
Nahrungs- u. Genußmittel	-157	17	28	-283	-204	-106	208	-27	-242	121
Bauwirtschaft	-1 700	175	308	-2 952	-2 174	-1 115	2 229	-302	-2 563	1 413
Handel	-225	23	38	-394	-279	-136	270	-36	-313	173
Verkehr, Nachrichten	-165	16	26	-251	-199	-100	199	-26	-230	126
Sonst. Dienstleistungen	-368	45	59	-627	-486	-256	498	-63	-580	195
Staat	-26	3	4	-42	-30	-16	31	-4	-36	18
Priv. Haush., Priv. Org.	-8	1	1	-14	-10	-5	11	-1	-12	7
Insgesamt	-4 035	405	681	-7 057	-5 344	-2 694	5 341	-705	-6 183	3 392
	Sektorale Beschäftigung (Erwerbstätige in 1 000)									
Land- und Forstwirtschaft	-5	1	1	-6	-3	-2	3	0	-3	0
Energie, Bergbau	-2	0	0	-2	-1	-1	1	0	-1	0
Chemie, Steine, Erden	-6	1	1	-8	-6	-3	6	-1	-5	0
Eisen, Stahl, NE-Metalle	-4	0	0	-5	-3	-1	3	0	-3	0
Stahl-, Masch.-, Fahrz.Bau	-4	0	0	-5	-4	-2	3	0	-4	0
Elektrotechnik, EBM	-4	0	0	-5	-3	-2	3	0	-3	0
Holz, Papier, Textil.	-7	1	1	-9	-5	-3	5	-1	-5	0
Nahrungs- u. Genußmittel	-2	0	0	-4	-2	-1	2	0	-2	0
Bauwirtschaft	-47	5	8	-71	-45	-23	43	-6	-46	1
Handel	-8	1	1	-11	-7	-3	7	-1	-7	0
Verkehr, Nachrichten	-4	0	2	-6	-4	-2	4	0	-4	0
Sonst. Dienstleistungen	-7	1	1	-12	-8	-4	7	-1	-8	0
Staat	0	0	0	0	0	0	0	0	0	0
Priv. Haush., Priv. Org.	0	0	0	0	0	0	0	0	0	0
Insgesamt	-99	10	15	-144	-91	-45	87	-11	-92	2

1) Einschließlich einkommensmultiplikativer Effekte.- Abweichungen in den Summen durch Runden.-
Quelle: D. Vesper: Staatliche Einflußnahme ..., a.a.O.

In einer früheren Untersuchung des DIW[1] wurden die Produktions- und Beschäftigungswirkungen geschätzt, die von den Aktivitäten im sozialen Wohnungsbau während der beiden Krisen und im unmittelbaren Anschluß daran ausgegangen sind. Methodisch wurde in gleicher Weise vorgegangen wie bei der Schätzung der Effekte der staatlichen Güterkäufe. Nach diesen Berechnungen (vgl. Tabelle 3.2/5) zeigt sich, daß die erste Beschäftigungskrise im Bausektor zu einem großen Teil auf den Nachfragerückgang im sozialen Wohnungsbau im Jahre 1966 zurückzuführen war.

---

1 D. Vesper: Staatliche Einflußnahme auf die Baunachfrage. Eine Analyse für die Jahre 1965 bis 1978. Gutachten des DIW im Auftrage des Bundesministers für Wirtschaft, Berlin 1980.

Dieser Beschäftigungsverlust ist auch durch die vermehrten Bewilligungen in den Jahren 1967/68 nicht wettgemacht worden. Mitverantwortlich dafür, daß 1969 der Aufschwung im Baugewerbe nicht mit der gesamtwirtschaftlichen Entwicklung Schritt halten konnte, war die restriktive Bewilligungspolitik im sozialen Wohnungsbau. Auch vor der zweiten Rezession sind vom sozialen Wohnungsbau negative Impulse ausgegangen; in den Jahren 1973/74 sind im Baugewerbe 75 000 Arbeitsplätze aufgrund dieser Politik verlorengegangen. Zwar hat die vorübergehende Erhöhung der Bautätigkeit in dieser Kategorie 1975 zu beträchtlichen Beschäftigungsgewinnen geführt, doch wurden sie schon in den beiden folgenden Jahren wieder zunichte gemacht. Zum Aufschwung 1978 hat der soziale Wohnungsbau keinen Beitrag geleistet.

Im **freifinanzierten** Wohnungsbau ist die Dominanz des Kapitalmarktzinses offenkundig. Selbst in Phasen, in denen der Einfluß der Zinshöhe durch andere Faktoren überdeckt wurde - wie 1970 bis 1972 - hatten finanzpolitische Interventionen nur bedingt Verhaltensänderungen der Bauherren zur Folge. So zeigt die Entwicklung der Genehmigungen im freifinanzierten Wohnungsbau, daß der extreme Nachfrageverfall 1973 primär auf den raschen Zinsauftrieb zurückzuführen war. Lediglich im Eigenheimbau dürfte der befristete Fortfall der Vergünstigungen nach § 7b EStG einen nennenswerten Einfluß auf die Bauentscheidung gehabt haben. Eindeutig ist die Reaktion der Investoren auf die Wiedereinführung des § 7b EStG zur Jahreswende 1973/74; hier sind offensichtlich zurückgestellte Vorhaben zur Genehmigung vorgelegt worden. Positive Wirkungen sind auch vom Programm zur "Bausparzwischenfinanzierung" ausgegangen, wenngleich es sich hierbei vor allem um Vorzieheffekte gehandelt hat.

Konsequent war der Ansatz, innerhalb der verschiedenen Konjunkturprogramme zusätzlich zu den ohnedies gewährten Hilfen die Modernisierungsarbeiten zu fördern: Die Leistungen sind arbeitsintensiv und erfordern pro Modernisierungsobjekt einen relativ geringen Kapitalaufwand; zudem entfällt das mitunter recht langwierige Genehmigungsverfahren. Ein wesentlicher Erfolgsfaktor für die Maßnahmen war die ohnedies vorhandene positive Grundtendenz in der Entwicklung der Modernisierungsnachfrage mit der Folge allerdings, daß auch hier beträchtliche Mitnahmeeffekte realisiert worden sind.

3.2.6 Strukturelle Effekte

Während die Beschäftigungseffekte, die von der Veränderung der laufenden Güterkäufe der Gebietskörperschaften ausgehen, die einzelnen Sektoren relativ gleichmäßig beeinflussen, führen Veränderungen der staatlichen Anlageinvestitionen zu deutlich sichtbaren Unterschieden. In positiver wie auch in negativer Richtung wird besonders intensiv die Zahl der in der Bauwirtschaft Tätigen beeinflußt. Daneben, wenn auch gegenüber der Bauwirtschaft deutlich abgestuft, ergeben sich fühlbare Beschäftigungswirkungen für den Sektor Chemie, Steine und Erden, also einem Zuliefersektor der Bauwirtschaft, aber auch für den Bereich Holz, Papier, Leder, Textilien. Im Normalfall müßten bei einer antizyklischen Finanzpolitik auf die Dauer die positiven und die negativen Effekte einander ausgleichen. In der Zeit seit 1973 war dies nicht mehr der Fall. Von den laufenden Güterkäufen gingen nur in den Jahren 1976 und 1978 - bis zu diesem Jahr reicht die Analyse - positive Beschäftigungswirkungen aus; sie waren aber insgesamt geringer als die negativen in den übrigen Jahren. Bei den Anlageinvestitionen wurden in der gesamten Periode nach 1970 nur 1974 und 1978 positive Beschäftigungswirkungen induziert. Da die strukturbeeinflussenden Beschäftigungseffekte dieser Ausgaben erheblich größer sind als die der laufenden Käufe, haben sich daraus auch Langfristwirkungen ergeben, die einmal zu einer deutlichen absoluten oder relativen Kapazitätseinschränkung der besonders stark betroffenen Sektoren, zum anderen aber auch zu einer Verschiebung in der gesamtwirtschaftlichen Verwendungsstruktur wie auch der Ausgabenstruktur des Staates zu Lasten jeweils der investiven Anteile gegangen sind. Dies dürfte dämpfend auf das Wachstum des

Produktionspotentials gewirkt haben. Für die indirekten konjunkturpolitischen Maßnahmen des Staates - vor allem für die steuerlichen - läßt sich eine in diese Richtung weisende Wirkung ebenfalls vermuten, wenn auch nicht empirisch nachweisen.

3.3 Einkommensverteilung und -umverteilung

3.3.1 Einkommensentwicklung

Das Einkommen der privaten Haushalte hat in den siebziger Jahren kräftig expandiert. Das Bruttoeinkommen aus unselbständiger Arbeit und das Bruttoeinkommen aus Unternehmertätigkeit und Vermögen haben sich reichlich verdoppelt; die empfangenen laufenden Übertragungen haben 1979 sogar mehr als das Zweieinhalbfache des Niveaus von 1970 erreicht. Erheblich zugenommen haben freilich auch die von den privaten Haushalten geleisteten laufenden Übertragungen. Dabei sind die direkten Steuern etwas schwächer, die Sozialbeiträge hingegen kräftiger gestiegen als die empfangenen laufenden Übertragungen (vgl. Tabelle 3.3/1 und Schaubild 3.3/1).

Wegen mehrmaliger Anhebungen des Beitragssatzes haben die Beiträge zur Arbeitslosenversicherung in den siebziger Jahren deutlich stärker expandiert als die übrigen Sozialbeiträge. Als Folge der "Kostenexplosion" im Gesundheitswesen sind indes auch die Beiträge zur Krankenvericherung nicht unerheblich gestiegen. Die Beiträge zur Rentenversicherung waren anteilsmäßig rückläufig; auf sie entfielen 1979 noch 53 vH aller Sozialbeiträge (1970: 61 vH).

Reichlich die Hälfte der Sozialbeiträge wird - im Zeitverlauf ohne nennenswerte Änderungen - von den Arbeitgebern getragen; zwei Fünftel zahlen die Arbeitnehmer. Mit dem Rentenreformgesetz von 1972 haben freiwillige Beiträge von Selbständigen, Hausfrauen u. ä. an Bedeutung gewonnen.

In der Einkommensverteilung auf soziale Gruppen gibt es eine klar erkennbare Rangordnung. Vergleicht man etwa die durchschnittlichen Haushaltseinkommen, so stehen an der Spitze der Einkommenshierarchie die Selbständigen in freien Berufen und in Unternehmen; mit einigem Abstand folgen die Selbständigen in der Land- und Forstwirtschaft, schließlich Arbeitnehmer, Beamtenpensionäre und Rentner. Diese Rangordnung ist seit langem unverändert. Normiert man die

Tabelle 3.3/1

Einkommensverteilung und -umverteilung der privaten Haushalte[1] in der volkswirtschaftlichen Gesamtrechnung

Jahr	Bruttoerwerbs- und -vermögenseinkommen			Empfangene laufende Übertragungen			Brutto-einkommen	Geleistete laufende Übertragungen				Verfügbares Einkommen
	Bruttoeinkommen aus		insgesamt	Soziale Leistungen	Sonstige Übertragungen 4)	insgesamt		Direkte Steuern	Sozialbeiträge 2)	Sonstige Übertragungen 5)	insgesamt	
	unselbst. Arbeit 2)	Untern.-tätigk.u. Vermög. 3)										
in Mrd. DM												
1960	139,2	59,7	198,9	38,8	0,9	39,7	238,6	19,9	28,7	2,1	50,7	187,9
1970	344,5	137,1	481,6	89,5	2,5	92,0	573,6	60,4	76,0	11,3	147,7	425,9
1979	726,9	282,0	1008,9	230,8	7,4	238,2	1247,1	147,8	199,9	23,3	371,0	876,1
1970 = 100												
1970	100,0	100,0	100,0	100,0	100,0	100,0	100,0	100,0	100,0	100,0	100,0	100,0
1971	113,1	111,5	112,6	111,8	116,0	112,0	112,5	121,7	114,2	121,2	117,8	110,7
1972	124,2	127,1	125,0	126,8	128,0	126,8	125,3	131,1	131,1	137,2	131,6	123,1
1973	140,8	140,9	140,8	141,8	148,0	142,0	141,0	165,9	155,1	165,5	160,3	134,3
1974	154,2	147,8	152,4	163,0	172,0	163,3	154,1	187,4	171,6	176,1	178,4	145,7
1975	160,4	157,6	159,6	200,6	192,0	200,3	166,1	181,1	187,2	173,5	183,7	160,1
1976	172,1	172,5	172,2	214,9	208,0	214,7	179,0	207,3	212,0	172,6	207,0	169,3
1977	184,5	181,5	183,7	230,5	228,0	230,4	191,2	232,1	227,5	176,1	225,5	179,3
1978	196,4	187,5	193,9	244,0	264,0	244,6	202,0	235,3	243,6	187,6	235,9	190,2
1979	211,0	205,7	209,5	257,9	296,0	258,9	217,4	244,7	263,0	206,2	251,2	205,7
Bruttoeinkommen = 100												
1970	60,1	23,9	84,0	15,6	0,4	16,0	100,0	10,5	13,2	2,0	25,7	74,3
1971	60,4	23,7	84,1	15,5	0,4	15,9	100,0	11,4	13,5	2,1	27,0	73,0
1972	59,5	24,3	83,8	15,8	0,4	16,2	100,0	11,0	13,8	2,2	27,0	73,0
1973	60,0	23,9	83,9	15,7	0,4	16,1	100,0	12,4	14,6	2,3	29,3	70,7
1974	60,1	22,9	83,0	16,5	0,5	17,0	100,0	12,8	14,7	2,3	29,8	70,2
1975	58,0	22,7	80,7	18,8	0,5	19,3	100,0	11,5	14,9	2,1	28,5	71,5
1976	57,8	23,0	80,8	18,7	0,5	19,2	100,0	12,2	15,7	1,9	29,8	70,2
1977	58,0	22,7	80,7	18,8	0,5	19,3	100,0	12,8	15,8	1,8	30,4	69,6
1978	58,4	22,2	80,6	18,8	0,6	19,4	100,0	12,3	16,0	1,8	30,1	69,9
1979	58,3	22,6	80,9	18,5	0,6	19,1	100,0	11,8	16,0	1,9	29,7	70,3

1) Einschl. privater Organisationen ohne Erwerbscharakter.- 2) Ohne unterstellte Sozialbeiträge.- 3) Ohne nichtentnommene Gewinne der Unternehmen ohne eigene Rechtspersönlichkeit.- 4) Laufende Übertragungen des Staates an private Organisationen ohne Erwerbscharakter und internationale private Übertragungen.- 5) Zinsen auf Konsumentenschulden, Verwaltungsgebühren, Erstattungen von Sozialleistungen, Strafen u.ä., Nettoprämien für Schadenversicherungen abzügl. Schadenversicherungsleistungen, Saldo der sozialen Leistungen privater Haushalte als Arbeitgeber und der unterstellten Sozialbeiträge, Heimatüberweisungen ausländischer Arbeitnehmer und sonstige internationale private Übertragungen.

Quelle: Berechnungen des DIW nach Angaben in: Statistisches Bundesamt (Herausgeber): Fachserie 18, Volkswirtschaftliche Gesamtrechnungen, Reihe 1, Konten und Standardtabellen 1977 und 1979 Vorbericht, Reihe S. 2, Revidierte Ergebnisse 1960 bis 1976.

jeweiligen Durchschnittseinkommen auf das Durchschnittseinkommen aller Haushalte, wie dies in Schaubild 3.3/2 geschieht, so zeigen sich im Zeitverlauf schwache Verschiebungen in der Einkommensverteilung auf soziale Gruppen: Zwischen 1973 und 1978 hat die relative Einkommensposition in bezug auf das verfügbare Einkommen der Haushalte von Angestellten und Beamten leicht zu, die der Haushalte von Landwirten etwas abgenommen. Für die übrigen Gruppen indes sind die Veränderungen weniger eindeutig: Bei den Erwerbs- und Vermögenseinkommen gab es für Selbständigen-, Arbeiter-, Rentner- und Beamten-Pensionärs-Haushalte relative Verluste beim verfügbaren Einkommen, bei den gesamten Bruttoeinkommen (einschließlich empfangener laufender Übertragungen) dagegen eine Zunahme.

Schaubild 3.3/1
Einkommensverteilung und -umverteilung der privaten Haushalte 1973 und 1978

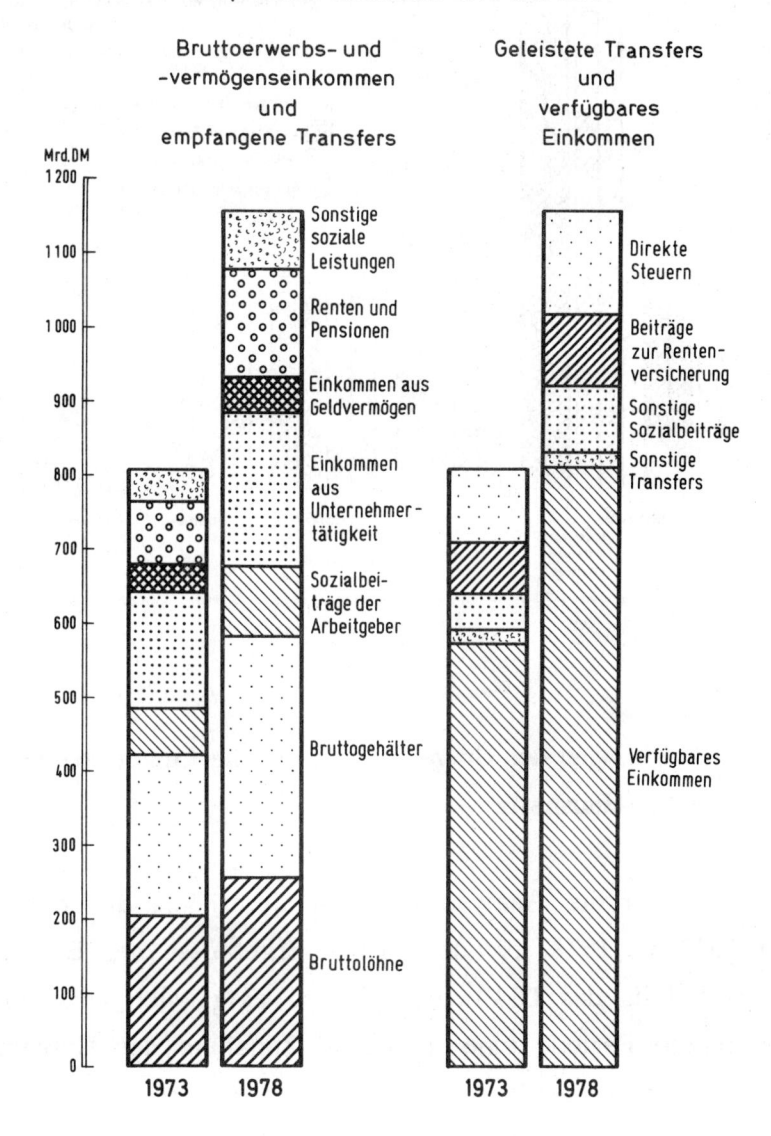

Verfolgt man die effektive Entwicklung, so zeigt sich deutlich, daß die absoluten Einkommensabstände zwischen den großen sozialen Gruppen zugenommen haben: Beim verfügbaren Einkommen etwa ist der Vorsprung der Selbständigen- vor den Arbeitnehmer-Haushalten von durchschnittlich 2 700 DM im Monat (1973) auf 3 800 DM (1978) gestiegen, der Abstand zwischen Arbeitnehmer- und Rentner-/Pensionärs-Haushalten hat sich von 800 DM (1973) auf knapp 1 100 DM (1978) vergrößert.

Schaubild 3.3/2
Einkommensverteilung und -umverteilung 1973 und 1978 in sozialer Gruppierung
Normierung auf das jeweilige Bruttoeinkommen je Haushalt und Monat
(1973: 2886 DM, 1978: 4040 DM)

- Bruttoerwerbs- und Vermögenseinkommen
- Empfangene Transfers
- Geleistete Transfers
- Verfügbares Einkommen

Haushalte von: Selbständigen in der Land- u. Forstwirtschaft | Selbständigen in den sonst. Wirtschaftsbereichen | Angestellten | Beamten [1] | Arbeitern | Rentnern [2] | Versorgungsempfängern des öffentlichen Dienstes

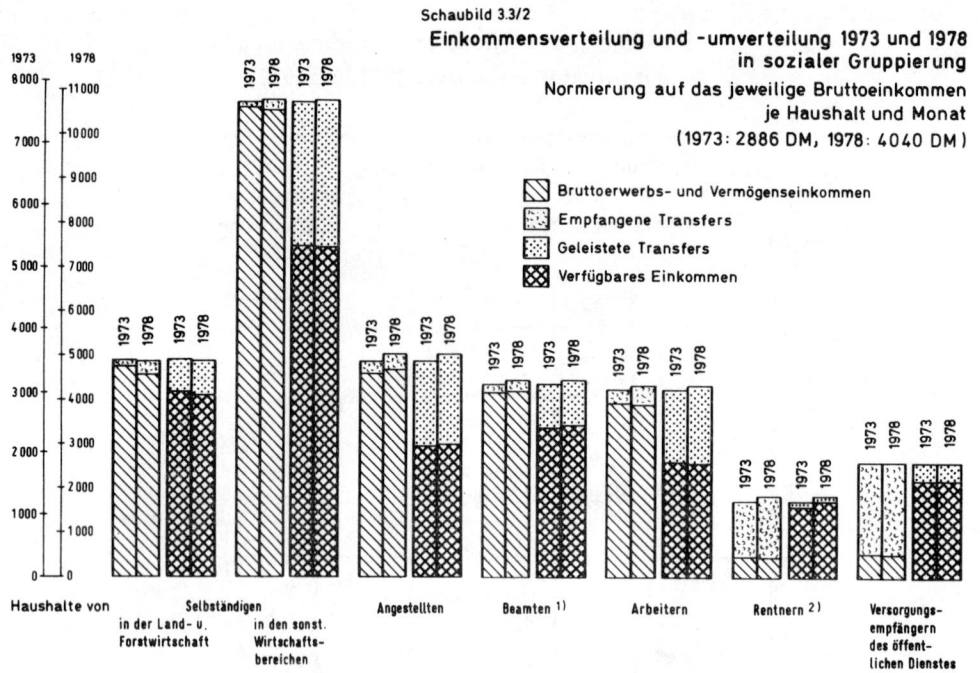

[1] Einschl. Richter, ohne Versorgungsempfänger. — [2] Einschl. sonstiger Personen, die überwiegend von laufenden Übertragungen oder Vermögenseinkommen leben.

3.3.2 Auswirkungen der Umverteilung auf die Einkommenslage privater Haushalte

Beschränkt man die Analyse der Transferströme auf den Zeitabschnitt 1973 bis 1978, für den bisher Ergebnisse des Einkommens-Transfer-Modells des DIW vorliegen, so zeigt sich auch in dieser relativ kurzen Periode eine deutliche Zunahme der Umverteilung. Bezogen auf alle Haushalte hat sich der Anteil der empfangenen Transfers - gemessen am Bruttoerwerbseinkommen - von 18,6 auf 23,2 vH, der der geleisteten Transfers von 36,4 auf 38,5 vH erhöht. Die relativ stärkere Zunahme der empfangenen gegenüber den geleisteten Transfers hatte zur Folge, daß sich auch das Verhältnis des verfügbaren Einkommens zum Bruttoerwerbs- und Vermögenseinkommen (Nettoquote) im Durchschnitt aller Haushalte von 82,3 auf 84,8 vH erhöhte.

Eine Betrachtung der Nettoquoten der einzelnen sozialen Gruppen deckt auf, daß sich die Position der Angestellten- und Arbeiter-Haushalte relativ gesehen etwas verschlechterte, während alle anderen Haushaltsgruppen ihre relative Stellung halten (Selbständige) oder verbessern konnten (Landwirte, Beamte, Rentner und Versorgungsempfänger).

Von den Haushalten, deren Haupteinkommen aus Erwerbstätigkeit oder Vermögen stammt, haben die Haushalte von Landwirten die höchste Nettoquote, d. h. die niedrigste Nettobelastung. Verursacht wird dies durch die geringe steueriiche Belastung.

Die Höhe und die leichte Steigerung der Nettoquote der Beamten lassen sich durch die geringe Belastung durch Sozialbeiträge erklären. Die Nettoquote der Selbständigen in den sonstigen Wirtschaftszweigen bleibt über die Zeit konstant. Zwar wird für diese Gruppe eine relativ hohe Belastung durch direkte Steuern ausgewiesen, aber aufgrund der niedrigen Belastung durch Sozialbeiträge und sonstige laufende Übertragungen ergibt sich sowohl 1973 als auch 1978 gegenüber den Angestellten- und Arbeiter-Haushalten eine geringere Belastung.

Die Arbeiter- und Angestellten-Haushalte weisen die niedrigste Nettoquote auf. Ihre relative Entlastung durch empfangene Übertragungen ist zwar höher als bei anderen Gruppen, ihre relative Belastung durch geleistete Übertragungen ist aber so hoch, daß sich insgesamt sowohl für 1973 als auch für 1978 die relativ höchste Belastung herausbildet. In ihrer absoluten Belastung pro Haushalt liegt diese Gruppe zwischen den Beamten- und den Selbständigen-Haushalten. Im Zeitverlauf hat sich dabei die Belastung der Angestellten-Haushalte gegenüber den Arbeiter-Haushalten vergrößert.

Eine Analyse der Nettoquoten, untergliedert nach unterschiedlichen Einkommenshöhen, wie sie in Tabelle 3.3/2 vorgenommen wird, ergibt, daß bei den Haushaltsgruppen, die im Zeitverlauf ihre relative Einkommensposition halten bzw. verbessern konnten, für alle Einkommensklassen eine Verbesserung der jeweiligen Nettoquote, d. h. eine relative Entlastung erfolgte. Bei den Arbeiter- und Angestellten-Haushalten verbergen sich dagegen hinter der globalen Verschlechte-

Tabelle 3.3/2

Einkommensverteilung und -umverteilung 1978
Private Haushalte, insgesamt

Monatliches Bruttoerwerbs- und -vermögenseinkommen von ... bis unter ... DM	Schichtung der Bruttoerwerbs- und -vermögenseinkommen 1)				Renten und Pensionen	Geldleist. d.Bund.Anst. f.Arbeit u. Sozialhilfe	Kindergeld	Sonstige laufende Übertragungen 2)	Summe der empfangenen Übertragungen	Gesamtes Bruttoeinkommen
	Haushalte		Einkommen							
	Tsd.	in vH	Mrd.DM	in vH	in vH der Einkommen					Mrd.DM
	Bruttoerwerbs- und -vermögenseinkommen und empfangene Übertragungen									
unter 1 000	6 799	29,2	8,7	1,0	943,6	34,3	6,0	126,2	1 110,1	105,7
1 000 ... 2 000	2 997	12,9	54,3	5,9	54,4	4,4	2,3	12,0	73,1	94,0
2 000 ... 3 000	3 180	13,7	95,7	10,5	11,9	2,9	2,3	6,1	23,1	117,9
3 000 ... 4 000	2 901	12,5	121,3	13,2	4,5	1,8	2,0	4,3	12,6	136,6
4 000 ... 5 000	2 158	9,3	115,7	12,6	2,0	1,4	1,8	3,4	8,6	125,6
5 000 ... 6 000	1 567	6,7	102,5	11,2	2,0	1,3	1,6	3,1	7,9	110,6
6 000 ... 7 000	1 132	4,9	87,4	9,5	2,0	1,2	1,5	2,7	7,4	93,9
7 000 ... 8 000	834	3,6	74,2	8,1	1,8	1,0	1,5	2,4	6,7	79,1
8 000 ... 9 000	596	2,6	60,0	6,6	1,6	0,8	1,4	2,0	5,8	63,4
9 000 ... 10 000	445	1,9	50,0	5,5	1,3	0,6	1,3	1,7	4,9	52,5
10 000 und mehr	666	2,9	145,8	15,9	0,7	0,2	0,7	0,7	2,3	149,2
Insgesamt	23 275	100,0	915,5	100,0	15,2	1,7	1,6	4,7	23,2	1 128,3

Monatliches Bruttoerwerbs- und -vermögenseinkommen von ... bis unter ... DM	Direkte Steuern	Beiträge 3) zur			Sonstige Sozialbeiträge 4)	Sonstige laufende Übertragungen 5)	Summe der geleist. Übertragungen	Gesamtes verfügb. Einkommen	Transfer-Saldo 6)	Nettoquote 7)
		Renten-	Kranken-	Arbeitslosen-						
		versicherung								
		in vH der Einkommen						Mrd.DM	Mrd.DM	in vH
	Geleistete Übertragungen und verfügbares Einkommen									
unter 1 000	19,5	8,0	4,5	1,1	2,3	2,2	37,6	102,4	93,7	1 172,5
1 000 ... 2 000	4,0	12,2	8,1	2,0	2,3	2,6	31,2	77,0	22,7	141,9
2 000 ... 3 000	5,1	13,6	9,2	2,4	2,2	2,9	35,4	84,0	- 11,7	87,7
3 000 ... 4 000	8,3	12,9	8,2	2,3	2,0	3,3	37,0	91,8	- 29,4	75,7
4 000 ... 5 000	12,0	12,1	6,7	2,0	1,7	3,5	38,0	81,5	- 34,2	70,4
5 000 ... 6 000	13,7	11,5	6,7	1,9	1,6	3,5	38,9	70,8	- 31,7	69,1
6 000 ... 7 000	15,5	10,9	6,4	1,8	1,5	3,5	39,6	59,3	- 28,2	67,8
7 000 ... 8 000	18,0	10,3	5,8	1,7	1,3	3,6	40,7	49,0	- 25,2	66,0
8 000 ... 9 000	21,4	9,6	5,2	1,4	1,1	3,7	42,4	38,0	- 22,0	63,3
9 000 ... 10 000	25,2	8,6	4,4	1,2	1,0	3,3	44,2	30,4	- 19,6	60,7
10 000 und mehr	28,6	4,0	2,2	0,4	0,6	3,5	39,3	91,8	- 54,0	63,0
Insgesamt	15,4	10,4	6,2	1,7	1,5	3,4	38,6	775,9	- 139,6	84,8

1) Ohne unterstellte Sozialbeiträge und ohne nichtentnommene Gewinne der Unternehmen ohne eigene Rechtspersönlichkeit.-
2) Kriegsfolgeleistungen, Geldleistungen der gesetzlichen Kranken- und Unfallversicherung, Ausbildungsbeihilfen nach dem Bundesausbildungsförderungsgesetz, Beihilfen und Unterstützungen im öffentlichen Dienst, Miet- und Lastenzuschüsse nach dem Wohngeldgesetz u.a.m., Übertragungen von Unternehmen, von privaten Organisationen ohne Erwerbscharakter und von der übrigen Welt.-
3) Ohne unterstellte Sozialbeiträge.- 4) Gesetzliche Unfallversicherung, Beiträge aufgrund von Einzel- und Gruppenversicherungen der Arbeitgeber bei Versicherungsunternehmen und Pensionskassen zugunsten ihrer Arbeitnehmer, Beiträge zur Pflichtversicherung von Selbständigen in berufsständischen Selbstverwaltungen, z.B. für Ärzte, Apotheker, Notare.- 5) Kirchensteuern und sonstige Übertragungen an private Organisationen ohne Erwerbscharakter, Zinsen auf Konsumentenschulden, Verwaltungsgebühren, Erstattungen von Sozialleistungen, Strafen u.ä., Heimatüberweisungen ausländischer Arbeitnehmer und sonstige internationale private Übertragungen u.a.m.- 6) Empfangene abzüglich geleisteter Transfers.- 7) Verfügbares Einkommen in vH des Bruttoerwerbs- und -vermögenseinkommens.
Quelle: Einkommensverteilungsrechnung des DIW.

rung der relativen Einkommenssituation dieser Gruppen schichtspezifische Veränderungen der Nettoquote; die Haushalte im unteren Einkommensbereich konnten ihre relative Position verbessern. Die Verschlechterung der Nettoquote im oberen Einkommensbereich bei den Angestellten- und Arbeiter-Haushalten ist so stark, daß sie durch die Verbesserung der Nettoquoten der anderen Haushaltsgruppen nicht kompensiert wird, sondern auf die Nettoquote für alle Haushalte durchschlägt.

3.3.3 Auswirkungen des Transfersystems auf den wirtschaftlichen Strukturwandel

Über die Auswirkungen des Transfersystems auf den Strukturwandel liegen kaum verläßliche Informationen vor. Besonderes Interesse verdient dabei die Frage, wie sich Änderungen der Umverteilung, zunehmende Transferzahlungen bzw. zunehmende Be- oder Entlastungen auf das Verhalten der Wirtschaftssubjekte im Wirtschaftsprozeß auswirken. Häufig wird vermutet, daß das Investitionsverhalten der Unternehmer, die Leistungsanreize für die Arbeitsleistung der Arbeitnehmer und das Konsumverhalten der privaten Haushalte nicht unerheblich von der staatlichen Umverteilung beeinflußt werden. Will man diesen Einfluß analysieren, benötigt man jedoch Daten, die Verhaltensänderungen über der Zeit deutlich machen. Hierbei muß es sich um echte Längsschnittdaten (Paneldaten), d.h. nicht nur um aufeinanderfolgende Querschnitte handeln. Daß sie nicht vorhanden sind, ist eine der gravierendsten Lücken der Datenversorgung, da die Frage nach den Auswirkungen des Transfersystems zunehmende politische Bedeutung bekommt. Es sollen daher an dieser Stelle nur die wichtigsten Ergebnisse der Einkommens- und Transferrechnung des DIW interpretiert werden.

Die häufig vorgebrachte These, daß die Investitionsschwäche in der Mitte der siebziger Jahre durch die zunehmende Belastung des Unternehmenssektors ausgelöst wurde, wird durch die hier präsentierten Daten nicht belegt. Immerhin läßt sich zeigen, daß - selbst ohne Berücksichtigung der nichtentnommenen Gewinne - die Selbständigen im Zeitraum von 1973 bis 1978 sogar entlastet und nicht zusätzlich belastet worden sind. Die Zunahme der Belastung in diesen Jahren ist im wesentlichen durch Arbeiter und Angestellte getragen worden. Der staatliche Umverteilungsprozeß kann daher für die Investitionsschwäche dieser Jahre nicht verantwortlich gemacht werden.

Schwieriger zu beurteilen ist die Frage, inwieweit sich die zunehmende Belastung auf das Leistungsverhalten der Arbeitnehmer ausgewirkt hat, eine Frage, die vor dem Hintergrund durchgängig hoher Arbeitslosigkeit allerdings nur sehr begrenzt relevant ist. An dieser Stelle ist nicht zu übersehen, daß die empfangenen Transfers bei allen Arbeitnehmer-Haushalten von 1973 bis 1978 zugenommen haben, ohne daß sich hierdurch die verfügbaren Einkommen wesentlich verbesserten. Für diese Jahre gilt - im übrigen auch für die Selbständigen-Haushalte -, daß das Transfervolumen ausgeweitet wurde, ohne daß sich die Nettoquote des Transfersystems wesentlich änderte. Hierfür waren zum Teil institutionelle Gründe verantwortlich. So wurde das Kindergeld ab 1975 im wesentlichen als empfangene Transferleistung verbucht, während es vorher als Steuervergünstigung das zu versteuernde Einkommen - d.h. die zu leistenden Transfers - verminderte. Trotzdem muß angesichts der relativ hohen absoluten Belastungsquoten die Frage gestellt werden, ob die tendenzielle Ausweitung des Transfervolumens ohne wesentliche Veränderungen der Nettotransfers sinnvoll ist.

Eine derartig globale Argumentation übersieht freilich, daß die Sozialleistungen sehr unterschiedlichen Zwecken dienen und letztlich nur von diesen Zwecken, nicht jedoch von einem abstrakten Transfersaldo her beurteilt werden können. Darüber hinaus hat es Verschiebungen innerhalb der Einkommensschichten gegeben; zumindest teilweise sind die höheren Transferleistungen niedrigeren Einkommensschichten zugute gekommen.

Oft wird argumentiert, daß durch die generelle Zunahme der Sozialleistungen die Leistungsbreitschaft der Wirtschaftssubjekte behindert wird. Eine derartige Argumentation übersieht, daß sich der Nettotransfersaldo nicht wesentlich verändert hat und daß darüber hinaus der Anteil der Sozialleistungen, die mit der Leistungsbreitschaft der Wirtschaftssubjekte in Verbindung gebracht werden können, vernachlässigbar ist. Dies zeigt ein Blick in das Sozialbudget. 1980 entfallen auf die mit der Arbeitslosigkeit zusammenhängenden Leistungen (Arbeitslosengeld und -hilfe) etwa zwei Prozent des Sozialbudgets, die Sozialhilfe nimmt drei Prozent des Sozialbudgets in Anspruch. Dies sind relativ kleine Posten. Darüber hinaus ist im deutschen Sozialleistungssystem sichergestellt, daß Arbeitslosengeld und Arbeitslosenhilfe in einer vorgegebenen Relation zu dem früheren Erwerbseinkommen, die Sozialhilfe in einem definierten Abstand zu den Löhnen der untersten Lohngruppe stehen. Der Umfang einer "freiwilligen" Arbeitslosigkeit wird in einer Studie des Internationalen Instituts für Management und Verwaltung auf 8 bis 10 Prozent der Arbeitslosen geschätzt[1]. Nach den dort präsentierten Ergebnissen würde eine Senkung des Arbeitslosengeldes das Verhalten dieser Arbeitslosen nur geringfügig beeinflussen; der Anteil der durch das Sozialleistungssystem "induzierten" Arbeitslosigkeit kann als klein bezeichnet werden.

Die Leistungsauswirkungen des Transfersystems hängen nun freilich weniger von den durchschnittlichen als von den marginalen Belastungen im Zeitablauf ab. Die wenigen verfügbaren empirischen Informationen stützen die Hypothese, daß objektive Belastungsgrenzen nicht nachweisbar sind, daß jedoch starke Zunahmen der Belastung im Zeitablauf wahrgenommen werden und leistungshemmend wirken können. Leider fehlen auch hierfür die notwendigen Paneldaten.

Die Einkommens- und Transferrechnung des DIW enthält bisher keine Informationen über das Konsum- und Sparverhalten. Dessen ungeachtet ist es möglich, einige Überlegungen an dieser Stelle anzuknüpfen. Aus den in den Schaubildern 3.3/3 und 3.3/4 dargestellten relativen Transfersalden für die Jahre 1973 und 1978 lassen sich die Auswirkungen der Verschiebungen des Transfersystems erkennen. Die Rentner-Haushalte wurden über den gesamten Einkommensbereich, die Angestellten- und Arbeiter-Haushalte vor allem im unteren Einkommensbereich begünstigt.

---

[1] P. Windolf, H. Weirich: Die Neue Arbeitslosigkeit und die Grenzen der Sozialpolitik. Internationales Institut für Management und Verwaltung. IIM/80-8, Berlin 1980, S. 31 ff.

Schaubild 3.3/3
**Relative Transfersalden[1] der Rentner[2] -Haushalte
1973 und 1978**
Normierung auf das jeweilige Bruttoeinkommen je Haushalt und Monat
(1973: 2 886 DM, 1978: 4 040 DM)

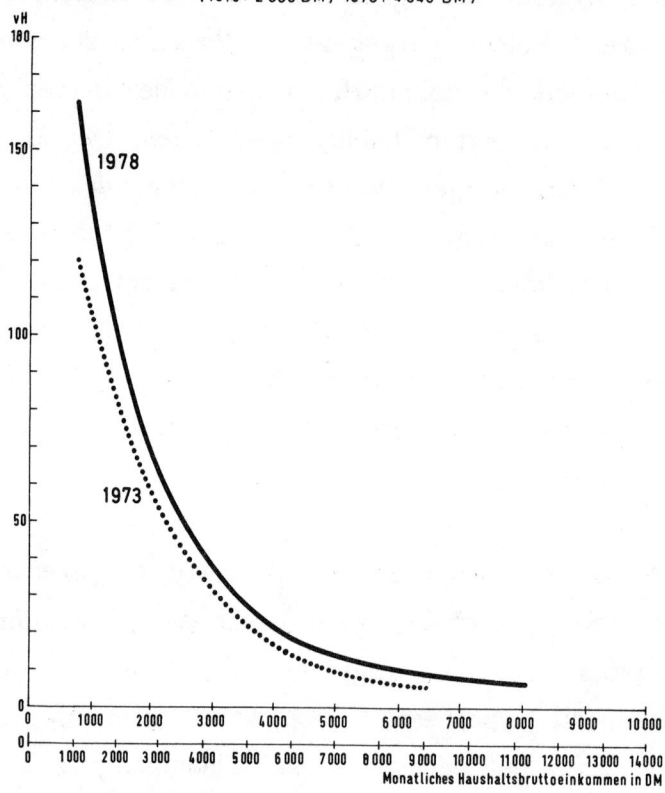

[1] *Verhältnis der Transfersalden zum Bruttoerwerbs- und -vermögenseinkommen.* — [2] *Einschließlich sonstiger Personen, die überwiegend von laufenden Übertragungen oder Vermögenseinkommen leben.*

Die Selbständigen-Haushalte, die im Niveau gesehen weniger belastet sind als die Arbeitnehmer-Haushalte, wurden dagegen sowohl im unteren als auch im oberen Einkommensbereich stärker belastet. Für alle Haushalte ergibt sich insgesamt eine Begünstigung im unteren Einkommensbereich. Unterstellt man, daß in diesen Einkommensschichten eine höhere Konsumneigung besteht, spricht vieles für die These, daß die Ausweitung des Transfersystems eine konsumstützende Wirkung gehabt hat, den Strukturwandel der Nachfrage also in Richtung auf zusätzliche Binnennachfrage mit ihren positiven Beschäftigungswirkungen beeinflußt hat. Diese These wird unterstützt durch die Entwicklung der vom privaten Verbrauch ausgelösten Beschäftigteneffekte, die in den Jahren 1977/78 erstmals positiv waren (vgl. Tabelle 2.1/9).

Schaubild 3.3/4
Relative Transfersalden [1] der Selbständigen [2]-Haushalte und der Arbeitnehmer [3] - Haushalte 1973 und 1978
Normierung auf das jeweilige Bruttoeinkommen je Haushalt und Monat
(1973: 2 886 DM, 1978: 4 040 DM)

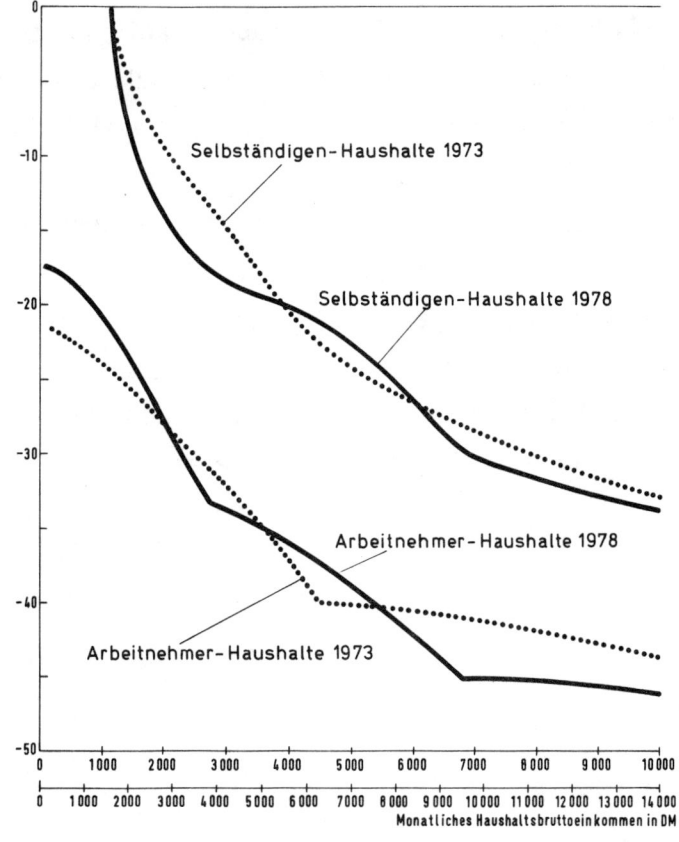

[1] Verhältnis der Transfersalden zum Bruttoerwerbs- und -vermögenseinkommen. — [2] Ohne Landwirte. — [3] Ohne Beamte.

Auch wenn in der Regel die Belastungseffekte des Transfersystems überschätzt werden, muß davon ausgegangen werden, daß für ökonomische Entscheidungen die subjektive Einschätzung der Belastung durch das Transfersystem eine Rolle spielt. Die Diskussion um die Auswirkungen des Transfersystems auf den Strukturwandel wäre aber verkürzt, wenn nicht auch die positiven Effekte des Transfersystems für den Strukturwandel Berücksichtigung fänden. Das durch das Transfersystem bereitgestellte soziale Netz wird in hohem Maße akzeptiert und ist eine Voraussetzung dafür, daß soziale Konflikte, insbesondere im Vergleich zu anderen Industrieländern, in geordneten Bahnen verlaufen. Unmittelbare Auswirkungen hat dies auf die Arbeitsproduktivität; hier sei nur an die wesentlich niedrigere Streikhäufigkeit und das entsprechend geringe Volumen der Produktionsausfälle durch Streik erinnert.

Viel gravierender ist jedoch die Tatsache, daß in den Unternehmen die unbedingt notwendigen Innovationsprozesse nach wie vor weitgehend unbehindert verlaufen können. Dies ist vor allem deshalb, weil die meisten der hier zur Diskussion stehenden Innovationen zunächst einen arbeitsplatzsparenden Effekt haben, keineswegs selbstverständlich. Die Tatsache, daß auch für die Arbeitslosgkeit ein soziales Netz existiert, das von den Betroffenen in der Regel akzeptiert wird, trägt dazu bei, daß die Einführung des "technischen Fortschritts" in den Produktionsprozeß kaum behindert wird. Angesichts der Tatsache, daß die von den technologischen Neuerungen ausgehenden Wachstumsimpulse unabdingbare Voraussetzung für die weitere Entwicklung einer in den internationalen Wettbewerbszusammenhang eingebundenen Volkswirtschaft sind, kann diese Auswirkung des Transfersystems nicht hoch genug eingeschätzt werden.

3.4 Strukturelle Wirkungen der Geldpolitik

3.4.1 Die Rolle der Geldpolitik im Rahmen der Strukturpolitik

Die Deutsche Bundesbank ist mit Aufgaben betraut, die unter die Kategorie "Globalsteuerung" fallen. Sie hat den Geldumlauf und die Kreditversorgung der Wirtschaft mit dem Ziele zu regeln, die Währung zu sichern, und sie soll für die bankmäßige Abwicklung des Zahlungsverkehrs im Inland und mit dem Ausland sorgen (§3 des Bundesbankgesetzes). Die Bundesbank ist ferner verpflichtet, unter Wahrung ihrer Aufgaben die allgemeine Wirtschaftspolitik zu unterstützen (§12 BbkG). Auch hierbei handelt es sich um globale Ziele.

Geldpolitische Maßnahmen haben indes nicht nur globale, sondern auch strukturelle Wirkungen. Trotzdem ist es zweckmäßig, die Notenbank von speziellen strukturpolitischen Aufgaben freizuhalten. Hierfür gibt es neben prinzipiellen auch "technische" Gründe: Das geldpolitische Instrumentarium reicht nicht aus; schon bei der Globalsteuerung entstehen immer wieder Zielkonflikte. Deshalb ist spezielle Strukturpolitik beim Staat i.e.S. (Gebietskörperschaften) besser aufgehoben. Der Staat kann dem Prinzip "Zu jedem Ziel gehört ein adäquates Instrument" besser genügen als die Notenbank. Dies gilt nicht nur für die Finanzpolitik (Subventionen, Ausgabenstruktur) und für die Wettbewerbspolitik, sondern auch für das Kreditwesen. Der Staat verfügt über spezielle Institutionen (Wohnungsbaukreditanstalt, Kreditanstalt für Wiederaufbau, Sparkassen) und über kreditpolitische Instrumente (z.B. Zinssubventionen), mit denen er spezielle strukturpolitische Aufgaben wahrnehmen kann.

Die Notenbank vermag lediglich, die Strukturpolitik zu unterstützen. Sie kann die globalen Voraussetzungen (funktionsfähige Güter- und Kreditmärkte) dafür schaffen helfen, daß der vom Staat initiierte oder vom Markt ausgehende und staatlich tolerierte Strukturwandel nicht behindert wird.

Marktfriktionen und "soziale Kosten" können in engen Grenzen gehalten werden, wenn sich die Volkswirtschaft stetig auf einem Wachstumspfad bewegt, bei dem das Produktionspotential inflationsfrei ausgeschöpft wird. Die Bundesbank kann hierzu beitragen, indem sie, unter Berücksichigung eines unvermeidlichen Preisanstiegs, die Geldversorgung am mittelfristigen Wachstum des Produktionspotentials ausrichtet. Fehlentwicklungen in diesen Bereichen können strukturpolitisch unerwünschte Konsequenzen haben, für die freilich die Geldpolitik nicht allein verantwortlich zu sein braucht:

1. Inflation führt zu Fehlallokation von Ressourcen.

2. Ausgeprägte Schwankungen der Gesamtnachfrage dämpfen den Wachstumstrend und verzerren, auch wegen der strukturellen Wirkungen der Geldpolitik, die Produktionsstruktur.

3. Der Versuch, auch solche Änderungen von Gesamtnachfrage und Preisniveau zu inhibieren, die Folgen und Vehikel eines nicht inflatorischen Strukturwandels sind, behindern diesen Strukturwandel.

Eine potentialorientierte Verstetigungsstrategie kann schon wegen außenwirtschaftlicher Einflüsse Abweichungen vom Wachstumstrend und Strukturverzerrungen nicht verhindern. Sie kann diese aber eindämmen. In der Bundesrepublik hat es gerade in der Geldpolitik Ansätze zu einer solchen Strategie gegeben. Von einer konsequenten potentialorientierten Politik kann freilich noch nicht die Rede sein.

3.4.2 Entstehung und Wirkungen einer inflationären Geldversorgung

Eine wichtige Bedingung für das Entstehen von Inflation ist, daß das Angebot an Zentralbankgeld und die Geldbestände der Wirtschaft längerfristig erheblich schneller zunehmen als das Produktionspotential. Inflation würde z.B. entstehen, wenn die Notenbank mit einer liquiditätsexpansiven Politik versuchte, konjunkturbedingte Zinssteigerungen zu verhindern; dies gelänge insoweit nicht, wie dadurch die Inflationserwartungen angeheizt würden. In der Bundesrepublik spielten solche Motive meist eine untergeordnete Rolle. Ausschlaggebend für die Anfang der siebziger Jahre in Gang gekommene Inflation war vielmehr, daß im System relativ fester Wechselkurse die damalige Liquiditätsschwemme im Ausland auf die westdeutschen Kreditmärkte übergriff. Maßnahmen der Bundesbank zur Abschöpfung von Auslandsliquidität provozierten lediglich neue Devisenzuflüsse, die zu einer starken Senkung der kurzfristigen Zinsen und zur Aufblähung von Geldvolumen und Liquidität führten (vgl. Schaubild 3.4/1). Die damalige Inflation hatte folgende strukturelle Wirkungen:

1. Sie hat zu einer Umschichtung von Nachfrage und Produktionsfaktoren geführt, die keineswegs jenen Präferenzen der Verbraucher entsprachen, die sich unter "normalen" Bedingungen ergeben hätten. Die als anhaltend erwartete Geldentwertung bewog private Haushalte und Unternehmen zur "Flucht in die Sachwerte". Bevorzugt wurden solche Güter, die dauerhaft sind und überdies tendenziell knapper werden; hierzu gehören vor allem Grundstücke und Bauten. Dies trug dazu bei, daß es zu einer Hausse auf den Grundstücksmärkten und zu einem Bauboom kam. Von 1969 bis Mitte 1973 stiegen die Preise für baureifes Land und für Wohnbauten um mehr als 40 vH. Die dadurch hervorgerufene Fehlallokation von Nachfrage und Ressourcen wurde erst offenbar, als die Bundesbank nach der Freigabe der Wechselkurse im Frühjahr 1973 zu einer drastischen Restriktionspolitik überging, die zu Wohnungshalden und Zusammenbrüchen von Unternehmen der Wohnungs- und Bauwirtschaft führte.

2. Eine andere Konsequenz der Inflation war die starke Verkürzung der durchschnittlichen Laufzeit von Krediten. Diese über Jahre anhaltende Tendenz dürfte wachstumshemmend gewirkt haben. Denn angesichts ständig kürzer werdender Kreditlaufzeiten ver-

Schaubild 3.4/1
GELDPOLITIK, INFLATION UND KREDITMARKTKONDITIONEN
geglättete Reihen[1]

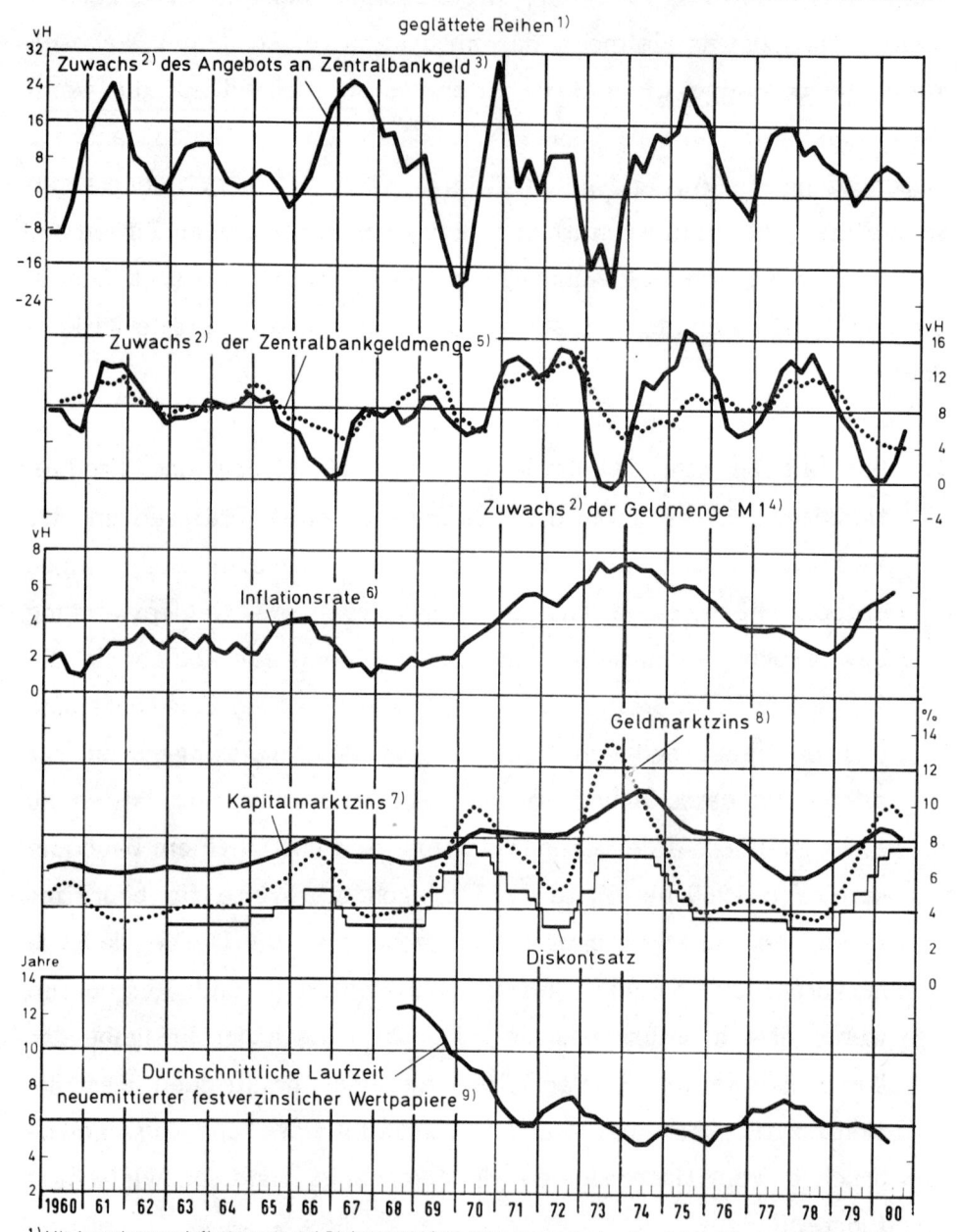

1) Mit Ausnahme von Inflationsrate und Diskontsatz glatte Komponente (saisonbereinigter Wert minus Rest) bzw. deren Zuwachsrate, nach Berliner Verfahren berechnet. — 2) Gegenüber Vorquartalswert, in vH, auf Jahresbasis. — 3) Bargeldumlauf außerhalb der Bundesbank sowie Ist-Reserve der Kreditinstitute (bereinigt um den Effekt von Mindestreservesatzänderungen), liquide Geldanlagen, unausgenutzte Rediskontkontingente sowie — bis Mai 1973 — freier Lombardspielraum. — 4) Bargeld und Sichteinlagen von inländischen Nichtbanken. — 5) Bargeldumlauf sowie Reserve-Soll auf Inlandsverbindlichkeiten, zu Reservesätzen vom Januar 1974. — 6) Preisindex für die Lebenshaltung aller privaten Haushalte, Zuwachsrate in vH gegenüber der entsprechenden Vorjahrszeit. — 7) Rendite inländischer festverzinslicher Wertpapiere im Umlauf. — 8) Satz für Dreimonatsgeld in Frankfurt/Main. — 9) Grundlage sind die in der Wertpapierstatistik der Bundesbank veröffentlichten Daten über die verschiedenen Restlaufzeiten beim Brutto-Absatz inländischer gesamtfälliger Schuldverschreibungen.

zichten viele Unternehmen auf eine langfristige Investition (ausserhalb des Baubereichs); das Risiko, im Anschluß an den kürzerfristigen Kredit einen neuen Kredit nicht zu tragbaren Konditionen zu erhalten, wird dann für groß gehalten. Wahrscheinlich hat dies auch zur Verkürzung der Pay-off-Perioden beigetragen. Vermutlich sind aus diesen Motiven heraus Investitionen sogar gänzlich unterlassen worden.

3. Eine mittelbare strukturelle Wirkung der Inflation bestand darin, daß der Staat aus stabilitätspolitischen Gründen von 1971 an die eigenen Investitionen kürzte und später die gewerblichen Investitionen finanzpolitisch (Investitionssteuer) erschwerte. Die damalige Inflation provozierte aber auch die Geldpolitik selber zu strukturell bedenklichen Reaktionen, wie sie kennzeichnend sind für die im folgenden Abschnitt behandelte "antizyklische" Geldpolitik.

3.4.3 Merkmale und Wirkungen einer "diskretionären" Geldpolitik

Antizyklisch gemeinte diskretionäre Geldpolitik wirkt oft prozyklisch. Denn die Notenbank reagiert häufig auf Spätindikatoren der Konjunktur; hierzu zählen vor allem Preise, Produktion und Beschäftigung. Wegen ihrer Wirkungsverzögerungen greifen Maßnahmen zur Bekämpfung einer konjunkturellen Übersteigerung erst dann, wenn es schon zu einer Abschwächung gekommen ist und umgekehrt; der "Zyklus" wird dadurch verstärkt, und die "Wendepunkte" werden zeitlich hinausgeschoben. Im Abschwung 1966/67 kam die Bundesbank mit anregenden Maßnahmen zu spät. Der Diskont wurde erst gesenkt, als die Konjunktur am Tiefpunkt angekommen war. Umgekehrt begann die Bundesbank den Aufschwung 1967/70 erst dann, nämlich Anfang 1969, zu bremsen, als dieser sich bereits voll entfaltet hatte. Ein weiteres Kennzeichen der "antizyklischen" Geldpolitik war, daß die Notenbank um so stärker reagierte, je größer die vorangegangene konjunkturelle Fehlentwicklung war; die jeweils folgende Konjunkturphase wurde dadurch intensiviert und verlängert. Ein Beispiel hierfür ist der scharfe Kurswechsel der Bundesbank im Frühjahr 1973 in Reaktion auf die damalige inflatorische Übersteigerung.

Diskretionäre Geldpolitik, die zu globaler Fehlentwicklung beiträgt, hat folgende strukturelle Wirkungen:

1. Ausgeprägte Konjunkturschwankungen sind nicht "trendneutral". In der Abschwächungsphase sinken die Investitionen, so daß der Ausbau der Sachkapazität leidet. Arbeitskräfte werden entlassen; sie später zurückzuholen, kostet Zeit und Geld, zumal bei längerer Arbeitslosigkeit die Qualifikation der Arbeitskräfte schlechter wird. Der nächste Aufschwung stößt schneller an die Kapazitätsgrenzen und wird früher von der Geldpolitik gebremst als der Aufschwung im vorangegangenen Zyklus. Das Risiko, daß es schließlich zu einer Stagnation oder Stagflation kommt, wird also durch starke Konjunkturausschläge vergrößert. Aus einem solchen "Teufelskreis" herauszukommen, ist schwierig. Um möglichst rasch auf den alten Wachstumspfad zurückzukommen, müßte die Wirtschaftspolitik eine vorübergehende kräftige Preissteigerung zulassen, um über steigende Erträge die Investitionstätigkeit wieder anzuregen. Angesichts der hohen Inflationsempfindlichkeit in der Bundesrepublik spricht jedoch vieles dafür, daß ein solcher Versuch scheitern würde, verlorenes Terrain kann nur schwer zurückgewonnen werden.

2. Markante Änderungen des geldpolitischen Kurses haben einen erheblichen Einfluß auf die Kreditmarktkonditionen. Deutliche Änderungen der Kreditkonditionen beeinflussen die verschiedenen Investitionen verschieden stark und mit verschieden langer Verzögerung. Investitionen wie die in der Wohnungswirtschaft, die generell einen großen Anteil an langfristiger Fremdfinanzierung haben, werden besonders stark von Variationen des Kapitalmarktzinses berührt. Eine Simulationsrechnung mit der Berliner Version des Konjunkturmodells der Wirtschaftsforschungsinstitute läßt erkennen, daß eine Kapitalzinssenkung die realen Wohnungsbauinvestitionen zwar mit einer größeren

Schaubild 3.4/2
**INVESTITIONEN
BEI ALTERNATIVEN KAPITALZINSEN**
saisonbereinigte Ergebnisse einer Simulationsrechnung [1)]
bei tatsächlichen Zinssätzen: ——
bei hypothetischen niedrigeren Zinssätzen: ········

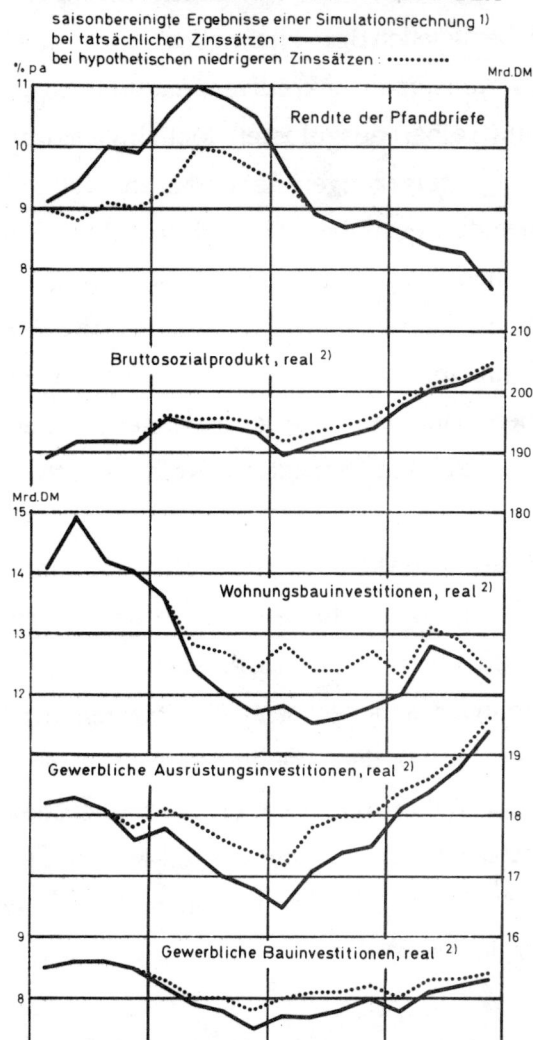

[Kurvendarstellungen für:
Rendite der Pfandbriefe
Bruttosozialprodukt, real [2)]
Wohnungsbauinvestitionen, real [2)]
Gewerbliche Ausrüstungsinvestitionen, real [2)]
Gewerbliche Bauinvestitionen, real [2)]
Zeitraum 1973–1976]

[1)] Mit der Berliner Version des ökonometrischen Konjunktur-Modells der Wirtschaftsforschungsinstitute – [2)] Zu Preisen von 1970

Verzögerung, aber insgesamt stärker anregt als die realen gewerblichen Bau- und Ausrüstungsinvestitionen; die Ergebnisse sind im Schaubild 3.4/2 dargestellt worden[1]. Die unmittelbar aus den Investitionsfunktionen ableitbare Zinselastizität beträgt für die realen Wohnungsbauinvestitionen 0,5 und für die realen gewerblichen Bau- und Ausrüstungsinvestitionen 0,12 bzw. 0,13; dabei ist die Wirkungsverzögerung beim Wohnungsbau mit vier Quartalen um ein bis zwei Quartale länger.

---

1 Diese Rechnung hat rein hypothetischen Charakter, denn es ist stets fraglich, in welchem Maße die Bundesbank bei starker Inflation den Zinsanstieg hätte dämpfen können, wenn sie weniger restriktiv vorgegangen wäre.

Mit der Simulationsrechnung werden nicht nur die unmittelbaren Effekte, sondern auch die Sekundärwirkungen der Zinssenkung ermittelt: Berücksichtigt wird neben einer stärkeren Inanspruchnahme von Konsumentenkrediten auch, daß die durch Zinssenkungen unmittelbar ausgelösten Mehrinvestitionen Einkommens- und Nachfragesteigerungen hervorrufen, die ihrerseits zu Mehrinvestitionen führen. Diese Sekundäreffekte sind bei den gewerblichen Bau- und Ausrüstungsinvestitionen relativ stärker als beim Wohnungsbau. Die gesamte Zinselastizität ist mithin für die Wohnungsbauinvestitionen "nur" doppelt so groß wie für die gewerblichen Bau- und Ausrüstungsinvestitionen; bei den "direkten" Zinselastizitäten beträgt die Relation etwa 4:1.

3. Eine de facto prozyklische Geldpolitik ändert deshalb auch die Struktur des Produktionspotentials. In den Jahren 1966/67 gab es Tendenzen zu einer strukturellen Benachteiligung der Bauwirtschaft gegenüber anderen Wirtschaftszweigen; diese Tendenzen wurden aber durch den Bauboom Anfang der siebziger Jahre überspielt. Erheblich nachhaltiger war die Beeinträchtigung des Produktionspotentials der Bauwirtschaft in der zweiten Hälfte der siebziger Jahre. Sie ist bisher nicht wettgemacht worden (vgl. Schaubild 3.4/3).

Unter den heutigen Bedingungen auf den Arbeits- und Gütermärkten ist absolute Konstanz des gesamtwirtschaftlichen Preisniveaus nicht mit Strukturwandel vereinbar. Bereiche, die von strukturellen Nachfrageänderungen begünstigt werden, erhöhen zum Teil die Preise, ohne daß es bei anderen Bereichen, von denen sich die Nachfrage abwendet, zu entsprechenden Preissenkungen kommt. Mithin steigt der Durchschnitt aller Preise. Änderungen der relativen Preise sind ein wichtiges Vehikel, das die Anpassung der Produktivkräfte an die neue Nachfragestruktur ermöglichen soll, auch wenn dieser Zusammenhang empirisch nicht eindeutig zu sichern ist. Eine Politik, die auf absolute Konstanz des Preisniveaus zielt, behindert deshalb den Strukturwandel. Im allgemeinen sind die mit Strukturwandel verbundenen

Schaubild 3.4/3
ZINSSÄTZE, INVESTITIONEN UND PRODUKTIONSPOTENTIAL
geglättete Reihen [1] bzw. Jahreswerte

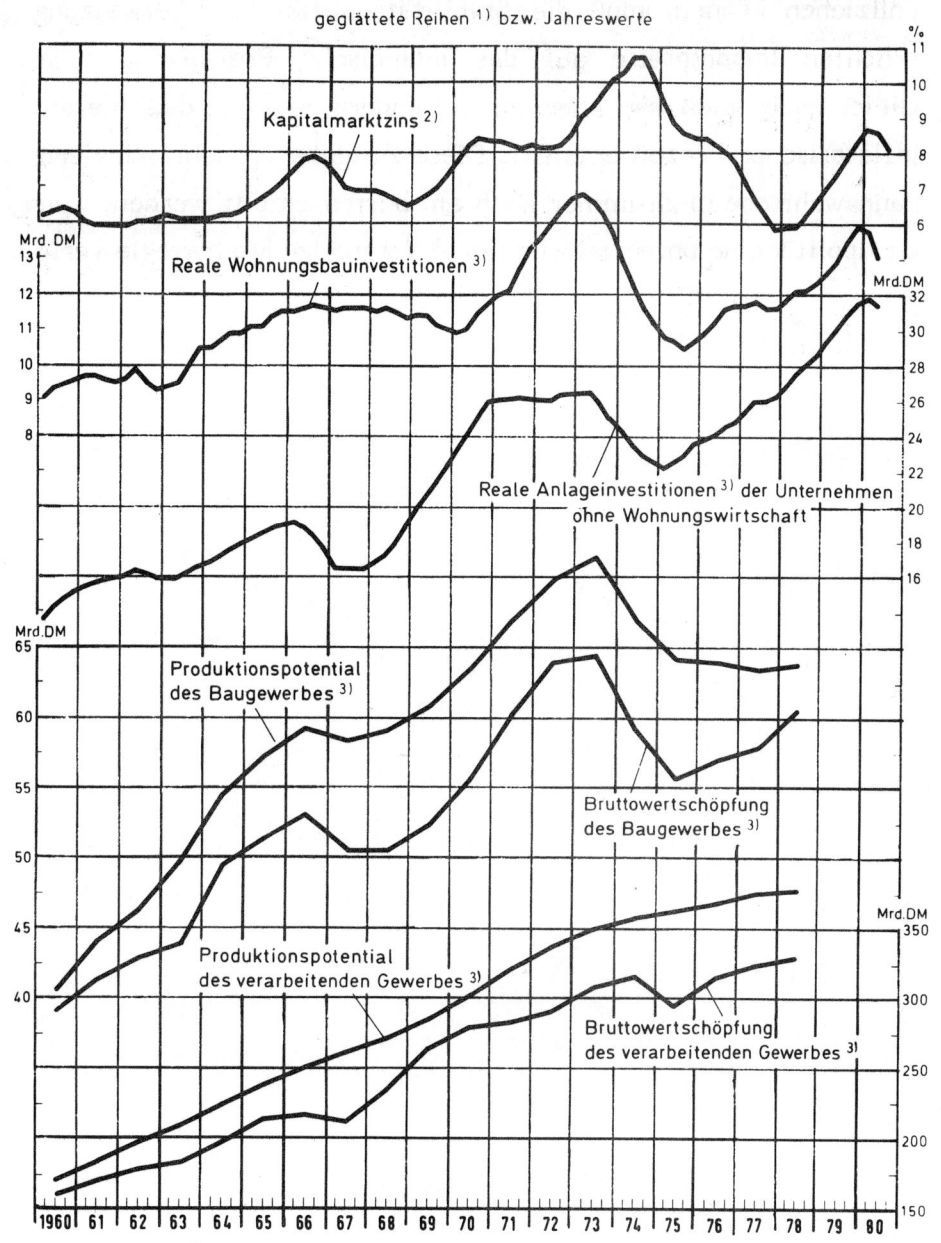

[1] *Glatte Komponente: Saisonbereinigter Wert minus Rest; nach Berliner Verfahren berechnet.* — [2] *Rendite festverzinslicher Wertpapiere im Umlauf.* — [3] *Zu Preisen von 1970.*

Steigerungen des Preisniveaus nicht sonderlich hoch zu veranschlagen.

In den letzten Jahren ist die westdeutsche Volkswirtschaft mehrmals von drastischen Verteuerungen importierter Rohstoffe betroffen worden. Auch diese Preissteigerungen machen einen Strukturwandel erforderlich. Damit diese Anpassungen sich einigermaßen reibungslos vollziehen können, muß die Stabilitätspolitik die Überwälzung der erhöhten Importpreise auf das inländische Preisniveau zulassen. Gleichzeitig muß sie aber zu verhindern suchen, daß hieraus ein inflatorischer Prozeß entsteht. Diese Aufgabe ist sehr schwierig und kann wahrscheinlich immer noch am besten erfüllt werden, wenn die Geldpolitik eine potentialorientierte Verstetigungsstrategie verfolgt.

4 Wirkungen strukturpolitischer Interventionen des Staates

4.1 Ziele und Instrumente strukturpolitischer Interventionen

Der Staat beeinflußt die strukturelle Entwicklung nicht nur durch die von ihm selbst übernommenen (Infrastruktur-) Aufgaben und durch seine konjunktur-, geld- und verteilungspolitischen Globalsteuerungsmaßnahmen, sondern vor allem durch strukturpolitische Eingriffe, die etwa die regionale, sektorale und die Betriebsgrößenstruktur gezielt verändern sollen. Dies geschieht, obwohl die als Resultat des Marktprozesses sich jeweils herausschälenden Strukturen grundsätzlich akzeptiert werden. Anlässe für Einschränkungen und Veränderungen der Resultate des Marktprozesses durch den Staat sind manifeste oder drohende Verletzungen von Rahmenbedingungen, wie z. B. die Funktionsfähigkeit des Marktes oder von Fehlentwicklungen, gemessen an übergeordneten wirtschaftspolitischen Zielen.

Eines dieser Ziele ist die Sicherung einer ausreichenden Versorgung der Bevölkerung mit lebenswichtigen Gütern und Dienstleistungen. Dieses Ziel kann beispielsweise zur strukturpolitischen Stützung der inländischen Produktion führen, wenn eine starke Abhängigkeit der Versorgung von Importen zu risikoreich erscheint, sei es aus politischen, sei es aus anderen Gründen. Die staatliche Vorsorge für eine sichere und als angemessen erachtete Versorgung der Bevölkerung mit Gütern und Diensten zeigt die deutliche Verbindung von Strukturpolitik und Infrastrukturpolitik als eigenem staatlichen Leistungsangebot.

Ein weiteres wichtiges Ziel, dessen Verletzung strukturpolitischen Handlungsbedarf auslöst, ist das quantitativ und qualitativ befriedigende wirtschaftliche Wachstum. Oft wird Strukturpolitik vor allem unter diesem Aspekt gesehen und als mittelfristige, angebotsorientierte und vorausschauende Wachstumspolitik bezeichnet. Wenn dies auch zu kurz gegriffen ist, spielt doch das Wachstumsziel eine wichtige Rolle für strukturpolitische Interventionen. Argumentiert wird dabei häufig, daß der Markt korrigiert werden müsse, entweder weil er weit in der Zukunft liegende und vor allem auch soziale Erträge unterzubewerten tendiere, oder weil bestimmte Risiken technologischer Neuentwicklungen von privaten Unternehmen wegen der Größe oder der langen Ausreifungszeit der damit verbundenen Projekte nicht allein getragen werden können. Dieser Teil einer dem Wachstumsziel dienenden vorausschauenden Strukturpolitik wird den sektoralen Strukturwandel als Resultat von Marktprozessen unterstützen und akzentuieren, ihn aber keinesfalls aufhalten.

Die in diesem Zusammenhang genannten und weitgehend akzeptierten Ziele der Strukturpolitik sind die Förderung von Mobilität und Qualifikation der Arbeitskräfte, von technischem Fortschritt und Innovationen. Die durch staatliche Förderung erzielten Produktivitätsfortschritte erhöhen das Wachstumspotential der Wirtschaft. Oft sind solche (sektoralen) strukturpolitischen Maßnahmen mit anderen globalen Wachstumsstrategien der wirtschaftspolitischen Instanzen eng verknüpft und daher keiner getrennten strukturpolitischen Beurteilung zugänglich. Auch in den Begründungen von Maßnahmen zur Erreichung des Wachstumsziels ergeben sich Überschneidungen zu dem oben genannten Versorgungsziel. So wurde beispielsweise die Förderung der Kernforschung mit den Erfordernissen einer langfristigen und preisgünstigen Energieversorgung begründet.

Gleichzeitig wird aber bei der Förderung von zukunftsträchtigen Industrien, wie auch im Falle der kerntechnischen Industrie, häufig mit der Notwendigkeit einer staatlich unterstützten Herstellung internationaler Wettbewerbsfähigkeit argumentiert, meist vor dem Hintergrund, daß diese zukunftsträchtigen Wachstumsbranchen in der Regel auch im Ausland von den jeweiligen Regierungen gefördert würden und sich daher in der Bundesrepublik fast zwangsläufig die Notwendigkeit staatlicher Förderung für diese Branchen zum Ausgleich von Wettbewerbsnachteilen im internationalen Rahmen ergebe.

Schließlich ist ein wichtiges übergeordnetes wirtschaftspolitisches Ziel, dessen tatsächliche oder drohende Verletzung strukturpolitische

Maßnahmen begründet, die Vermeidung von Arbeitslosigkeit und der sich daraus ergebenden unerwünschten sozialen Härten. Strukturpolitik ist in diesem Fall darauf gerichtet, zu rasche Anpassungsprozesse des Marktes, die zu viele und von anderen Branchen nicht so schnell zu absorbierende Arbeitskräfte freisetzen würden, zu verlangsamen. Soziale Härten, könnte man argumentieren, sollten nun aber nicht mit Hilfe der Strukturpolitik, sondern mit Hilfe angemessener anderer wirtschaftspolitischer Maßnahmen, d. h. mit sozialen Sicherungsmaßnahmen und sich daraus ergebenden Transfers an die privaten Haushalte, aufgefangen werden. Wenn es auch richtig ist, daß soziale Maßnahmen strukturpolitische Eingriffe ergänzen müssen, so setzen diese vernünftigerweise jedoch eine Stufe früher ein und versuchen, soziale Härten erst gar nicht entstehen zu lassen und Ausgaben des Sozialsystems einzuschränken.

Hier verbindet sich die Antizipation sozialer Konsequenzen eines zu raschen Strukturwandels zum Teil auch mit allokativen Gesichtspunkten, z. B. einer ausgewogenen Wirtschaftsstruktur. Ein rascher Schrumpfungsprozeß eines Wirtschaftszweiges kann über die optimale sektorale Größenstruktur nach unten hinausschießen und damit die Ausgewogenheit der Branchenstruktur insgesamt verletzen. Dadurch wird unter Umständen ein notwendiger, einer mittelfristig veränderten wirtschaftlichen Konstellation entsprechender Expansionsprozeß derselben Branche auf unnötig große Barrieren stoßen. Weiterhin ist die Gefahr groß, daß eine rasche und radikale Schrumpfung eines Wirtschaftsbereichs zu stark auf andere Wirtschaftsbereiche ausstrahlt und unnötige negative Weiterungen initiiert.

Man wird als primäre Ziele der Strukturpolitik die Förderung des Strukturwandels und des wirtschaftlichen Wachstums und die Sicherung der Versorgung der Bevölkerung bezeichnen müssen. Sie stehen aber deutlich unter Restriktionen, die sich aus absehbaren sozialen Konsequenzen des Strukturwandels ergeben. Im Zeitverlauf läßt sich eine Verschiebung der politischen Akzente feststellen. Im Strukturbericht der Bundesregierung von 1970 wird formuliert: "Im Bereich der sektoralen Strukturpolitik steht die Entwicklung zukunftsweisender, für den gesamtwirtschaftlichen Fortschritt wichtiger Produktionszweige im Vordergrund. Daneben wird die Anpassung von Problembereichen weiter fortgeführt" (BT-Drucksache VI/761, S. 16). Während sich diese Anpassung von Problembereichen in Phasen raschen Wirtschaftswachstums relativ unproblematisch durchsetzen läßt, wird die Verschärfung des Anpassungsproblems im Jahreswirtschaftsbericht der Bundesregierung von 1977 deutlich: "... der strukturelle Anpassungsprozeß (soll) gefördert und sozial abgefedert werden" (BT-Drucksache VIII/72, Tz 29).

Die Zukunftsorientierung der Strukturpolitik kann sich demzufolge nicht nur auf eine Selektion der zukünftigen Wachstumsbranchen und ihre Förderung beschränken, wie dies häufig in den Begründungen der Strukturpolitik anklingt. Gerade auch die oben diskutierte Verlangsamung von Schrumpfungsprozessen muß zukunftsorientiert sein und zu einer ausgewogenen und sozial akzeptablen wirtschaftlichen Entwicklung beitragen.

Diese Unterschiede setzen sich bei der Beurteilung der einzelnen strukturpolitischen Instrumente fort. Neben der Schaffung von Rahmenbedingungen und einzelnen gesetzlichen Regelungen, z. B. im Bereich des Arbeits- und Umweltschutzes, stellen direkte Maßnahmen, wie Preisregulierungen, Absatzgarantien, Bürgschaften, Darlehen und andere Übertragungen des Staates an Unternehmen (Zuschüsse zur laufenden Produktion und zu Investitionen), die hauptsächlichen Instrumente der Strukturpolitik dar.

Von diesen betrachten wir hier allerdings nur einen Ausschnitt, den wir im folgenden unter dem Begriff Subvention genau definieren wollen. Subventionen, die dem Wachstumsziel einschließlich der (Wieder-) Herstellung der internationalen Wettbewerbsfähigkeit dienen, werden von fast allen Seiten als positive, marktverstärkende Maßnahmen begrüßt. Dagegen werden sogenannte Anpassungssubventionen in der Regel kritisiert. Strukturpolitische Verzögerungen von absehbaren sektoralen Entwicklungen stehen zumindest vorübergehend in offensichtlichem Widerspruch zu Anpassungsprozessen des Marktes, von denen angenommen wird, sie seien tendenziell notwendig, weil die Marktpreissteuerung eine optimale Allokation von Produktionsfaktoren gewährleiste. Diese Kritik verstärkt sich bei den sogenannten Erhaltungs- oder auch Dauersubventionen (Beispiele Landwirtschaft und Bergbau), weil diese Subventionen eben nicht mehr zeitlich begrenzte und von daher noch erträgliche Anpassungshilfen zur Überwindung von korrigierbaren Fehlentwicklungen darstellen.

Wirtschaftliche und strukturelle Schwierigkeiten, mit denen die deutsche Volkswirtschaft, wie die vorigen Kapitel gezeigt haben, seit einigen Jahren konfrontiert ist, ziehen einen erhöhten strukturpolitischen Handlungsbedarf nach sich. Auf der anderen Seite wird im Zusammenhang mit der kritischer werdenden Finanzsituation der öffentlichen Haushalte die Forderung nach einer Überprüfung und Durchforstung der Subventionen gestellt. Verlagerungen, Umstrukturierungen und Einsparungen sind ständige und sinnvolle Forderungen an eine zielgerechte Subventionspolitik. Als Forderung einer pauschalen Abschaffung von Subventionen ist sie aber schlecht begründet und geht an den eigentlichen Problemen vorbei.

4.2 Abgrenzung, Entwicklung und Struktur der Subventionen

4.2.1 Abgrenzung

In der Bundesrepublik Deutschland gibt es in der praktischen Anwendung zwei Versionen des Subventionsbegriffs. Es handelt sich hierbei um die Begriffsbestimmung im Rahmen der Subventionsberichte der Bundesregierung, die das Bundesministerium der Finanzen erstellt, und den Subventionsbegriff, wie er in der volkswirtschaftlichen Gesamtrechnung des Statistischen Bundesamtes verwendet wird. Wir weichen von beiden Subventionsbegriffen ab. Für uns ist das wesentliche Kriterium, daß nur solche Finanzhilfen und Steuervergünstigungen als Subventionen aufgefaßt werden, die an den Unternehmensbereich fließen. Dabei ist der Unternehmenssektor entsprechend der volkswirtschaftlichen Gesamtrechnung abgegrenzt. Das heißt insbesondere, daß alle finanziellen Leistungen des Staates an private Haushalte zum Bau von Eigenheimen und Wohnungen mit einbezogen sind, weil sie zum Unternehmensbereich Wohnungsvermietung zählen. Einbezogen sind auch Hilfen für öffentliche Unternehmen und selbstverständlich solche für die Landwirtschaft, die aus Marktordnungsausgaben der Europäischen Gemeinschaft finanziert werden.

Unter Finanzhilfen sollen im Rahmen dieser Untersuchung Transferzahlungen des Staates sowie staatlich angeordnete Zahlungen des privaten Sektors an Unternehmen (Kohlepfennig) verstanden werden, denen keine marktmäßigen Leistungen der Unternehmen gegenüberstehen. Sozial orientierte Leistungen an Unternehmen (z. B. Zuschüsse an die Bundesbahn zum Ausgleich überhöhter Versorgungslasten, Altersrente für Landwirte u. ä.) bleiben außerhalb der Betrachtung. Als Ausnahme sind die Zuschüsse zur Senkung der Beiträge zur landwirtschaftlichen Unfallversicherung anzusehen, die zur Kostenentlastung der landwirtschaftlichen Betriebe gewährt werden. Leistungen im Rahmen der Forschungsförderung werden nur dann einbezogen, wenn sie Unternehmen unmittelbar zugute kommen.

Subventionsträger sind der Staat (Bund und Länder) und einige hoheitliche Stellen (Bundesanstalt für Arbeit, ERP-Sondervermögen, Kohlepfennig und die EG). Angesichts der großen Zahl der Gemeinden und Gemeindeverbände - rund 10 000 Gemeinden - mußten diese unberücksichtigt bleiben. Wenn auch ihre gesamten Finanzhilfen im Vergleich zu dem betrachteten Gesamtvolumen gering sind, so ist ihr Einfluß gerade in der regionalen Strukturpolitik, z. B. der Industrieansiedlungspolitik, nicht unbeträchtlich.

Neben den direkten Transfers auf der Ausgabenseite gibt es Steuervergünstigungen, die jedoch im Gegensatz zur direkten Subventionierung über Finanzhilfen nicht im Haushalt nachgewiesen werden. Die Ermittlung ihres Volumens erfordert mehr oder minder willkürliche Annahmen über das Steueraufkommen, das sich ohne Vergünstigungen ergeben hätte. Wie bei den Finanzhilfen werden steuerliche Hilfen an private Haushalte nur dann einbezogen, wenn sie der Förderung des Wohnungsbaus dienen (z. B. erhöhte Absetzungen nach §§ 7b und 54 EStG) und damit dem Unternehmensbereich Wohnungsvermietung zugeordnet werden müssen.

Basis und Grundlage für die Auswahl und Quantifizierung der hier berücksichtigten Steuervergünstigungen sind die verschiedenen Subventionsberichte. So werden alle steuerlichen Hilfen[1] mit der vollen Höhe des geschätzten Steuerausfalls angesetzt. In Abweichung von den Subventionsberichten werden die Mindereinnahmen aus § 4b InvZulG (befristete Investitionszulagen) mit aufgenommen. Im Gegensatz zu den Finanzhilfen, die als Zeitreihe von 1970 bis 1978 nur die Hilfen von Bund und Ländern erfassen, werden bei den Steuervergünstigungen - je nach Steuerart - auch die Steuerausfälle auf kommunaler Ebene berücksichtigt.

---

1 Man unterscheidet Steuermindereinnahmen, die für die öffentliche Hand endgültige Steuerausfälle bedeuten, von solchen mit nur vorübergehender Wirkung, die praktisch ein Darlehen an die Unternehmen darstellen (Abschreibungsvergünstigungen).

4.2.2 Entwicklung der Subventionen

Der Umfang der staatlichen Subventionen von Bund, Ländern und Sonderhaushalten wurde zwischen 1970 und 1978 von rund 26 Mrd. DM um mehr als das Doppelte auf 58 Mrd. DM ausgeweitet. Ihr Anteil am nominalen Bruttosozialprodukt erhöhte sich im betrachteten Zeitraum von 3,8 vH auf 4,5 vH. Das Volumen der Finanzhilfen und Steuervergünstigungen übertraf 1978 die Summe der öffentlichen Investitionen. Bezogen auf die staatlichen Gesamtausgaben ist allerdings die staatliche Wirtschaftsförderung kaum rascher expandiert; sowohl 1970 als auch 1978 wurde rund ein Siebtel der Gesamtausgaben für die Gewährung von Subventionen aufgewendet. Die Beanspruchungsquote hat im betrachteten Zeitraum sogar abgenommen, wenn man den ab 1975 eingeführten Kohlepfennig, mit dem der Kohleeinsatz in der Elektrizitätswirtschaft über einen Zuschlag bei den Stromabnehmern gefördert wird, aus der Rechnung herausnimmt. Dabei weist der Anteil der steuerlichen Förderung an allen gewährten Hilfen einen deutlichen Rückgang auf; das Schwergewicht staatlicher Förderung hat sich auf eine ausgabenorientierte Förderung konzentriert. Die Steuervergünstigungen haben sich mit einem durchschnittlichen jährlichen Zuwachs von 7 vH deutlich schwächer entwickelt als die Finanzhilfen (13 vH), die insbesondere Anfang der siebziger Jahre kräftig aufgestockt wurden.

4.2.3 Sektorale Schwerpunkte der Subventionen

Subventionen könnte man den Wirtschaftszweigen im wesentlichen nach drei Grundsätzen zuordnen, d. h. je nachdem, ob die Wirtschaftszweige Empfänger der Subventionen, vom Staat gewünschte Begünstigte oder tatsächlich Begünstigte sind. Da bei den beiden letztgenannten Prinzipien analog alle Probleme entstehen, die man aus der Steuerinzidenzlehre als nur in Einzelfällen und selbst dann als recht unscharf lösbar kennt, wird hier die Zuordnung vorwiegend nach dem Tätigkeitsbereich des Empfängers vorgenommen (so auch das Zuordnungssystem des Statistischen Bundesamtes). Oft sind selbst

Tabelle 4.2/1

__Finanzhilfen[1] und Steuervergünstigungen__
- nach Wirtschaftszweigen -

	in Mill.DM			in vH		
	1970	1974	1978	1970	1974	1978
Land- und Forstwirtschaft	6 135	6 237	6 153	23,7	15,8	10,5
Energiewirtschaft, Bergbau	1 583	3 186	6 479	6,1	8,0	11,1
Energiewirtschaft	412	1 160	1 715	1,6	2,9	2,9
Bergbau	1 171	2 026	4 764	4,5	5,1	8,2
Kohlenbergbau	1 152	1 868	4 665	4,4	4,7	8,0
Übriger Bergbau	19	158	99	0,1	0,4	0,2
Verarbeitendes Gewerbe	4 447	7 566	11 473	17,2	19,3	19,7
Chemische Industrie	298	574	725	1,2	1,5	1,2
Mineralölverarbeitung	161	340	356	0,6	0,9	0,6
Kunststoff- und Gummiwaren	107	146	214	0,4	0,4	0,4
Steine und Erden	131	177	252	0,5	0,4	0,4
Feinkeramik, Glasgewerbe	47	60	85	0,2	0,2	0,2
Metallerzeugung, -bearbeitung	300	405	595	1,2	1,0	1,0
Stahlbau	112	129	270	0,4	0,3	0,5
Maschinenbau, ADV	454	1 200	1 680	1,8	3,0	2,9
Fahrzeugbau	476	809	1 167	1,8	2,0	2,0
Elektrotechnik	404	624	1 052	1,6	1,6	1,8
Feinmechanik, Optik, EBM	192	300	400	0,7	0,8	0,7
Holz-, Papier-, Druckgewerbe	347	455	672	1,3	1,2	1,2
Textilgewerbe	114	162	246	0,4	0,4	0,4
Leder-, Bekleidungsgewerbe	196	240	370	0,8	0,6	0,6
Ernährungsgewerbe	1 079	1 846	3 282	4,2	4,7	5,6
Tabakverarbeitung	29	99	107	0,1	0,3	0,2
Baugewerbe	535	715	1 135	2,1	1,8	1,9
Bauhauptgewerbe	381	530	836	1,5	1,3	1,4
Ausbaugewerbe	154	185	299	0,6	0,5	0,5
Handel und Verkehr	7 854	13 067	18 420	30,3	33,1	31,5
Handel	2 862	2 851	4 470	11,0	7,2	7,6
Großhandel, Handelsvermittlung	2 230	2 060	3 334	8,6	5,2	5,7
Einzelhandel	632	791	1 136	2,4	2,0	1,9
Verkehr und Nachrichten	4 992	10 216	13 950	19,3	25,9	23,9
Eisenbahnen	3 745	8 068	10 842	14,5	20,5	18,6
Schiffahrt, Häfen	737	916	1 394	2,8	2,3	2,4
Übriger Verkehr	510	1 232	1 714	2,0	3,1	2,9
Nachrichtenübermittlung	0	0	0	0,0	0,0	0,0
Dienstleistungsunternehmen	5 333	8 675	14 756	20,6	22,0	25,3
Kreditinstitute	513	607	547	2,0	1,5	0,9
Versicherungsunternehmen	21	27	31	0,1	0,1	0,1
Sonstige Dienstleistungen	784	952	1 590	3,0	2,4	2,7
Wohnungsvermietung	4 015	7 089	12 588	15,5	18,0	21,6
Unternehmen ohne Wohnungsvermietung	21 872	32 357	45 828	84,5	82,0	78,4
Unternehmen insgesamt	25 887	39 446	58 416	100,0	100,0	100,0

1) Ohne Finanzhilfen der Gemeinden, einschl. Bundesanstalt für Arbeit, ERP-Sondervermögen und Parafisci.
Quelle: Haushaltspläne des Bundes und der Länder; Subventionsberichte; Statistisches Bundesamt, Fachserie 18; eigene Berechnungen.

unter diesem relativ einfachen Zuordnungsprinzip Zurechnungen nur mit Hilfe von mehr oder minder groben Schätzungen möglich, um zu der in Tabelle 4.2/1 ausgewiesenen Aufteilung der Subventionen zu gelangen. Eine wichtige Ausnahme wird bei der Zuordnung des Kohlepfennigs gemacht, der zwar der Elektrizitätsversorgung zufließt, aber eindeutig den Einsatz von heimischer Steinkohle in der Stromerzeugung begünstigen soll.

Die sektoralen Schwerpunkte empfangener Subventionen können einmal nach der Rangordnung der vH-Anteile der Wirtschaftszweige an

Tabelle 4.2/2

Finanzhilfen[1] und Steuervergünstigungen
bezogen auf die Bruttowertschöpfung und die Erwerbstätigen
- nach Wirtschaftszweigen -

	DM je 1000 DM Bruttowertschöpfung			DM je Erwerbstätigen		
	1970	1974	1978	1970	1974	1978
Land- und Forstwirtschaft	266	231	178	2 712	3 314	3 826
Energiewirtschaft, Bergbau	63	87	131	2 948	6 515	13 873
Energiewirtschaft	26	46	51	1 814	4 979	7 362
Bergbau	129	177	308	3 778	7 914	20 356
Kohlenbergbau	149	191	333	4 057	7 983	21 398
Obriger Bergbau	14	96	66	732	7 174	6 162
Verarbeitendes Gewerbe	16	20	24	440	786	1 297
Chemische Industrie	12	14	16	453	877	1 165
Mineralölverarbeitung	13	17	15	3 350	7 908	10 474
Kunststoff- und Gummiwaren	12	12	14	327	433	675
Steine und Erden	13	13	16	465	649	1 082
Feinkeramik, Glasgewerbe	12	11	13	274	372	597
Metallerzeugung, -bearbeitung	11	11	16	317	461	748
Stahlbau	22	18	30	598	652	1 599
Maschinenbau, ADV	13	26	26	341	931	1 391
Fahrzeugbau	19	25	21	478	813	1 143
Elektrotechnik	14	15	19	336	503	956
Feinmechanik, Optik, EBM	11	13	13	265	430	617
Holz-, Papier-, Druckgewerbe	15	14	16	348	485	786
Textilgewerbe	10	13	18	204	367	684
Leder-, Bekleidungsgewerbe	18	20	27	280	444	787
Ernährungsgewerbe	38	51	73	1 142	2 033	3 884
Tabakverarbeitung	3	9	10	754	3 093	3 969
Baugewerbe	10	10	13	230	327	582
Bauhauptgewerbe	9	10	14	232	363	671
Ausbaugewerbe	11	8	10	227	254	425
Handel und Verkehr	72	87	94	1 647	2 722	4 012
Handel	41	31	37	855	869	1 403
Großhandel, Handelsvermittlung	65	47	60	1 628	1 555	2 631
Einzelhandel	18	17	17	320	404	592
Verkehr und Nachrichten	129	173	187	3 513	6 726	9 922
Eisenbahnen	427	713	1 029	9 069	18 337	28 989
Schiffahrt, Häfen	221	192	276	7 837	9 741	16 213
Obriger Verkehr	34	57	60	1 100	2 489	3 617
Nachrichtenübermittlung	0	0	0	0	0	0
Dienstleistungsunternehmen	45	44	53	1 812	2 833	4 451
Kreditinstitute	31	20	13	1 248	1 242	1 088
Versicherungsunternehmen	5	3	2	113	134	153
Sonstige Dienstleistungen	13	9	10	348	420	635
Wohnungsvermietung	116	134	184	44 125	71 610	117 647
Unternehmen ohne Wohnungsvermietung	38	40	43	957	1 474	2 217
Unternehmen insgesamt	42	45	52	1 128	1 789	2 811

1) Ohne Finanzhilfen der Gemeinden, einschl. Bundesanstalt für Arbeit, ERP-Sondervermögen und Parafisci.
Quelle: Haushaltspläne des Bundes und der Länder; Subventionsberichte; Statistisches Bundesamt, Fachserie 18; eigene Berechnungen.

allen Subventionen ermittelt werden, zum anderen aber auch durch die Rangordnung der Subventionen in Relation zu 1 000 DM Bruttowertschöpfung der Wirtschaftszweige (vgl. Tabelle 4.2/2) und durch ihre Relation zu den Erwerbstätigen. Nach allen Kriterien ergibt sich eine starke Konzentration der Subventionen auf wenige Wirtschaftszweige.

1978 erhielten sechs Wirtschaftszweige jeweils mehr als 5 vH aller Subventionen. Diese Wirtschaftszweige bekamen 70 vH der gesamten Subventionen. Auch nach den anderen Kriterien zeigt sich diese

Tabelle 4.2/3

Subventionen ausgewählter Wirtschaftsbereiche
Vergleich 1970 mit 1978

Wirtschaftsbereich	Subventionen in vH aller Subventionen				Ø jährl. Veränd.-rate/vH	Subventionen pro 1000 DM Bruttowertschöpfung				Ø jährl. Veränd.-rate/vH	Subventionen je Erwerbstätigen				Ø jährl. Veränd.-rate/vH
	1970 vH	Rang	1978 vH	Rang		1970 DM	Rang	1978 DM	Rang		1970 DM	Rang	1978 DM	Rang	
Land- und Forstwirtschaft	23,7	(1)	10,5	(3)	- 9	266	(2)	178	(5)	- 5	2712	(5)	3826		4
Ernährungsgewerbe	3,6	(6)	4,8	(6)	4	52		91		7	1199		3995		16
zusammen	27,3		15,3		- 7	173		137		- 3	2325		3877		7
Elektrizitätsversorgung	0,9		2,5		14	21		58		14	1524		9072	(4)	25
Kohlenbergbau, Kokerei	4,5	(5)	8,0	(4)	7	149	(5)	333	(2)	11	4057	(3)	21398	(2)	23
Eisenbahnen	14,5	(3)	18,6	(2)	3	427	(1)	1029	(1)	12	9069	(1)	28989	(1)	16
Schiffahrt und Häfen	2,8		2,4		- 2	221	(3)	276	(3)	3	7837	(2)	16213	(3)	10
Übriger Verkehr	2,0		2,9		5	34		60		7	1130		3617		16
Großhandel	8,6	(4)	5,7	(5)	- 5	65		60		- 1	1628	(6)	2631		6
Wohnungsvermietung	15,5	(2)	21,6	(1)	4	116	(6)	184	(4)	6	--		--		--
Luft- u. Raumfahrzeugbau	0,6		0,6		0	172	(4)	162	(6)	- 1	3861	(4)	7207	(5)	8
Schiffbau	0,4		0,6		5	91		131		5	1383		5076	(6)	18
Summe aller Subventionen	100,0		100,0			38		45		2	974		2322		11

Quelle: Haushaltspläne des Bundes und der Länder; Subventionsberichte; Statistisches Bundesamt, Fachserie 18: eigene Berechnungen.

Konzentration der Fördermittel. Es erhielten z. B. nur fünf Wirtschaftszweige mehr als 100 DM Subventionen pro 1 000 DM Bruttowertschöpfung.

Da wir im folgenden nicht detailliert auf die zahlreichen, zum Teil interessanten Verschiebungen in kleineren Bereichen eingehen können, seien die Verschiebungen für die größten Subventionsempfänger nach den drei Kriterien für die Eckjahre 1970 und 1978 tabellarisch dargestellt (vgl. Tabelle 4.2/3). Dabei erscheint es inhaltlich gerechtfertigt, Land- und Forstwirtschaft und das Ernährungsgewerbe zusammenzufassen, um dem Aspekt der Begünstigung ansatzweise Rechnung zu tragen. Dafür spricht, daß viele Zuweisungen und Zuschüsse im Rahmen der EG-Marktordnungsausgaben nicht nur dem Sektor Landwirtschaft, sondern auch dem Ernährungsgewerbe und dem Groß- und Außenhandel mit Nahrungsgütern zufließen. Obwohl die Landwirtschaft letztlich begünstigt werden soll, wird z. B. das Ernährungsgewerbe überwiegend durch diese absatzorientierten Maßnahmen subventioniert.

Subventionen eines Wirtschaftszweiges in vH der gesamten Subventionen

Die Unternehmen der Land- und Forstwirtschaft, die 1970 noch die meisten Subventionen erhielten, hatten den größten Anteilsverlust bis 1978 und fielen auf Platz 3 zurück. Das Ernährungsgewerbe erhöhte dagegen seinen Anteil. Die größte Anteilssteigerung verzeichnete die Elektrizitätsversorgung, gefolgt vom Kohlenbergbau, vom übrigen Verkehr, vom Schiffbau, von der Wohnungsvermietung und von den Eisenbahnen; damit verzeichneten die 1970 nach der Land- und Forstwirtschaft größten Bereiche einen überdurchschnittlichen Zuwachs; der Großhandel, als viertgrößter Bereich im Jahre 1970, hatte jedoch den zweitgrößten Anteilsverlust hinzunehmen.

Subventionen je 1 000 DM Bruttowertschöpfung

Nach diesem Kriterium waren 1970 die Eisenbahnen der höchstsubventionierte Bereich; ihr Zuwachs war neben der Elektrizitätsversorgung am größten. Auch hier wird das Zurückbleiben der Land- und Forstwirtschaft deutlich. Den dritthöchsten Zuwachs verzeichnet der Kohlenbergbau, der sich 1978 auf Platz 2 - mit deutlichem Abstand zu den Eisenbahnen - in der Rangfolge befand. Auch die Wohnungsvermietung gewinnt an Gewicht und nahm 1978 den vierten Platz ein[1].

Subventionen je Erwerbstätigen

Die nach diesem Kriterium im Jahre 1970 größten Subventionsempfänger, Eisenbahnen, Schiffahrt und Häfen sowie Kohlenbergbau, hatten bis 1978 (nach der Elektrizitätsversorgung) die höchsten Zuwachsraten, die sonst nur noch vom Schiffbau, vom Ernährungsgewerbe und vom übrigen Verkehr erreicht wurden.

---

1 Stark abgenommen haben die wertschöpfungsbezogenen Subventionen außerdem bei der Gas- und Wasserversorgung und den Kreditinstituten, stark zugenommen bei der Erdöl- und Gasgewinnung.

Der nach diesem Kriterium 1970 viertgrößte Bereich, der Luft- und Raumfahrzeugbau, verlor relativ bis 1978 ebenso wie die Land- und Forstwirtschaft und der Großhandel.

Nach allen Kriterien ergibt sich etwa folgendes Bild: Die Förderungsschwerpunkte haben sich zugunsten der Bereiche Elektrizitätsversorgung und Kohlenbergbau, Eisenbahnen und Wohnungsvermietung verschoben, während Land- und Forstwirtschaft einschließlich des Ernährungsgewerbes - trotz des zunehmenden Subventionsempfangs aus EG-Marktordnungsmitteln - insgesamt an Gewicht verloren haben.

4.3 Subventionswirkungen und ihre Zielkonformität

Subventionen haben Verteilungswirkungen, weil sie sowohl Arbeitsplätze und Einkommen in bedrohten Wirtschaftszweigen sichern helfen als auch Kostenstrukturen und Absatzpreise verändern. Eine allgemeine Verteilungsanalyse ist im Grunde nur möglich, wenn man weiß, inwieweit Kostenentlastungen über niedrigere Preise an die Nachfrager weitergegeben werden. Als Reaktion der Unternehmen auf die Subventionsgewährung sind zwei extreme Verhaltensweisen denkbar. Entweder werden die Subventionen voll an die Nachfrager in Form entsprechender Preissenkungen weitergereicht oder die Preise bleiben unverändert, d. h. die Subventionen dienen der Erlössteigerung der Unternehmen. Die Verteilungswirkungen hängen davon ab, welche dieser beiden Reaktionen tatsächlich auftreten. Diese Zusammenhänge können an dieser Stelle nicht untersucht werden. Ebenfalls bleiben die Folgewirkungen für die Produktions- und Einkommensstruktur unberücksichtigt, d. h. Reaktionen der Konsumenten und Investoren infolge von eventuellen Preissenkungen oder Erlössteigerungen.

Betrachtet man die Auswirkungen der Subventionen für einzelne Endnachfragebereiche, so ist die Obergrenze ihrer möglichen Entlastung durch die Annahme gegeben, daß die Subventionen voll in Preissenkungen weitergegeben werden. Diese Annahme findet freilich dort ihre Grenzen, wo durch Subventionen die Preise der Produkte künstlich hochgehalten werden. Dies trifft z. B. für den Agrarbereich und den Kohlenbergbau zu. Hier tritt im Gegenteil ein Belastungseffekt für den privaten Konsum auf, der aber ebenfalls unberücksichtigt bleiben muß. Daher werden in dieser Rechnung die Subventionen an den Agrarbereich einschließlich des agrarbezogenen Handels und an den Kohlenbergbau ausgeklammert.

Tabelle 4.3/1 zeigt, daß der private Verbrauch der Teil der Endnachfrage ist, dem unter diesen Annahmen die relativ höchsten Subventionen zuzurechnen sind. Die Ausfuhr ist dagegen der Endnachfragebereich, dessen zugerechnete Subventionen zwischen 1972 und 1976

Tabelle 4.3/1

Obergrenze der der Endnachfrage zurechenbaren Subventionen[1]

	1972			1976		
	in Mill.DM	in vH der Subventionen	in vH der Endnachfrage	in Mill.DM	in vH der Subventionen	in vH der Endnachfrage
Privater Verbrauch	12 265	40	3,0	21 789	42	3,9
Öffentlicher Verbrauch	1 429	5	1,0	2 772	5	1,3
Bruttoinvestitionen	4 187	14	2,0	6 745	13	2,8
Ausfuhr	4 877	16	2,9	9 884	19	3,4
Zwischensumme	22 758	75	2,5	41 190	79	3,2
Agrarbereich, Kohlenbergbau	7 552	25	-	11 129	21	-
Insgesamt	30 310	100	-	52 319	100	-

1) Die Subventionen an die Land- und Forstwirtschaft, den Kohlenbergbau und die agrarbezogenen Subventionen an das Ernährungsgewerbe und den Großhandel sind hierbei nicht der Endnachfrage zugerechnet worden, da unterstellt werden muß, daß diese Subventionen nicht der Entlastung der Endnachfrage dienen sollen.
Quelle: Input-Output-Rechnung des DIW.

am stärksten zunahmen. Hier machen sich der Anstieg der Finanzhilfen im Sektor Maschinenbau einschließlich allgemeiner Datenverarbeitung für die Förderung der Anwendung der EDV sowie ihre marktnahe technische Entwicklung und die Subventionierung des Kernkraftwerkebaus u. a. bei gleichzeitig starkem Anstieg der Lieferung von Erzeugnissen dieser Produktionssektoren an das Ausland bemerkbar. Betrachtet man die relative Entlastung der Endnachfragebereiche, d. h. die zugerechneten Entlastungen im Verhältnis zur jeweiligen Endnachfrage, so ist bei der Interpretation der diesbezüglichen Spalte der Tabelle zu berücksichtigen, daß die Ausfuhr stärker zwischen 1972 und 1976 gestiegen ist als die anderen Endnachfragebereiche.

Im folgenden stehen Subventionen an die wichtigsten Empfänger im Vordergrund, um in Einzelbetrachtungen eine detaillierte Bewertung gemäß den Zielen für die jeweiligen Politikbereiche vornehmen zu können.

4.3.1 Interventionen im Agrarsektor

Subventionen im Agrarbereich sind heftig umstritten, weil die Widersprüche strukturpolitischer Interventionen hier am deutlichsten hervortreten. Angesichts der ständigen Überproduktion bestimmter landwirtschaftlicher Produkte und der damit verbundenen Kosten, der mannigfachen Marktstabilisierungsinterventionen aufgrund nicht mehr verständlicher Kompromisse einer aufgeblähten EG-Agrarmarktbürokratie, der sich nicht schließenden Schere zwischen Weltmarkt- und EG-Agrarmarktpreisen und anderer Widersprüchlichkeiten sind Zweifel am Sinn, aber vor allem an der Effizienz national- und supranationalstaatlicher Interventionen im Agrarbereich gewachsen und damit Widerstände gegen die so praktizierte Subventionierung des Agrarbereichs immer stärker geworden. War ursprünglich der Agrarmarkt als Vehikel der EG-Integration auch in anderen Bereichen gedacht, so droht er heute zum Sprengsatz zu werden.

Liegen nun diese Fehlentwicklungen - sieht man einmal von einer totalen Infragestellung der EG-Agrarmarktpolitik ab - an der Widersprüchlichkeit der Ziele oder an der Unwirksamkeit der eingesetzten Mittel? Werden untaugliche Mittel eingesetzt oder taugliche Mittel falsch dosiert?

Die wichtigsten Ziele der Agrarpolitik sind - vor dem Hintergrund des Außenschutzes gegenüber dem Weltagrarmarkt und dessen niedrigerem Preisniveau - die Steigerung der Produktivität der Landwirtschaft durch optimale Allokation der Produktionsfaktoren und durch die Gewährleistung einer angemessenen Lebenshaltung in der Landwirtschaft wie auch Hilfen zur sozial abgefederten Umsetzung von Arbeitskräften in andere Sektoren der Wirtschaft unter Beachtung damit verbundener raumordnungs-, umwelt- und neuerdings auch energiepolitischer Probleme, Sicherstellung einer im EG-Maßstab ausreichenden Versorgung der Bevölkerung mit Nahrungsmitteln zu angemessenen Preisen und schließlich eine Harmonisierung mit dem Weltmarkt[1].

---

1 Vgl. auch Art. 39 und 110 des EWG-Vertrages sowie Agrarberichte der Bundesregierung.

Auf der Zielebene hat die Agrarpolitik mit dem für die Strukturpolitik generell bestehenden Problem einer Ausbalancierung der allokativen Ziele für schrumpfende Branchen und einer gleichzeitigen Verzögerung des Anpassungstempos, einem Auffangen der sich aus dem Schrumpfungsprozeß ergebenden Probleme der Arbeitslosigkeit und der Einkommenssicherung zu kämpfen. Man kann feststellen, daß im Agrarbereich die Ausbalancierung dieser Ziele besonders schlecht gelungen ist.

Absatzgarantien, die den strukturellen Anpassungsdruck auf ein arbeitsmarkt- und sozialpolitisch vernünftiges Tempo reduzieren sollten, sind für den Agrarbereich aufgrund der EG-Kompromißformeln, die nur Einigungen auf der Basis steigender Absatzgarantien zulassen - man könnte von Kompromißrigidität nach unten sprechen -, durchgängig zu hoch gewesen. Sie verhindern in zu starkem Maße eine Anpassung von Produktionspotential und Faktoreinsatz an die infolge niedriger Einkommenselastizitäten der mengenmäßigen Nachfrage nach landwirtschaftlichen Erzeugnissen relativ rückläufige Nachfrage. Der daraus folgende Teufelskreis ist bekannt. Absatzgarantien und hohe Fortschrittsraten der landwirtschaftlichen Produktivität, aber auch Maßnahmen aus dem Bereich der Strukturverbesserung induzieren Überschüsse und - aufgrund von Überkapazitäten - gesamtwirtschaftlich gesehen eine unterdurchschnittliche Faktorentlohnung, die wiederum einkommenssichernde Maßnahmen nach sich zieht.

Die EG-Agrarpolitik verfolgt das einkommenspolitische Ziel (ausgenommen für Bergbauern) nicht mit Einkommenstransfers, sondern mit Hilfe von Marktordnungen, in denen ein weit über dem "Gleichgewichtspreis" liegendes Erzeugerpreisniveau garantiert wird. Die Politik der hohen, durch Interventionen abgesicherten, Erzeugerpreise verletzt in ihren Auswirkungen die Ziele der harmonischen Entwicklung des Welthandels und der Versorgung der Bevölkerung zu angemessenen Preisen.

Tabelle 4.3/2

Ausgaben des EG-Haushalts für die Landwirtschaft

	Einheit	1973	1974	1975	1976	1977	1978[1]	1979[1]
Haushalt der EG	Mill.RE	4 641	5 037	6 214	7 993	8 483	12 363	14 447
EAGFL[2] gesamt	Mill.RE	3 764	3 702	4 485	6 051	7 077	8 922	10 740
Abtlg. Garantie	in vH	95,5	92,9	96,7	95,9	96,5	97,2	96,7
Abtlg. Ausrichtung	in vH	4,5	7,1	3,3	4,1	3,5	2,8	3,3
EAGFL-Anteil am Haushalt der EG	in vH	81,1	73,5	72,2	75,7	83,4	72,2	74,3

1) Ab 1978 wurde die RE (Rechnungseinheit) durch die ERE (Korbrechnungseinheit) ersetzt.
2) Europäischer Ausrichtungs- und Garantiefonds für die Landwirtschaft.
Quellen: Kommission der Europäischen Gemeinschaften: Finanzberichte über den EAGFL, versch. Jahrgänge; Gesamtberichte über die Tätigkeit der Europäischen Gemeinschaften, versch. Jahrgänge.

Der Mitteleinsatz der EG konzentriert sich darauf, den marktbedingten Druck auf die Agrarpreise und die Erzeugereinkommen zu kompensieren. Dem Allokationsziel dienende Maßnahmen sind demgegenüber immer mehr in den Hintergrund getreten. Dies läßt sich anhand der Struktur und Entwicklung der Ausgaben des Europäischen Ausrichtungs- und Garantiefonds für die Landwirtschaft (EAGFL) ausmachen (vgl. Tabelle 4.3/2); so sind die Garantieleistungen (für die garantierten Erzeugerpreise) mit hohen jährlichen Wachstumsraten auf weit über 90 vH aller Ausgaben des EAGFL angestiegen.

Die Ausgaben für Ausrichtungsleistungen, die im wesentlichen zur Verbesserung landwirtschaftlicher Infrastruktur gedacht sind, sind plafondiert und praktisch unbedeutend. Die Kritik an der gegenwärtigen Agrarpolitik wendet sich insbesondere gegen Funktion und Ausgestaltung der Erzeugerpreispolitik, die fast nur noch Instrument der Einkommensbildung und -verteilung, aber nicht mehr der Produktionssteuerung und der Faktorallokation ist. Doch auch die Ausrichtungsleistungen müßten daraufhin überprüft werden, ob durch sie sinnvolle Strukturmaßnahmen finanziert werden.

Auch in anderer Hinsicht muß auf zweifelhafte Konsequenzen agrarpolitischer Interventionen hingewiesen werden. Die Einkommensunterschiede zwischen landwirtschaftlichen Betrieben verschiedener Produktionsausrichtung, verschiedener Regionen und verschiedener

Tabelle 4.3/3

Streuung der Reineinkommen in den landwirtschaftlichen
Vollerwerbsbetrieben nach Betriebsformen und Größenklassen

Betriebsform Größenklasse Standardbetriebseink./Betr.[1] von ... bis unter ... DM	Reineinkommen je Fam.-AK in den Betriebsgruppen			Maßzahl für die Einkommensstreuung[2]		
	1972/73	1974/75	1978/79	1972/73	1974/75	1978/79
Marktfrucht						
unter 20 000	13 636	16 113	18 947	13,9	6,9	9,1
20 000 bis 50 000	21 430	23 816	27 242	5,8	7,7	5,0
50 000 und mehr	41 994	48 505	46 412	4,7	6,3	6,9
insgesamt	.	28 636	32 915	.	7,3	8,2
Futterbau						
unter 20 000	14 150	13 881	17 219	4,5	5,3	4,7
20 000 bis 50 000	20 660	21 537	24 011	4,2	5,3	4,0
50 000 und mehr	34 992	35 466	34 364	4,2	6,4	4,7
insgesamt	.	19 339	23 209	.	5,7	5,1
Veredlung						
unter 20 000	15 084	12 210	15 877	6,5	.	8,6
20 000 bis 50 000	25 350	25 006	21 260	4,5	5,6	6,7
50 000 und mehr	31 654	35 188	34 802	7,2	7,9	8,8
insgesamt	.	26 684	27 307	.	7,8	9,7
Gemischt						
unter 20 000	13 946	13 007	15 799	4,7	4,5	9,7
20 000 bis 50 000	21 475	19 631	22 339	4,5	5,4	5,4
50 000 und mehr	33 802	35 675	30 997	4,0	5,0	7,2
insgesamt	.	19 147	22 899	.	5,6	8,3
Gesamt						
unter 20 000	.	13 827	16 833	.	5,8	5,5
20 000 bis 50 000	.	21 378	23 683	.	6,1	4,4
50 000 und mehr	.	41 123	36 695	.	6,6	5,8
insgesamt	19 577	21 204	24 780	5,3	6,1	6,3

1) Standardbetriebseinkommen ist ein Maß zur Kennzeichnung der wirtschaftlichen Größe der Betriebe.
2) In den Agrarberichten werden die durchschnittlichen Reineinkommen je Familienarbeitskraft im oberen und unteren Quartil der Vollerwerbsbetriebe ermittelt; die relative Abweichung der Quartilendurchschnitte stellt ein Maß für die Streuung der Einkommen dar. Die hier gewählte Maßzahl ist das Vielfache des Durchschnittseinkommens je AK des oberen gegenüber dem unteren Quartil in der jeweiligen Gruppe.

Quelle: Agrarberichte der Bundesregierung 1974, 1976 und 1980.

Betriebsgrößen haben sich trotz eines hohen Finanzierungsaufwands eher verschärft (vgl. Tabelle 4.3/3). Die kostspielige Agrarpreispolitik bewirkt tendenziell eine allokativ erwünschte Begünstigung großer, vergleichsweise ertragsstarker Betriebe und ein niedriges Einkommensniveau in Grenzbetrieben, die aber nicht ausscheiden, weil bessere Verdienstmöglichkeiten und Erwerbsalternativen außerhalb der Landwirtschaft in zumutbarer Entfernung vom Heimatort fehlen.

Aber auch andere Faktoren haben diese Entwicklung beeinflußt. Hier ist neben Einflüssen der Außenhandelsprotektion, die nicht nur struktur-, sondern auch verteilungskonservierend wirkt, vor allem auf die Besonderheiten der Besteuerung der landwirtschaftlichen Einkommen hinzuweisen.

Weitere Inkonsistenzen der agrarpolitischen Interventionen werden deutlich, wenn man bedenkt, daß eine ganze Reihe von Maßnahmen mit der Zielrichtung der Einkommens- und Infrastrukturverbesserung produktionssteigernd wirkten. Eine einzelbetriebliche Ertragssteigerung wäre nur dann vertretbar, wenn in anderen Betrieben die Produktion eingeschränkt würde. Dies ist jedoch - trotz hoher finanzieller Aufwendungen etwa für Abschlachtaktionen bei Kühen, die Nichtvermarktung von Milch, Rodungsprämien - nicht der Fall.

Auch hier tritt also die Widersprüchlichkeit des Einsatzes der agrarpolitischen Instrumente besonders krass hervor: Rationalisierungsbeihilfen, hohe Preis- und Absatzgarantien wirken zwar als Anreize zur Überschußproduktion auch von Betrieben an der Grenze einer Rentabilitätsschwelle, sie reichen jedoch nicht zur gewünschten angemessenen und mit anderen Wirtschaftszweigen vergleichbaren Einkommenserzielung aus. Andererseits werden Prämien zum Abbau von Überschüssen gewährt.

Als Fazit kann man nur feststellen, daß diese Agrarpolitik heute kaum noch auf eine sinnvolle Anpassung und Förderung der Infrastruktur und der Wettbewerbsfähigkeit der Landwirtschaft[1] zielt, sondern fast ausschließlich der Kompensation der von ihr selbst herbeigeführten Fehlentwicklungen dient.

---

1 In der Bundesrepublik werden solche infrastrukturellen Maßnahmen wie Flurbereinigung, wasserwirtschaftliche Ver- und Entsorgung hauptsächlich in der von Bund und Ländern geplanten und finanzierten nationalen Gemeinschaftsaufgabe "Verbesserung der Agrarstruktur und des Küstenschutzes" unterstützt, aber auch einzelbetriebliche Investitionen durch das in der Gemeinschaftsaufgabe angesiedelte wichtige "Einzelbetriebliches Förderungsprogramm" (EFP). Dieses Programm wirkt u. a. ebenfalls produktionserhöhend.

Tabelle 4.3/4

Auswirkungen des Wegfalls ausgewählter Maßnahmen
der Agrarpolitik auf den Bundeshaushalt

Maßnahme	Mill. DM
Molkereibutteraktion	31
Butterabsatz an die Backwarenindustrie	53
Butterabsatz an die Eiscremeindustrie	17
Butterabsatz an gemeinnützige Einrichtungen	20
Butterabsatz an die Streitkräfte	7
Allgemeine Verbraucherbeihilfe für Butter (UK)	56
Exportsubventionen für Butter	240
Zucker	127
Vollmilchpulver	102
Magermilchpulver	39
Private Lagerhaltung von Butter	34
Zucker	127
Rindfleisch	20
Wein	22
Herstellung von Mischfutter aus Magermilchpulver	613
Prämien für Nichtvermarktung von Milch und Umstellung auf Fleischrassen	50
Prämien für den Aufbau von Tierbeständen	57
Tabak-Intervention	129
Prämien für die Herstellung von Trockenfutter	25
Supranationale Maßnahmen insgesamt	1 769[1]
Aufstiegs- und Überbrückungshilfe im EFP	5
Subventionierung der Buchführung	5
Gasölbeihilfe	580
Subventionen an Ernährungsindustrie (Marktstruktur)	50
Mobilitätshemmende agrarsoziale Maßnahmen, ca.	350
Nationale Maßnahmen insgesamt	990
Supranationale und nationale Maßnahmen	2 759

1) Es wurde unterstellt, daß die Bundesrepublik rund ein Viertel der Kosten der supranationalen Maßnahmen zu tragen hat.

Quelle: Berechnet nach: Kommission der Europäischen Gemeinschaften, 8. Finanzbericht über den Europäischen Ausrichtungs- und Garantiefonds für die Landwirtschaft, 1978; KOM(79) 596 endg. - Der Bundesminister für Ernährung, Landwirtschaft und Forsten: Die Verbesserung der Agrarstruktur in der Bundesrepublik Deutschland 1977 und 1978. Bonn, 1980 -. Agrarbericht 1980 der Bundesregierung; BT 8/3636.

Demzufolge lassen sich markt- und strukturpolitische Interventionsmaßnahmen sowie andere Subventionen angeben, deren Wirkungen dem Ziel der Allokationsverbesserung und damit der langfristig subventionsfreien Einkommenssicherung entgegenstehen. Tabelle 4.3/4 gibt einen Überblick über solche Maßnahmen und die finanziellen Auswirkungen ihrer Einstellung.

Viele der fraglichen Maßnahmen sind allerdings ursächlich mit dem System der Hochpreispolitik und Absatzgarantie in der Landwirtschaft verbunden. Dies bedeutet, daß ein Subventionsabbau einzelner Maßnahmen Hand in Hand mit einer generellen Reduzierung des Stützungsniveaus, z. B. einer Senkung der Interventionspreise, erfolgen müßte.

Überprüfenswert ist generell, ob die eingangs erwähnte Begünstigung des Ernährungsgewerbes und des Großhandels durch die Agrarpolitik nicht allein eine unerwünschte Nebenwirkung der einkommensstützenden Maßnahmen ist, die eigentlich der Landwirtschaft zugute kommen sollte, aber dazu führt, daß nachgelagerte Industrien ihre Existenz überwiegend dem Interventionssystem verdanken. Ein treffendes Beispiel hierfür liefert die Molkereiwirtschaft, die zu einem guten Teil Magermilchpulverherstellung und -lagerung und Butterherstellung und -lagerung für die Interventionshalde betreibt.

Voraussetzung für eine rationale Agrarpolitik ist, das Allokationsziel wieder zu begünstigen, um Markteingriffe zu reduzieren und dennoch das einkommenspolitische Ziel zu erreichen. Solange aber langfristig die Versorgung der Bevölkerung durch eine EG-beheimatete und inländische landwirtschaftliche Produktion sichergestellt werden soll und nicht durch Importe, werden sich auch in Zukunft Subventionszahlungen kaum vermeiden lassen, die aber erheblich unter den heutigen Größenordnungen liegen könnten.

4.3.2 Interventionen im Verkehrsbereich

Der Verkehrssektor wurde und wird in starkem Maße durch staatliches Handeln reglementiert. Dabei schafft der Staat nicht nur durch ordnungspolitische Entscheidungen Rahmenbedingungen, die eine politisch gewollte Struktur des Verkehrsgeschehens bewirken sollen. Mit investitions- und subventionspolitischen Maßnahmen wird direkt (häufig bis in verkehrsbetriebliche Details hinein) Einfluß auf den Verkehrsablauf ausgeübt. Auf die zunehmende Bedeutung der Subventionen für den Verkehrsbereich ist oben schon hingewiesen worden. Daraus ging hervor, daß sich das Gewicht, abgesehen von der Subventionierung des Straßenverkehrs, am stärksten zugunsten der Eisenbahnen, sprich der Deutschen Bundesbahn, verlagert hat. Die beträchtlichen Hilfen, insbesondere die Steuervergünstigungen für den Bereich "Schiffahrt und Häfen", die den privaten Unternehmen der Schiffahrt, aber auch dem Neubau von Handelsschiffen zugute kommen, sind rückläufig gewesen.

Die strukturellen Wandlungen innerhalb des Verkehrssektors sind bekannt. Straßen- und Individualverkehr haben kontinuierlich zuungunsten des Schienen- und öffentlichen Verkehrs zugenommen. Im Personenverkehr hat sich zwischen 1960 und 1978 der Anteil der Eisenbahn am gesamten Beförderungsaufkommen halbiert, im Güterverkehr hat sich der Anteil am Transportaufkommen (ohne Straßengüternahverkehr) um ein Drittel verringert.

Die Subventionierung der Bundesbahn betrifft einen Bereich mit einer relativ rückläufigen Nachfrage nach Bahnleistungen. Dies wurde nicht mit einer entsprechenden Einschränkung beantwortet. Obwohl sich hier verwandte Fragestellungen und Probleme zum Agrarbereich ergeben, hat die Bundesbahn doch eine größere Nähe zu anderen unter staatlicher Verantwortung betriebenen Infrastrukturbereichen, deren Leistungen von vornherein nicht kostendeckend angeboten werden sollen. Die Organisation dieses Infrastrukturbereichs in Form eines Unternehmens ist historisch bedingt; seine Zuordnung zum Unternehmensbereich ist, wie im Falle der Bundespost, eher zufällig und VGR-definitorisch, aber nicht inhaltlich, bedingt.

Auch der Straßenbau ist einer der größten Infrastrukturbereiche. So geht die starke Zunahme des Straßen- und Individualverkehrs auch auf das Angebot dieser staatlich bereitgestellten Leistungen zurück. Daher könnte der im Verlauf der vergangenen drei Jahrzehnte staatlich betriebene Straßenbau als die eigentlich entscheidende Ursache für den vollzogenen Strukturwandel im Verkehrssektor angesehen und insofern der Staat als Verursacher des gesamten Wandlungsprozesses bezeichnet werden. Diese Betrachtungsweise verkennt, daß mit dem Pkw und dem Lkw für deren Nutzer eine Mobilität erreichbar ist, zu der in ihren wesentlichen Bereichen keine gleichwertige Alternative existiert; in diesen Bereichen besteht nur eine geringe Konkurrenzbeziehung zum Schienenverkehr oder einer anderen Verkehrsart. Eine Begrenzung des Straßenbaus auf ein Maß, das den Strukturwandel wesentlich verändert hätte, wäre unter diesem Aspekt weder sinnvoll noch politisch durchsetzbar gewesen. Man könnte ebenso umgekehrt argumentieren, daß in der jüngeren Vergangenheit fast alle Verkehrsaufgaben auch ohne die staatliche Aufrechterhaltung des Bahnverkehrs hätten bewältigt werden können. Dabei wären aber wesentliche politische Zielsetzungen verletzt worden.

So gehört zu den seit dreißig Jahren im wesentlichen unveränderten Zielen der Verkehrspolitik, eine angemessene Infrastruktur in allen Regionen der Bundesrepublik und die Freiheit der Wahl der Verkehrsmittel zu gewährleisten (vgl. zuletzt: Bundesverkehrswegeplan '80, S. 4). Die vor allem regionalpolitisch (Schaffung einheitlicher Lebensbedingungen in den Regionen), aber auch sozialpolitisch (Verkehrsangebot für Kinder und ältere Personen, Verbilligung für bestimmte Zielgruppen, wie Pendler und Schüler) wichtige Sicherung eines öffentlichen Verkehrsangebots führte im Bereich des Schienenverkehrs zu einem Verzicht auf eine kostendeckende Anhebung der Preise und/oder weitgehende Streckenstillegungen. Die steigenden Defizite bzw. die Steigerungen der Subventionen sind nur Reflex der weitgehend konsequenten Verfolgung der genannten Ziele. Überdies war aufgrund der unbestreitbaren Konkurrenzvorsprünge des Lkw- und des Pkw-Verkehrs eine wettbewerbliche Umkehr der skizzierten Verschiebungen in der Verkehrsstruktur nicht zu erreichen[1].

---

1 Dazu kommt, daß die Bundesbahn ihre Wegekosten (Einrichtung und Instandhaltung ihres Streckennetzes) im Unterschied zu anderen Bereichen - z. B. der Binnenschiffahrt - selbst tragen muß.

Da dies auch für die absehbare Zukunft nicht zu erwarten ist, dürften auch weiterhin - solange die genannten Ziele Leitlinie des politischen Handelns bleiben - der Subventionsbedarf, aber auch der Interventionsbedarf, insgesamt steigen.

Allerdings ist darüber zu streiten, ob das Ausmaß der Subventionierung, die 1976 immerhin 1 110 DM und 1978 fast ebensoviel, nämlich 1 029 DM je 1 000 DM Bruttowertschöpfung betrug, als angemessener Preis für den unbestreitbaren Luxus der Aufrechterhaltung einer im Kern dualen und alle Regionen des Bundesgebietes umfassenden Angebotsstruktur angesehen werden kann. Wenn auch die verkehrspolitischen Ziele im schienengebundenen Bereich weitgehend erreicht worden sind, so verlangen die Schlichtung des Streits und die Beantwortung der Frage eine Bewertung der Effizienz der eingesetzten Mittel. Hier ist das Prüfen aller Einzelaspekte eines langandauernden Prozesses praktisch kaum möglich; selbst in exemplarischen Überprüfungen würden dann unterschiedliche Effizienzurteile möglich sein. So betreffen unbestrittene Beispiele für einen ineffizienten Einsatz staatlicher Mittel - man denke an die Konkurrenz zwischen Deutscher Bundesbahn und Lufthansa auf kurzen Strecken des Personenfernverkehrs oder die Konkurrenz von Bundesbahn und Binnenschiffahrt im Erzverkehr Nordseeküste/Salzgitter - den gesamten Verkehrssektor und nicht so sehr die Effizienz der eingesetzten Mittel im Einzelbereich Bundesbahn.

Auch eine Verteilung staatlicher Interventionen auf den intrasektoralen Strukturwandel im Verkehrsbereich erfordert eine Ausweitung des bisherigen Blickwinkels über den Bereich der Bundesbahn hinaus. Anhand von Modellrechnungen ist z. B. versucht worden, die Auswirkung eines Fortfalls aller staatlichen Zuwendungen auf die Nachfrage nach Verkehrsleistungen abzuschätzen[1].

---

1 Vgl. hierzu auch ein früheres Gutachten des DIW: H. Enderlein, H. Rieke, H. Wessels: Direkte und indirekte gesamtwirtschaftliche Auswirkungen von Kostenänderungen durch verkehrspolitische Maßnahmen auf Preise, Produktion und Beschäftigung, Berlin 1977 (Gutachten im Auftrag des BMV).

Tabelle 4.3/5

Veränderung der Nachfrage nach Verkehrsleistungen im Personenverkehr bei Fortfall aller staatlichen Zuwendungen im Jahre 1972
- in Mill. Pkm -

Verlagerung nach (+) von (-)	Eisenbahn Nahverkehr	Eisenbahn Fernverkehr	OESPV	Post-reisedienst	Luft-verkehr	Individual-verkehr
Eisenbahn			+ 10 259	+ 1 307	+ 1 280	+ 8 938
Nahverkehr	- 15 684		+ 9 149	+ 1 307		+ 5 228
Fernverkehr		- 6 100	+ 1 110		+ 1 280	+ 3 710
Öffentlicher Straßenpersonenverkehr (OESPV)			- 3 397			+ 3 397
Postreisedienst				- 532		+ 532
Saldo der Verlagerungen	- 15 684	- 6 100	+ 6 862	+ 775	+ 1 280	+ 12 867
Nachfrageverzicht	- 5 228	- 5 124	- 11 890	- 930	-	-
Ursprüngliche Nachfrage	26 140	20 495	47 509	5 318	15 710	333 972
Neue Nachfrage	5 228	9 271	42 481	5 163	16 990	346 839

Quelle: Berechnungen des DIW.

So sind in den Tabellen 4.3/5 und 4.3/6 exemplarisch die geschätzten Nachfragereaktionen im Personen- und Güterverkehrsbereich ausgewiesen. Besonders im Personenverkehr wäre der Fortfall der Subventionierung mit weitreichenden Nachfrageeinschränkungen im Bahnbereich verbunden gewesen. Mit der vorhandenen Infrastruktur wäre auf kurze Sicht eine ordnungsgemäße Bewältigung der Beförderungs-

Tabelle 4.3/6

Veränderung der Nachfrage nach Verkehrsleistungen im Güterverkehr bei Fortfall aller staatlichen Zuwendungen im Jahre 1972
- in Mill. tkm -

Verlagerungen nach (+) von (-)	Werkverkehr auf der Straße	Eisenbahn-güterverkehr	Binnen-schiffahrt	Straßen-güterverkehr
Werkverkehr auf der Straße				
Werkbinnenschiffahrtsverkehr		+ 1 089	+ 364	
Eisenbahngüterverkehr	+ 3 934	(- 16 630)	+ 4 590	+ 8 106
Stückgutverkehr	+ 262	(- 1 312)		+ 1 050
Wagenladungsverkehr	+ 3 672	(- 15 318)	+ 4 590	+ 7 056
Binnenschiffahrt	+ 1 331	+ 8 650	(- 13 307)	+ 2 661
Rheinstrecken	+ 712	+ 4 629	(- 7 121)	+ 1 424
Nicht-Rheinstrecken	+ 619	+ 4 021	(- 6 186)	+ 1 237
Binnenhäfen	+ 15	+ 92		+ 28
Seeschiffahrt	+ 65	+ 424		+ 131
Straßengüterverkehr	+ 69	+ 369		(- 466)
Verkehrsnebengewerbe	+ 191	+ 1 194		+ 370
Saldo der Verlagerungen	+ 5 605	(- 4 812)	(- 8 353)	+ 10 830
Ursprüngliche Nachfrage	23 221	66 642	18 264	34 042
Neue Nachfrage	28 826	61 830	9 911	44 872

Die in Klammern gesetzten Zahlen geben die Nachfrageverluste des jeweiligen Bereiches an.
Quelle: Berechnungen des DIW.

Tabelle 4.3/7

Auswirkungen des Fortfalls aller staatlichen Zuwendungen an die Verkehrssektoren auf die Bruttoproduktion und die Endnachfrage der Wirtschaftszweige im Jahre 1972

	in Mill. DM	in vH des Bruttoproduktionswertes
Land- und Forstwirtschaft	- 227	- 0,5
Energiewirtschaft, Bergbau	- 437	- 0,7
Energiewirtschaft	- 363	- 0,8
Bergbau	- 74	- 0,4
Kohlenbergbau	- 72	- 0,5
Übriger Bergbau	- 2	- 0,1
Verarbeitendes Gewerbe	- 769	- 0,1
Chemische Industrie	- 193	- 0,3
Mineralölverarbeitung	+ 873	+ 2,4
Kunststoff- u. Gummiwaren	+ 117	+ 0,5
Steine und Erden	+ 18	+ 0,1
Feinkeramik, Glasgewerbe	- 21	- 0,2
Metallerzeugung u. -bearbeitung	- 185	- 0,2
Stahlbau	- 112	- 0,7
Maschinenbau, ADV	- 90	- 0,1
Fahrzeugbau	+ 570	+ 0,7
Elektrotechnik	- 223	- 0,3
Feinmech., Optik, EBM	- 92	- 0,2
Holz-, Papier-, Druckgewerbe	- 256	- 0,4
Textilgewerbe	- 221	- 0,7
Leder-, Bekleidungsgewerbe	- 280	- 0,9
Ernährungsgewerbe	- 566	- 0,5
Tabakverarbeitung	- 108	- 0,9
Baugewerbe	+ 24	+ 0,0
Handel und Verkehr	- 205	- 0,0
Handel	- 285	- 0,0
Großhandel, Handelsvermittlung	+ 32	+ 0,0
Einzelhandel	- 317	- 0,1
Verkehr und Nachrichten	+ 80	+ 0,1
Eisenbahnen	- 4 021	- 26,9
Eisenbahnpersonenverkehr	- 3 217	- 68,9
Eisenbahngüterverkehr	- 804	- 7,8
Schiffahrt, Häfen	- 1 737	- 22,6
dar. Binnenschiffahrt	- 1 462	- 70,5
Seeschiffahrt	- 198	- 3,9
Übriger Verkehr	+ 5 878	+ 14,2
dar. Öffentl. Straßenpersonenverk.	- 424	- 8,6
Straßengüterverkehr	+ 6 069	+ 40,8
Luftverkehr	+ 265	+ 8,1
Nachrichtenübermittlung	- 40	- 0,2
Dienstleistungsunternehmen	- 874	- 0,4
Kreditinstitute, Versicherungsuntern.	- 255	- 0,6
Sonstige Dienstleistungen	- 411	- 0,3
Wohnungsvermietung	- 208	- 0,4
Unternehmen ohne Wohnungsvermietung	- 2 280	- 0,1
Unternehmen insgesamt	- 2 488	- 0,1
Staat, Priv. Haushalte, Org. o. Erw.	- 119	- 0,1
Staat	- 69	- 0,0
Priv. Haushalte, Org. o. Erw.	- 50	- 0,3
Produktionseffekte insgesamt	- 2 607	- 0,1
Privater Verbrauch	- 3 713	- 0,8
Individualverk. d. priv. Verb.	+ 1 713	+ 3,9
Sonst. Verkehr d. priv. Verbr.	- 1 446	- 16,6
Übriger privater Verbrauch	- 3 980	- 1,1
Öffentlicher Verbrauch	- 73	- 0,1
Investitionen	- 255	- 0,1
Ausfuhr	- 792	- 0,4
Nachfrageeffekte insgesamt	- 4 833	- 0,5

Quelle: Statistisches Bundesamt, Fachserie 18 und Input-Output-Rechnung des DIW

aufgaben zumindest in Ballungsgebieten nicht mehr gesichert gewesen. Dies gilt für das ausgewählte Untersuchungsjahr 1972 ebenso wie heute. Im Güterverkehr wären bei einem vollständigen Fortfall der staatlichen Zuwendungen beträchtliche Transportrückgänge für die Binnenschiffahrt, aber auch den schienengebundenen Verkehr die Folge. Dies wiederum hätte weitgehende Konsequenzen für die Produktionsstruktur der Wirtschaftszweige, die für 1972 in Tabelle 4.3/7 dargestellt sind.

Es kommt nicht so sehr auf die quantitativen Ergebnisse der für 1972 erstellten Modellrechnungen an. Entscheidend ist, daß - nach Einbeziehung aller relevanten und verfügbaren Daten - eine differenziert auf die konkurrierenden Teilmärkte und das dort gegebene Preisgefüge ausgerichtete Analyse insgesamt die Schlußfolgerung rechtfertigt, daß sowohl im Güter- als auch im Personenverkehr der Staat den Strukturwandel im Verkehrssektor deutlich vermindert und mit seinen Zuwendungen verhindert hat, daß der Schienenverkehr in der Bundesrepublik faktisch in eine Situation geriet, wie sie seit nunmehr zwei Jahrzehnten in den USA zu beobachten ist: der Zusammenbruch der Eisenbahn als ein zusammenhängendes, alle wichtigen Regionen des Landes verbindendes Beförderungs- und Transportsystem.

4.3.3 Interventionen im Steinkohlebergbau

Der Steinkohlebergbau ist ein Wirtschaftszweig, der seine Produktion, beginnend mit der sogenannten Absatzkrise von 1958/59, einer weiterhin stark rückläufigen Nachfrage nach Steinkohle aufgrund der Substitutionskonkurrenz billigerer Energieträger so rasch hätte anpassen müssen, daß Konkurse und Betriebsstillegungen, verbunden mit allen Konsequenzen der Arbeitslosigkeit und sozialer Härten für die betroffenen Bergleute, die entsprechenden Regionen und Zulieferbetriebe unvermeidlich gewesen wären.

Wirtschaftspolitische Interventionen zielten vor allem darauf, diese Konsequenzen für die Bergarbeiter mit sozialen Hilfen aufzufangen.

Das strukturpolitische Ziel der sechziger Jahre war, einen ungeordneten und übermäßigen Rückgang des Steinkohlebergbaus, der überdies die regionalen Probleme des Schrumpfungsprozesses unerträglich verschärft hätte, zu vermeiden. Der Steinkohlebergbau sollte auf eine Größenordnung reduziert und an ein Produktivitätsniveau herangeführt werden, bei dem letztlich die internationale Wettbewerbsfähigkeit der deutschen Steinkohle wiederhergestellt werden sollte. Dieses letztgenannte Ziel ist bis heute nicht erreicht worden und dürfte auch aus lagerstättenspezifischen Gründen in absehbarer Zukunft nicht zu erreichen sein. Im Gegenteil: Der Inlandspreis hat sich trotz Subventionen seit Anfang der sechziger Jahre im Durchschnitt weitaus stärker erhöht als der Einfuhrpreis unter Einrechnung der Zollabgaben (vgl. Tabelle 4.3/8). So spielt dieses Ziel denn auch in der heutigen Kohlepolitik keine entscheidende Rolle mehr.

Eine gewisse Umorientierung der Kohlepolitik erfolgte 1973/74, als im Energieprogramm der Bundesregierung und in seiner ersten Fortschreibung infolge der Entwicklung auf dem Mineralölmarkt neben dem Ziel der Anpassung aufgrund von Versorgungs- und Sicherheitsaspekten nun auch die Aufrechterhaltung der heimischen Steinkohleproduktion stärker betont wurde. Die vorrangige Nutzung der Steinkohle im Rahmen der Energieversorgung wurde in der zweiten Fortschreibung des Energieprogramms (1977) bekräftigt.

Entsprechend zu diesen Zielverschiebungen wurde im Laufe der Zeit die Dosierung und Mischung verschiedener Interventionsmittel verändert. Wenn auch auf Einzelheiten hier nicht eingegangen werden kann, so müssen für eine Bewertung der Kohlepolitik doch wichtige Maßnahmen kurz erläutert werden.

Den nicht zur Europäischen Gemeinschaft für Kohle und Stahl (EGKS) zählenden sogenannten Drittländern wurden nach Einführung eines Kohlezolls im Jahre 1959 zollfreie Importkontingente in Höhe eines Drittels der bisherigen Einfuhren zugestanden; die zollpflichtigen Einfuhren, die darüber hinaus theoretisch möglich waren, wurden einem Genehmigungsverfahren unterworfen. Neben den zollfreien

Tabelle 4.3/8

Entwicklung vergleichbarer Wärmepreise für Mineralöl und Kohle in den Bereichen Hausbrand und Industrie[1] sowie der Grenzübergangswerte und Mengen von Steinkohlenimporten aus Drittländern

	Hausbrand		Industrie		Steinkohlenimporte aus Drittländern		
	Leichtes Heizöl	Koks II	Schweres Heizöl -in DM/t SKE -	Industriekohle C	Wert je t -in DM/t -	Menge -in 1000 t-	Zollkontingent -in 1000 t-
1960[2]	73,15	77,50	58,19	61,30	64,14	5 566	
1961	72,12	77,50	58,31	61,30	60,23	5 604	12 031
1962	79,38	77,50	61,31	61,30	58,05	6 051	
1963	83,84	79,50	63,62	62,80	57,47	6 380	12 434
1964	.	86,50	.	63,80	57,71	6 096	
1965[3]	85,96	126,55	55,04	66,50	48,10	7 241	
1966	80,75	127,85	59,38	66,50	56,56	6 010	18 081
1967	93,84	128,35	61,57	66,50	56,15	5 839	
1968	106,22	130,80	53,14	63,20	53,96	4 798	6 000
1969	89,13	144,00	54,06	65,08	51,19	5 289	6 000
1970	97,29	180,70	61,38	75,33	58,77	7 668	9 000
1971	106,16	203,80	80,32	83,93	61,13	6 141	7 000
1972	91,25	211,35	63,27	90,08	57,76	5 466	6 000
1973[4]	149,40	222,05	66,20	93,45	58,79	3 930	5 000
1974	210,01	276,70	135,25	113,60	91,76	4 307	6 000
1975	219,07	338,65	141,29	138,35	115,49	5 061	6 000
1976	239,14	343,80	149,13	155,40	93,02	4 714	5 000
1977	243,50	353,70	158,06	170,70	88,72	5 108	5 100
1978	232,25	371,25	144,34	170,78	83,90	5 338	5 100
1979	415,99	386,50	178,45	176,58	88,33	6 320	6 200
1980 1.Halbj.	514,51	420,50	241,07	192,80			

1) Die Angaben für Hausbrand und Industrie beziehen sich auf Düsseldorf.
2) Großhandelspreise bzw. Listenpreise der Ruhrkohlengesellschaften.
3) Ab 1965 Verbraucherpreise: Im Hausbrandbereich frei Keller Haus oder Betrieb für leichtes Heizöl ab 5 m^3, für Koks II bei Abnahme von 50 bis 150 Zentnern. Im Industriebereich frei Betrieb für schweres Heizöl bei Abnahme ab 500 t; ab 1972 von 201 bis 2000 t, Industriekohle frei Station.
4) EG-Beitritt Großbritanniens.

Quellen: Daten zur Entwicklung der Energiewirtschaft in der Bundesrepublik Deutschland, BMWi, Statistik der Kohlenwirtschaft, Essen, Außenhandelsstatistik des Statistischen Bundesamtes; Spalte 8 aus: G. Feld, A.D. Neu, Reform der Kohlepolitik als Beitrag zur Sicherung der Energieversorgung, Institut für Weltwirtschaft, Kieler Diskussionsbeiträge, 72, 1980. Eigene Berechnungen.

Einfuhrkontingenten wurden aber nur geringfügige Zollkontingente zugelassen, so daß der Zollsatz für die Reduktion der Importe aus Drittländern faktisch keine Rolle spielte. Damit war der heimische Steinkohlemarkt weitgehend vom Weltmarkt abgeschottet, da die Importe aus Ländern der EGKS nur relativ unbedeutend sind.

Die sich daran anschließenden strukturpolitischen Maßnahmen betrafen einmal den sogenannten Prozeß des Gesundschrumpfens, zum anderen das Ziel der Sicherung des Absatzes.

Dem Anpassungsprozeß an ein niedrigeres Produktionsvolumen diente eine Reihe von Maßnahmen, die auf die Stillegung unrentabler Betriebe und die Förderung rentabler Betriebe bei produktivitätssteigernden Vorhaben abzielten. Die Stillegung von Betrieben wurde durch Prämien, die Übernahme von sozialen Lasten, Alt- und Erblasten gefördert, während Zinsverbilligungen, Bürgschaften, Steuererleichterungen etc. Rationalisierungsinvestitionen und Mechanisierungsvorhaben begünstigen sollten. Eine wesentliche Konzentration der Maßnahmen erfolgte mit dem Kohleanpassungsgesetz und der anschließenden Gründung der Ruhrkohle AG im Jahre 1969.

Als absatzsichernde Maßnahmen sind folgende hervorzuheben: Zum einen wurde für die eisenschaffende Industrie eine EGKS-Beihilfe, die aber überwiegend aus Mitteln des Bundes und der Länder finanziert wurde, für Kokskohle und Zechenkoks in Höhe der Differenz zwischen dem inländischen und dem Weltmarkt-Preis gezahlt. Zum anderen wurde durch Einführung einer Heizölsteuer und anderer mehr oder weniger freiwilliger Selbstbeschränkungsvereinbarungen versucht, den Substitutionswettbewerb des pro Einheit Heizwert (Wärmepreis, gemessen in DM/Gigajoule) billigeren, zugleich aber auch als ausreichend verfügbar eingeschätzten (Energieenquete 1962) und zumeist leichter handhabbaren Erdöls zu begrenzen. Da die gesamte Energiepolitik aber beide Ziele - eine sichere und kostengünstige Energieversorgung - verfolgen wollte, wurde die Verlangsamung der Substitution in den sechziger Jahren nur ansatzweise, aber insgesamt gesehen nicht konsequent angestrebt[1]. Weitere absatzsichernde Maßnahmen bezogen sich seit Mitte der sechziger Jahre auf die Subventionierung des Kohleeinsatzes in der Stromerzeugung (Erstes Verstromungsgesetz von 1965). Dadurch sollte der Absatz von Steinkohle bei der Verstromung stabilisiert werden, was auch bis Anfang der siebziger Jahre erreicht wurde.

---

1 Vgl. genauer V. Bahl, Staatliche Politik am Beispiel der Kohle, Frankfurt am Main, 1977.

Mit der Rezession ging 1975 der Steinkohleeinsatz stark zurück, so daß aufgrund des dritten Verstromungsgesetzes von 1975 Absatzgarantien der Stromerzeuger, die Schaffung einer nationalen Kohlereserve und die Einführung des sogenannten Kohlepfennigs - einer spezifischen Steuer auf den Stromverbrauch - beschlossen wurden, der die Finanzierung der Kohleverstromung in Kraftwerken sicherstellen sollte, die bis dahin überwiegend aus dem allgemeinen Haushalt bestritten wurde.

Die starken Ölpreissteigerungen und die verhaltenere Beurteilung der Kernenergie haben dazu beigetragen, daß der Steinkohlebergbau als ein wichtiger Baustein der künftigen Energieversorgung angesehen wird. Dementsprechend wurde in diesem Bereich die Erforschung möglicher Zukunftstechnologien (Kohleveredelung) durch Subventionen unterstützt. Gleichzeitig wurden hohe Investitionszuschüsse zum Bau von Steinkohlekraftwerken und Erstattungen der Mehrkosten aus ihrem Betrieb im Vergleich zu Heizölkraftwerken von der öffentlichen Hand gezahlt. Durch Verbesserung der Subventionen für die Stromerzeuger wurde 1977 ein langfristiger Liefervertrag zwischen Elektrizitätsversorgungsunternehmen und dem Steinkohlebergbau abgeschlossen, der vorsieht, daß die Elektrizitätsversorgungsunternehmen pro Jahr 33 Mill. t Steinkohle über einen Zeitraum von zehn Jahren abnehmen. Mit einer neuen, Anfang 1980 abgeschlossenen Rahmenvereinbarung verpflichtete sich die Elektrizitätswirtschaft, 47,5 Mill. t Steinkohle im Jahre 1995 abzunehmen.

Aufgrund der veränderten Prioritätensetzung sind die Subventionsbeträge für die Steinkohle besonders in den Jahren 1974/75 und 1976/77 stark erhöht worden (um 29 vH bzw. 33 vH). Die Subventionen je Tonne verwertbarer produzierter Kohle haben sich zwischen 1970 und 1978 vervierfacht. Dabei trug der Kohlepfennig 1978 zur Finanzierung von bereits rund 40 vH aller Subventionen für den Steinkohlebergbau bei.

Das Ziel der Steuerung des Anpassungsprozesses in die Richtung des Gesundschrumpfens ist für den Steinkohlebergbau nicht erreicht worden. Dennoch sind die strukturkonservierenden Maßnahmen in zweifacher Hinsicht positiv zu bewerten: Die Anpassungsprozesse an Ruhr und Saar waren auch unter den verzögerten Anpassungsbedingungen schwierig genug; aus dem Blickwinkel der sich in den siebziger Jahren nun stellenden Probleme der Versorgungssicherheit mit Energieträgern insgesamt haben die Erhaltungssubventionen eine nachträgliche Aufwertung erfahren.

Dies macht deutlich, daß Strukturpolitik gerade dann, wenn Versorgungsgesichtspunkte involviert sind, langfristig angelegt sein muß. In bezug auf die Steinkohlepolitik heißt dies, daß die Umorientierung seit Mitte der siebziger Jahre nicht konsequent genug erfolgt ist. Denn die Beibehaltung von Anpassungs- und Rationalisierungsstrategien - die Zahl der fördernden Schachtanlagen ist weiter rückläufig, die Vollmechanisierung des Abbaus und Strebausbaus wird vorrangig betrieben - hat wohl dazu geführt, daß bis heute kaum Aus- und Vorrichtungsarbeiten vom Steinkohlebergbau vorgenommen worden sind. Eine Ausdehnung der Produktion und Produktivitätssteigerungen, die seit 1974 eher negativ waren, sind daher in den nächsten Jahren aufgrund der im Bergbau unvermeidlichen langen Vorlaufzeiten eher unwahrscheinlich.

Die Politik einer Mineralölsubstitution unter vorrangigem Einsatz von Steinkohle bedeutet auch eine Umkehr der unter anderem Vorzeichen eingeschlagenen Protektionspolitik. Wenn zu heutigen Wärmepreisen die hoch subventionierte heimische Steinkohle, zu künftigen Wärmepreisen u. U. auch eine geringer oder gar nicht subventionierte heimische Kohle konkurrenzfähig zum Erdöl ist, dann gilt dies um so mehr für Importkohle. So scheint es unerläßlich, neben Absatzgarantien für den heimischen Steinkohlebergbau auch deutliche Maßnahmen für eine langfristige Liberalisierung der Importe von Kohle aus Drittländern zu ergreifen. Wenn auch der Wärmepreis der importierten Steinkohle in Zukunft aufgrund der kräftigen weltweiten Nachfrageausweitung steigen dürfte, so dürfte sie doch für lange Zeit konkurrenzfähig sein (vgl. Tabelle 4.3/8). Wenn sie eine Rolle in der heimischen Energieversorgung spielen soll, was aus heutiger Sicht sowohl von der Angebotsseite des Weltmarktes als auch von einer Einschätzung des heimischen Substitutionspotentials her möglich scheint[1], so müssen sehr bald langfristige Lieferverträge mit Drittländern abgeschlossen und der notwendige infrastrukturelle Umstellungsprozeß in der Bundesrepublik (Häfen, Transport- und Verstromungskapazitäten) ebenfalls in unmittelbarer Zukunft in Angriff genommen werden. Aufgrund der großen regionalen Streuung möglicher Lieferländer wird ein Tausch einer politisch unsicheren Abhängigkeit (vom Erdöl) mit neuen risikoreichen Abhängigkeiten aller Wahrscheinlichkeit nach mit einer solchen Strategie nicht verbunden sein. Auch in ökologischer Sicht wird bei entsprechendem Ausbau von Entschwefelungs- und Staubreduktionsanlagen eine Substitution des Mineralöls durch Kohle nicht problematisch sein. Allerdings bleibt bei der Umwandlung fossiler Stoffe das Problem der Kohlendioxydemissionen mit ihren klimatisch bedenklichen Folgen. So laufen diese Überlegungen auch keinesfalls darauf hinaus, Energiesparen und die Suche nach besseren Alternativen nicht fortzusetzen. Ebenso sollte nicht in Vergessenheit geraten, daß Kohle auch langfristig als Rohstoff z. B. in der Chemie wieder interessant werden könnte.

4.3.4 Interventionen im Rahmen der Wohnungspolitik

Eine Beurteilung wohnungspolitischer Ziele und Maßnahmen verlangt häufig eine Einbeziehung von Transfers an private Haushalte (wie z. B. dem Wohngeld), die in den Subventionen nicht enthalten sind. Dabei beschränkt sich hier die Beurteilung der Wohnungspolitik vor allem auf die durch sie mitverursachten Unterschiede in der Versorgung mit Wohnungen.

---

1 Vgl. auch A. D. Neu: Die künftige Rolle der Steinkohle in der Energieversorgung, Kieler Diskussionsbeiträge, Nr. 70, August 1980.

Tabelle 4.3/ 9

Ziele und Instrumente der Wohnungs- und Städtebaupolitik

Maßnahme	Ziel	Instrument
Förderung des sozialen Wohnungsbaus - Sozialprogramm (einschließlich Grundförderungsmittel nach § 18 Abs.2, Satz 1, II. WoBauG) - Eigentumsprogramm früher Regionalprogramm - Studentenwohnheimbau - Flüchtlingswohnheimbau - Wohnungen f.ausl. Arbeitnehmer - Förderung von Modell-, Versuchs- und Vergleichsbauten Wohnungsfürsorge für Bundes-/Landesbedienstete	Schaffung neuen Wohnraums für einkommensschwache Wohnungssuchende, insbesondere kinderreiche Familien, alte Menschen und Schwerbehinderte Förderung der Eigentumsbildung sowie des Mietwohnungsbaus in Stadtregionen Angemessene Wohnraumversorgung dieser Personenkreise Gewinnung neuer, durch praktische Anwendung abgesicherter Erkenntnisse im Wohnungsbau Schaffung von Wohnraum zu ermäßigten Mieten oder Lasten in Orten, in denen noch nicht genügend Wohnraum zu tragbaren Mieten angeboten wird	Zinslos gewährte Bundes-/Landesdarlehen Aufwendungsbeihilfen - Aufwendungszuschüsse: befristete, degressiv gestaffelte und nicht zurückzahlbare Beihilfen - Aufwendungsdarlehen: befristet und der Höhe nach zeitlich gestaffelt, zunächst zins- und tilgungsfrei, zur Deckung laufender Aufwendungen - Annuitätshilfen zur Tilgung: Darlehen zur Deckung der Tilgungen von Kapitalmarktmitteln - Annuitätshilfen zur Zinsverbilligung: i.d.R. unbefristete Zuschüsse bei Kapitalmarktmitteln Zinszuschüsse: befristete und der Höhe nach gestaffelte Verbilligung von Kapitalmarktmitteln Absicherung nachrangiger Hypotheken durch öffentliche Bürgschaften
Allgemeine Förderung des Wohnungsbaus und der Eigentumsbildung	Ursprünglich: Ausschließliche Begünstigung des Bauherren von Wohngebäuden. In der Folgezeit Ausdehnung auf Ersterwerb von Ein- oder Zweifamilienhäusern oder Eigentumswohnung sowie (ab 1974) für bestimmte Fälle ab 1977 generell auf den Zweiterwerb. Neben Förderung des Wohnungsbaus soll die Eigentumsbildung breiter Bevölkerungskreise unterstützt werden	Degressive Absetzungen nach § 7 Abs.5 EStG Erhöhte Absetzungen nach § 7b EStG 10-jährige Grundsteuerbegünstigung für neugeschaffene Wohnungen, die bestimmte Wohnflächen nicht überschreiten (§§ 82, 92-94 II. WoBauG)
Bausparförderung	Förderung des Wohnungsbausparens vor allem in den unteren und mittleren Einkommensschichten. Kombination von vermögens- und wohnungsbaupolitischen Zielen	Gewährung von Wohnungsbauprämien für die Sparleistungen der privaten Haushalte des vorhergehenden Jahres. Nach § 10 Abs.1 EStG werden Beiträge an die Bausparkassen steuerlich begünstigt
Gewährung von Wohngeld	Wirtschaftliche Sicherung angemessenen und familiengerechten Wohnens	Laufender Zuschuß zur Miete oder Belastung Grundlage: Wohngeldgesetze
Förderung von Organen staatlicher Wohnungspolitik (Finanzierungsinstitute) und gemeinnützigen Wohnungsbauunternehmen	Berücksichtigung der Gemeinnützigkeit (Wohnungsgemeinnützigkeitsgesetz); Förderung von Unternehmen, die primär Wohnraum für einkommensschwächere Bevölkerungskreise erstellen	Steuerbefreiung nach § 5 Abs.1 Nr.11 KStG (bis 1976: § 8 Ziff.1 KStDV) sowie § 2 Abs.1, Nr.13 bis 16 VStG, ferner § 3 Ziff.15 - 18 GewStG
Förderung von Instandsetzungs- und Modernisierungsarbeiten einschl. energieeinsparender Um- oder Einbauten	Erhaltung alter Wohngebäude und Anpassung an moderne Wohnbedürfnisse; Verringerung des Heizenergiebedarfs	Finanzhilfen; Steuererleichterungen nach § 82a, g EStDV

Spezielle regionale Maßnahmen
- Maßnahmen zur Verbesserung der Wohnumwelt
  - Städtebau, Raumordnung
  - Verkehr
  - Umweltschutz
- Berlinförderung
	Wiederbelebung der Kernstädte, Schaffung intakter Stadtgefüge, Verbesserung der Wohnqualität in Ballungsgebieten, Erhaltung wertvoller Wohnbausubstanz durch Ausbau des öffentlichen Nahverkehrs; Reinhaltung von Luft, Lärmschutz etc.
	
	Behebung des Mangels an modernen Wohnungen in Berlin (West)
		Erhöhte Absetzungen im steuerbegünstigten und freifinanzierten Wohnungsbau; erhöhte Absetzungen für Modernisierungsmaßnahmen
		Direkte Investitionen, Zuschüsse und Darlehen, gesetzliche (hoheitliche) Regelungen

Quelle: D. Vesper, Staatliche Einflußnahme auf die Baunachfrage - eine Analyse für die Jahre 1965 bis 1978. Gutachten des DIW im Auftrage des Bundesministers für Wirtschaft, Berlin 1980.

Die Wohnungspolitik hat im ersten Wohnungsbaugesetz (WoBauG) von 1950, im zweiten WoBauG und seinen zahlreichen Novellierungen stets das Versorgungsziel als primäres Ziel hervorgehoben. Angesichts der bitteren Wohnungsnot in der Nachkriegszeit war das Ziel, breite Schichten der Bevölkerung ausreichend mit Wohnraum zu versorgen, unbestritten. Dieses Ziel ist bis heute beibehalten, aber durch andere ergänzt und schließlich überlagert worden (vgl. Tabelle 4.3/9).

Bereits seit Mitte der fünfziger Jahre sollte die Förderung des Wohnungsbaus **zugleich** der Bildung des Einzeleigentums dienen. Mitte der sechziger Jahre wurden durch die Diskussion der Wohngeldgesetzgebung verteilungspolitische Ziele, in den siebziger Jahren Ziele der Stadterneuerung und der Erhaltung und Verbesserung des Wohnungsbestandes aufgenommen. Seit Mitte der siebziger Jahre kann man jedoch von einer Umorientierung der Wohnungspolitik sprechen, weil seither die Förderung des Wohnungsbaus **überwiegend** der Bildung von Einzeleigentum dienen soll. Die infolge des Baubooms von 1972 bis 1974 hauptsächlich in Randgebieten von Städten leerstehenden Wohnungen erweckten den Eindruck, als sei das Ziel der Wohnungsversorgung weitgehend erreicht. Ein zusätzlicher Wohnungsbedarf sollte nunmehr hauptsächlich durch den mit direkten Hilfen und Steuervergünstigungen geförderten Bau von Eigenheimen und Eigentumswohnungen gedeckt werden. Die von den neuen Eigentümern freigegebenen Wohnungen sollten aufgrund der sich anschließenden Umzugsketten die Versorgung der Haushalte mit niedrigem Einkommen mittelbar verbessern (sogenannter Sickereffekt). Die ursprünglich als Nebenziel der Wohnungspolitik formulierte Förderung der Eigentumsbildung erhielt in diesem Begründungszusammenhang herausragende Bedeutung.

Die Umorientierung der Ziele der Wohnungspolitik findet ihre unmittelbare Entsprechung in den in Tabelle 4.3/10 ausgewiesenen Subventionsanteilen einzelner Förderungsmaßnahmen. Daraus geht hervor, daß der Anteil der Steuervergünstigungen zur Eigentumsbildung in den siebziger Jahren, bezogen auf alle Subventionen für den Wohnungsbau, um 9 Prozentpunkte, der Anteil der Subventionen für Modernisierung und Energiesparen zwischen 1975 und 1980 um knapp 5 und der für Städtebauförderung zwischen 1970 und 1975 um 6 Prozentpunkte zugenommen hat, während der Anteil der Subventionen für den sozialen Wohnungsbau zwischen 1970 und 1980 um 10 Prozentpunkte sank.

Das Ziel, die Bevölkerung ausreichend mit Wohnraum zu versorgen, scheint weitgehend erfüllt zu sein. Einer im Vergleich zu 1950 heute

Tabelle 4.3/10

Entwicklung der Subventionen für den Wohnungsbau 1965 bis 1980

	1965	1970	1975	1980	1965	1970	1975	1980
	in Mrd.DM				in vH			
Bausparförderung	1,61	2,52	3,93	2,62	22,5	26,4	27,3	14,3
Steuervergünstigungen zur Eigentumsbildung	1,42	1,92	3,31	5,42	19,9	20,1	23,0	29,6
Sozialer Wohnungsbau	3,83	4,05	4,18	5,88	53,5	42,4	29,1	32,1
Modernisierung/ Energiesparen	0,06	0,17	0,26	1,21	0,8	1,8	1,8	6,6
Städtebauförderung	0,08	0,29	1,07	1,33	1,1	3,0	7,4	7,3
Wohngeld	0,16	0,60	1,64	1,86	2,2	6,3	11,4	10,1
Insgesamt	7,16	9,55	14,39	18,32	100,0	100,0	100,0	100,0

Quelle: D. Vesper, Staatliche Einflußnahme auf die Baunachfrage, Berlin 1980, S.31; Siebter Subventionsbericht (1979), Sozialbericht 1980.

um 40 vH größeren Zahl von Haushalten steht ein um 140 vH vermehrtes Wohnungsangebot gegenüber. Rechnerisch steht für jeden Haushalt in der Bundesrepublik eine Wohnung zur Verfügung. Maßgeblichen Anteil an dieser Entwicklung hatte sicherlich die öffentliche Förderung des Wohnungsbaus. Von den 16,1 Mill. in der Nachkriegszeit bis Ende 1979 fertiggestellten Wohnungen sind mehr als 40 vH mit direkten Hilfen im Rahmen des sozialen Wohnungsbaus gefördert worden. Berücksichtigt man die Steuervergünstigungen, so sind wohl fast alle Neubauwohnungen in irgendeiner Form subventioniert worden. Nicht nur die Zahl der Wohnungen sind Indikator für die öffentlich geförderte bessere Versorgung der Bevölkerung, sondern gleichermaßen die Ausweitung der Wohnflächen und die Verbesserung der Wohnungsqualitäten.

Die Beurteilung des Versorgungsziels anhand globaler Kennziffern darf nicht darüber hinwegtäuschen, daß in regionaler Hinsicht und für bestimmte Haushaltsgruppen immer noch Versorgungsengpässe bestehen. In Ballungsgebieten herrscht bereits seit mehreren Jahren Wohnungsmangel. Einer steigenden Anzahl von Wohnungssuchenden steht eine abnehmende Zahl von Wohnungsvermittlungen gegenüber. Eine Ursache für diese neue Wohnungsnot ist die seit einigen Jahren im Vergleich zu der Zahl der Haushalte geringe Bautätigkeit in Ballungsgebieten. Die Umstrukturierung der Wohnungsbauförderung und die höheren Grundstücks- und Baukosten in Ballungsgebieten haben dazu beigetragen, daß dort der Geschoßwohnungsbau rapide zurückgegangen ist, während der Bau von Ein- und Zweifamilienhäusern seit dem Bauboom von 1972 bis 1974 auf hohem Niveau geblieben ist und sich auf ländlich-mittelstädtische Gebiete konzentriert hat[1]. Mit dieser Entwicklung der Neubautätigkeit werden seit Jahren die regionalen Versorgungsdisparitäten weiter verschärft. Zwar sind durch die vom Eigenheimbau ausgelösten Sickereffekte auch die städtischen Wohnungsmärkte entlastet worden. Sie sind aber viel zu gering, um das unzureichende Angebot an Mietwohnungen auch nur annähernd auszugleichen. Dieses Angebot fehlt einmal deswegen, weil der soziale Mietwohnungsbau in Großstadtregionen vernachlässigt wurde[2] und sich, bei stark rückläufigem Trend, zu einer Sonderförderung mit Spezialaufgaben entwickelt hat.

Zum anderen fehlt das Neubauangebot auch deswegen, weil durch die Ausweitung des § 7b EStG auf den Erwerb von Bestandswohnungen in Verbindung mit den steuerlichen Vergünstigungen des § 82a EStDV für die Vornahme von Modernisierungsmaßnahmen immer mehr Nachfrage kaufkräftiger Schichten in leicht modernisierbare Wohnungen des Bestandes als in den Neubau gelenkt wurde. Resultat ist, daß das Angebot preisgünstigen Wohnraums für einkommensschwächere Haushalte im städtischen Bereich verknappt wird. Womöglich ist dadurch ein Verdrängungsprozeß ausgelöst worden, dessen ganzer Umfang erst nach Ablauf der Kündigungsschutzfristen voll erkennbar wird. Die vom Auszug Betroffenen dürften überwiegend Sozialwohnberechtigte, wenn auch nicht sozial Schwächere sein. Deren Konkurrenz um den ohnehin knappen Mietwohnungsbestand hat negative Konsequenzen insbesondere für einkommensschwache Haushalte mit großer Personenzahl.

---

1 Vgl. K. Gustafsson, Strukturfragen der Wohnungseigentumspolitik, in: Bundesbaublatt, Heft 7/1980.

2 Vgl. K. Müller, Zukunft hängt am Wohnungsbau, in: Gemeinnütziges Wohnungswesen, Heft 6/1980.

Tabelle 4.3/11

**Mit Wohnraum unterversorgte Haushalte
nach der Haushaltsgröße**

Haushalte mit ... Personen	Anzahl der Haushalte[1] in 1000		Anteil der unterversorgten[2] Haushalte in vH	
	1972	1978	1972	1978
Haushalte insgesamt				
1	4 745	6 357	-	-
2	6 012	6 660	7	5
3	4 144	4 219	21	11
4	3 310	3 452	47	32
5 und mehr	2 662	2 207	62	49
zusammen	20 873	22 895	22	13
Hauptmieter-Haushalte				
1	3 756	5 070	-	-
2	4 050	4 293	10	6
3	2 662	2 463	29	16
4	1 871	1 709	67	51
5 und mehr	1 117	838	87	76
zusammen	13 456	14 373	25	15
Eigentümer-Haushalte				
1	989	1 287		
2	1 962	2 367	2	2
3	1 482	1 756	6	4
4	1 439	1 743	21	13
5 und mehr	1 545	1 369	44	32
zusammen	7 417	8 522	15	0

1) in Wohnungen und Gebäuden.
2) Als Bedarfsnorm wurde pro Haushaltsmitglied ein Zimmer zuzüglich Küche oder Kochnische je Haushalte zugrunde gelegt.
Quelle: 1 %-Wohnungsstichprobe 1972, 1978.

Neben diesem Aspekt der Wohnungsversorgung sind für eine Beurteilung des Versorgungsziels auch andere Kriterien der jeweiligen Wohnsituation zu berücksichtigen. Die Unterversorgung mit Wohnraum hat für viele Haushalte abgenommen, jedoch für große Haushalte relativ weniger. Gemessen an Normvorgaben[1] sind wesentliche Ziele nicht erreicht (vgl. Tabelle 4.3/11). Dies gilt auch im Hinblick auf die Ausstattung der Wohnungen und die Erhaltung der Gebäudesubstanz.

---

1 Vgl. W. Glatzer. Wohnungsversorgung im Wohlfahrtsstaat, Frankfurt am Main, New York 1980.

Die Förderung von Modernisierungsmaßnahmen und Energieeinsparmaßnahmen hat in den letzten Jahren stark zugenommen. Jedoch dürften (direkte) öffentliche Zuschüsse für die Modernisierungstätigkeit keine überragende Bedeutung gehabt haben. Dies geht vor allem aus Angaben der Bundesregierung hervor, daß von 1974 bis Mitte 1980 im Rahmen des sogenannten Bund-Länder-Programms einschließlich der Sonderprogramme die Modernisierung von ca. 650 000 Wohnungen gefördert werden konnte[1]. Vergleicht man dies mit den gesamten Wohnungsmodernisierungen - geschätzt ca. 2,5 Millionen -, so zeigt dies, daß der weitaus größte Teil der Wohnungsmodernisierung ohne Zuschüsse vorgenommen wurde. Besonders aktiv waren bei der Modernisierung die gemeinnützigen Wohnungsunternehmen, die zwar einen großen Anteil der öffentlichen Fördermittel erlangten, die Mehrzahl der Modernisierungen aber ohne direkte Förderung durchgeführt haben. Darüber hinaus ist selbst bei den geförderten Wohnungen keinesfalls gesichert, daß ohne den Einsatz öffentlicher Mittel nicht modernisiert worden wäre. Die Mitnahmerate muß sogar als ziemlich hoch veranschlagt werden. Dies zeigt sich auch daran, daß nur etwa ein Drittel der geförderten Wohnungen in Modernisierungsschwerpunkten liegt, während nach den Programmintentionen ein Anteil von 50 vH vorgesehen war.

Der Modernisierungsprozeß ist aber durch indirekte Vergünstigungen, wie z. B. die Möglichkeit zur Vornahme erhöhter Abschreibungen nach §§ 82a ff. EStDV oder § 7b EStG, erheblich beeinflußt worden. Bis Anfang der siebziger Jahre machten die Steuervergünstigungen für die Modernisierung kaum einen nennenswerten Betrag aus, seitdem haben sie sich aber auf über 400 Mill. DM pro Jahr erhöht.

---

[1] Vgl. Bundestagsdrucksache VIII/2025, S. 8. Ähnlich auch R. Eisel, Förderung der Modernisierung, Bund-Länder-Modernisierungsprogramm, in: Bundesbaublatt, Heft 6/1979, S. 342.

Im Mietwohnungsbau wird die Modernisierungstätigkeit auch durch die gesetzliche Regelung angeregt worden sein, daß bis zu 11 Prozent (bis 1978 waren es 14 Prozent) der Investitionskosten jährlich auf die Miete aufgeschlagen werden können. Das ist eine klare Kalkulationsgrundlage, die Investitionsentscheidungen durchaus beeinflußt[1]. Zweifellos hat sich die Modernisierungstätigkeit in höheren Mieten niedergeschlagen. Somit läßt sich feststellen, daß der Modernisierungsprozeß im großen und ganzen "marktmäßig" abgelaufen ist, wenn man nur auf die direkte staatliche Unterstützung abstellt. Die steuerlichen Absetzungsmöglichkeiten und die Mietumlagefähigkeit der Modernisierungskosten dürften von großer Bedeutung sein. Allerdings haben auch zahlreiche Mieter, besonders in Altbauten, nennenswerte Ausstattungsverbesserungen der Wohnungen vorgenommen, ohne daß diese subventioniert worden wären.

Die direkte Modernisierungsförderung hat jedoch besondere Bedeutung in städtebaulichen Modernisierungsschwerpunkten. Hier reicht aber eine bloße Modernisierungsförderung nicht aus, weil häufig umfangreiche Instandsetzungsmaßnahmen bis hin zur Sanierung vorgenommen werden müßten, die weiter durch Maßnahmen zur Verbesserung des Wohnumfeldes zu ergänzen wären. Für diese Gebiete ist mithin ein umfassendes Entwicklungskonzept zu verfolgen, das weit über Einzelmaßnahmen zur Verbesserung der Wohnungsausstattung hinausgeht.

Ein für die wohnungspolitische Diskussion zentraler Punkt ist die Verteilungswirkung der Wohnungs- und Eigentumsförderung auf die verschiedenen Einkommensgruppen, weil die Versorgung und Vermögensbildung breiter Schichten der Bevölkerung das wohnungspolitische Leitmotiv sind.

---

1 Vgl. dazu U. Pfeiffer, Diskriminieren wir den Neubau? In: Bundesbaublatt, Heft 4/1980, S. 206 ff.

Tabelle 4.3/12

Eigentümerhaushalte nach Einkommengruppen

Haushalts-quintile[1]	Eigentümerhaushalte						Eigentümerquote in vH		
	Anzahl in 1000			Anteile in vH					
	1965	1972	1978	1965	1972	1978	1965	1972	1978
1. Quintil	1 082	1 131	1 180	17,1	15,1	13,8	29,3	27,0	25,7
2. Quintil	1 130	1 321	1 374	17,8	17,7	16,1	30,6	31,5	29,9
3. Quintil	1 169	1 440	1 651	18,5	19,3	19,3	31,7	34,2	35,9
4. Quintil	1 294	1 568	1 861	20,4	21,0	21,8	35,1	37,4	40,5
5. Quintil	1 662	2 006	2 484	26,2	26,9	29,0	45,1	47,8	54,1
insgesamt	6 337	7 466	8 550	100,0	100,0	100,0	34,4	35,6	37,2

1) Das 1. Quintil umfaßt die 20 vH der Gesamtzahl der Wohnungsinhaberhaushalte mit den niedrigsten Einkommen, das 2. Quintil die 20 vH der Haushalte mit den nächst höheren Einkommen usw.
Quelle: 1 %-Wohnungsstichproben 1965, 1972, 1978.

Unter vermögenspolitischem Aspekt ist festzustellen, daß sich zwar die Eigentümerquote zwischen 1965 und 1978 erhöht hat, die niedrigste Einkommensgruppe aber einen rückläufigen Anteil, die höchste Einkommensgruppe dagegen einen stark steigenden Anteil (vgl. Tabelle 4.3/12) zu verzeichnen haben. Diese Entwicklung muß sicherlich auch im Zusammenhang damit gesehen werden, daß in der untersten Einkommensgruppe Rentner-Haushalte, deren Eigentumsbildung weit in der Vergangenheit stattgefunden hat, in den früheren Statistiken eine größere Rolle gespielt haben. Für diese Entwicklung ist aber auch ausschlaggebend, daß seit Ende der sechziger Jahre Eigentumsmaßnahmen im sozialen Wohnungsbau überwiegend im zweiten Förderungsweg gefördert worden sind, in dem auch Haushalte anspruchsberechtigt sind, deren Einkommen die Grenzen des traditionellen sozialen Wohnungsbaus weit übersteigen. Noch mehr kommen die steuerlichen Begünstigungen aus §§ 7b, 7 (5) EStG überproportional Beziehern höherer Einkommen zugute, und zwar nicht nur Ersterwerbern von Wohneigentum, sondern in zunehmendem Maße auch Kapitalanlegern. Auch die Bausparförderung war bis Mitte der siebziger Jahre auf mittlere und höhere Einkommensschichten konzentriert. Mit der Neufestlegung der Einkommensgrenzen für den Prämienanspruch hat sich der Begünstigtenkreis hin zu mittleren Einkommen verschoben. Es überrascht nicht, daß die Verteilung wohnungspolitischer Transfers für Eigentümer in der Querschnittsbetrachtung für 1972 (vgl. Tabelle 4.3/13) durchgängig eine stärkere

Tabelle 4.3/13

Inzidenz wohnungspolitischer Transfers insgesamt im Jahr 1972

Einkommens- klassen	Haushalte[1]		Vergünsti- gungen für Mieter		Vergünsti- gungen für Eigentümer		Bausparver- günstigungen		Vergünsti- gungen zu- sammen		Ø Förde- rungsbe- trag
DM von ...... bis unter ...	1000	vH	Mill.DM	vH	Mill.DM	vH	Mill.DM	vH	Mill.DM	vH	DM
unter 800	4689	22,0	810	32,6	126	3,7	196	5,8	1132	12,2	241
800 - 1200	5392	25,3	590	23,7	550	16,3	578	17,1	1718	18,6	319
1200 - 1600	4376	20,5	449	18,0	737	21,9	696	20,6	1882	20,4	430
1600 - 2000	3010	14,1	306	12,3	610	18,1	626	18,5	1542	16,7	512
2000 - 2500	1930	9,1	182	7,3	517	15,3	513	15,2	1212	13,1	628
2500 - 3000	818	3,8	74	3,0	282	8,4	278	8,2	634	6,9	775
3000 u.mehr	1115	5,2	76	3,1	550	16,3	493	14,6	1119	12,1	1004
insgesamt	21330	100,0	2487	100,0	3372	100,0	3380	100,0	9239	100,0	433

1) Nur Wohnungsinhaberhaushalte, einschließlich Landwirte.
Quelle: 1 %-Wohnungsstichprobe von 1972; eigene Berechnungen.

Begünstigung hoher Einkommensschichten zeigt. Setzt man den Anteil an den Vergünstigungen in Relation zu dem entsprechenden Anteil an den Haushalten der jeweiligen Einkommensschichten, so ergibt sich eine deutliche relative Begünstigung von Haushalten mit hohem Einkommen gegenüber Haushalten niedriger Einkommensschichten. Besonders deutlich ausgeprägt ist dies bei den Steuervergünstigungen.

Die Verteilungswirkungen wohnungspolitischer Transfers für Mieter begünstigt demgegenüber, besonders aufgrund des Wohngeldes, niedrige Einkommensschichten, so daß die Inzidenz wohnungspolitischer Transfers für Mieter und Eigentümer weniger kraß zugunsten höherer Einkommensschichten ausfällt. Dennoch sind auch hier im Jahre 1972 die Subventionen für Haushalte der obersten Einkommensschicht (dem absoluten Betrag nach) im Mittel viermal so hoch wie die Vergünstigungen für Haushalte am unteren Ende der Einkommensskala. Die unteren 25 vH der Haushalte erhielten nur 15 vH der insgesamt zugerechneten Vergünstigungen der wohnungspolitischen Interventionen, verglichen mit 41 vH der Vorteile, die auf das obere Viertel entfielen.

Aus diesen kritischen Anmerkungen zu den Versorgungs- und Verteilungswirkungen folgt unmittelbar neuer wohnungspolitischer Handlungsbedarf.

Die Verteilungsanalyse zeigt, daß Maßnahmen, wie die Einführung einer Fehlbelegungsabgabe im sozialen Wohnungsbau, ein Schritt in die richtige Richtung sind. Das Förderungssystem ist aber darüber hinaus insgesamt im Sinne größerer Verteilungsgerechtigkeit - und dies betrifft vor allem die steuerliche Eigentums- und Modernisierungsförderung - umzugestalten; die dadurch freiwerdenden Subventionsmittel müssen gezielt in ein größeres Angebot von Mietwohnungen in Ballungsgebieten durch den sozialen Wohnungsbau für ausgewählte Zielgruppen (vor allem große Haushalte mit niedrigem Einkommen) einmünden. Eine Umgestaltung des gesamten Förderungssystems in Richtung einer überwiegenden Subjektförderung ist erst dann sinnvoll, wenn zuvor ein ausreichendes Mietwohnungsangebot geschaffen worden ist. Die Mittelbereitstellung für eine schwerpunktmäßige Objektförderung sollte einen möglichst großen Anstoß bewirken (z. B. die Förderung von Haushalten im mittleren Einkommensbereich während ihrer Wachstumsphase), der den Sickerprozeß bis hin zu Haushalten mit niedrigem Einkommen fortsetzen hilft. Die Förderung des Mietwohnungsbaus in Ballungsgebieten ist dabei im unmittelbaren Zusammenhang mit städtebaulichen Maßnahmen zum Erhalt alter Stadtgebiete und zur Verbesserung von Wohnumfeldbedingungen zu sehen.

4.3.5 Forschungs- und Technologiepolitik

Während in den letzten Abschnitten einzelne Wirtschaftsbereiche und die darauf bezogenen staatlichen Interventionen exemplarisch herausgegriffen worden sind, zielt die Forschungs- und Technologiepolitik auf die Förderung von Forschung und Entwicklung prinzipiell in allen Wirtschaftsbereichen. Die staatliche Forschungsförderung der Unternehmen und der Institutionen der industriellen Gemeinschaftsforschung (IfG) ist aber nur ein Teil der staatlichen Forschungspolitik.

Wichtige andere Bereiche, die sich auf Hochschulen und Großforschungseinrichtungen etc. beziehen, werden damit ausgeklammert, obwohl die dort verfolgten Forschungsprioritäten häufig denen der Wirtschaft ähnlich sind und ihre Resultate auch der Wirtschaft zugute kommen. Die sich aus der vom Staat durchgeführten Grundlagenforschung wahrscheinlich ergebenden Realtransfers für die Wirtschaft sind bisher vor allem wegen der generell mit Fragen der Realtransfers verbundenen Probleme weitgehend unerforscht.

Grundlage der staatlichen Unterstützung von Forschung und Entwicklung der Wirtschaft ist ihre allseits unbestritten wichtige Rolle für den technischen Fortschritt als Grundlage von Produktivitäts-, Produktions- und Wohlstandssteigerungen. Technischer Fortschritt wird nicht nur als ein Grund für notwendige binnenwirtschaftliche produktions- und produktivitätssteigernde Anpassungsprozesse angesehen, sondern vor allem als Voraussetzung einer immer wieder herzustellenden internationalen Wettbewerbsfähigkeit der Wirtschaft, die sich notwendigerweise auf forschungsintensive Wirtschaftszweige konzentrieren müsse[1]. Die vorausschauende Förderung von erfolgversprechenden Schritten auf allen Stufen des Inventions- und Innovationsprozesses sind seit dem Bundesbericht Forschung II von 1967 Unterziele des Globalziels der Effizienz- und Wachstumssteigerung im nationalen und internationalen Maßstab.

Im Zeitablauf sind je nach technologischem Entwicklungsstand die Schwerpunkte anders gesetzt worden: Bis Mitte der sechziger Jahre überwog das Ziel der Imitation und der Ausnutzung der in anderen Ländern bekannten Technologien und des Aufholens bestehender technologischer Vorsprünge auf Gebieten wie der Kernforschung, der Luft- und Raumfahrtforschung und der militärischen Forschung.

---

1 Vgl. Bundesbericht Forschung II, BT-Drucksache V/2504 (1967), S. 137.

Dazu traten ab Mitte der sechziger Jahre Ziele wie die Förderung allgemein wirksamer Technologien, wie z. B. der Datenverarbeitung als vielversprechende, in alle Bereiche hineinstrahlende Schlüsseltechnologie. Ende der sechziger Jahre verlagerten sich die Schwerpunkte in der Mittelverteilung weiter zugunsten der Datenverarbeitung und ihrer Anwendung im Dokumentations- und Informationswesen. Aber auch neue Technologien auf den Gebieten der Stromübertragung, der Meß- und Regeltechnik, der biologischen und medizinischen Technik wurden verstärkt als Förderziele betont, ebenso wie die Nachrichtentechnologie, elektronische Bauelemente und Erstinnovationen. Mit der wachsenden Bedeutung der Verbesserung der Lebens- und Arbeitsbedingungen sollten seit Mitte der siebziger Jahre industrielle Forschung und die Anwendung neuer Technologien zur Beseitigung nachteiliger Nebenwirkungen bisheriger Verfahren auf Arbeitsplatz und Umwelt gefördert werden[1]. Die Sicherung der Energie- und Rohstoffversorung findet seither gleichfalls ihren Niederschlag in den Unterzielen; dies gilt auch für das Ziel der Beschleunigung der Diffusion neuer Technologien und ihrer breiten Anwendung.

In den Technologie-Ausgaben des Bundes zeigen sich diese Prioritätsverlagerungen nur zum Teil. Auch wenn "die Rangfolge öffentlicher oder gesellschaftlicher Aufgaben nicht aus dem Budget abgelesen werden kann"[1], so muß man feststellen, daß die Schwerpunkte der Ausgaben am Ende der siebziger Jahre sich immer noch auf die großen Programme der Energieforschung und -technologie einschließlich Kernforschung, der militärischen Forschung, der Datenverarbeitung, Nachrichtentechnik, Elektronik und der Luft- und Weltraumforschung beziehen[2]. Überdies waren die Unterziele der Politik weitgehend von den jeweiligen Prioritäten der Wirtschaft bestimmt; nur in begrenztem Umfang sind sie auf eigene inhaltliche Akzente der Technologie-Politik zurückzuführen.

---

1 Vgl. Forschungsbericht IV d. Bundesregierung, BT-Drucksache VI/3251 (1972), Tz. 52.

2 Vgl. Bundesbericht Forschung VI, BMFT (Hrsg.), Bonn 1979, S. 39.

Forschung und Entwicklung der Wirtschaft werden von der öffentlichen Hand einmal durch Zuschüsse zu einzelnen Projekten mit unterschiedlichen Förderquoten (direkte Förderung), zum anderen durch Einräumung von Abschreibungsmöglichkeiten auf den Forschungsaufwand oder durch Zuschüsse (indirekte Förderung) subventioniert.

Die jeweilige Wirksamkeit direkter und indirekter Förderung ist umstritten; dabei sind die in der Debatte genannten Kriterien nur schwer nachprüfbar, wie die Diskussion der Frage, ob die Mitnahmeeffekte der indirekten Förderung größer sind als die der direkten Förderung, erkennen läßt. Zumindest in bezug auf das Kriterium einer möglichst großen Breitenwirkung der Forschungspolitik wird der indirekten Förderung eine größere Wirksamkeit zugesprochen, allerdings auch erst, seit sich Zuschüsse nicht nur auf Forschungs-Investitionen sondern auch auf Personalkosten beziehen. Je nach Unterziel der Politik wird eine entsprechende Mischung von direkter und indirekter Förderung angebracht sein, wobei 1979 ca. 75 vH aller Fördermittel in die direkte Förderung flossen. Die Förderung von Großtechnologien und eine schwerpunktmäßige Technologieförderung sind aber ohne Projektbindung kaum vorstellbar.

Dabei besteht allerdings die Gefahr, daß Entwicklungslinien zu lange verfolgt (Beispiel: Senkrechtstarterentwicklung) bzw. kleinere oder alternative Entwicklungslinien nicht frühzeitig erkannt und gefördert werden (Energieforschung). Die langfristige Anlage von Programmen ist zwar oft notwendige Bedingung zur Erreichung des angestrebten Ziels, führt aber andererseits u. U. dazu, daß andere (Markt-) Impulse sich nicht frühzeitig und ausreichend durchsetzen können.

Der Gegensatz zwischen direkter und indirekter Förderung ist in den siebziger Jahren durch neue Instrumente der Technologiepolitik z. T. aufgelöst worden[1], die die Innovation und den Technologietransfer kleiner und mittlerer Unternehmen fördern.

Was die sektoralen Auswirkungen der Technologie-Förderung des Staates anbelangt, so sind Aussagen in der Regel nur für die unmittelbaren Technologieausgaben möglich. Dabei darf nicht übersehen werden, daß der Staat durch seine Beschaffungspolitik möglicherweise einen noch größeren Einfluß auf die Forschungen der Wirtschaft und die technologische Entwicklung ausübt.

Die Wirtschaft bestreitet seit 1962 einen wachsenden Anteil der gesamten ausgabewirksamen Forschungs- und Entwicklungsaktivitäten (vgl. Tabelle 4.3/14) in der Bundesrepublik; ein steigender Teil davon wird vom Staat finanziert. Die ungünstige Finanzierungssituation des Staates seit 1975 hat allerdings den steigenden Trend unterbrochen.

Bei der dominanten Stellung einiger Förderprogramme einschließlich der militärischen Forschung, die knapp die Hälfte der staatlichen Zuwendungen an die Wirtschaft ausmacht, ist eine inter- und intrasektorale Konzentration der Fördermittel zwangsläufig. 1971 flossen 56 vH der staatlichen Fördermittel für die Wirtschaft an den Luftfahrzeugbau, 25 vH an die Elektrotechnik und 8,5 vH an den Maschinenbau. Bei Gemeinschaftsforschungseinrichtungen konzentrieren sich die meisten Ausgaben auf den Bergbau.

---

1 Z. B. Risikoübernahme durch die Wagnisfinanzierungsgesellschaft, Existenzgründungshilfen, Informations-, Beratungs- und Demonstrationsprojekthilfen.

Tabelle 4.3/14

Forschungs- und Entwicklungsausgaben der Bundesrepublik
Deutschland nach ausführenden Sektoren und deren Finanzierung 1962 bis 1978
- in Millionen DM -

Jahr	F u. E Ausgaben insgesamt	Wirtschaft[1]				
		Ausgaben insgesamt	finanziert durch			
			Staat	Wirtschaft	PNP[2]	Ausland
1962	4 490	2 450	340	2 110	--	--
1963	5 380	3 030	400	2 620	10	--
1964	6 570	3 800	540	3 220	30	10
1965	7 910	4 570	560	3 970	30	10
1966	8 840	5 100	690	4 360	30	20
1967	9 740	5 650	986	4 617	17	30
1968	10 550	6 300	950	5 300	20	30
1969	12 250	7 320	1 040	6 222	28	30
1970	14 800	9 000	1 470	7 400	30	100
1971	18 000	10 700	1 950	8 464	36	250
1972	19 250	11 400	2 210	8 970	20	200
1973	20 460	12 020	2 340	9 445	15	220
1974	22 290	13 240	2 765	10 160	15	300
1975	24 645	14 930	2 862	11 592	12	464
1976	25 740	15 690	2 800	12 390	20	480
1977	27 889[3]	17 549[3]	2 930	14 109[3]	20	490
1978	30 116[3]	19 266[3]	3 650	15 096[3]	20	500

1) Unternehmen und Institutionen der industriellen Gemeinschaftsforschung.
2) Insbesondere vom Staat überwiegend finanzierte wissenschaftliche Einrichtungen (z.B. Großforschungseinrichtungen, Institute der Max-Planck-Gesellschaft und der Fraunhofer-Gesellschaft). Private Institutionen ohne Erwerbscharakter.
3) Stifterverband für die Deutsche Wissenschaft - Erhebung 1977.

Quelle: Bundesbericht Forschung VI, BMFT (Hrsg.), Bonn 1979, S.390/91.

Obwohl der Luftfahrzeugbau nur noch 32 vH der Fördermittel erhielt, war dies 1977 immer noch der größte Förderungsanteil. Elektrotechnik und Maschinenbau zogen weiterhin die nächst großen Anteile auf sich. Auffallend ist der gegenüber 1971 stark gewachsene Anteil des Bergbaus, der Energiewirtschaft und der Herstellung von EBM-Waren (vgl. Tabelle 4.3/15).

So erhielten oft die Branchen hohe staatliche Zuschüsse, die selbst schon hohe Forschungsaufwendungen leisteten, mit zwei wesentlichen

Tabelle 4.3/15

Forschungs- und Entwicklungsaufwendungen der Wirtschaftszweige in vH

Wirtschaftsgliederung	1971						1977					
	Aufwendungen insgesamt	Aufwendungen der Unternehmen				Aufw.d. IFG 1) insgesamt	Aufwendungen insgesamt	Aufwendungen der Unternehmen				Aufw.d. IFG insgesamt
		insgesamt	von der Wirtsch. finanziert	vom Staat finanziert	und anderen finanziert			insgesamt	von der Wirtsch. finanziert	vom Staat finanziert	und anderen finanziert	
Energiewirtschaft	0,3	0,3	0,3	0,2		0,5	1,4	1,5	1,0	4,2	1,4	1,1
Bergbau	1,3	0,5	0,5	0,4	1,2	18,3	2,8	1,8	1,1	6,1	1,9	40,1
Verarbeitendes Gewerbe												
Chem. Ind. u. Mineralölverarb.	24,6	25,7	29,7	1,5	1,8	0,8	27,0	27,7	32,0	6,4	7,3	1,0
Kunststoff- und Gummiwaren	1,0	0,9	1,1		0,4	1,6	1,0	1,0	1,1		0,3	2,4
Steine und Erden	0,3	0,2	0,2			2,2	0,3	0,2	0,2			2,0
Feinkeramik und Glas	0,3	0,3	0,4	0,1		0,3	0,4	0,4	0,4	0,2		1,2
Eisen- und NE-Metallerzeugung	2,9	2,7	3,0	1,0	1,3	6,6	2,3	2,0	2,2	1,5	0,2	10,6
Stahl-, Masch.- u. Fahrzeugbau	39,0	38,7	33,9	64,5	80,7	47,8	32,7	33,3	30,1	43,7	71,2	9,9
dar.: Maschinenbau	11,4	11,7	12,0	8,5	17,6	4,5	10,2	10,3	11,1	7,3	3,2	8,6
Straßenfahrzeugbau	14,6	15,3	17,8	0,2			11,9	12,3	14,4	1,7	1,1	
Luftfahrzeugbau	12,4	11,4	3,8	55,6	62,9	34,3	7,4	7,6	1,1	32,4	66,6	
Elektrot., Feinmech., Optik usw.	26,5	27,7	28,2	26,3	14,5	2,5	28,3	29,0	29,3	31,0	16,7	3,0
dar.: Elektrotechnik	23,3	24,4	24,6	25,0	14,5	0,8	25,8	26,6	27,2	25,7	16,6	1,8
Feinmechanik, Optik	1,6	1,7	1,8	1,2			1,6	1,7	1,8	1,5	0,1	
Herstellung v. EBM-Waren	0,3	0,3	0,3			0,5	0,7	0,7	0,2	3,6		0,9
Holz-, Papier- u. Druckgewerbe	0,2	0,2	0,2		0,1	1,3	0,2	0,2	0,2			1,8
Leder-, Textil- u. Bekleid.-gew.	0,6	0,4	0,5			3,3	0,2	0,1	0,1			5,5
Ernährungsgewerbe	0,5	0,3	0,3			4,1	0,8	0,7	0,9			5,7
Restl. Wirtschaftszweige	2,5	2,1	1,7	6,0		10,7	2,6	2,1	1,4	6,9	1,0	15,7
Insgesamt	100,0	100,0	100,0	100,0	100,0	100,0	100,0	100,0	100,0	100,0	100,0	100,0

1) Institutionen für Gemeinschaftsforschung und experimentelle -entwicklung.
Quelle: Stifterverband, eigene Berechnungen.

Ausnahmen: Die chemische Industrie erhielt fast keine staatliche Unterstützung; der Luftfahrzeugbau finanzierte zum überwiegenden Teil die Entwicklung aus staatlichen Mitteln.

Zu den u. U. unerwünschten Nebenwirkungen der Forschungs- und Technologiepolitik gehören aber nicht nur diese starke Begünstigung weniger Wirtschaftszweige, sondern gleichzeitig die damit verbundene intrasektorale Konzentration. Dabei ist nicht verwunderlich, daß im ohnehin hochkonzentrierten Luftfahrzeugbau 86 vH der Fördermittel auf ein Unternehmen entfielen. Ähnliches gilt für den Kohlenbergbau und die Ruhrkohle AG mit 97 vH. Anders war es in der elektrotechnischen Industrie, innerhalb derer 79 vH an vier Unternehmen, und im Maschinenbau, innerhalb dessen 62 vH der Mittel an drei Unternehmen flossen. Unter Berücksichtigung der Beteiligungsverhältnisse wurde geschätzt, daß 1974 allein auf ein einziges Unternehmen ca. 28 vH aller der Industrie für die Forschung gewährten Finanzhilfen entfielen[1].

Diese starke intrasektorale Konzentration hat sich bis 1978 fortgesetzt, wenn auch eine Abschwächung unverkennbar ist, gerade weil die Technologiepolitik die Förderung kleiner und mittlerer Unternehmen in zunehmendem Maße zu ihrem erklärten Ziel gemacht hat. Dementsprechend haben sich die Ausgaben des Bundes für kleine und mittlere Unternehmen[2] stärker erhöht als für Großunternehmen.

Aufgrund der starken intrasektoralen Konzentration der Fördermittel des Staates überrascht es nicht, daß von Unternehmen mit mehr als 5000 Beschäftigten der Einfluß staatlicher Förderung fast durchgängig über das ganze Spektrum staatlichen Förderungsinstrumentariums, besonders bei projektgebundenen Zuschüssen, aber auch bei Zuschüssen zu Forschungsinvestitionen, deutlich höher eingeschätzt wird als von kleineren Unternehmen[3]. Dies gilt besonders auch für die "Unterstützung von Innovationen mittels des öffentlichen Beschaffungswesens", wie für "Absichtserklärungen über Technologien und Aufgabenbereiche, die der Staat langfristig fördern will".

---

1 Vgl. hierzu Institut für Weltwirtschaft an der Universität Kiel, Auswirkungen der öffentlichen Haushalte auf sektorale Investitionsentscheidungen im Industrie- und Dienstleistungsbereich, Kiel, 1977, S. 175.

2 Unternehmen, die einen Umsatz von weniger als 200 Mill. DM haben und nicht überwiegend mit einem Großunternehmen verbunden sind.

3 Vgl. K.-H. Oppenländer, Privatwirtschaftliche Aktivitäten und die Rolle des Staates im Innovationsprozeß. Ifo-Studien, 1977, Heft 1/2, Tabelle 8, S. 26.

Schon aus Gründen der internationalen Wettbewerbsfähigkeit wird die Technologiepolitik weiterhin an erkennbaren Engpaßbereichen - hier werden heute vor allem die Mikroelektronik und die Kommunikationstechnologie genannt - ansetzen müssen, ohne dabei die allgemeine Förderung der Innovationen und des Technologietransfers auf breiter Basis zu vernachlässigen. Dabei ist mit einer solchen gemischten Strategie aber nicht nur der zielgerechten und effizienten Verbesserung der Angebotsbedingungen der Wirtschaft, sondern auch dem Ziel der Erhaltung der Umwelt und der Schonung der Ressourcen verstärkt Rechnung zu tragen. Die Technologiepolitik der letzten Jahre entsprach im wesentlichen diesen inhaltlichen und instrumentellen Forderungen.

5 Thesen zum Strukturwandel - anstelle einer Zusammenfassung

Vorbemerkung

Strukturwandel tritt in vielfältiger Form auf und ist nicht monokausal zu erklären. Vor diesem Hintergrund ist es wenig sinnvoll, die Vielfalt der in den vorherigen Kapiteln beschriebenen Erscheinungen durch eine Zusammenfassung zu verkürzen. Statt dessen sollen im folgenden einige Thesen zum Strukturwandel vorgelegt werden, die als Leitlinien zum Verständnis dieses Strukturberichts dienen können. Sie erheben weder Anspruch, alle Themen des Berichts anzusprechen, noch den Anspruch, in vollem Umfang schon in diesem Bericht erklärt worden zu sein.

Strukturwandel

1. Zahlreiche Indikatoren deuten darauf hin, daß sowohl in den sechziger als auch in den siebziger Jahren ein erheblicher Strukturwandel stattgefunden hat. Auch wenn einige Entwicklungen in den siebziger Jahren akzentuierter verlaufen sind, hat es kaum grundsätzlich neue Bestimmungsfaktoren des Strukturwandels gegeben. Geändert haben sich allerdings die Konstellation dieser Faktoren und die Anpassungreaktionen der Wirtschaft. Dies hatte Rückwirkungen auf die Wachstumsbedingungen.

Exogene Bestimmungsfaktoren

2. Wichtige, politisch nur bedingt beeinflußbare Bestimmungsfaktoren des Strukturwandels lagen im Außenhandel, in der technologischen Entwicklung und bei der Bevölkerung.

Die fortschreitende technologische Entwicklung und die internationale Arbeitsteilung haben für die Bundesrepublik Deutschland Produktivitätsimpulse ausgelöst. Per Saldo sind die positiven Beschäftigungseffekte des Außenhandels deswegen im Zeitverlauf kleiner geworden. In den sechziger Jahren wurden diese für sich genommenen beschäftigungsmindernden Tendenzen durch das starke Wachstum überspielt, so daß bei abnehmendem inländischen Erwerbspersonenpotential eine zunehmende Zahl ausländischer Arbeitskräfte beschäftigt werden konnte. Dagegen wurde in der zweiten Hälfte der siebziger Jahre das 1974/75 entstandene Beschäftigungsproblem durch die Zunahme des Erwerbspersonenpotentials vergrößert. Damit wirkten alle drei Faktoren - Technologie, internationale Arbeitsteilung und Erwerbspersonenpotential - in dieselbe Richtung.

Wachstumsimpulse   3.   Zur Kompensation der vom Strukturwandel ausgelösten Beschäftigungseffekte sind zusätzliche Wachstumsimpulse erforderlich. Diese waren in den siebziger Jahren nur noch in begrenztem Maße vorhanden.

Außenwirtschaft   4.   Die Einbindung der deutschen Volkswirtschaft in die Weltwirtschaft hat sich sowohl in den sechziger als auch in den siebziger Jahren verstärkt, seit dem weltweiten Konjunktureinbruch 1974/75 allerdings nicht mehr in dem bisherigen Tempo. Berücksichtigt man die gesamte durch die Ausfuhr (direkt und indirekt) veranlaßte Produktion, so hat die Exportabhängigkeit der deutschen Wirtschaft von 16 vH im Jahre 1962 auf 23 vH im Jahre 1976 zugenommen. Gesamtexportquoten von mehr als 40 vH hatten im Jahre 1962 zwei, im Jahre 1972 vier und im Jahre 1976 neun Wirtschaftszweige aufzuweisen.

5.   Zerlegt man die Entwicklung der deutschen Exporte in eine Struktur- und in eine Wettbewerbskomponente, so sind die sechziger Jahre im wesentlichen durch eine positive Strukturkomponente zu kennzeichnen. Die siebziger Jahre waren geprägt von einer überwiegend konjunkturell bedingten negativen Wettbewerbskomponente. Gegen Ende der siebziger Jahre hat sich die Wettbewerbsposition der Ausfuhr wieder wesentlich verbessert. Wettbewerbsvorteile hat noch immer der Export von Maschi-

nenbauerzeugnissen, Textilien, chemischen Erzeugnissen und NE-Metall. In einigen Warengruppen, die überdies quantitativ stark ins Gewicht fallen, war freilich die Wettbewerbskomponente rückläufig. Hierzu zählen Strassenfahrzeuge, elektrotechnische Erzeugnisse, Büromaschinen und Datenverarbeitungsgeräte, feinmechanische und optische Erzeugnisse.

6. Analysiert man, welche Produktionsfaktoren für den deutschen Export in Anspruch genommen werden, so dominiert nach wie vor der Faktor Arbeit. Freilich zeigt sich eine deutliche Verschiebung zu höherwertiger Arbeit, d. h. in Richtung des human-capital. Forschung und Entwicklung spielen für die deutsche Ausfuhr eine zunehmende Rolle.

7. Die Importzuwächse sind zu einem wesentlichen Teil hochwertigen Industrieprodukten zuzuordnen. So haben überdurchschnittlich und auch wesentlich stärker als die entsprechenden Exporte die Importe von Straßenfahrzeugen, elektrotechnischen Erzeugnissen, Bekleidung und chemischen Erzeugnissen zugenommen. Unterdurchschnittlich haben sich die Importe von Eisen und Stahl, aber auch von Maschinenbauerzeugnissen, Textilien und NE-Metall entwickelt.

8. Vergleicht man die Entwicklung in den sechziger und in den siebziger Jahren, so sind die Importe in der zuerst genannten Gruppe in den siebziger Jahren weiter überdurchschnittlich gestiegen. Auch auf der Importseite gibt es somit Indikatoren für die Verschärfung des Wettbewerbs. Freilich soll man die Wettbewerbsproblematik bei der Erklärung des Imports nicht überschätzen. Lediglich im verbrauchsgüterproduzierenden Gewerbe sind die Preiselastizitäten größer als die Nachfrageelastizität. Letztlich war damit die Entwicklung der inländischen Produktion entscheidend für die Importentwicklung.

Entwicklungsländer **9.** Besondere Beachtung findet in der öffentlichen Diskussion der Handel mit Entwicklungsländern. Während sich die Position der Entwicklungsländer in den sechziger Jahren tendenziell verschlechterte, hat sie sich zumindest vor dem Hintergrund gestiegener Rohstoffpreise wieder verbessert. Profitiert haben davon freilich in erster Linie die erdölexportierenden Länder. Der Handel mit den Entwicklungsländern ist eine wesentliche Stütze des deutschen Exports, insbesondere bei hochwertigen Industrieprodukten. Knapp ein Viertel des Warenexports geht in die Entwicklungsländer. Auf der Importseite gibt es zwei Schwerpunkte: Einmal die Rohstoffeinfuhr, an der auch rückständige Entwicklungsländer partizipieren. Demgegenüber konzentriert sich die Fertigwareneinfuhr, die in Konkurrenz auch mit der deutschen Industrie steht, auf wenige Schwellenländer.

10. Die Beschäftigungseffekte des Handels mit Entwicklungsländern werden in der Regel überschätzt. Analysiert man die deutschen Importe von Halb- und Fertigwaren aus Entwicklungsländern, so entsprachen sie 1962 0,8 vH der Beschäftigung, 1972 1,1 vH und 1976 1,5 vH. Allerdings sind diese Beschäftigungswirkungen stark konzentriert, insbesondere auf das Bekleidungs- und Ledergewerbe. Es läßt sich zeigen, daß mehr als 90 vH der durch Importe freigesetzten Arbeitskräfte wieder in der Exportproduktion für Entwicklungsländer benötigt werden. Ohne Zweifel geht vom Handel mit Entwicklungsländern ein Druck auf Strukturanpassung aus.

Technologische **11.** Die technologische Entwicklung hat sich einerseits
Entwicklung in einer nach wie vor hohen Zunahme der Arbeitsproduktivität, andererseits in einer Reduzierung des Mehrbedarfs an Investitionen pro Produkteinheit an zahlreichen Stellen niedergeschlagen.

12. Betrachtet man die Unternehmen ohne Wohnungsvermietung, so haben seit Beginn der sechziger Jahre sektorale Strukturwandlungen die Arbeitsproduktivität positiv beeinflußt. Demgegenüber sind von Veränderungen der Altersstruktur des Anlagevermögens zunehmend negative Einflüsse auf das Produktivitätspotential ausgegangen, mit anderen Worten: Die Arbeitsproduktivität wäre noch stärker gestiegen, wenn sich die Altersstruktur des Anlagevermögens nicht verschlechtert hätte. Die Zunahme der Arbeitsproduktivität kann teilweise auch durch die Zunahme des Qualifikationsniveaus der Arbeitskräfte erklärt werden.

13. Der Anstieg des Kapitalkoeffizienten in den sechziger Jahren hat sich in den siebziger Jahren abgeschwächt. In einigen Branchen nimmt der marginale Kapitalkoeffizient seit längerer Zeit sogar ab. Für eine bestimmte Vergrößerung des Produktionspotentials sind dort im Zeitablauf abnehmende Investitionen notwendig. Dies wird insbesondere durch die Entwicklung neuer Produktionstechniken, z. B. durch die Einführung der Mikroelektronik, gefördert. Diese Effekte werden nur teilweise durch Faktoren kompensiert, die in die andere Richtung wirken; dazu gehören Umweltschutz, Humanisierung der Arbeitsplätze und Energiesparmaßnahmen. Dabei muß allerdings berücksichtigt werden, daß die Energiesparmaßnahmen im Beobachtungszeitraum von relativ untergeordneter Bedeutung waren. In Zukunft könnten sich hier Verschiebungen ergeben.

14. Bei gegebener Endnachfrage reduziert sich damit die Investitionsnachfrage im Zeitablauf.

Investitionen

15. Die Kapitalintensität von Investitionen in neue Anlagen ist mehr als eineinhalbmal so hoch wie die des Anlagebestandes. Vor diesem Hintergrund ist erklärlich, daß das Verhältnis von Lohn- und Kapitalkosten bei allen empirischen Überprüfungen von Bestimmungsfaktoren für Investitionen eine vergleichsweise geringe Rolle spielt. Insofern kann auf den Ausgleichsmechanismus über die relativen Faktorpreise nur begrenzt gesetzt werden.

16. Ein reduzierter Investitionsbedarf pro Produkteinheit führt zu einem Nachfrageausfall bei den Investitionen. In diesem Fall ist eine dauerhafte Ausweitung der Investitionen daher nur bei ausreichenden Absatzerwartungen möglich. Die Erfolgsmöglichkeiten einer Politik der Lohnzurückhaltung werden in diesem Zusammenhang meist überschätzt. Es ist nicht zu erwarten, daß eine derartige Politik Investitionen auslöst, vielmehr muß damit gerechnet werden, daß dadurch Investitionen unterlassen werden, die gerade unter Wachstumsgesichtspunkten dringend nötig wären.

17. Zu den Determinanten der Investitionen zählt sicher auch die erzielbare Rendite. Diese hat sich im Gesamtverlauf der sechziger und siebziger Jahre nicht wesentlich verändert. Allerdings ist es zweimal, nämlich 1967/68 und 1974 bis 1977, zu Einbrüchen gekommen. Es ist nicht auszuschließen, daß insbesondere die im Vergleich zur ersten Rezession längere Absenkung der Rendite im zuletzt genannten Zeitraum zur Investitionsschwäche dieser Jahre beigetragen hat. Seit 1978 hat die Rendite inzwischen wieder ein Niveau erreicht, das dem zu Beginn der siebziger Jahre entspricht.

18. In den sechziger Jahren trug die private Investition zu einem wesentlichen Teil den Wachstumsprozeß. Die Investitionsschwäche in der zweiten Hälfte der siebziger Jahre hat zu einer Veralterung des Anlagebestandes und damit verbunden zu Wachstumseinbußen geführt.

Bevölkerung

19. Die demographische Entwicklung hat bis zur Mitte der siebziger Jahre zur Abfederung der Konsequenzen des Strukturwandels in der Beschäftigung beigetragen. Seit 1976 verschärfen die auf den Arbeitsmarkt drängenden zusätzlichen Erwerbspersonen die Beschäftigungsprobleme des Strukturwandels.

20. Nennenswerte Einflüsse der demographischen Entwicklung auf das Niveau des privaten Verbrauchs lassen sich bisher nicht nachweisen, auch wenn es innerhalb des Aggregats demographiebedingt zu Verschiebungen gekommen ist.

Verminderung der Wachstumsimpulse

21. Die Anpassung an den Strukturwandel ist bis zur Mitte der siebziger Jahre durch eine Anzahl von Wachstumsimpulsen erleichtert worden, die sich danach vermindert haben:

- Die generelle Zunahme staatlicher Aktivitäten, die sowohl die Inanspruchnahme eines höheren Teils des Sozialprodukts durch den Staat, d. h. zusätzliche Nachfrage, als auch zusätzliche Beschäftigung beim Staat bedeutete.

- Die Ausweitung und Modernisierung des Produktionspotentials und

- der Wohnungsbau gaben weitere wichtige Impulse, die in der Mitte der siebziger Jahre abflachten.

22. Ein tragender Wachstumsimpuls der ausgehenden sechziger und der ersten Hälfte der siebziger Jahre war die Expansion staatlicher Aktivitäten, die darin begründet war, daß sich mit steigendem Wohlstand die Nachfragestruktur der Bevölkerung zugunsten staatlicher Leistungen verschob. Diese These wird sowohl durch das Ergebnis entsprechender Repräsentativerhebungen als auch durch die jeweiligen Wahlergebnisse gestützt.

23. Im Zusammenhang mit der Rezession 1974/75 entstand eine erhebliche Finanzierungslücke im Staatshaushalt. Gewollt an dieser Entwicklung waren sicherlich nur die Entlastung der privaten Haushalte durch die Kindergeldreform sowie die geringfügigen Wirkungen der damaligen Steuerreform. Der weitaus überwiegende Teil der Finanzierungslücke war konjunkturell bedingt. Zwar sind auch infolge dieser Finanzierungslücke die Ausgabenzuwächse abgeflacht, dennoch ist es mehr als zweifelhaft, ob hieraus auf eine Änderung der normativen Vorstellungen der Bürger über den Umfang der Staatstätigkeit geschlossen werden kann.

24. Die Rezession 1974/75 ist zu einem großen Teil von der Wirtschaftspolitik verursacht worden. Besondere Verantwortung trägt hier die Geldpolitik, aber auch Finanz- und Lohnpolitik sind zu erwähnen.

25. Die Expansion staatlicher Ausgaben ist in einer Weise erfolgt, die auch auf mittlere Sicht die Abschwächung von Wachstumsimpulsen zur Folge haben mußte: Die investiven Ausgaben haben anteilsmäßig abgenommen. Die Belastung der Staatshaushalte mit weitgehend festgeschriebenen laufenden Ausgaben hat auch das Entwicklungspotential für künftige investive Ausgaben eingeschränkt. Wachstumsimpulse gehen aber gerade von derartigen Investitionen aus, wobei der Investitionsbegriff an dieser Stelle relativ weit gefaßt werden kann. So kann man Investitionen in human-capital berücksichtigen. Die hiervon ausgehenden Wachstumsimpulse wirken sich allerdings erst sehr langfristig aus.

Staat und Strukturwandel

26. Der Staat nimmt in vielfältiger Weise Einfluß auf den Strukturwandel: Nicht intendierte Nebenwirkungen gehen von Käufen des Staates zur Erstellung des öffentlichen Leistungsangebots, aber auch von der Wirtschaftspolitik (Finanz-, Geld-, Verteilungspolitik) aus. Strukturpolitische Eingriffe zielen unmittelbar auf Tempo und Richtung des Strukturwandels.

27. Daraus ergibt sich eine Reihe von Zielkonflikten, wenn staatliche Investitionen nur die Funktion eines konjunkturpolitischen Lückenbüßers haben. Unter konjunkturpolitischen Gesichtspunkten hat sich die Auftragsvergabe für öffentliche Baumaßnahmen häufig als Fehlschlag erwiesen. So sind in der Rezession von 1974/75 Baukapazitäten abgebaut worden, die später wieder benötigt worden wären.

28. Das Zukunftsinvestitionsprogramm sollte dem Rückgang staatlicher Investitionen entgegenwirken. Es erschloß neue Wachstumsfelder mit zusätzlichen staatlichen und privaten Investitionen. Die in den Jahren 1978 bis 1980 erreichten Zuwächse der Beschäftigung gehen auch auf dieses Programm zurück, das ein Schritt in die richtige Richtung war. Da die mit dem Programm eingeschlagene Strategie leider nicht fortgesetzt worden ist, zeichnet sich bei den investiven Ausgaben des Staates ein Rückgang ab, der die erreichten Beschäftigungserfolge zu einem Teil wieder zunichte machen dürfte. Überdies hätten die Wachstumsimpulse des Zukunftsinvestitionsprogramms größer sein können, wenn dieses Programm breiter gestreut und besser auf die vorhandenen Kapazitäten abgestimmt worden wäre. So ist ein Teil der Wirkungen des Programms in Preissteigerungen verpufft.

Wohnungspolitik

29. Interventionen im Wohnungssektor sind versorgungs- und verteilungspolitisch nur zu begründen, wenn sie auf eine Vergrößerung des Angebots in denjenigen Bereichen zielen, in denen immer noch große Versorgungsdefizite vorhanden sind. Dies gilt z. B. für hinreichend große Mietwohnungen für einkommensschwache Bevölkerungsgruppen vor allem in Ballungsgebieten. Die öffentlich geförderte Umwandlung von Altbaumietwohnungen in Eigentumswohnungen entzieht sogar dem Mietwohnungsmarkt einen Teil des Angebots solcher Mietwohnungen.

30. Wohnungspolitik muß auch immer Städtebau-, Umwelt- und Energiepolitik sein. Gerade aus diesem Gesamtbereich können wesentliche Wachstumsimpulse für die Volkswirtschaft abgeleitet werden. Es ist daher dringend notwendig, eine Politik zur Entwicklung derartiger Wachstumsimpulse zu fördern.

31. Eine solche integrierte Politik sollte verstetigend angelegt sein, um sicherzustellen, daß die entsprechenden Kapazitäten aufgebaut und vorgehalten werden.

Energiepolitik

32. Die Energieversorgung ist einerseits eine wichtige Voraussetzung für die weitere Entwicklung der Volkswirtschaft, andererseits vermag sie wichtige Wachstumsimpulse zu geben, die durch den Zwang zur Substitution von Mineralöl verstärkt werden. Selbst wenn es gelingt, einen Teil des Mineralöls durch andere Energieträger zu substituieren, wird jedoch mittelfristig eine erhebliche Importabhängigkeit auf diesem Gebiet bestehen bleiben. Um so dringlicher ist es, die vorhandenen Energieeinsparpotentiale in Anspruch zu nehmen und zu vergrößern. Der größte erwähnenswerte Posten liegt hier im Bereich der Kraft-Wärme-Kopplung und der Fernwärmeversorgung in Ballungsgebieten. Der Investitionsbedarf auf diesem Gebiet hat nicht nur ein sehr beachtliches Volumen, er muß darüber hinaus sehr langfristig geplant werden. Die Absicherung über eine staatliche Energiepolitik ist eine Mindestforderung.

Die bisherigen Erfahrungen mit der Politik zur Energieeinsparung sind durchaus positiv zu bewerten. Das Investitionsvolumen zur Energieeinsparung ist nicht relativ niedrig. Ins Gewicht fallende Investitionen im Fernwärmebereich stehen noch aus.

33. Die Energie- und Wärmeversorgung durch fossile Brennstoffe muß auch die Substitution von Mineralöl durch Kohle miteinbeziehen. Vor diesem Hintergrund haben sich die zunächst fragwürdig erscheinenden Subventionen für den Kohlebergbau nachträglich als gerechtfertigt erwiesen. Auch in diesem Bereich ist freilich nicht nur eine langfristige staatliche Absicherung des heimischen Steinkohlebergbaus notwendig; erforderlich ist auch der Abschluß langfristiger Lieferverträge für Importkohle. Gleichzeitig ergibt sich hier ein komplementärer Investitionsbedarf in der damit verbundenen Infrastruktur (Häfen, Transport, Kohlekraftwerke).

Verkehrspolitik **34.** Mit Hilfe von Subventionen an die Bundesbahn und den öffentlichen Personennahverkehr ist ein öffentliches Verkehrsangebot zur Versorgung aller Regionen und aller Bevölkerungsschichten sichergestellt worden. Diese Politik sollte auch in Zukunft fortgesetzt werden, zumal damit auch die Option offengehalten wird, die Expansion des Individualverkehrs in Zukunft zu bremsen, was aus energie- und umweltpolitischen Gründen gerade in Ballungsgebieten notwendig werden könnte.

Agrarpolitik **35.** Anders steht es mit den Interventionen im Agrarbereich. Angesichts der Verfehlung des Allokationszieles, die sich in einer permanenten Überproduktion zeigt, können derartige Maßnahmen nur noch verteilungspolitisch begründet werden. Diesen Gesichtspunkten ist jedoch nicht ausreichend Rechnung getragen worden. Im Ergebnis erreichen die Subventionen nicht eine gleichmäßigere Einkommensverteilung innerhalb der Landwirtschaft. Sie führen zu Transfers, die verteilungspolitisch nicht zu rechtfertigen sind. Eine Umgestaltung der Subventionierung des Agrarbereichs unter Allokations- und Verteilungsgesichtspunkten ist notwendig; dabei dürfte auch eine wesentliche Reduzierung des Einsatzes öffentlicher Mittel möglich sein.

Technologiepolitik **36.** Auch wenn die Wettbewerbsposition der deutschen Volkswirtschaft international nach wie vor gut ist, können Verschlechterungen nicht übersehen werden. Sektorale Interventionspolitik hat bisher den Strukturwandel häufiger aufgehalten als gefördert. An dieser Stelle ist ein Wandel in Richtung hin zu einer zielgerechten Technologiepolitik notwendig.

37. Die Technologiepolitik muß einerseits an den erkennbaren Engpaßbereichen, andererseits an der allgemeinen Förderung technischer Innovationen ansetzen. Es ist daher eine gemischte Strategie notwendig. Die Technologiepolitik der letzten Jahre entspricht im wesentlichen dieser Forderung, auch wenn an einzelnen Stellen Verbesserungen notwendig sind.

38. Die Orientierung der Forschungs- und Technologiepolitik an Engpaßbereichen geht von der Erkenntnis aus, daß es eine ganze Anzahl zu fördernder Wachstumsfelder gibt, die Voraussetzungen zur Verbesserung der Angebotsbedingungen in der Wirtschaft und der Schonung von Ressourcen und Umwelt sind. An vielen Stellen liegen hier Komplementaritäten zu privaten Investitionen vor.

39. Auch wenn die Erfahrungen anderer Länder mit einer interventionistischen Innovationspolitik - es sei nur an die Beispiele Frankreich und Japan erinnert - positiv sind, sollte sich die Innovationspolitik in der Bundesrepublik nicht nur auf die Innovationsprioritäten der Verwaltung verlassen. Im Rahmen einer gemischten Strategie ist es daher notwendig, auch Aufwendungen der Unternehmen für Forschung und Entwicklung zu begünstigen. Erste Schritte sind hier mit den Personalkostenzuschüssen begangen worden. Erfahrungen, die eine abschließende Beurteilung erlauben, liegen freilich noch nicht vor.

Sachregister

Absatzerwartungen   39 ff.

Agrarpolitik   229 ff., 276

Angebot auf dem Arbeitsmarkt   85 ff.

Angebotsbedingungen   45 f.

Angebots- und Nachfragefunktion   19

Anlagevermögen   79 ff.
- Altersstruktur   82 ff.
- Sektorale Struktur   82 ff.

Arbeitskosten   152 ff.

Arbeitskräfte
- Altersstruktur   94 f.
- Ausländische Arbeitskräfte   43 f., 85, 90 f.
- Auszubildende   93
- Geschlechterproportionen   94
- Qualifikation   91 ff.

Arbeitslosigkeit   88 ff.

Arbeitsplätze   104 f., 107 ff.

Arbeitsplatzreserven   112 f.

Arbeitsproduktivität
- und Altersaufbau des Anlagevermögens   83 ff.
- Produktivitätspotential   45 f., 83 ff.
- und Qualifikationsstruktur der Arbeitskräfte   92 ff.
- sektorale Entwicklung   151 ff., 155 ff.

Ausbildungsniveau   92 ff.

Ausfuhr
- Exportabhängigkeit   114
- Exportentwicklung   32, 113 ff., 150 f.
- Exportquote   114, 150 f.
- Faktorgehalt der Exporte   136 f.

Auslastung des Produktionspotentials   38, 109 ff.

Außenhandelssaldo   33 f., 116

Außenwirtschaft   32, 113 ff., 268

Beschäftigungswirkungen
- der Exporte   44, 48, 114
- der Importe   117, 136
- der Nachfrage   47 ff., 155 ff.
- der staatlichen Güterkäufe   167 ff.
- der staatlichen Güterkäufe im Konjunkturverlauf   181 ff.

Bevölkerung   86 f., 272

Einfuhr   33, 113, 126 ff., 150 f.
- Importquote   127, 150 f.
- Nachfrageelastizität   128 ff.
- Rohstoffeinfuhren   127
- Preiselastizität   128 ff.
- für den privaten Verbrauch   62 f.
- von Kraftfahrzeugen   64 f.

Einkommen
- Erwerbseinkommen   95, 193
- in der Landwirtschaft   233
- Realeinkommen   23 f.
- aus Unternehmertätigkeit und Vermögen   26 f., 96 ff.
- verfügbares Einkommen   24 f., 194 ff.
- Vermögenseinkommen   193

Einkommensschichtung   197

Einkommensverteilung und -umverteilung   193 ff.

Elastizitäten des Faktoreinsatzes   103 ff.

Energie
- Energieausgaben der privaten Haushalte   53 f.
- Energiepolitik   275
- Energieversorgung   45 f.
- Mineralölimporte   116, 131 ff.

Entwicklungsländer   113, 134 ff., 270

Ersparnis der privaten Haushalte   23 f.

Erwerbspersonen   85 ff.

Erwerbspersonenpotential   43 f., 89 ff.

Erwerbsquote   87 f.

Faktornachfragefunktionen   102 ff.

Finanzhilfen   221 ff.

Forschungs- und Technologiepolitik   258 ff.

Geldpolitik   193
- diskretionäre Geldpolitik   205, 209
- inflationäre Geldversorgung   206
- Verstetigung   206

Humankapital   137

Individualverkehr   237

Industriewaren   33 f., 118 ff.

Inflation   206

Internationale Arbeitsteilung   34, 134, 136

Investitionen   36 ff., 79, 271
- Ersatzinvestitionen   37
- Finanzierung   42
- Investitionsgüterproduzenten   145 f.
- Nutzungsdauer   79
- des Staates   48, 70, 181 ff., 191

Interventionen
- im Agrarsektor   229 ff.
- Instrumente   218 f.
- im Steinkohlebergbau   242 ff.
- im Verkehrsbereich   236 ff.
- im Wohnungssektor   248 ff.
- Ziele   215 ff.

Kapitalausstattung   36 ff.

Kapitalintensität   39 ff., 45 f.

Kapitalkoeffizient   37 ff., 45 f., 112

Kapitalrendite
- Eigenkapitalrendite   98 ff.
- Sachkapitalrendite   99 ff.

Kapitalstock   79 ff.

Kapitalzinsen   210

Kapitalmarktkonditionen   210

Kosten und Erlöse   151 ff.

Kraftfahrzeugimporte   64 f.

Leistungsbilanz   33, 36

Lohnkosten   152 f.

Lohnquote   97, 154 ff.

Lohnsätze   152 f.

Lohnstückkosten   154 ff.

Nachfrage
- Nachfrageimpulse der Gebietskörperschaften   48, 175 ff.
- Nachfragepolitik   48
- und Produktion   140 ff.

Ökonometrische Strukturmodelle   139

Preise
- Baupreise   49, 207
- Faktorpreise, Faktorpreisrelationen   20, 39 ff.
- Mineralölpreise   53
- Preisentwicklung   151 ff.
- relative Preise   20 ff., 53, 151 ff.

Private Haushalte   56 ff.
- Alter des Haushaltsvorstandes   57
- Haushaltsgröße   57
- Haushaltsstruktur   25, 59 f.

Privater Verbrauch   50 ff.
- Konsumquote   24
- Kraftfahrzeugausgaben   53, 64 f.
- Lieferstruktur   60 f.
- Verbrauchsstruktur   24 ff.
- Verwendungszwecke   51 ff.
- Wohnungsausgaben   51

Produktionsfunktion   102 f.

Produktionskapazität   104 ff.

Produktionspotential   37 ff., 104 ff.

Produktionswirkungen
- der Exporte   147
- der Nachfrage   140 ff., 147 ff.
- des privaten Verbrauchs   149
- der staatlichen Güterkäufe im Konjunkturverlauf   181 ff.

Profitquote   96 ff.

Realtransfers   22, 28

Reiseausgaben   62, 65

Renditen   41, 96 ff.

Sachvermögensbildung   41 f.

Schwellenländer   134

Sektorale Außenhandelsposition   143, 150 ff.

Soziale Gruppen   193, 196 ff.

Staat
- Aktivitäten   25 ff., 166 ff.
- Aufgabenbereiche   71 ff., 166
- Arbeitskräfte   75 f.
- Brutto-Anlagevermögen   75 f.
- Einnahmen und Ausgaben   28 ff., 167, 186
- Finanzierungsdefizite   28
- Käufe   169
- Leistungen   28, 69 ff., 77 f.

noch: Staat
- Personalausgaben   69 ff.
- Produktion   72 f.
- Sachaufwand   69 ff.
- Vorleistungskäufe   70, 173

Steuerbelastung der Unternehmen   26 f.

Steuervergünstigungen   31, 186, 221 f.

Stille Reserve   89 ff.

Strukturpolitik   7, 215 ff.

Strukturwandel
- und antizyklische Finanzpolitik   175 ff.
- exogene Bestimmungsfaktoren   6, 267
- gesamtwirtschaftlicher Strukturwandel   4, 18 ff., 139 ff., 166
- Messung des Strukturwandels   8 ff.
- regionale Dimension   7
- Staat und Strukturwandel   274
- sektorale Dimension   5
- Verminderung der Wachstumsimpulse   272
- zeitliche Dimension   6

Subventionen   31, 220 ff.
- Entwicklung   222
- Schwerpunkte   222 ff.
- Wirkungen   228 ff.

Technologiepolitik   258 ff., 277

Technologische Entwicklung   270

Transfers   193 ff., 199 ff.

Unternehmerlohn   96 ff.

Verkehrspolitik   236 ff., 276

Vorleistungen der Unternehmen   102, 140 ff.

Welthandel   33 f., 118

Wertberichtigung   96 ff.

Wettbewerb im Außenhandel   35 ff., 118

Wohnungsbau   66 ff., 188
- Käufe von Eigenheimen   23
- sozialer Wohnungsbau   250

Wohnungspolitik   188, 248 ff., 274

Zukunftsinvestitionsprogramm   31, 48, 177 ff.

Verzeichnis der Mitarbeiter

Redaktionsstab

Bernd Görzig, Wolfgang Kirner, Hans-Jürgen Krupp, Horst Seidler, Reiner Stäglin, Frank Stille

1 Dimensionen und globale Messung des Strukturwandels

Rolf Krengel, Reiner Stäglin, Frank Stille

Redaktion: Wolfgang Kirner, Reiner Stäglin

2.1 Determinanten des gesamtwirtschaftlichen Strukturwandels

Wolfgang Kirner, Frank Stille

Redaktion: Redaktionsstab

2.2 Strukturwandel in der Nachfrage der privaten und öffentlichen Haushalte

Bernd Bartholmai, Werner Müller, Charlotte Otto-Arnold, Frank Stille

Redaktion: Bernd Görzig

2.3 Strukturwandel in Angebot und Nachfrage der Unternehmen

Egon-R. Baumgart, Jürgen Blazejczak, Klaus-Peter Gaulke, Bernd Görzig

Redaktion: Reiner Stäglin

2.4 Außenwirtschaft und Strukturwandel

Dietmar Edler, Renate Filip-Köhn, Klaus Henkner, Jochen Schmidt, Dieter Schumacher, Reiner Stäglin, Jörg-Peter Weiß

Redaktion: Bernd Görzig

2.5 Zusammenhang zwischen gesamtwirtschaftlichem und sektoralem Strukturwandel

Wolfgang Kirner, Werner Müller, Jochen Schmidt, Reiner Stäglin, Jörg-Peter Weiß, Hans Wessels

Redaktion: Wolfgang Kirner

3.1 Produktions- und Beschäftigungswirkungen der Nachfrage des Staates

Frank Stille

Redaktion: Horst Seidler

3.2 Wirkungen finanzpolitischer Maßnahmen im Konjunkturverlauf

Dieter Vesper

Redaktion: Horst Seidler

3.3 Einkommensverteilung und -umverteilung

Klaus-Dietrich Bedau, Gerhard Göseke, Hans-Jürgen Krupp, Volker Meinhardt

Redaktion: Hans-Jürgen Krupp, Horst Seidler

3.4 Strukturelle Wirkungen der Geldpolitik

Reinhard Pohl

Redaktion: Horst Seidler

4.1 Ziele und Instrumente strukturpolitischer Interventionen

Frank Stille

Redaktion: Redaktionsstab

4.2 Abgrenzung, Entwicklung und Struktur der Subventionen

Dieter Teichmann, Hans Wessels

Redaktion: Frank Stille

4.3 Subventionswirkungen und ihre Zielkonformität

Bernd Bartholmai, Peter Hrubesch, Joachim Niklas, Frank Stille, Rudi Ulbrich, Franz Wittke

Redaktion: Frank Stille

5 Thesen zum Strukturwandel - anstelle einer Zusammenfassung

Hans-Jürgen Krupp, Frank Stille

Redaktion: Redaktionsstab